中共中央党校
哲学学科年鉴
2008-2009

主　编　贾高建
副主编　李晓兵　侯　才

中共中央党校出版社
·北京·

图书在版编目（CIP）数据

中共中央党校哲学学科年鉴．2008—2009/贾高建主编．—北京：中共中央党校出版社，2010.11
ISBN 978-7-5035-4456-9

Ⅰ．中…　Ⅱ．贾…　Ⅲ．哲学-2008—2009-年鉴
Ⅳ．B-54

中国版本图书馆CIP数据核字（2010）第250739号

中共中央党校哲学学科年鉴　2008—2009

责任编辑　曲　炜　仝太景
版式设计　李　灵
责任校对　王　巍
责任印制　宋二顺

出版发行　中共中央党校出版社
（北京市海淀区大有庄100号）
邮　　编　100091
网　　址　www.dxcbs.net
电　　话　（010）62805800（办公室）　（010）62805818（发行部）
经　　销　新华书店
印　　刷　北京季峰印刷厂
字　　数　365千字
版　　次　2010年11月第1版　2010年11月第1次印刷
开　　本　700毫米×1000毫米　1/16
印　　张　19.125
定　　价　35.00元

目　录

序　言

2008—2009年，中央党校哲学学科的发展进入到在原有基础上进一步调整、巩固、提高的新的阶段。

在这一时期中，中央党校校委对哲学部的领导班子作了调整。新的领导班子充分肯定以往历届领导带领全部同志开拓进取所取得的显著成绩，十分珍惜中央党校哲学学科经过长期努力所形成的良好基础和发展条件，同时也清楚地认识到新的形势下学科建设所面临的新的任务和挑战。在总结已有经验，继续坚持以往好的传统和做法的基础上，我们将主要的注意力集中在如何更好地适应新的要求，进一步改进工作，促进本学科发展的问题上来。经过深入调研和认真思考，形成了一个基本的工作思路，主要包括三个方面：选择一条比较适宜的发展路子；形成一个比较有利的内部环境；建设一支比较得力的专业队伍。其中，特别是要按照“找准定位、集约开发”的原则，进一步提高教学质量和水平；按照“整体联动、重点提升”的原则，打造中央党校哲学学科的科研品牌。这一工作思路在提交部务会和全体人员会议讨论评议，并取得广泛共识的基础上，于2008年下半年开始实施。在随后展开的学习实践科学发展观活动中，我们又根据校委的要求，进一步完善了这一思路，并形成了具体的整改方案。2009年，我们继续实施这个工作思路，落实学习实践活动整改方案，推动哲学部各项工作和哲学学科建设的进一步展开。

就教学工作而言，所谓“找准定位、集约开发”，就是要认真研究党校教学体系的内在逻辑和整体要求，特别是教学改革的新情况和新要求，与哲学学科的具体实际结合起来，明确哲学教学的改进方向，然后加大统一协调力度，精耕细作，讲求效益。2008—2009年，我们从教学过程的各个环节着手采取了措施：一是抓教学设计，包括部、室两个层次；二是全面实行课堂教学竞争上岗，好中选优；三是进一步加强和改进集体备课，既有部里统一组织的备课会，也有各教研室分别组织的备课会；四是精心组织教学实施，确保工作到位；五是重视搞好教学分析和总结，并由部领导带队，分别到各学员部交流情况、听取意见。对于所承担的每一项教学任务，我部同志都尽心尽力，认真对待，力求高质量地做好工作，受到各方面的肯定和好评。

就科研工作而言，所谓“整体联动、重点提升”，就是要在哲学一级学科的层面上统筹各二级学科的建设，并把我部学科建设的重点方向放在理论与实践的结合部，大力推进面向社会的哲学探索，力求在这方面形成特色品牌。作为具体措施，我们搞了“一书两坛”。所谓“一书”，是指《哲学与社会》丛书，计划每年出两辑，2009 年已开始出版。所谓“两坛”，一个是对内的，即“奇思哲学论坛”，其宗旨是我部各二级学科之间的交流与切磋，每年搞 4～6 次；一个是对外的，即“哲学与社会发展论坛”，其宗旨是围绕我部科研和学科发展的重点方向，建立一个与校外教学研究机构进行交流与合作的平台，每年举办一届，2009 年在中国马克思主义基金会的支持下举办了第一届。除了这些重点措施之外，我们还安排了专项资金，支持和鼓励各二级学科分别开展本学科领域的对外学术交流活动；同时，在社会范围内继续组织和参与其他多种形式的学术活动，如先后与中国辩证唯物主义研究会、中国自然辩证法研究会、中国伦理学会、中国马克思主义哲学史学会应用哲学研究会、中国孔子基金会等学术团体联合举办了不同主题的全国性学术研讨会，并与上海市委党校联合召开了全国党校系统哲学年会（其间，还穿插召开了全国党校系统哲学教研部门负责人工作座谈会）。在国际交往方面，我部与德国汉斯·赛德尔基金会联合举办了“现代社会的公正问题”理论研讨会，并组织了与俄罗斯科学院哲学研究所、德国波鸿大学的学术交流活动。围绕我部学科建设的重点方向，我们支持和鼓励教研人员申报和承担国家重点课题及各类科研项目，力求多出高质量的研究成果。2008—2009 年，我部人员承担的国家社会科学基金项目中，有 5 项通过成果鉴定，其中 3 项被评为优秀等级。两年中有多种著作和教材出版，同时还发表了一批有较高质量的学术论文。

在努力抓好教学和科研工作的过程中，我们还重视加强学位研究生的培养工作。借助我部已经获得的博士学位授权一级学科的管理权限，我们从 2009 年起增设了中国哲学和伦理学两个二级学科的博士点，使我部拥有的博士点增加到 5 个。同时采取措施改进博士生以及硕士生的招生录取工作，使之进一步规范化、合理化；加强学位研究生教学管理，提高培养质量。在研究生院的支持和协助下，我部申报通过了国家“研究生教育创新计划”中的重要项目，并于 2009 年 11 月下旬成功举办了全国哲学学科的博士生学术会议，这在我校学位研究生工作领域中尚属首次，产生了较大的反响。

为保证教学、科研等各项工作的开展，我们下气力进行内部环境建设和队伍建设。在环境建设方面，坚持两手抓，一手抓制度建设，一手抓部风建设。两年间制定并下发了《哲学教研部教学工作制度补充规定》、《哲学教研部科研管理制度补充规定》、《关于科研合作项目管理的暂行规定》、《中央党校社会发展研究中心管理规定（试行）》等多项规章制度，同时注意加强引导，弘扬正气，反对各种不好的倾向。哲学部网站完成了改版，新的主页展示了我部新的形象和面貌，并在全校的评比中名列前茅，受到表彰和奖励。在队伍建设方面，先后对部、室两级领导班子进行了调整和充实，并根据学校的统一安排，完成了教研人员的岗位聘任工作。根据各类人员的状况和现有条件，注意采取多种措施，努力提升整体素质。在各项工作中，我部十分重视机关党的工作，努力将其与本部门中心工作紧密结合起来，发挥其应有作用。2009年下半年，部党总支进行了换届改选，新一届党总支以更加饱满的精神状态进入了工作岗位。

在校委的正确领导和哲学部全体同志的共同努力下，2008—2009年的工作进展顺利，哲学学科的发展取得了一些新的成绩，呈现出新的气象。但同时也应看到，我们在各方面都还存在着差距和不足。新的工作思路才刚刚开始实施，各方面关系还需要进一步理顺，各项措施也有待进一步落实。所以，我们不能有任何懈怠，而应在今后的实践中继续脚踏实地地抓好各项工作，并根据实际情况及时做出新的调整，努力将哲学学科的发展进一步推向前进。

中共中央党校校委委员、哲学部主任　贾高建

2010年3月

第一部分　机构和人员

一、部领导

(一) 2008 年 1 月至 7 月

哲学部主任——庞元正

哲学部副主任——董德刚　韩庆祥

哲学部党总支书记、副巡视员——侯才

(二) 2008 年 7 月至 2009 年 4 月

校委委员、哲学部主任——贾高建

哲学部副主任——董德刚　韩庆祥

哲学部党总支书记、副巡视员（2008 年 8 月止）——侯才

(三) 2009 年 4 月至 2009 年 12 月

校委委员、哲学部主任——贾高建

哲学部副主任——李晓兵（正局级）董德刚　侯才

哲学部党总支书记——侯才（兼）

(四) 2009 年 12 月

校委委员、哲学部主任——贾高建

哲学部副主任——李晓兵（正局级）董德刚　侯才

哲学部党总支书记、副巡视员——孙琰

二、部直属人员

副巡视员（2009 年 7 月起）、行政秘书——孙琰

教学秘书——董振华

行政干事——冯桂兰

三、马克思主义哲学教研室

(一) 2008 年 1 月至 12 月

教研室主任——毛卫平

教研室副主任——边立新

成员：张绪文　张耀光　林艳梅　王晓林　朱辉宇

（二）2009年1月至7月

教研室主任——边立新

成员：张绪文　毛卫平　张耀光　林艳梅　王晓林　朱辉宇

（三）2009年7月至12月

教研室主任——边立新

教研室副主任——林艳梅

成员：张绪文　毛卫平　张耀光　王晓林　朱辉宇

四、马克思主义哲学史教研室

2008年1月至2009年12月

教研室主任——阮青

教研室副主任——何建华

成员：许全兴（2009年1月止）胡为雄　刘毅强
　　　李宏伟（2009年7月止）　李海青（2009年7月止）

五、战略学教研室

（一）2008年1月至2009年7月

教研室主任——段培君

教研室副主任——杨信礼

成员：庞元正（2008年7月起）屠春友（2008年4月去世）　胡卫

（二）2009年7月至12月

教研室主任——段培君

成员：庞元正　胡卫

六、伦理学教研室

（一）2008年1月至2009年7月

教研室主任——韩庆祥（兼，2009年4月止）

成员：靳凤林　邱耕田（2009年7月止）　刘余莉　梁晓杰

（二）2009年7月至12月

教研室主任——杨信礼

教研室副主任——靳凤林

成员：刘余莉　梁晓杰

七、中外哲学教研室

(一) 2008 年 1 月至 2009 年 10 月

教研室副主任——郭大为　王杰

成员：丁东红　任俊华　成官泯　李小科　陈中浙　王峰
　　　李绍猛　杨洪江（2009 年 1 月止）

(二) 2009 年 10 月至 12 月

教研室副主任——王杰　杨玉成

成员：丁东红　郭大为　任俊华　成官泯　李小科　陈中浙　王峰　李绍猛

八、现代科学技术与科技哲学教研室

(一) 2008 年 1 月至 12 月

教研室主任——李建华

教研室副主任——王克迪　赵建军

成员：蔡德聪　杨玉成　付立　于晓非

(二) 2009 年 1 月至 7 月

教研室主任——王克迪

教研室副主任——赵建军

成员：李建华　蔡德聪　杨玉成　付　立　于晓非

(三) 2009 年 7 月至 10 月

教研室主任——王克迪

教研室副主任——赵建军　杨玉成

成员：李建华　蔡德聪　付立　于晓非

(四) 2009 年 10 月至 12 月

教研室主任——王克迪

教研室副主任——赵建军

成员：李建华　蔡德聪　付立　于晓非

第二部分　学科介绍

一、中共中央党校哲学学科简介

哲学是中共中央党校具有悠久历史和传统优势的学科之一。自中共中央党校的前身马克思共产主义学校于1933年3月13日在中央苏区创办后，就开设有马克思主义哲学课程。当时的校长李维汉、董必武等同志都是我党有深厚哲学造诣的理论家。在延安时期，特别是毛泽东同志1942年1月亲自兼任中共中央党校校长后，党校的哲学学科受到了特殊的重视。毛泽东同志十分重视对党员干部的科学世界观的教育和培养，多次亲自讲授马克思主义哲学课程，他的许多著名的哲学著作就是首先在中央党校发表的。毛泽东同志在中共中央党校所做的这些哲学工作，对于在全党牢固确立实事求是的思想路线，切实端正学风，进而取得新民主主义革命的伟大胜利，起到了极大的推动作用，同时也为中共中央党校乃至全国的马克思主义哲学事业的发展奠定了坚实的理论基础。

建国后，我国著名哲学家杨献珍、艾思奇先后担任过中共中央党校领导职务，带领中共中央党校哲学教研人员积极开展马克思主义哲学理论和其他方面的研究，取得了丰硕的理论成果，在全国哲学界保持着领先地位，有力地推动了我国马克思主义哲学事业的发展。1953年10月，哲学教研部的前身——哲学教研室正式成立。艾思奇（后为中共中央党校副校长）、吴江（后为中共中央党校副教育长）、韩树英（后为中共中央党校副校长）等著名哲学家曾先后担任教研室主任。

1977年中共中央党校复校后，党中央派胡耀邦同志主持工作。在胡耀邦同志的组织下，中央党校哲学教研人员首先发起并积极开展了“实践是检验真理的唯一标准”的讨论，在全国产生了极大的反响，在邓小平的大力支持和指导下，这场讨论发展为一场伟大的思想解放运动，对于深入批判“两个凡是”的错误方针，在全党重新确立党的解放思想、实事求是的思想路线，进行思想路线上的拨乱反正，起到了重要的作用。

20世纪80年代后期，中共中央党校撤销了各教研部门的直属单位建制，原来的哲学教研室被化整为零，机构设置几经变化。进入90年代后，中共中央党校的教研部门重新进行整合，组建了哲学教研部。曾先后担任部主任的有杨春贵、张绪文、许全兴、庞元正。

现任教研部领导班子的成员为：校委委员贾高建任部主任，李晓兵、侯才任部副主任，孙琰任党总支书记。

现教研部下设六个教研室：马克思主义哲学教研室、马克思主义哲学史教研室、战略学教研室、伦理学教研室、中外哲学教研室、现代科学技术与科技哲学教研室。

分别承担的主要教学和研究内容是：马克思主义哲学原理、马克思主义哲学发展史和马克思主义经典著作、毛泽东哲学思想、中国特色社会主义理论体系哲学基础、国外马克思主义哲学、中国哲学史和中国现代哲学、西方哲学史和现代西方哲学、科技哲学、伦理学、战略思维等，并且开展了发展哲学、社会哲学、政治哲学、经济哲学、管理哲学、价值哲学、生态哲学等哲学分支学科的研究和教学。

在 2006 年 1 月以前，有马克思主义哲学、科技哲学两个专业的博士点，马克思主义哲学、中国哲学、西方哲学、科技哲学、伦理学五个专业的硕士点。2006 年 1 月 25 日，经国家学位办批准获博士学位授权哲学一级学科。2007 年 8 月，经国家批准获马克思主义哲学国家重点学科。2006 年，西方哲学专业设立博士点。2009 年，中国哲学和伦理学两个专业设立博士点。

哲学教研部现有教研和行政人员共计 41 人（含特聘、返聘教授），其中在职教授 26 人，特聘教授 1 人，返聘教授 1 人，副教授 7 人，讲师 4 人，行政 2 人。在职教授中有 17 人具有博士生导师资格。一些教研人员在中国辩证唯物主义学会、中国历史唯物主义学会、中国马克思主义哲学史学会、中国哲学史学会、中国现代哲学专业委员会、西方哲学史学会和现代外国哲学学会中国自然辩证法研究会、中国管理学学会出任会长、副会长、秘书长、副秘书长、常务理事、理事等职。

二、马克思主义哲学学科（原理专业）简介

（一）学科简史

中央党校的马克思主义哲学学科在我国学术界具有举足轻重的影响。解放初，艾思奇、杨献珍等不仅在中央党校校内讲课，而且在社会上、特别是为高校知识分子讲课，为广泛传播马克思主义哲学作出重要贡献。20 世纪 60 年代初，由艾思奇主编的《辩证唯物主义　历史唯物主义》是当时干部和知识分子学习马克思主义哲学的主要教科书。在新时期，继续为马克思主义哲学理论的拨乱反正和引导社会进步发挥着重要作用。由韩树英主编的《通俗哲学》一书，1982 年 1 月由中国青年出版社出版后，被多次重印，印数达 500 万册以上。民族出版社先后出版了维（吾尔）、朝、蒙、藏四种文字的译本。该书于 1983 年获全国通俗政治理论读物一等奖。由韩树英主编的《马克思主义哲学纲要》一书，1983 年由

人民出版社出版，1990年发行第2版，1991年10月获“光明杯”哲学社会科学著作最高奖——荣誉奖。1995年该书和《通俗哲学》一起，被新闻出版署列入“常备书目”，2004年3月，该书被收入“中国文库”（哲学社会科学类）。杨春贵、张绪文、侯才主编的《马克思主义哲学教程》，1993年2月由中共中央党校出版社出版试用本，1997年5月出版修订本，1999年，全国干部培训教材指导委员会决定将本书列为全国干部政治理论类培训教材之一。

本学科不仅在基本教材建设及前沿理论研究中发挥了突出的作用，而且在社会生活和社会变革的实践中也起到了突出的作用。影响深远、贯穿上个世纪50直至80年代的“三次哲学论战”即发源于此。在新时期之初的“实践标准讨论”中，也发挥了重要作用。近年来，本学科在我部的统一组织下，组织了重大理论和现实问题的攻关，在马克思主义哲学、社会发展、中国特色社会主义理论体系等重大课题的研究中取得了重要的成果，同时承办了许多重要的学术会议，为哲学社会科学的繁荣及其在社会主义现代化建设中发挥积极作用作出了突出的贡献。

马克思主义哲学的专业机构经历了一个长期的演变过程。1953年10月，中央党校的前身马列学院组建哲学等六个教研室。1956年，哲学教研室成立辩证唯物主义组、历史唯物主义组及哲学史组。其后，组织建制又经历了一系列的变化。1990年哲学教研部成立后，分别设立了辩证唯物主义教研室、历史唯物主义教研室；后又改为马克思主义哲学一室、马克思主义哲学二室。现在的马克思主义哲学教研室于2000年由马克思主义哲学一室（原辩证唯物主义教研室）和二室（原历史唯物主义教研室）合并而成，属中央党校哲学教研部的六个教研室之一。

（二）机构和人员

目前，中央党校马克思主义哲学学科（原理专业）的专业机构为哲学部马克思主义哲学教研室。现有人员8人：张绪文、董德刚、边立新、毛卫平、张耀光、林艳梅、王晓林、朱辉宇。教研室主任为边立新，副主任为林艳梅。部教学秘书董振华副教授参加本室教研工作。

（三）研究方向及成果

本学科的研究重点主要为基础理论研究、新兴学科研究和重大理论与现实问题研究三个方面。

在基础理论研究方面，多年来曾编写、出版过大量各种类型的教科书、前沿问题研究专著及通俗读物。新时期以来的主要成果有：韩树英主编：《马克思主义哲学纲要》（人民出版社1983年版，1990年2月再版）、韩树英主编：《通俗哲学》（中国青年出版社1982年版）、杨春贵、张绪文、侯才主编：《马克思主义哲学教程》

（中共中央党校出版社1993年版，1997年修订本，2002年修订本第2版）、王伟光、贾高建、董德刚、边立新等著：《唯物史观新视野》（东方出版社1999年版）、贾高建著：《当代社会形态问题导论》（中共中央党校出版社1994年版）、贾高建著：《三维自由论》（中共中央党校出版社1994年版）、庞元正著：《决定论的历史命运——现代科学与辩证决定论的建构》（中共中央党校出版社1996年版）、庞元正、张耀光、边立新等著：《辩证唯物主义研究——历史、理论与前沿问题》（中共中央党校出版社2005年版）、侯才著：《马克思的遗产》（黑龙江出版社2009年版）、边立新著：《哲学热点问题研究》（当代世界出版社2000年版）、庞元正、董德刚、韩庆祥主编：《哲学二十二讲》（中共中央党校出版社2005年版）、庞元正、董德刚、韩庆祥主编：《马克思主义哲学与党的思想路线研究》（中共中央党校出版社2005年版）、庞元正、董德刚主编：《马克思主义哲学前沿问题研究》（中共中央党校出版社2004年版）。

在新兴学科研究方面，出版了一批新兴学科的研究专著，主要有：董德刚主编：《经济哲学》（中共中央党校出版社2003年版）、毛卫平、韩庆祥主编：《管理哲学》（中共中央党校出版社2003年版）、赵家祥、林艳梅等著：《历史哲学》（中共中央党校出版社2003年版）。

在重大理论和现实问题研究方面，发表了一批颇有影响的专著。杨春贵、张峰主编：《邓小平理论与社会主义的历史命运》（中共中央党校出版社1998年版）、王伟光主编：《“三个代表”重要思想研究》（人民出版社2002年版）、庞元正主编：《当代中国科学发展观》（中共中央党校出版社2004年版）等，贾高建、董德刚、边立新等著：《市场经济与道德流变》（中共中央党校出版社1997年版）、徐伟新著：《社会主义社会发展动力论》（人民出版社1991年版）、沈冲、张绪文、向熙阳等著：《论领导主体》（中共中央党校出版社1996年版）、韩庆祥著：《马克思人学思想研究》（河南人民出版社1997年版）、庞元正、丁冬红等著：《发展理论论纲》（中共中央党校出版社2000年版）、董德刚著：《社会主义初级阶段》（中共中央党校出版社1998年版）、董德刚著：《社会主义经济哲学引论》（经济科学出版社1998年版）、边立新著：《中国发展深层问题研究》（党建读物出版社2005年版）、董振华著：《创新劳动论》（中共中央党校出版社2005年版）、林艳梅著：《技术的沉思》（黑龙江教育出版社2005年版）、王晓林著：《社会发展机制优化论》（中央民族大学出版社2007年版）。同时，还发表了大量的研究论文。

（四）教学工作情况

改革开放以来，马克思主义哲学在中央党校的课堂上发挥了重要的作用。目前的教学任务，领导干部班的专题课有：《马克思恩格斯的哲学思想》、恩格斯《路德维希·费尔巴哈和德国古典哲学的终结》导读、《恩格斯晚年哲学思想研究》、《马克思主义哲学前沿问题研究》、《哲学思维与领导能力》、《马克思主义的一脉相承和与时俱进》、《马克思主义哲学专题研究》、《党的思想路线的新发展》、《邓小平理论研究》、《“三个代表”重要思想研究》、《科学发展观研究》、《以人为本与当代中国发展》、《中国特色社会主义理论体系的哲学基础》等。

研究生课程：《马克思主义哲学基础理论研究》、《马克思主义哲学经典著作研究》、《马克思主义哲学前沿问题研究》、《毛泽东哲学思想研究》、《社会发展的理论与战略》、《马克思主义哲学面临的挑战与发展趋势》、《辩证法原理研究》、《辩证思维方法论》、《辩证法与系统思想》、《认识论原理研究》、《社会认识论研究》、《理性反思与悟性体验》、《实践唯物主义研究》《历史唯物主义若干问题研究》、《社会规律与人的活动研究》、《社会基本矛盾问题研究》、《马克思主义哲学方法论研究》、《创新实践与社会发展》、《意识形态问题研究》、《科学技术在社会发展中的作用》、《经济哲学》、《管理哲学》等。

三、马克思主义哲学学科（发展史专业）简介

（一）学科简史

哲学部马克思主义哲学史教研室正式成立于1990年。当时，中共中央下发了《关于加强党校工作的通知》，提出党校教育向制度化、规范化和定期化的干部培训和轮训方向发展。为了落实中央这一重要决定，中央党校各部门进行了调整。在整合原有相关机构的基础上组建了哲学教研部，下设六个教研室，其中含有马克思主义哲学史教研室。先后担任马克思主义哲学史教研室主任的有：杨春贵、李振霞、许全兴、张峰、侯才。韩庆祥曾担任过该教研室的副主任。

（二）机构和人员

目前，中央党校马克思主义哲学学科（发展史专业）的专业机构为哲学部马克思主义哲学史教研室。该室现有教研人员4人：阮青、何建华、胡为雄、刘毅强。哲学教研部副主任侯才教授参加该室的教研工作。教研室主任为阮青，副主任为何建华。其中，博士生导师有：侯才、阮青、胡为雄；硕士生导师有：何建华、刘毅强。侯才教授还兼任国务院学位委员会学科评议组成员等职。

（三）研究方向及成果

主要研究方向为马克思主义哲学发展史和马克思主义经典著作。其中包括马克思恩格斯哲学思想、列宁哲学思想、马克思主义哲学中国化、毛泽东哲学思想、中国特色社会主义理论体系哲学基础等专题研究。同时，也兼及马克思主义哲学基础理论、政治哲学、价值哲学、文化哲学等方面的研究。

近年来，承担并圆满完成了多项课题。主要有：国家课题：《毛泽东与孔夫子》（许全兴）、《马克思主义哲学的自我革命》（许全兴）、《哲学的历史发展与未来趋向》（侯才）、《哲学重大基础理论问题研究》（重点项目，侯才）、《马克思主义哲

学经典著作导读》(重大项目，侯才)、《马克思的上层建筑理论和全球化时代的上层建筑》(胡为雄)；部委级课题：《国家整体创新问题研究》(阮青)、《三峡外迁移民项目》(何建华)、《毛泽东思想基本问题》(刘毅强) 等。

主要学术成果有：《毛泽东晚年的理论与实践》(许全兴)、《毛泽东与孔夫子——马克思主义中国化个案研究》(许全兴)、《青年黑格尔派与马克思早期思想的发展》(侯才)、《马克思的遗产》(侯才)、《价值哲学》(阮青)、《中国个性解放之路》(阮青)、《中国特色社会主义理论体系论纲》(阮青主编)、《毛泽东哲学和中国哲学的兴盛》(胡为雄)、《毛泽东思想研究史略》(胡为雄)、《新时期的经济与政治》(何建华)、《悄悄的革命》(刘毅强) 等。

主持编撰和参与编撰的教材和相关教材有：《马克思主义哲学发展史教程》(杨春贵等主编)、《马克思主义哲学史论》(侯才、阮青、薛广洲主编)、《马克思主义哲学经典著作选介》(侯才、阮青主编)、《马克思主义哲学经典文选》(侯才、阮青编辑)、《马列著作选读》(参编)、《毛泽东著作选读》(参编)、《马克思列宁主义基本问题》(参编)、《毛泽东思想基本问题》(参编)、《邓小平理论基本问题》(参编)、《"三个代表"重要思想基本问题》(参编)、《〈马克思主义著作选编〉提要和注释》(参编) 等。其中杨春贵教授主编的《马克思主义哲学发展史教程》被教育部推选为研究生教学参考用书。阮青教授主编的《中国特色社会主义理论体系论纲》被中宣部和新闻出版署联合评选为"改革开放 30 年重点百本图书"之一。本教研室在马克思早期思想、毛泽东思想、中国现代哲学史、中国化马克思主义等方面的研究，在全国具有重要的学术地位与影响。

(四) 教学工作情况

承担干部班的课程主要有：《德意志意识形态》导读、《路德维希·费尔巴哈和德国古典哲学的终结》导读、《谈谈辩证法问题》导读、《马克思恩格斯哲学思想》、《列宁哲学思想》、《毛泽东哲学思想》、《中国特色社会主义理论体系的哲学基础》、《解放思想、实事求是、与时俱进》、《马克思主义哲学研究的若干前沿问题》、《社会主义核心价值观问题研究》等。

承担各类研究生的课程主要有：《马克思主义哲学史和经典著作选读》、《马克思主义哲学前沿问题研究》、《国外马克思主义哲学研究》、《毛泽东哲学思想研究》等。

四、伦理学学科简介

(一) 学科简史

中央党校作为培训轮训中高级党员领导干部、培养党的理论队伍以及学习、研究和宣传马克思列宁主义、毛泽东思想和中国特色社会主义理论体系的重要阵地，作为干部加强党性锻炼的熔炉，高度重视伦理学研究和教学，重视对于学员进行思想道德教育，重视伦理学学科的建设和发展。改革开放以来，中央党校伦理学学科建设取得了长足进步。1983年，开始在马克思主义哲学硕士点招收硕士研究生；1996年，开始在马克思主义哲学博士点招收博士研究生。2001年，中央党校哲学部成立伦理学教研室。2003年，获得伦理学专业硕士学位授予权；2004年，招收伦理学专业硕士研究生；2005年，开始在马克思主义哲学博士点招收伦理学方向博士研究生；2009年，设立伦理学博士点，2010年招收伦理学专业博士研究生。原哲学部副主任韩庆祥教授曾兼任伦理学教研室主任，戴木才教授曾任副主任。

1993年，中国伦理学会“中国社会主义道德建设专业研究会”挂靠中央党校哲学部开展日常工作，宋惠昌教授任研究会会长。2002年，“中国社会主义道德建设专业研究会”更名为“中国伦理学会政治伦理学分会”，依托伦理学教研室开展日常工作。2002年，举办“以德治国与社会发展理论高层研讨会”；2003年，举办“政治伦理与干部道德理论研讨会”；2006年，举办“政治伦理与和谐社会研讨会”；2009年10月，举办“中西伦理思想研究理路与方法”座谈会；2009年11月，举办“科学发展观与政治伦理”研讨会，在此次会议上，增补杨信礼教授为中国伦理学会政治伦理学分会副会长，靳凤林教授为秘书长。

（二）机构和人员

目前，中央党校伦理学学科的专业机构是哲学部伦理学教研室。该室现有教研人员4人：杨信礼、靳凤林、刘余莉、梁晓杰；教研室外兼职教研人员2人：孙向军、朱辉宇。其中杨信礼、靳凤林为博士生导师，刘余莉、梁晓杰、孙向军为硕士生导师。教研室现任主任为杨信礼，副主任为靳凤林。宋惠昌教授曾在本学科领域工作，长期从事马克思主义伦理学、政治伦理、社会主义道德建设等方面的教学与研究，取得了丰硕成果。

（三）研究方向及成果

中央党校伦理学学科主要有以下四个重点研究方向：

1. 马克思主义伦理学原理与伦理思想史。

根据中央党校教学工作需要，开展马克思主义伦理学与马克思主义伦理思想史、社会主义核心价值体系等方面的研究工作，出版了《马克思主义伦理学》、《马克思恩格斯的伦理学》、《马克思主义人学思想研究》、《毛泽东的人生哲学》、《当代意识形态研究》、《规则伦理与美德伦理》、《市场经济与道德建设》、《当代中国道德教育》、《道德哲学与道德教育》、《现代科技与道德》、《现代人权论》等著作；参编了《伦理大思路》、《西方伦理学名著提要》、《道德建设论》等著作；翻译出版了《探索伦理学——通向善恶王国的旅行》、《世界人权百科全书》等著作；发表了《论科技革命中的伦理学问题》、《论意识形态的本质》、《论当代意识形态发展的基本趋势》、《论我国新时期精神文明的历史发展》、《现代伦理观的新视野》、《美德与规则的统一》等论文。主持或参与完成了“建立社会主义思想道德体系研究”、“建立与社会主义市场经济相适应的道德体系研究”、“社会主义伦理学”、“市场经济与道德建设”等一批国家和省部级课题的研究。

2. 政治哲学与政治伦理学。

紧密结合我国改革开放和社会主义现代化建设实际，研究当代中国政治文明建设中的重大理论问题和实际问题，出版了《政治哲学》、《政治文明的正当性——政治伦理与政治文明》、《走向社会主义政治文明》、《毛泽东的政治哲学》、《邓小平的政治哲学》、《制度伦理与官员道德》、《管理的伦理法则》等著作；发表了《关于国家、社会、个人关系的政治伦理思考》、《政治哲学：政治的理性与良心》、《政治正当性及其现代形态》、《论胡适政治哲学的历史价值》、《论儒家政治哲学中的权变思想》、《论“老子”政治哲学的辩证法》、《中国传统治国理念的当代价值》等论文。主持或参与完成了“依法治国与以德治国相结合基本治国方略研究”、“政治伦理与政治文明研究”、“政府行为与可持续发展问题研究”、“应用伦理中的程序正义研究”、“费希特伦理学思想研究”、“领导干部政治道德失范及其对策研究”等一批国家社科基金课题和省部级委托课题。

3. 发展哲学与发展伦理学。

该方向致力于对发展问题进行规范性与反思性研究，已出版了《发展哲学引论》、《发展哲学导论》、《科学发展观研究》、《当代社会发展的哲学研究与论辩》、《发展与代价》、《低代价发展论》、《科学发展观战略研究》等著作；发表了《马克思主义价值论与当代中国价值观的建构》、《理性与价值的整合：新发展观的确立与发展实践的转型》、《发展与创新的价值评价尺度》、《人天和谐与可持续发展》、《科学的道德义蕴与道德规约》、《环境伦理何以必要?》、《当代社会发展的伦理追问与道德反思》等论文。《科学发展观与当代中国思维方式的转换》等国家课题正在研究过程中。

4. 中国传统伦理与西方伦理研究。

以马克思主义的立场、观点、方法研究中国传统伦理与西方伦理，寻求传统伦理现代转换以及中西方伦理会通之道。已出版 *The Unity of Rule and Virtue*（《规则与美德的统一》）、《传统文化中的人道主义》、*Conceptions of Virtue: East and West*（《东西方的美德概念》）等著作；发表了《中国传统哲学的二重性格及其成因浅探》、《儒家人生哲学论纲》、《道家环境哲学及其现代价值》、《“礼”之意义镜像的伦理学透析》、《和：孔子与毕达哥拉斯》、《和谐：儒家文化孕育的民族精神精髓》、《儒家伦理与和谐社会》、《思想道德教育的中国传统伦理基础》、《中世纪二元对立型社会治理模式与基督教信念伦理》、《伦理理性的张力及其限度》等论文。

已完成国家社会科学基金课题《儒家伦理与美德伦理》，团中央规划课题《在青少年中加强中华优秀传统文化教育研究》等正在研究过程中。

（四）教学工作情况

在中央党校进修部、培训部有关班次开设《马克思主义伦理学基本问题》、《马克思主义价值论研究》、《科学发展观研究》、《社会主义价值观研究》、《发展伦理问题研究》、《生态伦理问题研究》、《政治伦理问题研究》、《行政伦理问题研究》、《中国传统伦理思想》、《现代西方伦理思潮》、《社会主义荣辱观与领导干部道德建设》、《深入理解和自觉树立社会主义荣辱观》、《当代中国政治伦理建设》、《当前道德建设的几个热点问题》、《建立与社会主义市场经济相适应的道德体系》、《基督教伦理与现代西方文明》、《中国传统文化与中国式管理》、《中华优秀伦理道德与社会和谐》、《领导心理调适》等课程。为伦理学专业硕士研究生开设《伦理学基础理论研究》、《中国伦理思想史专题研究》、《西方伦理思想史专题研究》、《马克思主义伦理学经典著作研究》、《应用伦理学基础理论研究》、《中国伦理学原著选读》、《西方伦理学原著选读》、《比较伦理学研究》、《发展伦理学研究》、《政治伦理研究》、《管理伦理研究》、《宗教伦理研究》等课程；为其他专业硕士研究生讲授《价值论研究》等课程；为伦理学专业博士研究生开设《伦理学前沿问题研究》、《中外政治伦理史研究》、《当代中国重大政治伦理问题研究》、《生死伦理研究》等课程；为其他专业博士研究生讲授《马克思主义价值论研究》等课程。此外还开设了《毛泽东哲学思想》、《提高驾驭全局的战略思维能力》、《发展哲学研究》等课程。

五、战略学学科简介

（一）学科简史

2001年，根据中央“理论基础、党性修养、世界眼光和战略思维”的新教学布局，中央党校设立了战略学学科，由哲学部战略学教研室负责该学科的建设。

中央党校所设立的战略学，是超越军事战略学等具体形态的一般战略学，具有战略哲学、战略学原理、战略学运用的综合性特征。当代战略研究的视野、对象和方法的扩展表明，战略现象不再限于军事、政治、经济、科技、文化等个别领域而具有了一般性。战略学作为研究战略现象的学科，其任务是通过这种研究而获得关于战略一般特性和规律的认识，并根据理论联系实际的方针，将其运用于高中级干部的培训工作和中国重大战略问题的研究。

（二）机构和人员

目前，中央党校战略学学科的专业机构是哲学部战略学教研室。该室现有教研人员3人：庞元正、段培君、胡卫。段培君教授为教研室主任。曾在战略学教研室从事教学和研究的人员有杨信礼、屠春友。杨信礼教授曾担任过该室副主任。部主任贾高建教授参与该室的教研工作。

（三）研究方向及成果

战略学学科设立以来，已经为高中级干部开设了战略学的系统讲题。同时，从战略学原理、社会发展理论（发展哲学）和应用战略学等方面对战略学学科的确立进行了多角度的探讨和比较系统的论证，初步形成了战略学的研究框架。在此基础上，组织实施了对国家战略等重大战略问题的应用研究，开展了战略前沿问题研究的国内外交流，承担了国家、中央党校和有关单位的研究项目。目前战略学主要研究方向有：

1. 战略学原理与战略哲学。

战略学原理的研究属于基础性研究。该研究方向学术带头人为战略学教研室主任段培君教授，学术骨干有胡卫博士等。主要从事以下方面的研究：其一，战略思维、创新思维、辩证思维的理论研究，主要研究战略思维、创新思维、辩证思维的理论与方法，战略思维、创新思维、辩证思维的能力形成和培养，几年来，为高中级干部开设的《战略思维的理论与方法》、《系统思想与战略思维》、《提高驾驭全局的战略思维能力》、《战略预见与危机预防》、《战略思维与中国发展战略》等系列讲题基本属于这一范围；其二，战略的哲学基础研究，主要从实践哲学、政治哲学和社会哲学的角度对战略本性进行基础性研究；其三，社会科学方法论研究，主要从经济学方法论、系统科学方法论和社会科学研究范式等角度对战略学方法论进行研究，出版了相关的学术专著；其四，管理学研究，主要从战略管理、公共管理、经济管理的角度进行研究。教研室已经为研究生开设《战略问题研究》、《公共管理学》、《战略管理》、《科学方法论》、《经济学方法论》等课程。

在以上研究的基础上，对战略学体系进行初步的架构。这方面的代表作有《战略思维的理论与方法》、《战略学何以可能》等。

2. 社会发展理论与发展哲学。

社会发展理论与发展哲学是中央党校哲学部近十几年来重点发展的有代表性和突出特点的研究方向。本方向有一支知识结构合理、具有创新精神、在学术上有相当成就和知名度的专家队伍，具有较强的研究实力和较大的社会影响。贾高建教授长期致力于社会发展问题的研究，注重将社会发展理论与社会发展战略结合起来，把社会发展理论的研究成果应用于社会发展战略的研究，着眼于从社会发展的整体领域，构建社会发展战略的体系框架。承担了国家课题“社会发展理论与社会发展战略研究”，出版专著《社会发展理论与社会发展战略——建构一种逻辑体系的研究纲要》等。庞元正教授注重理论与实际相结合、宏观研究与微观研究相结合、理论研究与实证研究相结合，注重跨学科交叉研究，注重在党政干部中进行发展理论特别是科学发展观的宣传和培训。承担了国家委托重大课题“科学发展观研究”，主编和出版了《发展理论论纲》、《当代中国科学发展观》、《当代西方发展理论新词典》等。

3. 应用战略学与发展战略研究。

在以上研究的基础上，教研室开展对应用战略学的研究。主要有：

——中国发展模式与战略研究，主要进行国家发展战略、可持续发展战略、自主创新战略和区域发展战略研究；

——风险管理与危机处理研究，主要从战略预见和危机预防的角度进行研究。

这方面的课题项目有：国家重大招标课题《科学发展观与当代中国文明建设研究》；国家社会科学基金重点项目《中国发展新模式及其战略体系研究》；国家高级研究学者项目《可持续发展视野中的中美发展模式比较研究》；委托课题有《首都实现以人为本，全面、协调、可持续发展的主题、思路与对策》和软科学课题《北京科技进步促进区县发展》等。

（四）教学工作情况

为高中级干部开设的讲题主要有：《战略思维的理论与方法》、《系统思想与战略思维》、《提高驾驭全局的战略思维能力》、《战略预见与危机预防》、《战略思维与中国发展战略》等；为研究生开设的主要课程有：《战略问题研究》、《公共管理学》、《战略管理》、《科学方法论》、《经济学方法论》等。

六、中国哲学学科简介

（一）学科简史

中央党校历来重视中国哲学的教学与研究，其专业机构为中央党校哲学部中外哲学教研室。该室前身为中央党校哲学教研室哲学史组。自教研室成立以来，除现有人员外，赵纪彬、艾力农、孙定国、李慎仪、赵士孝、张绍良、刘宏章、傅云龙、李振霞、李公天、孙琰、余金华、乔清举、雷建坤、孙波等同志先后在本教研室从事过中国哲学史的教学和科研工作，并为中央党校中国哲学学科的建设和发展作出了贡献。刘宏章、乔清举先后担任过该教研室的主任。已故著名中国哲学史专家赵纪彬教授撰写的《论语新探》（人民出版社1959年版，后两次再版），曾在当时的学术界产生了广泛的影响，受到过毛泽东主席的称赞，认为是一部“写得很好”、“有些新的见解”的著作。他撰写的另一部著作《困知录》（中华书局1963年版），也在学术界产生了广泛的影响。

（二）机构和人员

目前，中央党校中国哲学学科的专业机构是哲学部中外哲学教研室。部副主任李晓兵教授兼任该教研室主任，王杰教授、杨玉成教授任教研室副主任。现教研室从事中国哲学教学与研究工作的教师有 4 人，其中，教授 3 名，副教授 1 名，均拥有博士学位。其中，王杰教授的研究方向是先秦儒家哲学、明清哲学及中国传统文化；任俊华教授的研究方向是道家哲学、出土文献及国学、中国传统管理哲学与现代化；陈中浙教授的研究方向是中国佛教哲学；赵峰副教授（室外兼职人员）的研究方向是宋明理学；王峰副教授的研究方向是先秦哲学及宋明理学。在中央党校哲学学科内，兼及中国哲学研究方向的教研人员还有：许全兴教授、侯才教授、孙琰副教授、张琳副教授等。

（三）研究方向及成果

中国哲学专业的全体教师在学术研究上取得了突出的成绩。在《哲学研究》、《中国哲学史》、《文史哲》、《中国文化研究》、《国学研究》、《国际儒学研究》、《孔子研究》、《周易研究》、《中国学术》、《现代哲学》、《伦理学研究》、《国际易学研究》、《中华文化论坛》、《中共中央党校学报》、《中国道教》、《清华美术》、《中国书法》、《理论前沿》、《湖北大学学报》、《齐鲁学刊》、《道德与文明》等国家专业学术期刊发表各类学术文章近 300 篇，其中近 50 篇学术文章被《新华文摘》、《中国人民大学书报资料中心·中国哲学卷或伦理学卷》、《哲学动态》等全文转载或论点摘登；王杰教授承担的《儒家政治思想与现代社会》和陈中浙教授承担的《董其昌的书画艺术与禅宗》等国家社科基金项目现都已顺利结项，其成果鉴定等级均为优秀。截至 2010 年，共出版学术专著 10 余部，由该室教研人员完成的主要有：王杰教授的《儒家文化的人学视野》、《荀子注释》；任俊华教授的《韩非子注释》、《易学与儒学》、《环境伦理的文化诠释》、《孙子兵法正宗》、《三十六计正宗》、《大学中庸孟子正宗》、《周易故事》、《贞观政要正宗》、《屈原楚辞正宗》；陈中浙教授的《苏轼的书画艺术和佛教》、《一超直入如来地——董其昌书画中的禅意》等。由室外教研人员完成的主要有：侯才教授的《郭店楚墓竹简〈老子〉校读》、《老子在今天》、《竹简老子——考订与注释》（德文）、赵峰副教授的《朱熹的终极关怀》等。编写的主要教材有：刘宏章教授主编的《中国哲学史教程》（上、下卷）（中共中央党校出版社 1988 年版）、李振霞教授的个人专著《中国现代哲学史纲要》（上、下卷）（红旗出版社 1986 年版）、乔清举教授主编的《中国哲学史简明教程》（中共中央党校出版社 2002 年版）。参加国内国际学术讨论会，与海内外学术界进行了广泛的学术交流。

经过多年的探索与努力，中国哲学专业现已形成了专业知识全面、年龄结构合理、具有自己特色的教学研究队伍，建立起一整套较为完善的培养中国哲学专业学位研究生的教学体系与方法，形成了自己的学术研究的特点与专长。近年来，在儒家哲学、佛教哲学、宋明理学、明清实学等研究领域都取得了较为显著的成绩，引起了中国哲学史界的关注。

（四）教学工作情况

本学科专业结构分布基本合理。中国哲学专业自 1984 年开始招收中国哲学研究方向的硕士学位研究生，自 2009 年开始招收博士学位研究生。中国哲学专业全体教师以强烈的社会责任感认真从事教学工作。近年来，为学位研究生先后开设了《儒家哲学思想》、《道家与道教哲学研究》、《佛教哲学思想》、《中国哲学原著选读》、《中国哲学史料学》、《中国古代哲学与文化》、《中国近现代哲学专题研究》等课程，并培养出了多名合格的硕士研究生。在中央党校领导干部班、师资班等班次上，开设了《中国传统哲学的基本精神》、《中国传统文化的基本精神》、《儒释道与中国文化》、《传统文化及其现代价值》、《中国传统文化研究中的几个问题》、《如何看待当前的国学热》、《生态伦理问题》、《中国古代生态文化》、《中国书画艺术赏析》、《禅宗与中国文化》、《周易与中国文化》、《孔子与中国文化》等课程，并取得了良好的教学效果。

七、西方哲学学科简介

（一）学科简史

中央党校西方哲学的教学与科研有着较为悠久的历史和优良传统。已故著名西方哲学专家葛力教授为中央党校西方哲学学科建设作出了开创性的贡献，同时也为中央党校西方哲学研究赢得了广泛的社会赞誉。葛力（1915—1998），1953 年在美国南加州大学获哲学博士学位后，满怀爱国的忠心和报国的热情，冲破重重阻碍，历经种种曲折，于同年返回祖国。从 1954 年 6 月起，他就一直在中央党校工作，主要从事西方哲学的教学与研究，他在 18 世纪法国哲学和现代外国哲学研究等领域所作出的卓越贡献，至今为人所称道。除大量高水平的学术论文外，他还出版过多部专著、译著，主要包括：《批判休谟和康德的不可知论》（合著，上海人民出版社 1956 年版）、《十八世纪法国唯物主义》（上海人民出版社 1982 年版）、《现代外国哲学》（合著，山西人民出版社 1984 年版）、《启蒙思想家的泰斗——伏尔泰》（合著，世界知识出版社 1989 年版）、《十八世纪法国哲学》（社会科学文献出版社 1991 年版）、《现代西方哲学词典》（求实出版社 1990 年版）、《西方哲学认识论》（中共中央党校出版社 1997 年版）、《葛力哲学文选》（中共中央党校出版社 1999 年版）、《西方哲学史》（译著，梯利著，商务印书馆上册 1974 年版，下册 1979 年版，修订本 1995 年版）等。葛力教授一生在学术上不断探索和创新，提出了许多独创性的见解。

正是由于葛力先生及他所带领的中央党校外国哲学研究取得的卓著的学术成就，中央党校哲学部于 1984 年成为拥有外国哲学硕士学位授予权的单位。20 多年来，中央党校哲学部已经培养出 20 多名外国哲学专业的硕士研究生。2006 年 1 月，中央党校哲学部获得哲学一级学科博士点授权，西方哲学学科随之获得博士学位授予权，从而为教学和科研的进一步发展奠定了坚实的基础。

中央党校西方哲学专业的教学与研究具有自己的专长与特点。它以继承人类文化的优秀遗产、完整理解马克思主义哲学的思想渊源、及时把握当今世界范围内哲学发展的主流与趋向、辨析各种思潮和流派的得失优劣为己任，通过普及基础知识、评介新知与新学、扩大思想交流、探讨重大的理论与现实问题，着眼学术前沿，推动学术争鸣，为坚持和发展马克思主义哲学提供理论借鉴与启示，为党的教育事业服务，为繁荣哲学社会科学服务。

经过多年的努力与探索，中央党校西方哲学的教学与研究走上了更加系统、全面的道路，现已形成了专业知识全面、年龄结构合理、别具特色的教学研究队伍，建立起一整套较为完善的培养西方哲学专业研究生的教学体系与方法，形成了自己的学术研究的特点与专长。近年来，在德国古典哲学、现代西方哲学和西方政治哲学等研究领域也取得了较为显著的成绩。

（二）机构和人员

目前，中央党校西方哲学学科的专业机构是哲学部中外哲学教研室。部副主任李晓兵教授兼任该教研室主任，王杰教授、杨玉成教授任教研室副主任。现职从事西方哲学的教研人员有 7 人，其中教授 4 名，副教授 2 名，讲师 1 名。除李晓兵、杨玉成教授外，丁东红教授系博士生导师（曾任中央党校对外培训中心主任）；郭大为教授系博士生导师（曾任中外哲学教研室副主任）；成官泯副教授和李小科副教授系硕士生导师；李绍猛为讲师，拥有双博士学位。另外，中央党校文史部文化教研室的李文堂教授兼任西方哲学硕士生导师，研究生院培养处的杨洪江博士也兼职讲授西方哲学硕士生课程。除现有人员外，曾经先后在本教研室从事西方哲学教学与研究的人员有葛力、周贵莲、蒋永福、孙鼎国、岳长龄、巴发中等。

（三）研究方向及成果

——关于德国古典哲学的研究。中央党校西方哲学学科非常重视德国古典哲学研究，主要科研成果有：周贵莲的《认识自然科学之谜的哲学家——康德认识论研究》（中共中央党校出版社 1994 年版）、李文堂的《真理之光——费希特与海德格尔论 SEIN》（江苏人民出版社 2002 年初版，2004 年再版，获第十四届中国图书奖）、郭大为的《费希特伦理学思想研究》（中国社会科学出版社 2003 年版）、周贵莲、丁冬红编译《国外康德哲学新论》（求实出版社 1990 年版）、孙鼎国的译著《康德》（瓦·

费·阿斯穆斯著，北京大学出版社1987年版）、郭大为的译著《康德〈纯粹理性批判〉——现代哲学的基石》（奥特弗里德·赫费著，人民出版社2008年版，获中央党校2008年度优秀科研成果奖）。此外，党校的西方哲学工作者还与兄弟单位合作，参与《康德著作全集》、《费希特著作选集》的编译工作。

此外，教研部内教研人员的相关成果有：侯才的学术论文《路德维希·费尔巴哈与莫泽斯·赫斯》（德文），作为第二届国际费尔巴哈大会的主题演讲论文载于《路德维希·费尔巴哈与德国的未来》（德国科学出版社1990年版），以及《哲学的涅槃——对黑格尔〈德国唯心主义始初系统纲领〉的一种阐释和发挥》（德文），作为第二十二届国际黑格尔大会的主题演讲论文载于《黑格尔年鉴》（1999年卷）（德国科学出版社2000年版）等。

——关于现代西方哲学的研究。已故著名西方哲学史家葛力先生为本专业点在西方人本主义研究方面奠定了坚实的基础。本方向研究人员继承这一优良传统，不断夯实学科基础，在文艺复兴的人文主义思潮、近代人文主义的发展等多个领域取得了开拓性的研究成果。近年，主要加大对现当代人本主义的研究和探讨，并取得了长足的进展。丁东红的《人之解读：现代西方人本主义研究》（河北教育出版社2001年版），以深入浅出、清晰通畅的形式阐发了现代西方人本主义思潮的主流，在国内产生了较为广泛的影响和好评。

在近代英美哲学研究方面，巴发中的《霍布斯及其哲学》（中共中央党校出版社1997年版）是国内出版的第一部研究霍布斯哲学的专著，在学术界有一定影响。近年来，在当代英美哲学研究方面又有所开拓。杨玉成的《奥斯汀：语言现象学与哲学》（北京商务印书馆2002年版；台湾商务印书馆2003年版），在国内同行中有较大的影响，并获得全国党校系统2004年度优秀科研成果一等奖。丁东红和郭大为参与编译的《维特根斯坦全集》、丁东红编译的《米德文选》（社会科学文献出版社2009年版）、岳长龄的译著《卡尔·马克思的历史理论》（柯亨著，重庆出版社1989年版）以及杨玉成的译著《真理与进步》（罗蒂著，华夏出版社2003年版）、《重建哲学》（普特南著，上海译文出版社2008年版）在学术上都有一定的分量。

——关于西方政治哲学的研究。近年来，中央党校西方哲学学科把西方政治哲学作为介入讨论重大现实问题、参与党校干部教育的重要触角，不断加大这个方面教学和研究的力度，取得了一系列较有影响的科研成果，其中较有分量的有：李晓兵教授的《当代西方政治哲学主流》（中共中央党校出版社2001年版）、《政治·哲学笔记》（中央编译出版社2009年版）、李小科博士的《正义女神的传人——约翰·罗尔斯》（合著，河北大学出版社2005年版）、李绍猛博士的英文专著*John Rawls' Theory of Institutionalism*（The Edwin Mellen Press，2009）以及成官泯博士译著的《柏拉图的三部曲》（华东师范大学出版社2009年版）。此外，郭大为教授、岳长龄教授以及成官泯博士、李小科博士和李绍猛博士等在《中国社会科学》、《哲学研究》、《世界哲学》《人民日报》、《北京大学学报》、《复旦大学学报》等重要报刊杂志上，跟踪国际学术前沿，围绕文明冲突、全球化、现代性、民主、自由等重大理论和现实问题，发表了一系列颇具影响的学术论文。

中央党校西方哲学专业的教学研究非常注意与西方学术界的交流与合作。20世纪八九十年代，西方哲学学科的教研人员参与了国内西方哲学界的许多重要项目。近年来，丁东红和郭大为等积极与兄弟单位合作，参与《康德著作全集》、《费希特著作选集》的编译和多卷本《西方哲学史（学术版）》（江苏人民出版社2005年版）的撰写等国内西方哲学重大项目的工作。2001年、2004年曾先后成功地主办了德国著名哲学家尤尔根·哈贝马斯、美国著名哲学家理查德·罗蒂来中央党校进行学术交流的活动，产生了广泛的关注和良好的社会评价。

（四）教学工作情况

中央党校西方哲学专业的教学面向全校各主体班次。为了使在党校轮训、培训的党的高中级干部更加深入地掌握马克思主义哲学的精髓及其理论来源，了解现当代西方哲学发展的主要趋势，提高学员理论思维水平和辨析国内外各种思潮的能力，早在20世纪80年代初，西方哲学学科就在党校的干部班开设了现代西方哲学课程，对干部的思想解放和开拓眼界起到了一定作用。近年来，本学科教研人员先后开设了《当代西方科学理性主义思潮》、《当代西方人本主义思潮》、《当代西方政治哲学》、《西方哲学基本精神》、《西方的哲学与政治》、《西方人的自我认识》等课程，越来越在党校的干部教育事业中发挥作用。

自招收西方哲学研究方向的硕士学位研究生以来，以中央党校哲学部中外哲学教研室为主体，党校从事西方哲学的教研人员除为本专业的硕士学位研究生开设《西方哲学原著选读》、《现代西方哲学原著选读》、《西方人本主义研究》、《德国哲学专题研究》、《西方政治哲学》、《西方哲学史料学》等专业课外，还为哲学部其他专业（包括马克思主义哲学、中国哲学和科学技术哲学专业）学位研究生开设《西方哲学专题研究》、《现代西方哲学专题研究》、《哲学专业英语》等学科基础课、专业选修课及公共必修课课程，并为全校研究生开设了以介绍现代西方哲学方法论为内容的公共选修课。此外，外国哲学专业还承担着马克思主义哲学专业在职硕士研究生的西方哲学史、西方政治哲学的教学任务。

中央党校西方哲学学科也很重视西方哲学教材建设。岳长龄、丁东红合著的《现代西方哲学评介》（求实出版社1988年版）和蒋永福等主编的《西方哲学》（上、下册，中共中央党校出版社1990年版），在学界都有一定的影响。

八、科学技术哲学学科简介

(一) 学科简史

中央党校哲学教研部是中国科学技术哲学（原自然辩证法）学科的发祥地。早在1958年，当时的中共中央高级党校开办了自然辩证法研究班，为国内各著名大学及研究机构系统培养了第一批本学科研究和教学骨干。该班学员70余人，结业于1961年初。在校期间，学员们集体讨论编写了我国第一部《自然辩证法提纲》（草稿）。1981—1982年，中央党校哲学教研部又举办了第二届自然辩证法研究班，为各大专院校输送又一批教学研究骨干。其后，中央党校哲学部又多次举办自然辩证法或科学技术哲学（专题）研究班、师资班，为高等学校和各省市地方党校培训了大批教学和研究人员。1987年，中央党校科技哲学学科（原自然辩证法学科）获得硕士学位授予权，迄今已经培养出近百名科学技术哲学（自然辩证法）专业硕士；又于2004年获得博士学位授予权，自2005年招生以来，已经培养出8名博士。目前，在读博士研究生14名、硕士研究生10名。

中央党校科学技术哲学学科还是中国自然辩证法研究会党校系统专业委员会依托单位。该专业委员会原名党校系统自然辩证法研究会，成立于1987年。其宗旨是：组织全国各级党校自然辩证法和现代科技教研人员开展学术活动，推动党校系统的科研工作，提高教学水平，为培养各级领导干部和提高干部的领导素质贡献力量。

中国自然辩证法研究会党校系统专业委员会原则上规定，全国所有地、市级以上党校从事自然辩证法（科技哲学）和现代科技课程教学与研究的教学人员均为本会会员。学会的第一任理事长是吴义生教授，秘书长钱俊生教授。第二任理事长钱俊生教授，秘书长王克迪教授。现任理事长是王克迪教授，副理事长兼秘书长赵建军教授，副理事长有方在农、陈春生和马边防。专业委员会理事遍及各省、直辖市及副省级城市党校。

中国自然辩证法研究会党校系统专业委员会作为学术团体，无专职工作人员，学会的相关工作由中央党校科技哲学教研室教研人员义务承担。1987年至今，本专业委员会先后在北京（1987、2003)、宜昌（1988)、深圳（1991)、长沙（1993)、常州（1995)、大同（1997)、海口（1999)、郑州（2001)、昆明（2004)、福州（2005)、沈阳（2006)、哈尔滨（2007)、上海（2010）等地发起主办14次学会年会暨全国性理论研讨会，参加会议的人员主要是来自各省地市级党校教员和部分高校教研人员，会议主题紧扣国家改革开放与社会主义现代化建设形势，如“科技发展与经济振兴研讨会”、“现代科技与精神文明建设研讨会”、“科教兴国战略的理论与实践研讨会”、“科学技术是第一生产力研讨会”、

“可持续发展与环境保护研讨会”、“环境问题与环境哲学理论研讨会”、“循环经济的理论与实践”、“创新方法研究”等等，这些研讨会对于推动党校的科研活动、培养党校系统自然辩证法和现代科技课程教学队伍、提高教学质量起到了有力促进作用。这些研讨会还出版过几次论文集。

（二）机构和人员

目前，中央党校科学技术哲学学科的专业机构是哲学教研部现代科学技术与科技哲学教研室。该室成立于1987年，原名现代科技与自然辩证法教研室，自1995年起改用现名。该室第一任主任吴义生教授，第二任主任钱俊生教授，第三任主任李建华教授，现任主任王克迪教授。现有在编教研人员6名，其中教授5人，讲师1人。此外还有校内其他部门兼职教研人员多名。

（三）研究方向及其成果

中央党校科技哲学学科的主要发展方向是，研究马克思主义科学技术观和自然辩证法理论、现代科学技术发展前沿的哲学问题、科学哲学与科学方法论、科学技术历史、科学技术与社会、系统科学理论、环境与可持续发展理论与问题、信息社会问题以及信息哲学等诸多对现实和未来发展都十分重要的理论与实践问题。在多年的研究中逐渐形成了四个方面重点研究方向：

（1）生态环境与可持续发展理论研究：学术带头人赵建军教授，团队成员有庞元正教授、李建华教授等，主要从事生态伦理学、发展哲学与科学发展观、生命哲学等方向研究；

（2）科学技术与社会：学术带头人王克迪教授，团队成员有冯鹏志教授、段培君教授、付立教授、杨玉成教授等，开展科学社会学、技术创新理论、战略发展学等方面的研究；

（3）科学哲学与系统科学：学术带头人李建华教授，团队成员有付立教授、蔡德聪教授等，进行科学哲学理论、系统理论和自组织理论、信息技术系统管理、电子政务等问题的研究；

（4）现代科学技术的哲学问题：学术带头人王克迪教授，团队成员有冯鹏志教授、付立教授、赵建军教授、杨玉成教授等，进行科学技术前沿哲学问题、科学技术历史、科学方法、技术哲学、工程哲学和信息哲学等领域问题的研究。

中央党校科学技术哲学学科多年来以研究马克思主义科学技术观、自然辩证法理论，以及“科技是第一生产力”和“科教兴国”理论为己任，在科学哲学、科学技术历史、科学社会学、技术哲学、信息哲学、环境与可持续发展和发展哲学方面发表大量研究论著，对有关观念、理论的社会普及做了大量工作。本学科自成立以来，先后主持并完成国家哲学社会科学基金项目4项（含青年基金项目1项），自然科学基金项目1项，国家部委重大项目2项（一项在研）；发表专著

16部，译著9部，在国内外重要期刊发表文章220余篇。

（四）教学工作情况

本教研室在中央党校进修部、培训部承担的主要课程有《当代世界科技》系列报告，每学期2～4次，讲题依据形势变化和需要而定。相关班次课程有《系统科学与战略思维》、《低碳技术与能源利用方式转变》、《新疆生态建设与可持续发展问题研究》等，以及专题讲座《可持续发展战略》、《生命科学与哲学》、《电子政务与体制创新》、《信息资源开发利用与信息安全》等。博士研究生课程主要有《科技哲学研究前沿进展》，硕士研究生课程有《当代科技前沿哲学问题》、《科学哲学与技术哲学研究》、《科学社会学》、《科学技术历史》、《科学研究方法》、《信息技术发展与信息社会》、《科技政策与管理》等。

第三部分 人物名录

一、在职博士生导师名录

王伟光　庞元正　韩庆祥　贾高建　徐伟新　侯　才　董德刚　丁东红
毛卫平　边立新　戴木才　王克迪　冯鹏志　阮　青　杨信礼　胡为雄
赵理文　郭大为　李建华　赵建军　段培君　郝永平*　任俊华*
靳凤林*（加*号者为2009年新任博士生导师）

二、在职教授名录（含已评定教授资格人员）

丁东红　庞元正　贾高建　李晓兵　侯　才　韩庆祥　董德刚　李建华
毛卫平　段培君　阮　青　赵理文　薛广洲　邱耕田　边立新　胡为雄
靳凤林　赵建军　王克迪　蔡德聪　杨信礼　王　杰　钟国兴　郭大为
何建华　任俊华　杨玉成　刘毅强　李文堂　郝永平　刘余莉　辛　明
付　立　陈中浙

三、新增教授个人简介

付　立

付立，女，汉族，1960年1月出生于北京东城区，籍贯浙江衢州。中共党员，教授。现为中国自然辩证法研究会会员、中国人口学会党政干部教育分会第二届理事会理事。

1978年10月至1982年7月在成都理工大学（原成都地质学院）学习，获理学士学位；1982年9月至1985年7月，在中国人民大学哲学系自然辩证法教研室学习，师从吴延涪教授，获哲学硕士学位；1985年7月起至今，一直在中央党校哲学教研部科技哲学与现代科技教研室从事教学科研工作。

教学方面承担的学位研究生主要课程包括：自然科学前沿进展及哲学问题、科学技术史、科学社会学研究、系统科学与管理、科学研究方法论等。1999年任硕士研究生导师，已培养出硕士6名，现有2名在读。

科研工作涉及的主要领域有科学技术史、自然科学中的哲学问题、复杂性研究、科学社会学等。1998—1999年主持完成部级项目《乡镇企业发展规律和走向的初步分析》；2000—2001年主持完成了校级科研项目《可拓与创新》；

2003—2005 年参加完成国家社科基金项目《技术理性化的历史批判与文化解构》；2006—2007 年参加完成北京软科学研究项目《"十一五"期间北京市实施战略环评的思路与对策》；2004—2009 年参加国家社科基金项目《知识—机器互动之理论与实践》；2009—2011 年参加科技部创新方法工作专项项目《创新方法的政策环境与体制机制研究》。

主要著作有《灰色系统理论及其应用》(科学技术文献出版社 1992 年版)、《现代系统科学与管理》(与李建华教授合著，科学技术文献出版社 1996 年版)、《现代科技与农村发展》(与康曼华教授合著，中共中央党校出版社、宁波出版社 1999 年版)、《数学悖论》(科学技术文献出版社 1999 年版)、《科学社会学概要》(中国戏剧出版社 2006 年版)等；并参与多部专业学术著作和教材的撰写，如《马克思主义哲学原理疑难解析》、《哲学热点问题释疑》、《系统科学概论》、《辩证思维方法论教程》、《现代科学技术基础》、《自主创新与建设创新型国家学习读本》、《新世纪干部电脑实用读本》、《公民高科技读本》、《图解当代科技》等。

在《自然辩证法研究》、《理论与实践》、《学习时报》、《科技日报》等核心杂志报刊发表文章 30 余篇。

陈中浙

陈中浙，男，汉族，1969 年 12 月生于浙江永嘉，中共党员，北京大学哲学博士。曾获第五届全国中青年书法篆刻家作品奖，第二、三届中国书法"兰亭奖"理论奖。全国五届书代会代表，中国书法家协会会员、中国书法家协会学术委员会委员。

1990 年毕业于南京艺术学院美术系中国画书法专业，1999 年毕业于北京大学哲学系宗教学专业（哲学硕士），2002 年毕业于北京大学哲学系中国哲学专业（哲学博士），2000 年 4 月—2001 年 4 月曾留学日本东京大学。2002 年 7 月到中共中央党校哲学部任教至今（其中 2007 年 4 月至 2008 年 4 月在南宁市挂职，任青秀区人民政府副区长）。2004 年评为副教授，2009 年晋升为教授。

2002 年以来，在中央党校开设《禅宗与中国文化》、《中国书画艺术赏析》等中国传统文化课程，并多次受邀请到北京大学、清华大学、中国政法大学等高等院校举办专题讲座。近年来，致力于中国传统文化研究。出版学术专著《苏轼书画艺术与佛教》(商务印书馆 2004 年出版，此书曾获北京大学博士学位论文创新工作奖)、《一超直入如来地：董其昌书画中的禅意》(中华书局 2008 年出版，此书为国家社科基金项目，结项成果被鉴定为优秀)，并在《哲学研究》、《哲学动态》、《孔子研究》、《文史哲》、《中国书法》、《中国道教》以及《人民日报》、《光明日报》、《解放军报》、《学习时报》等报刊发表论文、译文 40 余篇。

此外，兴趣爱好广泛，于哲学之外，还对琴棋书画颇有涉猎。1993 年 6 月，书法作品《李白·登高眺望远》获第五届全国中青年书法篆刻家作品比赛的优秀奖，书法作品《第六才子书》、《菩萨品》还入选第六届、第七届中青展，其他作品也多次参加国内外各种大展，并被国内外多家美术馆及私人收藏。近年来，在太原、珠海、中国澳门等地举办过个人书法作品展，出版了《陈中浙书法篆刻作品选》（西泠印社 2000 年版）、《中国书法家年鉴·篆刻卷·陈中浙卷》（四川美术出版社 2009 年版）、《中国当代书画名家精品书系·陈中浙卷》（四川美术出版社 2009 年版）与《当代中国书法名家作品·陈中浙卷》（澳门出版社 2010 年版）等书法作品集。除书、画、印等艺术之外，对近年来被联合国列为“人类口头和非物质文化遗产代表作”的古琴和昆曲也有涉猎。2010 年被评为“中央党校人才强校专项基金”优秀人才项目资助人选。

第四部分　科研项目

一、国家项目

（一）获批项目

序号	项目编号	项目、课题名称	项目来源	时间	负责人
1	08AZX001	马克思的上层建筑理论和当代社会上层建筑	国家社会科学基金（重点课题）	2008—	胡为雄
2	08CZX005	西方反现代性发展思潮对中国实践科学发展观的镜鉴与挑战	国家社会科学基金（青年课题）	2008—	王晓林
3	09MZD002	马克思主义哲学经典著作导读编写	国家社会科学基金（重点课题）	2009—	侯　才
4	09BZX004	后苏联的马克思主义哲学	国家社会科学基金（一般课题）	2009—	林艳梅
5	09CZX042	伦理视域中的企业社会责任研究	国家社会科学基金（青年课题）	2009—	朱辉宇

（二）结项项目

序号	项目编号	项目、课题名称	项目来源	结项时间	负责人
1	04BZX003	马克思主义哲学自我革命	国家社会科学基金（一般课题）	2008.9	许全兴
2	06CZX023	董其昌书画美学与禅宗思想	国家社会科学基金（青年课题）	2008.10	陈中浙
3	06BZX031	儒家政治思想与现代社会	国家社会科学基金（一般课题）	2009.3	王　杰
4	05CZX018	儒家伦理与美德伦理（中外伦理思想研究）	国家社会科学基金（青年课题）	2009.11	刘余莉
5	05BZX006	杨献珍哲学的时代意义	国家社会科学基金（一般课题）	2009.12	毛卫平

（三）结项成果简介

1.《马克思主义哲学自我革命》结项成果简介。

由中共中央党校哲学教研部许全兴教授主持的国家社会科学基金项目《马克思主义哲学自我革命》（项目批准号：04BZX003）于2004年立项，2008年9月结项。成果鉴定等级为优秀，该成果为国家出版基金首批资助项目，由中国社会科学出版社2009年12月出版，全书分上、中、下三篇，近40万字。

上篇为“马克思主义哲学的自我反思”。

“马克思主义哲学自我革命”是一个颇有争议的命题。马克思主义哲学的发展同一切事物的发展一样，不是一条直线，而是曲折的、复杂的，有发展、高潮，也有危机、低潮。通过历史反思，该书论证了马克思主义哲学自我革命的必要性，指出，在大变革的时代，倘若我们固守20世纪30年代苏联哲学教科书的体系，不与时俱进，不进行自我革命，那我们的哲学就脱离时代，脱离生活，脱离人民，就会被时代、生活和人民所抛弃，就会成为无人理睬的僵死教条。

该书系统阐述了马克思主义哲学自我革命的内涵和途径，说明马克思主义哲学的自我革命，不是要否定自己的辩证的、历史的唯物主义的基本原理和基本精神，而是作为发展环节的一种辩证的自我否定，是革教条主义的命，用100多年来人类实践的新经验、自然科学和社会科学的新成果、数千年来的中国哲学的珍品来丰富自己，发展自己，使自己具有时代特点和民族特点的辩证的、历史的唯物主义的新形态和新体系。该书提出：马克思主义哲学不仅应研究世界是什么，怎么认识，以求得真理；更重要的是要研究世界应是什么，怎么改造，以争得自由。当代中国马克思主义哲学的体系和形态，无疑是多样的，千姿百态的，把某一种体系和形态定于一尊是不妥的。

哲学是哲学家的对象性存在。哲学的革命实质上是哲学家的革命。马克思主义哲学自我革命的关键是哲学家的自身革命。哲学家要解放思想，确立独立自主的人格；要关注时代的重大课题和人民的命运，善于总结新的实践经验；要面向世界，拓宽知识面，善于吸取和总结中外自然科学、哲学社会科学的最新成果；要加强对中国哲学的学习和研究。

中篇为“马克思主义哲学自我革命与中国化”。

哲学是一个民族智慧的结晶和民族精神的灵魂。马克思主义哲学是世界历史的产物，人类文明的成果，但它主要是西方哲学的总结和概括。马克思主义哲学来到具有悠久历史文化遗产的中国，不仅要与中国现实的革命运动相结合，而且要与中国的历史文化相结合，逐渐做到中国化。马克思主义哲学中国化是它进行自我革命的重要内容。

针对我国理论界对马克思主义哲学中国化内涵的理解上只注重马克思主义哲学与中国现实实际的相结合，而忽视了它与中国历史文化相结合的偏颇，该书论证“马克思主义中国化”命题的提出：这既是中国革命的必然，也是中国新文化运动的必然。书中发掘了一些鲜为人知的史料，较为详细地阐述了为理论界所忽视的“中国化”命题提出的文化背景。该书对“马克思主义中国化”的内涵做了全面的阐述，指出，马克思主义不仅要与中国的现实相结合，而且要与中国历史、中国哲学文化相结合。

该书简要阐述了毛泽东对马克思主义哲学中国化的贡献，和中国特色社会主义理论所蕴含的中国化的马克思主义哲学；简要阐述了李达、艾思奇、冯定、张申府、张岱年、冯契等哲学家为马克思主义哲学中国化所做的贡献。

该书从历史和理论两方面简明扼要地论述了马克思主义哲学与中国传统哲学的相互关系，阐明两者结合的实质和形式。该书提出，马克思主义哲学与中国传统哲学的结合大致可分为五个方面：一是对中国哲学基本精神的继承和弘扬；二是对中国传统哲学中与马克思主义哲学相通、相契合的内容的吸取和发挥；三是对中国哲学中特有的而马克思主义哲学中鲜有论及、甚至没有论及的合理思想、命题和概念的吸取及改造；四是从中国的唯心主义、形而上学哲学中吸取合理的有价值的内容；五是总结和吸取中国哲学发展的经验教训。该书强调，马克思主义哲学与中国传统哲学相结合，绝不仅仅是在讲马克思主义哲学原理时引用一些中国古代哲学语录、成语典故，而是要继承和弘扬中国哲学的基本精神，要用中国哲学中特有的珍品来丰富和发展马克思主义哲学。中国化的马克思主义哲学应是中国哲学的总结和概括，是当代中华民族的精神和中华民族的灵魂的最主要的体现者。本书通过对中国哲学基本精神、认识主体修养论、时间论、直觉论等“案例”的研究，具体说明马克思主义哲学对中国哲学的继承和发展。本书在这方面的阐述既有新的观点，又有较丰富的史料，具有一定的开创性。

中国哲学，既有优秀传统，也有不良传统。在马克思主义哲学中国化过程中要十分警惕中国传统哲学中的消极因素的渗入。

下篇为“马克思主义哲学自我革命与当代化”。

马克思主义哲学的“自我革命”最根本的是：要总结和概括我国革命和建设、尤其是改革开放以来的新经验，总结和概括社会主义在苏联东欧兴衰的历史经验，总结和概括科学技术革命的新成果，总结和概括 20 世纪世界经济政治文化发展的新情况、新问题和新经验，吸取当代世界哲学及社会科学的新成果，从体系到内容要现代化，使中国化马克思主义哲学具有当代的新形态。

马克思主义哲学的当代化，可以分不同的方面、层次：一是对原有的基本概念、范畴、原理给予现代的新的阐释；二是增加一些新的概念、范畴、原理；三是内在的结构和体系的现代化；四是从具体原理到体系都要体现当代的时代精神。当前，发展马克思主义哲学的重点不应放在哲学体系的建构上，更不应放在对经典文本的解读上，而是要放在内容的创新上，放在一些长期被忽视而在现实中又十分重要的问题上。该书仅对改造世界规律、创新问题、直觉问题、情感问题、意志问题、自由问题等做一点较为深入的研究，提出了自己的独到见解，既有理论价值，又有实践意义。

该书提出，哲学既是智慧之学，也是自由之学。长期以来，哲学界在阐述马克思主义哲学与德国古典哲学关系时，只讲马克思恩格斯对黑格尔的辩证法和费尔巴哈唯物主义的继承和发展，不讲对德国古典哲学的自由传统的继承和发展，忽视了马克思主义哲学中的自由精神。该书以确凿的史料说明：马克思恩格斯的“自由人联合体”的思想是对德国古典哲学自由传统的继承和发展；“自由人联合体”的思想不是马克思主义的个别观点，而是马克思主义的价值理想，是贯彻马克思主义的基本精神，马克思主义哲学是自由之学。本书总结了马克思主义发展史上有关自由的“左”、右两种错误的历史教训，阐述了自由思想的现实意义，指出，自由是社会主义的本质要求，没有自由就没有社会主义。

结束语为“中国哲学的第三次大综合”。

真正的哲学是时代精神的精华，民族的灵魂。哲学的变革，既是社会变革的先导，又是社会变革的总结。该书认为，荀子对先秦哲学做了中国哲学史上第一次大综合，王夫之在明清之际对中国哲学做了第二次大综合，当代中国马克思主义哲学的自我革命，实质上是继先秦末期和明清之际的两次大综合之后的第三次大综合。这次大综合，是在立足于当代中国和世界的现实基础上的马克思主义哲学、中国传统哲学和世界哲学（主要是现代西方哲学）的综合创新。当代中国需要有类似荀子、王夫之那样的哲学家来完成这一历史课题。

哲学是有党派性的。马克思主义哲学公然申明自己是无产阶级的哲学，为解放全人类服务。该书所论的问题具有鲜明的现实性和针对性，其基本倾向是批评“左”的教条主义，主张解放思想，与时俱进，进行“自我革命”；但同时也严肃指出，要警惕把马克思主义人道主义化的错误倾向，警惕用矛盾调和论来阉割辩证法的革命批判精神的错误倾向。

该书在文风方面，力戒洋八股，反对繁琐哲学，少说陈言，尽力做到言之有物，文约义丰，语言流畅，有可读性。本书属哲学的基础性的研究，所以为一般研究者知晓的内容尽可简略，甚至不讲。本书力求提出一些新的见解，提供一些有价值的史料和信息。

该书被国家社科基金鉴定为优秀。鉴定专家认为，本课题成果在马克思主义哲学的研究和体系的建构方面“前进了一步，有所创新”，“对当代马克思主义哲学的学科建设有积极的启示意义和应用价值”，“相信这一成果会受到学界和社会的重视”。

该书的不足是显而易见的：著者因知识构成上的偏狭和精力的有限，故对马克思主义哲学当代化的研究是零散的、不系统的。这也是今后应继续做的工作。

2.《董其昌书画美学与禅宗思想》结项成果简介。

由中央党校哲学部陈中浙教授主持的国家社会科学基金青年项目《董其昌书画美学与禅宗思想》(项目批准号：06CZX023) 于 2006 年立项，该项目的最终成果名称为《董其昌引禅入书画研究》，共 21 万字，2008 年 10 月结项。项目成果经鉴定，被评为优秀（证书号：20080615)。该结项成果由中华书局于 2008 年出版发行（著作名称：《一超直入如来地：董其昌书画中的禅意》)。

董其昌（1555—1636）是晚明 400 年来对书画艺术领域影响最深的文人士大夫。他在书法上有“引禅入书”之说，在绘画上则借禅宗“南北宗”论对自唐以来的绘画史，进行了“南北”划分。这种艺术观点在 400 年来的书画领域里激起了很大的反响，人们对他这种观点表现出了极大的关注与兴趣：董其昌为何要把禅宗引入到书画领域来，是什么原因促使他非要作如此的表达；董其昌自定规则，对历史上的书画进行了史无前例的划分，其目的又何在；这种划分的可信度又有多少。

该成果对董其昌的这一做法作了全面客观的分析，并通过四个部分展开研究。

第一，“一超直入如来地”——董其昌为何引禅入书画。分为引禅入书画的社会政治需要以及董其昌接受禅宗的理性自觉两部分展开。

在中国历史上，书画艺术具有独特的社会作用与政治意义。晚明正处在一个社会动荡和变革以及思想自由的时代，很多因素都促使书画家们对书画艺术的定位与责任有一个更理性的要求。董其昌站在历史和政治的高度，从实践与理论两方面对传统进行了全面地梳理，生发出一套既扎根于传统又符合时代发展要求的理论。这种理论要求书画更好地发挥其政治意义与社会作用。另外，董其昌作出引禅入书画的举动，也有出于书画与禅宗关系发展的理论需要。从汉末魏晋佛教传入中国以来，佛教特别是禅宗与书画一直就保持着密切的关系。唐代王维在实践上有意识地把禅意落实到绘画中，宋代苏轼从理论上开始觉醒，到了明代董其昌从理论上来梳理禅宗与书画的关系，应该说是历史发展的必然选择。

第二，“以禅论画，南北分宗”——董其昌如何引禅入书画。董其昌试图通过两个方面来完成他的设想：一是借助禅宗“南北论”构建一种正宗的绘画传统；二是以禅宗精神确立一整套服务于社会与政治的书画观。

董其昌之所以引禅入书画，目的是希望借助禅宗之力更好地帮助书画发挥其社会作用与政治意义。在他看来，禅宗的“南北论”可以帮助其完成这番设想。而禅宗的“南北论”与山水画至少存在以下三方面的联系。一是派系情况。董其昌认为唐代在禅宗方面出现了以慧能为代表的南宗和以神秀为代表的北宗，同样，在绘画上也出现了以王维为代表的南宗和以李思训为代表的北宗。并且，南宗的文人画发展理路也等同于慧能顿悟法门之后的禅宗派别的发展。二是艺术风格和技法。董其昌认为，绘画中的南宗风格讲究“士气”和“雅”，北宗则是“精工”，在技法上，南宗讲究“渲淡”，而北宗则是“着色”和“勾斫之法”，它们之间的这些不同，与禅宗南宗讲究“一超直入如来地”和北宗讲究“积劫方成菩萨”两种对待“成佛”的不同途径和方法是相通和类似的。三是两者的发展情况。董其昌认为南宗才是绘画的正脉，而北宗“殊不可习”、“非吾曹所宜学也”，这与禅宗的南宗昌盛北宗衰微的状境也很相似。董其昌这么做，出于以下两方面的原因：其一，慧能的南宗比起神秀的北宗更符合董其昌的政治口味；其二，董其昌列出的这些正统文人画家符合他自己的审美趣味。

第三，“妙在能合，神在能离”——董其昌引禅入书画的具体表现。从“顿悟成佛”式的习书作画，与“渐近自然，故是禅法”的创作理念两方面展开。

在晚明文艺界主张个性张扬、突出主体意识，以及与保守复古派交锋冲突的情况下，董其昌既非完全否定历史传统，也非一成不变地进行复古宣传。而是在充分遵循历史传统的基础上，根据时代发展的需要，整理出一整套能充分发挥社会作用与政治意义的书画艺术。他通过自己长期对晋、唐、宋各家的苦心力学，强调了学习传统并非朝夕间一蹴而就。此外，今人向古人学习只是习书作画的第一步，最终还要继续以天地、造物为师。唯有如此，才能真正走出一条“集其大成，自出机轴”的成功之路。这是董其昌心目中的理想书画。而这样的书画家由于出入古人，历史感强，而且也深契宇宙天地之自然规律，其心态平和，行事讲规则，处身行事就会契合“天道”。这对促进社会和谐产生的作用是很大的，而禅宗的成佛精神又恰恰能够更好地帮助书画家完成社会赋予的这个责任与义务。

第四，“参活句勿参死句”——董其昌引禅入书画产生的影响。董其昌拿禅宗思想比附书画，虽然对后世产生了很大的影响，但是人们对董其昌是否是山水画“南北宗”论的首倡者身份问题也提出了质疑。本章围绕以上这些问题展开讨论。

从技术层面讲，本课题认为董其昌是分宗说首倡者的可能性是很大的。从本书的立意来讲，既然晚明以来一直流传董其昌是原创者，我们就要正视这样一个既定的事实，即历史把这个任务落实到董其昌的头上，由他来承担构建书画的正统，这是历史作出的最合适的选择。另外，董其昌的书画理论和艺术实践都代表了当时的最高成就，后人即便有意将“分宗说”归附到他的下面，至少也说明这是后人对董其昌给予的厚望。故而把“分宗说”真正归为是董其昌的学说，也是符合历史潮流的。本课题的观点是：对于这一书画学术史上最大的公案，我们应该采取“参活句勿参死句”的思维方式来对待。

董其昌引禅入书画的做法，不但提高了文人画在画史上的地位，扭转了明末清初画坛上的甜熟习气，而且对晚明之后山水画的理论和创作实践也起到了非常重要的推动作用。尤其是得到康熙、乾隆的大力推崇，董其昌一系书画开始从民间走进宫廷，直接参与政治，影响审美趣味。人们除了在理论上对董其昌的书画理念进行阐释与推进之外，还在创作实践上对他的艺术风格、审美理念作了不同层面的理解与发挥。这当中有清初期“四王”、“四僧”和“金陵八家”，以及后来在扬州出现的“扬州八怪”画派以及清晚期上海的“海派”和广州的“岭南画派”，基本上都受到了董其昌的影响。总之，董其昌对晚明以来的绘画影响巨大，这为人们重新认识绘画，选择师法对象，定位审美态度与艺术风格起到提供重要资讯与示范的作用。

该成果通过对董其昌引禅入书画这一具体事例的研究，可以为人们认识佛教思想，特别是佛教思维方式对书画艺术产生的影响提供了一个论证的平台，也为人们认识书画提供了一个全新的视角，更为书画的创作实践提供了理论上的指导。同时，对书画艺术“以艺臻道”的功能也有一个具体与客观的认识。

3.《儒家政治思想与现代社会》结项成果简介。

王杰教授主持的国家社会科学基金项目《儒家政治思想与现代社会》（项目批准号：06BZX031）于2006年立项，2009年3月结项。项目的最终成果名称——《儒家政治思想与现代社会》，通过评审，评审等级为优秀。

该成果是一部书稿，共分上、中、下三篇，由16章构成，约40万字。

上篇指出，殷商时期，天命乃一切价值的源头，乃庇佑殷商政权的依据，一切皆听命于天命，一切社会、政治活动都是为探求天命之究竟，而对如何治理国家则缺乏理性的思考，是率民而事神、先鬼而后礼的神权政治时代。殷周之际，是“中国政治与文化之变革”的时代（王国维语），对自然、社会、人自身的认识较之殷商时期，理性人文的色彩明显增加。西周统治者在继续以维护稳定国家的长治久安为最终目标外，把殷商时期不甚关注的治国之道、重民重礼乐等摆到了十分重要的地位，并认为国家的长治久安与重民重礼乐等治国之道有着密切的联系。西周统治者在总结夏商政治制度的基础上，创制了一部治国大法——周礼，对如何治国以及治国之具体措施都做了详尽的规定和说明。从思想史的角度看，西周统治者提出了关乎人类存在的一些最基本的价值命题：如敬天保民，重德重孝，慎罚等，只要国家存在，只要阶级对立存在，就必须回答这些问题。因此，这些命题所凸显的价值是超时空的，具有普世性的意义。上篇在对殷周思想之内涵及演进作出分析后，最后从思想史的角度，阐释了商周时期面临着由神权政治向人文政治、由神学向人学、由神本向人本文化过渡与转型的思想变迁轨迹，指出殷周思想乃早期儒家政治思想发展的萌芽期，为中国政治文化的基本指向奠定了基础。

中篇认为，孔子之后，儒家政治思想主要按两条逻辑线索展开：一条是由孔子经曾子、子思而孟子的内圣型思想线索；一条是由孔子经子夏而荀子、《易传》的外王型思想线索。“内圣外王”恰为早期儒家乃至中国文化之特征。中篇的重点有三方面。一是运用近些年新发现的史料，如郭店楚简等，指出郭店儒简与曾子、子思之间的学术关系，对以往被人忽视的曾子、子思的政治思想进行了系统阐释和新的解说，以期填补孔孟之间百年来思想研究的断层和不足。二是用了大量篇幅，指出在正统的儒家思想发展序列与变迁中，有两条发展路径：一条是由孔子—曾子—子思—孟子构成了早期儒家思想发展的基本谱系，该谱系即对孔子提出的仁、心、性等概念的诠释和展开，形成了内圣型的完整的政治思想体系，在这一思想体系中，孟子从维护儒家正统的角度出发，完成了儒家自身结构的发展轨迹，这一内圣型的思想谱系直接影响到了宋明理学；另一条是由孔子—子夏—荀子—《易传》所构成，这一外王型的思想谱系直接影响到了董仲舒等人的思想。三是指出，如果按照孟子设定的儒家内圣型思想路径发展下去，就有可能引发儒家思想的过早衰亡。而荀子正是看到了孟子思想中潜在的弊端，及时扭转了儒家的内圣型倾向及其在战国中期以来发展的颓势和困境，改变了儒家思想发展的轨迹，使儒家思想在外王化的方向上向两个方向延伸：一是荀子融合百家思想，援法入儒，以礼为核心，对孔孟思想做了重大修正和调整；二是《易传》融合儒道思想，为儒家思想确立形而上的价值依据。至此，早期儒家政治思想构筑了内圣与外王紧密结合的严密完善的思想理论体系，完成了早期儒家思想发展的逻辑发展过程。中篇还专设一章，对早期儒家政治思想对中国政治文化的影响，并以董仲舒和朱熹为例，进行了较为详尽的阐释，指出董仲舒和朱熹代表了儒家政治思想发展史上两个重要的历史阶段和重大转折。通过对董仲舒和朱熹思想的个案分析，可以看到早期儒家政治思想对中国后世政治文化的巨大影响。1840年鸦片战争后，中国的士大夫在西方列强的侵略之下，面对中国社会“三千年未有之变局”，兴起了一次又一次的救亡图存运动。然而，洋务运动及百日维新的失败，标志着统治了中国近两千年的政治哲学——儒学自身已无法寻找到通往近代化的路径。1911年，随着清王朝的覆灭，儒学也丧失了它在中国政治思想领域的统治地位。

下篇是针对儒家政治思想在现代社会的表现形态及其影响方面，撷取当代社会人们关注的一些重大理论和现实问题，如儒家政治思想与当代和谐社会的构建、儒家政治思想与社会主义核心价值体系的构建、当前国学热何以兴的社会背景与国民心理需求以及儒家政治思想在当代社会是否还具有价值等问题进行了宏观阐释。下篇指出，中国社会在经历了近代一百多年的“去传统化”运动后，传统文化没有被消灭被摧毁，反而以各种方式在社会、在民间顽强地凸显着自身的生命力，并最终以涓涓细流汇成了江河湖海，重新回到了我们的社会生活中。当前，正在兴起的“国学热”凸显了当代中国人的精神需求。传统文化在当代社会仍具有重大的现代价值：它对中国全面实现社会主义现代化具有积极的促进和推动作用；对化解社会面临的矛盾冲突及消解人生面临的种种困惑，能够提供安身立命的价值帮助，在经济全球化背景下多元文化的沟通和交流中仍扮演着重要角色；是马克思主义中国化、民族化的重要内容。下篇还指出，中国传统文化中优秀的思想遗产支撑着我们这个民族从过去走到现在，走向未来，构成了中华民族精神的核心。我们正在实施的以德治国、依法治国、以人为本、博施济众、和而不同、和谐世界、执政为民、道德修养、社会主义荣辱观等思想，无一不是来源于中国的传统思想，这些思想观念都已经融化到了我们今天的治国方略和执政理念中，成为我们今天治国安邦的重要历史资源和思想资源。同时也表明中国共产党很重视从传统思想中总结优秀的思想资源，注意从传统思想中挖掘吸收治国理政的政治智慧。因此，在构建社会主义和谐社会的过程中，如何弘扬中华民族的“和谐文化”，协调社会各方面的利益关系，减少社会摩擦和矛盾冲突，维护社会的和谐稳定，巩固党的执政地位，推动经济发展和社会进步，是一个具有重要理论意义和现实意义的课题。

4.《儒家伦理与美德伦理》结项成果简介。

刘余莉教授主持的国家社会科学基金青年项目《儒家伦理与美德伦理》（中外伦理思想研究）（项目批准号：05CZX018）于2005年立项，2009年11月结项。经评审，结项成果的等级为良好。内容简介如下：

美德伦理的复兴被西方哲学家公认为是当代西方伦理学发展中最有意义的一个主题。在美德伦理复兴的背景下，一些西方儒学家认为，儒家伦理强调了品格的塑造和个体美德的培养，因此把儒家伦理归为美德伦理是恰当的。本课题通过诉诸于先秦儒家伦理学原著，论证了对儒家伦理和美德伦理二者表面相似性的过分强调，实际上掩盖了这两种伦理学之间更重要的哲学差别。特别是上述一些西方儒学家把儒家的“道”视为一种相当于亚里士多德伦理学中的“理想生活方式”、把“德”视为功能上相当于“伦理德性”的观点窄化了儒家伦理学中“道”与“德”的含义，忽视了“道”与“德”之间的动态关系和独特联系，因而也就不能达到对整个儒家伦理思想的彻底理解以及对儒家伦理智慧的全面洞察。本课题通过诉诸先秦儒家经典中对道与德、德与性、仁与礼之关系的论述，试图证明把儒家伦理视为美德伦理是不足取的。儒家伦理是一种独特的、统一了规则和美德于一体的伦理学说。正如中国古代的“道德”一词所暗示的，儒家道德理论或伦理学的形成总是包含了两个方面，道德是一个双面的同一体——即内在的方面和外在的方面，或主观的方面和客观的方面。

儒家伦理作为一种独特的、统一了规则和美德于一体的伦理学说，不仅有助于我们把握儒家伦理理解道德的独特角度，而且有助于我们理解儒家伦理对于建构一种完善的道德理论体系所能给予的理论启示。儒家伦理对当代伦理学发展的贡献并不在于它是美德伦理。儒家伦理对道德理解的独特方式，暗示了一个彻底的伦理学说应当包含两个部分或两个方面，即主观的美德和客观的规则。这二者之间的关系并不像当代西方规则伦理与美德伦理所认为的，是互相竞争、此消彼长的关系，而是互相依赖、互相促进的。马克思主义伦理学认为，道德的主观方面与客观方面统一于人类社会的实践过程中。一方面，在人类发展的过程中，人们以社会文化的方式抽象概括形成了某种道德价值观念，并把它们普遍化和社会化，使之成为一定的道德原则、道德规范和相应的道德价值体系。这就体现在某种规则伦理的形成或道德原则建立的过程中。另一方面，在人类发展的同一过程中，作为个体的人类通过人性的自觉和对道德价值的自我认同而把道德原则、规范和相应的道德价值体系具体化、个体化和内在化。这就体现在美德伦理的构建和某种道德品质的培养过程中。意味着，这两个方面一起构成了完整意义上的道德。如果缺少内在的方面，道德就会变成与主体无涉的、非人格化的教条，甚至会降低为法律的规范或宗教的教义；如果缺乏外在的方面，道德就很难获得普遍的合理性。因此，一个彻底的、高度发达的伦理学说必须是一个统一了美德和规则于一体的伦理学说。但是，在当代西方美德伦理与规则伦理的论争中，无论是美德伦理还是规则伦理，都仅仅抓住了整个彻底的伦理学说的一个方面。因此，整合美德伦理和规则伦理于一个统一的伦理学说中是必要的，也是可以期待的。

5.《杨献珍哲学的时代意义》结项成果简介。

由毛卫平等人承担的国家社会科学基金项目《杨献珍哲学的时代意义》于2005年5月20日立项（项目批准号：05BZX006），已于2009年12月7日结项。经评审，结项成果的等级为合格。

该项目的最终成果为论著《走向和谐——杨献珍哲学的时代意义》。

全文共五章。杨献珍主要因“三次哲学论战”而著名，又鉴于“三次哲学论战”在中国现代哲学史上的重要地位，故第一至第三章首先阐述了著名的“建国以来的三次哲学论战”，揭示了其中唯物论与唯心论、斗争哲学与和谐哲学相冲突的实质及发展趋向。第四章进而阐述了杨献珍哲学思想及哲学活动的特点。第五章将杨献珍哲学思想及“三次哲学论战”、特别是“合二而一”与“一分为二”的论战放到社会主义事业发展与转折的过程中加以考察，在更大的历史背景中揭示了“走向和谐”的进程及提出构建社会主义和谐社会的重大意义。

第一章“起跑线上的争论”，阐述了建国初期关于过渡时期经济基础问题的论战。指出“综合经济基础论”与“单一经济基础论”的论战，一方面反映了急于向社会主义过渡的“左”的倾向与坚持从国情出发、实事求是路线的冲突，同时也是“斗争哲学”与“和谐哲学”发生冲突的起始与萌芽。

第二章“站稳脚跟的努力”，阐述了关于思维与存在同一性问题的论战。揭示了关于思维与存在同一性问题争论的过程，分析了其中的理论是非，并着重论述了它在实际工作中的表现。说明在社会主义建设时期，坚持实事求是、反对主观主义仍具有重要意义。

第三章“两条思路的交锋”，阐述了关于“合二而一”与“一分为二”的论战。作者在分析当时的历史背景和复杂的理论交锋的基础上，指出其实质正是“斗争哲学”与“和谐哲学”的冲突。

第四章“哲学家的哲学”，对杨献珍的哲学思想与活动进行了阐述，指出杨献珍是有其自觉的哲学思想的哲学家。说明杨献珍在三次哲学论战中的表现不是偶然的，是与他一贯重视唯物主义并在解放后的教学和理论工作中特别关注“结合”、“和谐”的需要密切相关的。

第五章“和谐哲学与和谐社会”，揭示了随着共产党从革命党成为执政党，其指导思想从斗争哲学转向和谐哲学的历史必然性，指出了三次哲学论战、特别是“合二而一”与“一分为二”的论战在这一转变过程中的地位：尽管它在当时还不十分自觉和明确，但却是走向和谐过程中的重要环节，具有承前启后的重要意义。

该项研究涉及的，是在历史上多次发生激烈冲突、至今仍有许多不同见解的重大课题。在该项成果的鉴定过程中，既有充分肯定，也有比较激烈的否定性意见。根据规划办的要求，又分九个问题分别作了辩驳和说明。最后以“合格”等级结项。这也说明，这项研究并没有结束，仍需继续努力。

该项研究成果及时进入教学环节，课题主持人成功申报了中央党校的三个教学资助讲题：《和谐社会的哲学基础》、《中国特色社会主义理论体系研究》和《中国特色社会主义理论体系的哲学基础》，在校内外（包括在越南胡志明政治学院）多次讲授这些课程。发表论文10余篇，并在各种学术会议上进行了交流。

最终成果《走向和谐》由毛卫平撰写，课题组成员李振霞、刘海龙、林学达、孙春山提供了宝贵的帮助。

二、部委级项目

（一）获批项目

姓　名	课题来源	项　目　名　称	获批时间
刘余莉	共青团中央	青少年德育问题研究	2008
赵建军	科技部	创新方法的政策环境与体制机制研究	2009

（二）结项项目（无）

三、校级项目

（一）获批项目

姓　名	获批时间	项　目　名　称	成果形式
王晓林	2008	当代西方发展思潮与科学发展观比较研究	研究报告
朱辉宇	2008	企业绿色责任的伦理学研究	研究报告
林艳梅	2008	马克思主义在当今俄罗斯	专　著
杨玉成	2009	凯恩斯经济理论的哲学基础研究	研究报告
靳凤林	2009	当代中国政治伦理的结构性转型研究	专　著
丁东红	2009	美国新马克思主义研究	研究报告

（二）结项项目

姓　名	项　目　名　称	备　注
阮　青	解放思想的内涵和重点问题研究	（十七大滚动项目）

四、部内项目

（一）获批项目

姓　名	专业方向	课　题　名　称	成果形式	获批时间
阮　青	马哲	中国特色社会主义理论体系研究	著作	2008.6
杨信礼	马哲	从思维方式的角度研究科学发展观	论文	2008.6
赵建军	科哲	生态文明的实践方式研究	研究报告	2008.6
任俊华	中哲	儒、道、佛学之生态伦理思想研究	系列论文	2008.6
董振华	马哲	创新范畴视野中的唯物史观研究	论文	2008.6
成官泯	西哲	柏拉图政治哲学研究之一	论文	2008.6
李宏伟	哲学	生态文明与绿色竞争力	论文	2008.6
庞元正	哲学	中共中央党校哲学学科年鉴 2006—2007	著作	2008.6
何建华	马哲史	论列宁的政治伦理思想及其当代价值	论文	2009.5
刘毅强	马哲	十七大以来党的思想路线新发展	论文	2009.5
蔡德聪	科哲	虚拟哲学部的设计与实现	哲学部网站	2009.5

续表

姓　名	专业方向	课 题 名 称	成果形式	获批时间
胡　卫	哲学	平权措施背后的公平理念之争及其对建设和谐社会的启示	论文	2009.5
陈中浙	中国哲学	荀子政治理想研究	论文	2009.5
毛卫平	马哲	和谐社会的哲学基础	论文	2009.5
边立新	马哲	公平与效率问题的哲学研究	论文	2009.5
侯　才	哲学	《哲学与社会》丛书第一辑	著作	2009.5

（二）结项项目

姓　名	专业方向	课 题 名 称	成果形式	完成时间
阮　青	马哲	中国特色社会主义理论体系研究	著作	2008.12
杨信礼	马哲	从思维方式的角度研究科学发展观	论文	2008.12
赵建军	科哲	生态文明的实践方式研究	研究报告	2008.11
任俊华	中哲	儒、道、佛学之生态伦理思想研究	系列论文	2008.11
董振华	马哲	创新范畴视野中的唯物史观研究	论文	2008.11
成官泯	西哲	柏拉图政治哲学研究之一	论文	2008.11
李宏伟	哲学	生态文明与绿色竞争力	论文	2008.11
庞元正	哲学	中共中央党校哲学学科年鉴 2006—2007	著作	2008.9
何建华	马哲史	论列宁的政治伦理思想及其当代价值	论文	2009.10
刘毅强	马哲	十七大以来党的思想路线新发展	论文	2009.7
蔡德聪	科哲	虚拟哲学部的设计与实现	哲学部网站	2009.10
胡　卫	哲学	平权措施背后的公平理念之争及其对建设和谐社会的启示	论文	2009.10
陈中浙	中国哲学	荀子政治理想研究	论文	2009.11
毛卫平	马哲	和谐社会的哲学基础	论文	2009.10
边立新	马哲	公平与效率问题的哲学研究	论文	2009.10
侯　才	哲学	《哲学与社会》丛书第一辑	著作	2009.5

第五部分　学术活动

一、哲学与社会发展论坛

2009年12月18日，中央党校哲学部与中国马克思主义研究基金会在中央党校共同举办了中央党校首届“哲学与社会发展论坛”（2009）。围绕“当代中国社会发展背景下的哲学：现状、挑战与机遇”这一主题，来自中国社会科学院、北京大学、清华大学、中国人民大学、中国政法大学等单位的知名专家学者，同中央党校哲学部的专家学者一起进行了深入的研讨和交流。

中央党校副校长石泰峰教授出席了论坛并讲话，指出，在哲学与社会发展的关系问题上，必须注重发挥哲学对社会发展的引领和指导作用，必须尊重社会实践是哲学发展的动力和源泉；哲学理论工作者应当切实担负起自身的历史责任，为推动马克思主义中国化、时代化、大众化，为推动中国社会的大发展，作出应有的贡献。中央党校校委委员、哲学部主任、中央党校社会发展研究中心主任贾高建教授介绍了论坛的举办宗旨，指出中央党校哲学部“哲学与社会发展论坛”的举办，是围绕中央党校哲学部科研与学科发展的重点方向，为推出本部的学术人才，扩大与校外教学研究机构的交流和合作，而建立的一个长效机制和平台。论坛以后将每年举办一次，争取越办越好，形成中央党校哲学部的特色与品牌。中国马克思主义研究基金会副理事长周炳成编审发表了致辞。会议由中央党校哲学部副主任、中央党校社会发展研究中心副主任侯才教授主持。

（一）当代中国哲学发展的现状

对于当代中国哲学发展的现状，专家们在充分肯定取得的成绩的同时，普遍表达了明确的担心与忧虑。中国政法大学李德顺教授用“浮躁”一词，对当代中国哲学界的发展现状进行了评价，指出，目前中国哲学界“三风”——“西化风”、“复古风”和“紧从中央风”的盛行，严重影响了哲学对时代精神的把握，由于无法真正地做到观察实践、观察历史，无法对事物发展进程做出深刻的研究和批判性的思考，因而当代中国哲学被明显地“边缘化”了。

中国社科院哲学所所长谢地坤研究员进一步指出，当代中国哲学的发展，不仅表现为一种“边缘化”的现实，而且表现为一些学者的“自我放逐”。由于很多研究过于注重体系，过于注重书本，但却不关注社会发展的现实，特别是当代中国、当代世界发展的重大现实，因而成为了一种“自娱自乐”、“自导自演”的游戏，背离了哲学本真的含义。

针对当前国内马克思主义哲学的研究现状，中国人民大学哲学学院院长郝立新教授指出，30年来，马克思主义哲学的发展既有引领社会发展前进的方面，也存在诸多的问题与不足，同其他学科的发展比较起来，马克思主义哲学有时是处于一种“失语”的状态，未能将哲学的地位和作用充分发挥出来。具体来讲，这一不足主要表现为“三多三少”现象的突出：一是体系意识、文本意识较多，问题意识较少；二是行动研究、实践研究较多，制度研究较少；三是解释的多，批判的少，特别是能够将科学性与价值性结合起来的有效批判就更少。

（二）当代中国哲学面临的挑战

正是基于对当代中国哲学发展现状的分析，论坛的出席者纷纷表达了对于当代中国哲学发展前景的忧虑，指出，改革开放以来当代中国哲学的发展虽然取得了一定的成果，但仍然面临很大的危机和一系列深层的挑战。具体来讲，当代中国哲学发展的困境主要表现在三个方面：

第一，是严重滞后于社会发展实践的需要。中央党校哲学部副主任侯才教授指出，当代中国哲学发展所面临的首要的、第一重的危机，就表现为滞后于社会发展实践的危机，当代中国社会飞速发展的现实实践，使当代中国哲学的发展呈现为一种不相适应的、严重滞后的状况；中国政法大学李德顺教授也指出，中国目前所处的是一个真正伟大的时代，是真正应该产生划时代思想、划时代观念的时代，但急功近利却让人们只关注眼前的利益，只看到眼前的问题，未能做出深层的研究和哲学的思考。

第二，是严重不能适应当代中国哲学自身国际化的需要。中国社会科学院谢地坤研究员指出，虽然近些年来中国哲学的研究一直比较注重与国际的衔接和接轨，但这一接轨的进程实际上并没有完成得很好。在有关当前全球发展重大问题的讨论当中，包括由中国崛起所引发的一系列热烈讨论当中，不仅中国哲学界，而且整个亚洲哲学界，都很难提出自身有代表性的观点和影响力的看法，因而，是处于一种“集体失语”或者“话语权危机”的状况。中央党校哲学部侯才教授也指出，由于中国的快速发展和在国际社会地位的空前提高，当代中国哲学正愈益紧迫和突出地面临着国际化或世界化的任务。但是，当代中国哲学虽已面临这一重大任务，自身却还尚未做好这方面的准备，特别是中国传统哲学的现代性转换工作还远远地滞后着。

第三，是马克思主义哲学的自身研究面临困境和挑战。中央党校哲学部胡为雄教授指出，当前国内的马克思主义哲学研究，主要面临双重危机：一是生存空间和话语空间受到挤压和挑战，人们热衷于对西方马克思主义学者思想观点的研究和介绍，却缺乏自身的理论表达和建树；二是对马克思主义哲学的发展和创新，到目前为止，仍然表现为对马克思主义哲学原理的重新编写和编撰。因此，既缺乏对马克思主义经典作家思想文本的深入研究、准确阐释，同时也缺乏个性化的、时代化的独立研究和创造。

（三）当代中国哲学发展的未来机遇

当代中国哲学发展的出路到底何在？基于自身的历史责任和历史使命，论坛的出席者作出了严肃的思考，给出了自己的回答。

第一，当代中国哲学要想实现大的发展，必须立足于当代社会实践。中国社会科学院谢地坤研究员指出，当代中国哲学要想实现发展，首先必须进行研究范式的转换，只有从体系意识转变为问题意识，客观地面对和研究现实问题，真正地关注当代中国人的生存状态，哲学的发展才会有出路和前途。中国人民大学郝立新教授指出，当代中国哲学发展，只有切实地回归现实和回归生活，做到"既要上天，也要入地"，"既要关注外部世界，也要关注内部世界"，才有可能摆脱目前的发展困境。中央党校哲学部董德刚教授则以对当代中国社会发展实际的分析为基础，提出了推进马克思主义哲学创新的具体方式和路径，主张把对社会客体的研究与对社会主体的研究结合起来，在改革社会经济政治关系的同时，激发社会个体的活力，实现社会的全面发展和进步。

第二，当代中国哲学要想实现大的发展，必须实现传统与现代、民族与世界的融合和统一。清华大学国学研究院院长陈来教授指出，在马克思主义与儒家伦理之间既存在明显的区别，同时也有着共通与一致之处。在当代中国人共有精神家园的建设过程中，要想面对和解决当代中国人的伦理需求，马克思主义有必要参考历史上一些本土宗教和外来宗教的做法，尊重儒家伦理的资源和价值，建立起一套适合于中国人情感系统的中国式伦理。中央党校哲学部侯才教授指出，要推进当代中国哲学的发展，不仅要应对和回答由当代社会实践所提出的重大问题和挑战，而且应当重视中国传统文化和哲学的价值，特别是要大力促进中国传统哲学的现代性转换。只有实现马克思主义哲学乃至外国哲学的中国化与中国传统哲学的现代化的统一，以及马克思主义哲学乃至外国哲学的中国化与当代中国哲学的世界化的统一，当代中国哲学才能以应有的地位和姿态立足于世界哲学之林，才能为人类的发展作出自己应有的贡献。

第三，当代中国哲学要想实现大的发展，不应忽视对经典文本的解读。北京大学哲学系主任赵敦华教授指出，对经典文本的重视与否问题，实质上所涉及的是学风、文风的建设成败问题。不仅中国化的马克思主义哲学研究，要注重对马克思恩格斯本人思想的研究，要放到马克思主义的学术传统当中去进行，而且中国哲学的研究、西方哲学的研究，都要注重对经典文本的学习，都要强调对学术传统、学术规范的尊重。

此外，中央党校哲学部的段培君教授、赵建军教授、王杰教授，也围绕当代中国哲学的发展现状及出路问题，从系统哲学、工程哲学、传统文化的当代价值角度，阐释了自己的观点和看法。

（林艳梅供稿）

二、二级学科学术会议

◇ 马克思主义哲学学科（原理专业）

2008年马克思主义哲学学科（原理专业）学术会议综述

为贯彻落实全国党校工作会议精神和《中国共产党党校工作条例》，在新的形势下进一步推进马克思主义哲学学科建设，2008年11月18日上午，哲学教研部马克思主义哲学教研室举办了“纪念《马克思主义纲要》（以下简称《纲要》）、《通俗哲学》入选‘中国文库’暨中央党校马克思主义哲学学科建设座谈会”。座谈会上，侯才、张绪文、毛卫平等当年参加《纲要》和《通俗哲学》编纂工作的专家学者就《纲要》（2004）和《通俗哲学》（2007）入选“20世纪中国文库”的价值和意义、编纂的历史经验及其对当前哲学学科建设的借鉴与启示等问题畅谈了自己的看法。

侯才教授在发言中认为，从总结历史经验的角度看，《纲要》和《通俗哲学》的编纂工作对于中央党校哲学学科建设具有四重意义：一是有效地锻炼、培训和提高了专业人才队伍，特别是中青年教师队伍；二是融汇和整合了哲学学科所属各专业领域和研究方向的科研力量，充分发挥了哲学学科的整体优势；三是带动和促进了教研部哲学教学和科研等各项工作的深入开展；四是提升了中央党校哲学教研部（原称中央党校哲学教研室）在全国学术界的地位，扩大了中央党校马克思主义哲学学科在全国哲学社会科学界以及社会各界的影响。他指出，从艾思奇主编新中国第一本哲学教科书《辩证唯物主义历史唯物主义》，到韩树英主编《通俗哲学》和《纲要》，再到杨春贵等主编《马克思主义哲学教程》，以教科书的编纂为重要载体推进学科建设是中央党校马克思主义哲学学科发展的一个重要的历史经验和优良传统。侯才教授强调：“由于我们国家政治体制和意识形态的特点，不论是从发行量还是从受众面来看，教科书的作用和影响之大、之广都是个人专著等其他著作所不能比拟的”，在新的形势下进一步推进中央党校的马克思主义哲学学科建设，必须注意弘扬这一优势，高度重视哲学教科书的编纂问题。关于参加编纂两本书的切身感受，侯才教授认为，编纂一本好的马克思主义哲学教材，对于著者来说，不仅应具备深厚的理论造诣和专业素养，而且还要有高度的社会责任感和使命感，严谨认真的科学精神，能够持有甘于寂寞、“十年磨一剑”的定力。从教科书的编著看，当前马克思主义哲学原理研究，侯才教授认为，应重点做好三个方面的工作。第一，必须加强对马克思主义哲学文本的研究，文本研究不仅要努力适应改革开放和现代化实践的需要，以充分反映改革开放30年来国内外在马克思主义哲学研究方面取得的新进展、新成果，而且还要在研究方法上有所创新；不仅要注意借鉴、吸收和运用西方当代哲学解释学的方法，还应借鉴、吸收和运用中国传统解释学的方法。第二，必须注意马、中、西哲学的沟通、交汇和融合，从哲学的整体视域关注“知识更新”问题。既要关注现代西方哲学提出的学术前沿问题，也应关注中国传统哲学现代性转换及其提出的问题，尤其要突破马克思主义哲学研究中传统的思维定势。第三，要充分关注和深入研究现实中的重大理论和实践课题，特别是要善于对实践经验进行哲学层面的概括和提升。

张绪文教授在发言中强调，要从“改革开放的历史背景”下认识《纲要》和《通俗哲学》对于中央党校马克思主义哲学学科建设的历史贡献和现实意义。她指出，“这两本诞生于改革开放初期具有较高学术质量和广泛社会影响的教科书的编撰工作，对于深化和推动我国哲学界对马克思主义哲学原理的研究，对于用马克思主义哲学的基本理论武装广大干部、群众乃至青少年起到了重要作用。其所产生的社会影响，所赢得的社会赞誉，不仅在中央党校的历史上绝无仅有，而且在整个20世纪中国学术发展史上也极为罕见。”“这不仅是主编韩树英教授个人的荣誉，也是所有参加者的荣誉，也是中央党校的荣誉。”张绪文教授认为，《纲要》和《通俗哲学》的问世，不是某一个人的学术产品，而是“时代的需要和产物”，是哲学教研部一定时期的“集体智慧的结晶”。她指出，“编一本好的哲学教科书，一定要有一个好的主编，一定要发挥集体的智慧”，“没有主编韩树英教授高度负责地驾驭协调，没有所有教材组成员废寝忘食地积极参与，《纲要》和《通俗哲学》就不可能取得如此突出的成就”。从《纲要》和《通俗哲学》的编纂经验看，张绪文教授认为，当前，要想编出一本真正体现“时代精神精华”的《21世纪马克思主义哲学教程》，除了上述两个基本条件外，还必须做好五个方面的“系统化”工作：一是要对20世纪以来自然科学的成果进行系统化地综合整理；二是要对现代西方哲学的发展成果进行系统化地综合整理；三是要对中国传统哲学的优秀部分进行系统化地综合整理；四是要对20世纪社会主义的实践经验（十月革命后的苏联、特别是中国建国50多年来的社会主义建设实践）进行哲学总结；五是要对当今时代特征特别是经济全球化的发展态势及影响作系统深入的哲学分析。“无论从哪一个方面看，这都是一项非常艰巨庞大的系统工程，不能靠个人的力量，甚至靠中央党校自身的力量也不够”，“必须开放式地整合校内外的学术力量”。

对侯才教授和张绪文教授关于马克思主义哲学教科书建设问题的看法，毛卫平教授在发言中表示赞同。他指出，在当代中国，马克思主义哲学并不仅仅是一门普通的哲学学科，它同时也是我们党的世界观和方法论，是中国特色社会主义建设的思想基础。作为一门科学，马克思主义哲学研究必须遵循哲学研究的一般范式，注重科学性、学术性；而作为我们党的世界观和方法论，马克思主义哲学研究又必须高度关注和回答中国特色社会主义建设实践提出的重大的历史和现实问题。从这个意义上说，编纂马克思主义哲学教科书，必须讲政治、重学术、有创新。《纲要》和《通俗哲学》之所以取得了巨大的成功，关键就在于当时的著者很好地坚持了上述原则。就时代性和现实性而言，这两本哲学教科书密切联系中国革命、建设和改革的实践进行开拓性研究，不仅对思想战线各种错误思潮进行了批判，而且还从正面回答了哲学界提出的若干重要理论问题，从而“为正在到来的社会大变革提供了急需的思想观念”；就科学性和学术性而言，这两本哲学教科书对马克思主义哲学原理作了全面、系统、深入的论述，“广泛地反映了当时自然科学和社会科学的最新成就，并力求对这些成就给予马克思主义哲学的概括和总结”；就创新性而言，《纲要》着眼于哲学原理体系的重构、《通俗哲学》着眼于通俗化的创新，都取得了历史性的突破。特别是《通俗哲学》采用并大力改进了“由事入理”的写法，融“思想性、科学性、可读性于一体”，“不仅文字优美活泼，而且配之以著名漫画家方成的漫画，更是史无前例的”。

座谈会上，大家还就马克思主义哲学的时代性和通俗化等问题进行了探讨。张耀光、边立新、林艳梅、王晓林等参加了座谈会。

背景材料：

1979年，面对“文化大革命”造成的思想理论混乱的局面，邓小平在中央理论务虚会上提出“思想理论战线的同志们一定要赶快组织力量，定好计划，在尽可能短的时间里陆续写出并印出一批有新内容、新思想、新语言的有分量的论文、书籍、读本、教科书来”。为了贯彻小平同志的指示，时任中央党校哲学教研室主任的我国著名马克思主义哲学家韩树英教授立即动员组织哲学教研室的力量，历时4年，倾力编著了两本影响巨大的哲学教科书——《马克思主义哲学纲要》和《通俗哲学》。这两本诞生于改革开放初期的哲学教科书，对于深化和推动我国哲学界对马克思主义哲学原理的研究、对于用马克思主义哲学的基本理论武装广大干部、群众乃至青少年起到了重要作用。

《马克思主义哲学纲要》自1983年由人民出版社出版以来，先后10次印刷，发行逾300万册。1987年获全国优秀畅销书奖，1990年被中宣部推荐为全国干部哲学学习的参考教材，1991年获全国“光明杯”优秀哲学社会科学学术著作最高奖——荣誉奖，1995年被新闻出版署列为国家“常备书目”，1998年被评为“深圳青年喜爱的书”，在200部推荐书目中名列第一，2004年被收入中国出版集团组织实施的“20世纪中国文库”第一辑第一本。

《通俗哲学》自1982年由中国青年出版社出版后，不仅在青年中大受欢迎，也在理论界大受好评。冯定、任继愈等多位哲学家分别在20多种报刊、广播、电视中对此书进行评价推荐，成为当时媒体的热门话题。此后，该书被多次重印，还被民族出版社先后译成朝、蒙、藏、维（吾尔）四种文本，发行量达500多万册。1983年在全国通俗政治读物评选中，《通俗哲学》名列榜首，被中宣部推荐为领导干部学哲学的参考书目，1995年与《马克思主义哲学纲要》一道被列为“常备书目”，并受到陈云、宋平、江泽民、李瑞环等历届国家领导人的关注和好评。2007年，《通俗哲学》被收入中国出版集团组织实施的“20世纪中国文库”第三辑。

（王晓林供稿）

2009年马克思主义哲学学科（原理专业）学术会议综述

2009年11月4日下午，中央党校哲学部马克思主义哲学原理教研室举行“马克思主义哲学基础理论研究”座谈会，邀请北京大学哲学系赵家祥教授作了会议主题发言。围绕“中央实施马克思主义理论研究和建设工程”第二批重点教材——《马克思主义哲学史》一书的最新编写进展情况，赵家祥教授就马克思主义哲学史的学科性质、学科特点和研究方法等问题，同大家进行了深入的讨论和交流，受到了各位学者的好评。

首先，关于马克思主义哲学史的学科性质。

赵家祥教授指出，马克思主义哲学史就是关于马克思主义哲学形成、变化和发展的历史过程及其规律性的科学。到目前为止，我国已经出版的马克思主义哲学史教材，虽然对马克思主义哲学史的这一学科性质进行了基本的界定，但却没有系统地概括和研究马克思主义哲学发展的一般规律。针对当前国内马克思主义哲学史研究的这一缺憾，赵家祥教授从六个方面深入地论述了马克思主义哲学发展的一般规律。一是马克思主义哲学随着时代的发展而发展。马克思主义哲学不是脱离实际的抽象的思辨体系，它永远面对时代，面对现实世界，面对实际生活，关注、研究时代提出的最迫切的问题。二是马克思主义哲学在与各国实际相结合的过程中发展。马克思主义哲学民族化最根本的就是与各个民族的具体实际相结合，用以总结各个民族的文化遗产和实践经验，解决各个民族面临的实际问题。三是马克思主义哲学随着自然科学和社会科学的发展而发展。四是马克思主义哲学在与各种思想互动、交流、冲撞和斗争中发展。马克思主义哲学不是宗派主义体系，它能正确对待各种非马克思主义甚至反马克思主义的学说，对它们进行批判地研究，剔除其中的错误观点，吸收其积极合理的因素。五是马克思主义哲学在自我反思、自我批判的过程中向前发展。马克思主义哲学不是固步自封的体系，它具有自我反省、自我批判精神。六是马克思主义哲学的发展是一个曲折前进的过程。研究马克思主义哲学史，既要揭示其前进、上升运动的基本趋势，也要具体分析其发展过程中的失误、曲折和暂时的倒退及其原因，从中吸取经验教训，使其能够健康发展。

其次，关于马克思主义哲学史的学科特点。

赵家祥教授指出，马克思主义哲学史的特点根源于马克思主义哲学的特点。由于马克思主义哲学具有不同于其他哲学的本质特点，所以马克思主义哲学史也具有不同于其他哲学史的显著特点。一是马克思主义哲学史具有突出的实践性。一部马克思主义哲学史，同时也是无产阶级认识世界和改造世界的实践活动的发展史。二是马克思主义哲学史具有鲜明的阶级性。马克思主义哲学公开申明自己哲学的阶级性和政治倾向性，申明自己的哲学是为无产阶级利益和人类解放服务的。三是马克思主义哲学史具有广泛的群众性。一部马克思主义哲学史，就是指导广大人民群众认识世界和改造世界、总结人民群众实践活动经验的历史。四是马克思主义哲学史的影响具有深远性。马克思恩格斯已经辞世100多年，但在哲学、经济学、政治学、伦理学、文学艺术等所有意识形态领域，无论是赞成者还是反对者，都脱离不了马克思主义及其哲学的影响。五是马克思主义哲学史具有强烈的创新性。一部马克思主义哲学史，就是马克思主义哲学的创始人及其后继者对自己的哲学自觉创新的历史。

最后，关于马克思主义哲学史的研究方法。

关于马克思主义哲学史的研究方法，或者进行马克思主义哲学史教材编写必须注重的研究方法，赵家祥教授主要强调了四点：一是正确处理主观性与客观性的关系。马克思主义哲学史教材属于书写的历史，马克思主义哲学创始人及其后继者的著作属于客观的历史，只有那些如实地反映文本的本意并对其做出了正确判断和评价的教材，才具有客观性，才是好的和比较好的教材。二是正确处理革命性与科学性的关系。马克思主义哲学既是无产阶级的意识形态，又是科学的理论体系，是科学性与革命性的统一。马克思主义哲学的科学性根源于革命性的要求，而且通过革命性表现出来；马克思主义哲学的革命性必须以科学性为前提和基础，并且靠科学性来保证。三是正确处理传统与当代的关系。马克思主义哲学就是在批判地继承以前的哲学遗产的过程中产生和发展的。就马克思主义哲学自身的发展来说，一方面老祖宗不能丢，要坚持马克思主义哲学的基本原理，旗帜鲜明地反对马克思主义哲学“过时论”，另一方面又要根据时代的变化和实践的发展进行理论创新，在解决时代和实践提出的新问题的过程中，把马克思主义哲学提高到新水平，包括提出新概念和新原理。四是正确处理马克思主义各个组成部分之间的关系。马克思主义哲学、政治经济学和科学社会主义学说是紧密结合、融为一体的，进行马克思主义哲学史教材的编写就不能把马克思主义哲学产生、变化和发展的历史与政治经济学、科学社会主义学说产生、变化和发展的历史割裂开来孤立地加以论述，而应当结合起来加以进行。

（林艳梅供稿）

◇ 马克思主义哲学学科（发展史专业）

2009年马克思主义哲学学科（发展史专业）学术会议综述

2009年6月9—10日，马克思主义哲学教研室举办了以“中国特色社会主义生态文明建设”为主题的学科建设研讨会。哲学教研部副主任侯才教授、哲学教研部原主任许全兴教授参加了会议。哲学教研部对该问题有研究的学者也应邀出席会议。

会议由李宏伟博士主讲。她围绕着中国特色社会主义生态文明建设讲了三个问题。

第一，生态文明建设是建设中国特色社会主义的战略选择。加强生态文明建设是人类文明发展的必然趋势，是我国实现又好又快发展的必然要求，是中国特色社会主义道路的必然选择。第二，生态文明建设的内涵和目标。人与自然和谐相处，建设生态文明。第三，生态文明建设的实现路径。牢固树立生态文明观念，建设绿色国民经济核算体系，坚定推进循环经济发展模式，建立政府主导、公众参与的实现机制，通过科技创新推进生态文明建设创新，积极完善各项规章制度，建立健全生态补偿机制等。

生态文明问题是个具有世界性的热点问题，也是中国特色社会主义建设过程中所面临的必须给予认真研究的重大理论问题和实践问题。因此，李宏伟同志讲完后，与会者围绕着这个话题进行了热烈的讨论，特别是对生态文明的概念、生态文明在人类社会发展过程中的地位、生态文明与物质文明、政治文明、制度文明、农业文明、工业文明等的区别与联系，广泛交换意见。

通过这次学科建设研讨会，与会者对十七大提出生态文明问题的重要意义有了进一步的理解，对生态文明及其相关理论问题有了进一步的认识，对在中国推进生态文明建设的路径选择有了进一步的思考。

（阮青供稿）

2009年11月28日，中共中央党校哲学部马克思主义哲学史教研室召开学术研讨会，马哲史室胡为雄教授作了"'上层建筑'之惑"的主题发言。中国社会科学院《中国社会科学》副主编周溯源博士、全国马克思主义哲学发展史学会会长、中国人民大学梁树发教授、中共中央党校哲学部原主任许全兴教授、中央党校哲学部副主任侯才教授等多位专家学者以及部分中央党校马克思主义哲学专业博士生应邀出席了研讨会。胡为雄教授发言的主要内容如下：

（一）斯大林的上层建筑定义对中国的影响

1950年斯大林《马克思主义和语言学问题》发表后，它对上层建筑的解释被苏联哲学界迅速接受并广泛宣传。尤金、康士坦丁诺夫、罗森塔尔等学者也纷纷撰文宣扬斯大林的上层建筑观。康士坦丁诺夫在《历史唯物论》中根据斯大林的观点，确定了社会的经济基础和上层建筑的定义："基础是社会在其一定发展阶段上的经济制度。上层建筑是社会的政治、法律、宗教、艺术、哲学的观点以及与之相适应的政治的、法律的及其他的制度。"这种教条倾向在他以后主编的《历史唯物主义》和《马克思主义哲学原理》中得到进一步突出。《马克思主义哲学原理》认为，"上层建筑包括一切社会思想以及与这些思想相适应的机构，如国家、法、政党、政治思想、道德、艺术、哲学、宗教、教会等等。"由此出发，他还进而把上层建筑划分为政治上层建筑和思想上层建筑。

由于理论上的承传关系，苏联哲学界对上层建筑的解释极大地影响了中国哲学界。中国的马克思主义哲学教学大纲或教材如《基础与上层建筑讲课提纲》、《经济基础和上层建筑》、《辩证唯物主义　历史唯物主义》等明显受苏联的影响。这些教科书都把思想意识置于上层建筑的核心地位。例如，《基础与上层建筑讲课提纲》将上层建筑释为：上层建筑是建立在一定的经济基础之上并与这基础相适应的社会结构，其中包括社会对于政治、法律、宗教、艺术、哲学的观点以及适合于这些观点的政治法律等制度。

（二）新中国成立后两次有关上层建筑的争论

《马克思主义和语言学问题》汉译本出版后，中国学界在学习和讨论斯大林的基础与上层建筑定义时，以杨献珍、艾思奇等为代表的一些人发生激烈争论。杨献珍主张，在过渡时期，中国社会存在着五种经济成分，在这种综合的经济基础上，形成中国的以工人阶级领导的、以工农联盟为基础的人民民主专政的政治上层建筑，和以马克思列宁主义的共产主义世界观为指导的思想上层建筑。艾思奇反对

“综合经济基础论”，认为我们国家政权的经济基础，只能是正在建立的、包括全民所有制和集体所有制的社会主义经济基础。艾思奇强调“过渡时期的经济基础不是单一的，而是两种互相敌对的基础的对立的统一；上层建筑也不是单一的，是占统治地位的社会主义上层建筑和它相敌对的资本主义上层建筑因素的对立的统一”。这次争论分为两个阶段：前一阶段集中在对中国过渡时期的现实基础和上层建筑问题上；后一阶段则集中在基础和上层建筑理论本身，随之波及全国理论界。

而 1978—1982 年中国哲学界就上层建筑问题展开的第二次学术争论中，朱光潜、吴元迈、张薪泽等学者也主要是围绕斯大林的上层建筑定义展开的。朱光潜坚决反对在上层建筑和意识形态之间画等号，或以意识形态代替上层建筑，并进而批判斯大林的上层建筑定义。朱光潜坚持两个主要观点，即上层建筑属于社会存在、上层建筑不等同于意识形态。继朱光潜之后，屈万山、李本先、吴元迈、王锐生、焦风贵、姜东赋、卢婉清、张薪泽等人也分别发表了各自的观点。其中屈万山也著文质疑斯大林的上层建筑定义，李本先、吴元迈等人对朱光潜的观点提出了批评，张薪泽则对朱光潜的观点作了辩解。

（三）对两次上层建筑争论的评价

20 世纪 50 年代中国哲学界发生的有关经济基础和上层建筑争论，有其特定的学术背景。学者们立足于现实思考理论问题，争论的核心是中国现实社会中的经济基础和上层建筑。但由于学术崇拜之害，斯大林对上层建筑的解释被尊为真理，一方面是教条式宣传使之圣典化，一方面又用它来解释中国社会主义过渡时期的经济基础与上层建筑。不过，尽管当时政治过多地影响了学术，学术、政治问题不分，但还是有一些学者如王子野等能独立思考、敢于批评斯大林的学术观点。杨献珍提出的“综合经济基础论”是这一次争论中取得的最宝贵的成果。遗憾的是，由于涉及当时中国现实政治问题，它后来蜕变为一场学术批判，这场争论从学理研讨开始最后却以政治批判告终。

第二次争论中，学者们对斯大林上层建筑定义的缺陷作了深入的理论剖析，并从政治学角度对上层建筑作了初步探讨。这次争论，作出较多贡献的是朱光潜、屈万山等学者。朱光潜坚决反对在上层建筑和意识形态之间画等号，或以意识形态代替上层建筑，并进而批判斯大林的上层建筑定义，这有利于拆除斯大林的理论樊篱，回归到马克思的思想立场。朱光潜对斯大林关于上层建筑的作用的批判也是一语中的。而屈万山则指出，斯大林关于上层建筑的定义只适用于某些社会形态，不适用于一切社会形态，并不具有普遍意义。

由于特定的政治环境和学术环境，有关上层建筑的两次争论都未取得显著的理论成果。由于对斯大林上层建筑定义的学术批判未得到广泛认同，取得的学术成果也未能为马克思主义哲学教科书吸收，因而，迄今为止，斯大林上层建筑观点仍然统治着中国哲学界。

（四）不把错误知识教给后代

《马克思主义哲学原理》（中国人民大学出版社 1994 年版）在中国曾经发挥了其历史贡献，但是，它也有重大理论错误——至少对上层建筑的阐释包含四个错误。

首先，该书把上层建筑划分为政治上层建筑和思想上层建筑两个部分不符合马克思的原意。其次，把政治上层建筑隶属于思想关系的范畴，无法与意识决定存在的唯心主义划清界限。如果因政治制度是在一定的政治思想指导下建立的，就说政治制度“仍属于思想关系的范畴”，那么在一定经济思想指导下建立起来的经济制度即经济基础也同样属于思想关系的范畴了。这就进入了意识决定存在的境界。再次，把同政治法律制度相适应的某些具体机构与设施都称为有组织的暴力，实质上曲解了上层建筑的性质，缩小了上层建筑的功能或畸形突出和强化上层建筑的暴力功能，淡化和削弱了上层建筑的其他职能，是崇尚暴力。最后，“政治上层建筑直接凭借暴力来发挥作用将会减弱，而逐渐让位于间接暴力的作用方式”的提法，也隐含着把政治暴力化和把暴力泛化的倾向。

《马克思主义哲学原理》对上层建筑的错误解释，与它借鉴和沿用苏联哲学教科书及中国前期哲学教科书的框架、在研究方法上割裂原著或任意使用语录有关。作者未系统研究和全面理解马克思、恩格斯等经典作家对上层建筑的全部论述，未分析他们论述的历史演变，难免有断章取义之嫌。此外，研究视野狭窄也是其错误解释的原因之一。马克思主义哲学教科书是哲学教育的范本，内容应尽可能准确无误，这对承传、发展马克思主义哲学十分重要。

胡为雄教授的发言引起了大家热烈讨论。周溯源副主编认为，哲学研究要有历史主义方法，要在具体的历史环境中来理解哲学问题。离开了具体的历史环境，一些原本并不复杂的哲学问题就会变得难以理解了。斯大林对马克思主义哲学的解释，尤其是他对上层建筑的解释是与当时马克思主义哲学在苏联的现状以及苏联的社会需要密切相关的。同样，中国哲学界近几十年来发生了两次有关上层建筑的争论，理解这两次争论，也必须把它放到马克思主义哲学与中国的具体国情相结合的背景下，从当时马克思主义哲学在中国的现状以及中国当时的社会现实来理解。就对马克思主义哲学概念的理解而言，我们应该遵守两种尺度：一是“文本尺度”；一是“实践尺度”。所谓“文本尺度”，就是要求我们全面深入地研究马克思主义经典作家的原著，准确客观地理解作者本人的原意。“文本尺度”，也就是要求我们尽可能地“忠于原著”。从“文本尺度”而言，胡为雄教授作了十分认真细致的工作，将苏联 20 世纪 50 年代直到中国目前的大量哲学著作作了认真梳理比较，付出艰辛努力。所谓“实践尺度”，是指研究者从当前的社会现实出发，以社会实践作为理解文本的根本尺度。当然，“实践尺度”并非对“文本尺度”弃而不用，而是面对文本概念演化时的一种方法。无论怎样“忠于原著”，但想回到马克思毕竟是不可能的。这是“实践尺度”必要性的根本原因所在。从“实践尺度”而言，胡为雄教授的研究紧扣当前中国的社会现实问题，有较大的现实意义。当前，我们要想发展马克思主义哲学，就必须权衡利用这两种研究方法：一方面认真研究马克思主义哲学原著；另一方面必须将它与中国的社会现实结合起来，在中国社会现实的土壤中发展马克思主义哲学。

梁树发教授则认为，当前对一哲学概念的分析也有两种方法：一种是结构主义的方法；另一种则是本质主义的方法。结构主义方法，把各种文化视为系统，按照整体性和共时性的方法研究事物，并认为可以按照其成分之间的结构关系加以分析；本质主义方法，相信任何事物都存在着一个深藏着的唯一的本质，一切词和概念都有恒定不变的含义，本质和现象的区分提供了人类观察万事万物的基本概念图式。本质主义方法把揭示事物的唯一本质作为一切知识分子职业身份的内在规定和学术使命。从这两种方法来看，我们可以对一些常见哲学概念进行重新审视，并得出新的理解。一些哲学问题，从结构主义方法来看是不能理解的，但是如果从本质主义的方法的视角则可以理解，反之亦然。关于“上层建筑”这一概念的争论是一个老问题，在中国从20世纪50至80年代发生了两次大的争论，但都没有能够取得大的实质成果。但是关于上层建筑概念的问题又是一个基础性的问题，这一问题牵涉的不仅是对马克思主义哲学中个别概念的理解，甚至是对整个马克思主义哲学的理解。因而，对上层建筑这一概念的解释会对我们当前的马克思主义教科书有重大的影响。因而对这一老问题的深入梳理有较高的理论和现实意义。

许全兴教授认为，“上层建筑”问题的争论在中国非常复杂，不仅是个理论问题，同时也是个政治问题。20世纪50年代中的“综合经济基础论”与“单一经济基础论”的争论不仅仅是杨献珍与艾思奇两个人之间的争论，更是那一时期的学者们对中国现实经济问题、政治问题意见相左的反映。争论牵涉人数众多，甚至包括毛泽东、刘少奇等在内。1978—1982年的那次争论，同样不仅是个简单的学术问题，它实际上是中国学者独立自主地运用马克思主义基本原理来解答中国现实问题，从而突破苏联樊篱的一次尝试。综观这两次争论，中国学者遇到的无外乎以下三个问题：一是马克思主义哲学原著尤其是马克思本人哲学原著中的概念本意；二是中国革命和建设的现实情况；三是苏联社会主义模式、苏联思想界对中国的巨大影响。因而要想厘清这一问题，不仅要深入研究马克思主义哲学原著，要有扎实的理论功底，而且要深入研究中国的那段历史，弄清这一问题的来龙去脉，更要有不怕艰苦、细致入微的学术素养。胡为雄教授的研究为年轻学者作出了榜样。

关于国家是有组织的暴力。一些教授认为，在马克思主义国家学说中，国家作为统治阶级权力的集中体现，是镇压某一个阶级的暴力组织，是集中的有组织的社会暴力。虽然在共产主义社会中国家会消失，但是在社会主义国家中，作为无产阶级权力的集中体现，国家作为暴力机构的功能并没有削弱。国家作为暴力机构的功能虽时强时弱，但长期内不会改变。

侯才教授作了总结评论，他说，当前我们对“上层建筑”的研究应该从以下几个方面着手。一是要弄清“上层建筑”这一概念在马克思恩格斯著作中的本意是什么。在《德意志意识形态》中，马克思、恩格斯首次使用了“观念的上层建筑”这一概念，后来在《路易·波拿巴的雾月十八日》、《〈政治经济学批判〉序言》等文中又多次使用“上层建筑”的概念。但是，马克思、恩格斯是在比喻的意义上来使用的，这一概念的具体涵义马克思、恩格斯语焉不详，哲学界一直没有定论，因而对这一概念的文本研究越发凸显其重要性。二是要弄清这一概念的历史发展脉络。历史地看，马克思在前后30余年的时间里使用上层建筑概念时，在不同的场合确实赋予它以不同含义。在马克思的前期著作、中期著作和后期著作中，不仅使用这一概念的语言环境发生了变化，而且这一概念的意义也确实不尽相同。除此之外，这一概念在苏联经过列宁、斯大林等人的发展，其意义更是发生了较大演变。抛开斯大林上层建筑概念定义的是非不说，单是这一概念的历史演变过程已是一个复杂的学术问题。三是要深刻研究上层建筑这一概念在今天的现实意义。马克思主义哲学原理教科书曾经在中国发挥了较大的作用，但是由于过去受到教条主义的影响，它也受到了多方批评。作为哲学教科书，应该反映时代的精神，应该随着社会现实的改变而不断改变自己的形式。随着社会的发展，哲学史上的许多问题失去了现实意义，但是同样有一些哲学概念在新的历史环境下被赋予了新的涵义，获得了新的生命。因而，不能把上层建筑问题仅仅当作一个理论问题来研究，更重要的是要联系我国当前的经济、社会、政治结构，特别是我国当前的经济基础与我国的上层建筑之间的关系，来讲清楚马克思、恩格斯的这一哲学思想对我们今天的社会现实有何指导意义。从这几个方面来说，胡为雄教授的研究都是富有启示的。

出席这次研讨会的其他学者及部分中央党校博士生也表达了各自的看法。马克思主义哲学史教研室主任阮青教授主持了这次研讨会。

（博士生李庆喜供稿）

◇ **战略学学科**

2009年战略学专业学术会议综述

2009年11月6日，中央党校哲学部战略学教研室和国际战略所台港澳研究室共同组织了“战略学研究与全球视野下的两岸关系”座谈会。台湾中兴大学当代中国研究中心主任、教授巨克毅先生受邀来我部作学术演讲和交流。会议由国际战略研究所副所长郭建平教授主持，巨克毅教授发表了“台湾战略学研究与全球视野下的两岸关系”的演讲，哲学部战略学室主任段培君对演讲进行了学术评述，国际战略所台港澳室主任李云龙教授与有关方面的教师和研究生参加了座谈与交流。中央党校校委委员、哲学部主任、社会发展研究中心主任贾高建教授，原哲学部主任、社会发展研究中心原主任庞元正教授在座谈会后会见了巨克毅教授，并就双方的合作和有关的学术问题进行了富有成效的交流。

巨克毅教授在演讲中介绍了台湾学术界战略学专业学科研究的进展，就两岸和平发展战略谈了几点看法。他认为，当前世界各国发展已进入全球化相互依存、利益与共的新时代。近年来，两岸关系的互动发展，在全球化发展的影响下愈来愈呈现相互依存的紧密关系。全球和平研究的理论与模式主要有三种：(1)现实主义；(2)理想主义、自由制度主义；(3)建构主义。英国和平研究学者麦欧尔等人将冲突变化分为四个阶段：冲突形成（预防）阶段、暴力冲突阶段（维持和平）、冲突转型（营造和平）阶段、社会变革（建构和平）阶段。

按照这一理论框架，两岸和平进程经历了“武力对峙”、“和平共处”、“交流谈判”、“政治对立”与“和平发展”阶段。在和平发展阶段，大陆方面的“胡六点”一方面延续中共过去对台一贯政策，但也具有新意，例如：两岸可以签订综合性经济合作协议，建立两岸经济合作机制，两岸建立军事安全互信机制，以及台湾参与国际空间的可能性等。显然目前对台和平战略发展方向，已从过去的和战两手策略，逐步调整为向两岸和平发展方向迈进。马英九在台湾地区领导人选举时亦曾将签署两岸和平协议、正式结束两岸敌对状态作为竞选承诺。马英九认为，要以台湾为主，对人民有利的原则，开展两岸关系，亦即主张在“不统、不独、不武”维持现状的前提下，把握历史机遇，积极开展两岸关系，搁置争议，追求双赢，推动两岸务实对等的协商与交流，以威胁最小化，机会最大化看待两岸间互动。巨克毅认为，在进入和平发展阶段后，两岸和平发展战略应当有新思维。主要是必须放弃武力冲突，确立积极和平方向，循序渐进推动两岸和平发展，逐步达到永续和平的目的。

段培君教授在评述中说，巨克毅教授全面介绍了国际战略学研究的前沿理论，提出了分析全球战略问题的理论框架，并结合两岸关系阐述了和平发展的战略思路，对于我们进一步加强战略学和两岸关系的研究，具有启迪和帮助意义。今后要继续加强相互之间的沟通和交流。

（段培君供稿）

◇ 伦理学学科

2009年伦理学学科学术会议综述

2009年10月29日，中央党校哲学部伦理学教研室举行“中西伦理思想研究理路与方法”专题座谈会。李晓兵、侯才、宋惠昌、万俊人、焦国成、杨信礼、靳凤林、任俊华、蔡德聪等专家学者以及相关专业的硕士生和博士生共30多人参加了此次座谈会，就有关问题进行了深入研讨。

在西方伦理思想研究理路与方法问题上，中国伦理学学会会长、清华大学哲学系主任万俊人教授说，首先，对待西方伦理思想要秉持正确的理论态度。既不能怀着寻宝心态注视西方，将西方伦理思想一律奉为经典、悉数收纳；也不能怀着猜忌或怀疑心态看待西方，对西方伦理不求甚解、一概摒弃。科学合理的理论态度是将西方作为一面镜子，深入了解西方伦理思想，充分发挥其“文化镜像”的功能，通过对西方伦理思想的理解，加深对中国传统伦理思想的认知。其次，要把握西方伦理思想的特征。研究西方伦理，必须把握其文化心理和理论特征。理性主义传统主宰了西方思想发展的整个过程，重视理性与道德推理，贯穿于西方伦理思想发展史的始终。最后，要研究西方伦理思想，要采取诠释与体验的双重路径。全面把握西方伦理思想，既要采用阅读文本及文化诠释的方式，又要重视伦理体验，通过道德感受和道德实践，深化对西方伦理的认识。

在中国传统伦理思想的研究和继承弘扬问题上，中国伦理学学会副会长、中国人民大学哲学院焦国成教授指出，对于传统伦理，要作本真意义的解读，不能随意解释、歪曲发挥。研究中国传统伦理，首先，要选择一种符合传统伦理发展规律与自身特点的适宜的方法。这种方法是一种规矩、路径和“点金术”，只有真正把握了这样的研究之道，对于传统伦理的探索和开掘才会更为全面深刻。其次，要明确研究传统伦理的目的。研究传统伦理，是为了把握其真实思想和精神价值。对于传统经典不能断章取义，不能只是引用只言片语。对于传统伦理思想，要力求接近其原意，要作客观、确切、系统的理解，力图做到知其然和所以然、知其当然和必然。最后，要从多学科、多角度对传统伦理进行研究和探索，并提出独特的见解。

中共中央党校哲学部副主任侯才教授认为，应将传统文化置于中国所处的整体性文化矛盾背景下进行解读。从多元文化交汇激荡的大背景认识传统文化的现代性转换，是较为可行的方式。中国传统文化的现代化是马克思主义中国化的重要前提。马克思主义与中国实际相结合，离不开传统文化的支撑。只有实现中国传统文化的现代化，赋予马克思主义真正的民族性，其中国化进程才会得以实现。中国传统文化的现代化路径需继续深入探讨。“取其精华、弃其糟粕”说以及“抽象继承”、“综合创新”、“返本开新”诸说，有一定的历史作用和现实意义，但还应作出新的研究和探索。宋惠昌教授指出，学科建设要重视打基础的工作，要潜心读书，要关注现实，夯实理论功底和实践功底。中央党校哲学部伦理学教研室副主任靳凤林教授向座谈会介绍了伦理学的教学和科研情况。

中央党校哲学部伦理学教研室主任杨信礼教授说，中央党校重视伦理学学科的建设和发展。根据履行教育和培养高中级领导干部职责的需要，我们开展了马克思主义伦理学原理与伦理思想史、政治哲学与政治伦理学、发展哲学与发展伦理学、中国传统伦理与西方伦理等方面的教学与研究。加强中西伦理思想研究，是伦理学学科发展的一项奠基性工作。因为只有博通古今中外伦理思想，才能兼收并蓄、比较借鉴、返本开新、综合创新。而要使这种研究取得显效，必须有正确的研究理路和方法。只有采取适宜的方法，并发挥优势，集中力量，突出重点，我们的研究与教学工作才能收到事半功倍之效。

本次座谈会由中央党校哲学部副主任李晓兵教授致辞，杨信礼教授主持并点评。

（朱辉宇供稿）

◇ 中国哲学学科

2009 年中国哲学学科学术会议综述

2009 年 11 月 8 日上午，中共中央党校哲学部中外哲学教研室在中央党校北院主楼西四会议室召开“国学与道德修养”学术交流会。来自中共中央党校、清华大学、中国社会科学院、中国人民大学、中国青年政治学院、北京师范大学、中国政法大学、北京东方道德研究所等著名学府的十余位专家学者参加了交流会并做了精彩的主题发言。中外哲学教研室全体从事中国哲学教学的老师和在读研究生参加了会议。会议由王杰教授主持，围绕孝道与中国文化、以德治国与道德教育、儒学的变化与发展、马克思主义与中国化等问题展开了深入的探讨和交流。现将有关主题发言人的主要观点作一简单综述。

（一）孝道与中国文化

北京东方道德研究所所长王殿卿认为，“孝乃德之本”，培育人性和大爱才能生成完善的人格；“家和万事兴”，孝与孝育能够使家庭凝聚与和睦；“家乃国之本”，家家和睦才有天下和谐。孝具有普遍性、永恒性、时代性三个特性，这使它在中华大地上与时俱进、代代相传，使它与中华其他伦理有了内在联系和明显区别。孝，是当今广大人民群众现实生活的需要，是社会发展与全面建设小康社会的需要。孝的教育，是人性的教育，是道德教育的最早启蒙，中小学的公民道德教育，应从“孝育”开始，它是学校与社区道德教育及建设互动的最佳结合点，是公民道德教育与建设的根基。孝道与孝行，都不是人自发产生的，而是教育与环境的产物。抓好“孝育”和孝道建设，对公民道德建设非常有益。

北京师范大学哲学系周桂钿教授认为，孝是家庭和睦、社会和谐、世界和平的基础。孝子不会自杀，身体发肤，受之父母，不敢有所损伤。孝的当代价值主要是：珍惜生命、能养能敬。

中国人民大学继续教育学院张践教授认为，儒家孝道观是中华民族区别于世界上其他民族最显著的文化特质。同时，孝道观也有一个不断变化、发展的过程。在夏、商、周三代，孝亲之心表现为传统宗教中的祖先崇拜观念，发挥着维系宗族团结、协调人际关系的作用。春秋战国时期，孔子开创的儒家学说对传统宗教中的孝道思想进行了新的诠释，使其从一种虔诚礼敬的宗教伦理变成了一种对家庭生活反思的人生哲学；从宗教祭祀活动变成了深入社会的家庭规范。秦汉以后，封建统治者夸大了孝道的引申意义——“以孝治天下”，使之变成了一种国家政治哲学，这一方面掩盖了阶级国家的实质，另一方面也歪曲了孝道伦理的本身意义。在现代公民社会里，家庭仍然发挥着“抚幼养老”的社会职能。因而，儒家的孝道观复归其本来意义，仍然是一种宝贵的文化资源。

（二）以德治国与道德教育

清华大学思想文化研究所钱逊教授认为，孔子说明为政以德的思想时谈道：“道之以德，齐之以礼，有耻且格。”说明其治国思想有德与礼两个方面，既是德治，又是礼治。孔子以“道之以德，齐之以礼”说明其治国思想，表明德与礼是他为求达到“和”的目标而提出的两个手段。孔子还具体说明德与礼的关系，说“克己复礼为仁”，说明孔子认为仁就是要遵守礼的规范，道德教育要落实到对礼的遵守上来。离开了“齐之以礼”，“道之以德”就会失去可以操作实行和检验的标准，无法落实，因而也就没有了意义；而没有“道之以德”，“齐之以礼”也就会失去基础，成为单纯是外来的强制，不可能实现。礼，是一种反映中国传统文化特征的规范。“在西方语言中没有‘礼’的同义词，它是整个中国人世界里的一切习俗行为的准则，标志着中国的特殊性。礼不同于法，礼是一种社会性的，而法治是一种政治性的。”法凭借政府权力，是强制性的；礼则以道德为基础，表现于习俗，靠社会和人们的自觉和习惯来维持。礼与德密不可分。“言仁必言礼，言礼必言仁。”仁是人内心的道德感情，礼则是仁的表现和落实。礼虽表现于外，而必属于心。仁与礼当表里一致，内外一体，亦不能仅存此仁而无礼以为表。

王殿卿教授认为，中国新道德建设，一不能完全靠“进口”，二不能割断历史。道德建设重在实践，要靠每一位有良知的领导干部、学者脚踏实地、一点一滴地去做。

中国青年政治学院陈升教授认为，诚实是人们最重要的道德品质之一，人们无诚，就靠不住。人做到了诚实，就在社会上具有了为人所肯定的、所认可的价值，人们对之就不会排斥、厌恨，而是被充分尊重，充分信任。诚实是构成完善人格所必不可少的品质。如果社会上人与人之间都不讲诚实，都相互欺骗，这个社会就没有办法再发展下去。

（三）儒学的变化与发展

中国社会科学院哲学研究所郭沂教授认为，中国传统制度的崩溃，只意味着作为社会制度的儒学，或者说作为国家意识形态的儒学失去了依托，并不表明整个儒学生命的死亡。事实上，作为“人伦日用”和作为精神信仰的儒学，已经进入中国人的潜意识中，已经渗透到中国人的血液中，甚至已经成为中国文化遗传基因的主要组成部分，并不仅仅寄托于传统制度。儒学是人文主义，不是宗教。它有宗教因素，或者说有宗教性，因此，可以称为宗教人文主义，但不能称为人文主义宗教。它不但是一种关于哲学、伦理、社会、政治等方面的理论，也是一种人生学说，一套信仰体系，因而在日常生活中能够起到代替宗教的作用。当然，我们也不能完全照搬传统儒学。进入现代社会以后，儒学就面临着改革，但由于种种因素的干扰，这场改革一直没有顺利进行。这场改革，从儒学自身的演变历程看，是一次范式的转换。当代儒学改革的使命是建构历史上第三个儒学范式。这个新的儒学范式将回应现代化和全球化的时代挑战，以儒学的基本精神为本位，回归先秦原典，整合程朱、陆王、张（载）王（船山）三派，贯通儒、释、道三教，容纳东西方文明尤其西方哲学，吸收马克思主义思想，建构一套新的哲学体系和社会学说，以解决当今社会面临的种种问题，并为未来世界开出大同盛世。经过这种改革之后，儒学方能顺应时代的发展，从而更好地承担起当代中国民族主体价值的重任。

钱逊教授认为，近代以来，在中国和世界都经历着深刻变革的背景下，儒学受到的挑战是多方面的：中西文化的冲突、社会变迁的挑战和中国特殊历史条件下出现的特殊问题。儒学所面临的挑战决定了儒学必须创新。针对挑战，吸取西方文化的优长和适应现代社会要求，是创新的方向和源泉。创新的同时，还有回归。

儒家伦理同各种文化传统一样，不是僵死不变的，而是一个与时俱进、动态开放、服务现实的体系。

中国政法大学林存光教授认为，儒家文化或儒之为教的本质及其主要功能即在于它对人的教养，而儒家对人的教养的本质是要人知礼义而富有道德理性，绝不是教人“唯权势之嗜”。然而，儒之为教，它究竟能够教养出什么样具体的人来，那就要看人们在理想与现实之间是如何接受和利用它了，即使是对儒者本身人格与学识的养成来讲亦是如此。回归孔子，即回归孔子“贵学问而重教养”、“尊德性而道问学”的精神路向，不必要人们一定走与权力结合的儒教复兴之路，儒学复兴的可能也就是建构时代性的儒学的可能，而绝不是重新回到“儒学的时代”的可能。建构“时代的儒学”，不是说我们今天需要什么，儒学里面就有什么，而是说我们必须在坚守和传承儒家基本信念的基础上，又能够积极而富有成效地、创造性地回应时代提出的生存难题与挑战，这样，儒学才能真正得以良性地转化和复兴，而这样的儒学也才是我们和我们这个时代所真正需要的。儒学不是僵化的死物，而是在与时俱进中不断进行着自我的转化；儒家也不是救世主的代名词，而是必须用行动来证实自我存在的价值。

中共中央党校哲学部许全兴教授认为，作为一种意识形态的儒学早已终结，为新的意识形态所代替，这是一个不争的历史事实。经过自我变革，儒学作为一个学派有可能复兴，成为社会主义多元文化中的重要一元而继续存在和发展。儒学中作为应世、救世的具体主张和观念自然随着岁月的流逝而过时，失去其价值。但儒学在历史传承中经过磨练、积淀、凝聚的民族智慧、美德、精神、传统却有着普遍的、永久的价值。

中共中央党校文史部刘景禄教授认为，儒家文化不是万能的，但它是先民馈赠我们的宝藏，我们要有护惜之心。儒家文化不仅仅是中国的文化遗产，也是全人类的文化遗产。儒家首先是教人做人。有没有人真正实践过儒家的信念？历史上，还是不乏其人的，比如文天祥，他被蒙古人俘虏之后，蒙古人劝他投降，他却选择了一死。他死后，别人在他的衣服里发现了一张纸，上写：“孔曰成仁，孟曰取义。惟其义尽，所以仁至。读圣贤书，所学何事？而今而后，庶几无愧。”其实，文天祥的《正气歌》讲的就是“道德就是力量”。由此，笔者想到了湖南岳麓书院的一副对联“是非审之于己，毁誉听之于人，得失安之于数，陟岳麓峰头，朗月清风，太极悠然可会；君亲恩何以酬，民物命何以立，圣贤道何以传，登赫曦台上，衡云湘水，斯文定有攸归”。梁启超用四个字概括儒家文化：内圣外王。这四个字语出《庄子》：“蓄之于内为圣功，施之于外为王政。”这副对联的上联恰恰讲的是“内圣”，下联讲的是“外王”。这体现了传统儒家的使命感、历史感、责任感、豪迈感，也不乏乐观主义精神。

陈升教授认为，儒家孟子的人格修养与他的人生价值理论，在中国历史上产生过巨大的影响。对于今天的人来说，仍然可以从中吸取许多的精神营养。

周桂钿教授认为，儒学的“和而不同”应该包含三点内容：一是独立自主；二是不强迫别人，不搞霸权；三是和他人友好合作。这对个人、民族、国家都非常重要。

张践教授认为，弘扬儒家的孝道观有助于维持社会的稳定。孔子说：“其为人也孝弟，而好犯上者，鲜矣；不好犯上，而好作乱者，未之有也。”儒家一向认为忠臣出于孝子之门，长幼顺而上下治。虽然时代发生了变化，但是只要人类还以家庭的形式繁衍生息，儒家的孝道伦理就不会完全过时，儒家文化一定会成为现代社会精神文明建设的丰厚的文化资源。

（四）马克思主义和国学

郭沂教授认为，就马克思主义和国学来说，至少有三个方面的问题值得注意：第一，深入研究马克思主义经典作家的思想，并根据中国革命和建设的具体实际加以发展；第二，借鉴近现代西方资本主义发展的成功经验，吸收近现代西方社会学和政治学尤其自由主义理论的积极因素，发展马克思主义学说；第三，进一步推进马克思主义的中国化。在全球化背景下，中国现阶段的基本价值体系应包含两个部分：一是国家意识形态，即中国化的马克思主义；二是民族主体价值，即经过改革的儒学和传统主体宗教。前者是治国方针，决定着国家的政治体制，制约着国家发展的方针政策，更多地出于现实的需要；后者是民族灵魂，规范着伦理道德，护持着风俗习惯，支撑着精神信仰，维系着民族认同，更多地出于历史的延续。国家意识形态和民族主体价值扮演着不同的角色，它们相辅相成，缺一不可。

许全兴教授认为产生于西方的马克思主义在西方没有取得实践上的胜利，到了东方的中国却取得了成功，真可谓是人类发展史上的一个奇迹。这一奇迹的诞生，主要在于马克思主义的中国化。

（中外哲学教研室供稿）

◇ 西方哲学学科

2009年西方哲学学科学术会议综述

2009年12月7日，中外哲学教研室举办小型学术研讨会，邀请中国社科院哲学所《世界哲学》主编李河研究员和主编助理陈德中博士作主题报告。哲学部副主任李晓兵教授参加了会议。研讨会由中外哲学教研室副主任杨玉成教授主持，该教研室部分教师及中央党校研究生院部分博士生、硕士生参与研讨。

李河研究员报告的题目是：《汉字“六书”：中国传统语言构成制度》。他运用当代西方解释学理论，对中国传统文字系统进行深入解读，其内容融贯中西，观点新颖，旁征博引，有较大的启发意义。陈德中博士报告的题目是《从价值多元主义到政治现实主义》，他参照当代英国著名伦理学家、政治哲学家威廉姆斯的观点，力图阐明从价值多元主义到政治现实主义的过渡。在互动环节，各位教师和同学们就相关学术问题进行深入探讨，各抒己见、畅所欲言，气氛热烈。

（硕士生杨发庭供稿）

◇ 科技哲学学科

2009年中国自然辩证法研究会党校系统专业委员会学术年会纪要

“中国自然辩证法党校系统专业委员会学术年会”于2009年12月4日在北京召开。本次会议由中央党校哲学教研部科技哲学教研室主办，来自全国各地的省市党校、高校、科研机构、企业集团的专家代表参加了会议。

会议由中央党校科技哲学教研室主任王克迪教授主持。会议的主题是“推进科技哲学学科建设，创新人才培养机制”。中央党校哲学部副主任侯才教授参加会议并致开幕词。侯才副主任追溯和回顾了中央党校科技哲学教研室悠久的历史和流光溢彩的发展历程，介绍了中央党校科技哲学教研室在全国科技哲学学科建设中举足轻重的作用。

会上，代表们围绕主题，进行了广泛而深入的讨论。代表们积极性高、参与性强，观点新颖、见解深刻、建议中肯，会场气氛热烈而又祥和。北京大学的任定成教授发言中强调：（1）严于治教、勤于治学，严把教学质量关；（2）课题选择要注意国际性、民族性和时代性的结合；（3）用科学实验实证科技哲学的学术观点。清华大学吴彤教授发言：（1）提出科学的本性是地方性知识的学术观点；（2）通过学习诗歌、绘画、音乐、摄影和游历等方式培养科技哲学学生的人文素养和人文情怀。中国社会科学院的刘刚教授介绍了中国社会科学院科技哲学的人才培养模式和他主持编写的《计算与信息哲学导论》一书的进展情况。这是在国际上计算与信息领域中的第一本教科书式的专著。中国自然辩证法研究会原秘书长王国政教授在发言中指出：（1）北京大学和清华大学科技哲学研究的细化和实验化，是科技哲学研究的新动向和新亮点；（2）要加强科技创新的政策研究。主要从学术氛围、社会环境和政策条件三个方面来夯实创新的基础。中央党校科技哲学教研室主任王克迪教授介绍了中央党校科技哲学学科建设情况和人才培养机制，并介绍了自己主持的国家课题“知识与机器互动”的最新研究成果。

下午，会议举行了中央党校赵建军教授主持的科技部课题“创新政策研究”的启动仪式。王建伦同志代表科技部出席了会议。

本次年会，不仅有党校系统的专家参加，而且也邀请了科技部、高校、科研机构和企业集团的代表参与，进一步提升了会议的档次、质量和水平。与会代表一致认为，本次会议拓宽了视野、促进了交流、增进了友谊、彰显了科技哲学学科领域繁荣兴旺的喜人景象。这不仅对党校系统，而且对全国的科技哲学学科建设和人才培养都具有深远的意义。

（博士生吴江华供稿）

三、奇思哲学论坛

中央党校哲学部第七期“奇思哲学论坛”综述

中央党校哲学部举办了第七期“奇思哲学论坛”。研讨会上，许全兴教授作了题为“马克思主义哲学自我革命”的主题报告，之后，韩庆祥、侯才、边立新、王杰、李建华、郭大为、邱耕田、杨信礼等专家学者从不同的学科视角就马克思主义哲学自我革命问题发表了自己的学术见解。

许全兴教授在发言中首先简要地介绍了自己的学术研究经历。基于自己30年马克思主义哲学研究的切身感受，他指出，“研究马克思主义哲学必须坚持史论结合的原则”。作为一个马克思主义哲学工作者，必须在思想上明确“史的研究与论的研究是相辅相成的”，“对马克思主义哲学原理研究的关注有助于马克思主义哲学史的研究”。许全兴教授认为“自己关于‘自我革命’的思想来自毛泽东的‘哲学体系改造’和对国际国内历史经验及马哲史的思考”。在他看来，“哲学不仅是爱智之学，而且也是自由之学”。作为爱智之学，哲学要关注“世界是什么，如何认识，求得真理”；作为自由之学，哲学还应关注“世界应是什么，如何改造，争得自由”。从自我反思的视角“历史地看待马克思主义哲学”，许全兴教授认为，马克思主义哲学自诞生以来取得了伟大的胜利，“但它的发展同一切事物的发展一样，不是一条直线，而是曲折的、复杂的，有发展、高潮，也有危机、低潮”。他指出，长期以来，由于缺乏自我反省意识，人们往往只看到高潮和成就，而对于低潮和失败却视而不见。从现实情况看，当前，马克思主义哲学处于发展与危机并存的状态。“导致马克思主义哲学危机的因素很复杂，但主要的内因则是马克思主义哲学被教条化地对待和诠释。”他指出，“在从科学技术、生产力、生产方式、工作方式、交往方式、生活方式到上层建筑、意识形态、思维方式、价值观念等社会生活各个方面发生深刻的大变革时代，倘若我们固守20世纪30年代苏联哲学教科书的体系，固守马克思主义的经典著作，不与时俱进，不进行自我革命，那我们的哲学就脱离了时代，脱离了生活，脱离了人民，就会被时代所抛弃，被生活所抛弃，被人民所抛弃，就会成为无人理睬的僵死教条。”

许全兴教授强调，“为了适应当代世界的深刻变革，马克思主义哲学必须进行自我革命，要大胆吸取当代西方文明的成果，积极继承中国哲学的精华，关注当代中国改革开放和现代化建设提出的重大课题，综合创新，从而形成具有鲜明时代特征和个性特点的新体系”。在许全兴教授看来，马克思主义哲学的自我革命“不是要否定自己的辩证的、历史的唯物主义的基本原理和基本精神，而是作为发展环节的一种辩证的自我否定，是革教条主义的命，用100多年来人类实践的新经验、自然科学和社会科学的新成果、数千年来的中国哲学的珍品来丰富自己，发展自己，使自己具有时代特点和民族特点的辩证的、历史的唯物主义的新形态和新体系”。他从六个方面对马克思主义哲学自我革命的内涵作了界定：(1) 马克思主义哲学研究方法的革命；(2) 马克思主义哲学对象的革命；(3) 马克思主义哲学内容的革命；(4) 马克思主义哲学体系的革命；(5) 马克思主义哲学功能的革命；(6) 马克思主义哲学家的自我革命。许全兴教授强调，在研究方法的革命中要重视本本研究，但不能停滞于本本；在研究对象的革命中要注重解释认识世界，但更重要的是改造世界；在哲学内容的革命中要加强对经典著作的研究，但同时也要从当前的实践中总结出新概念；在哲学体系的革命中要不要把某一种体系定为一尊，学说有分化才有发展，坚持哲学体系的历史性、相对性和多样性；在哲学功能的革命中，既要重视哲学世界观和方法论的功能，但也不能忽视哲学人生观和价值观的功能。

许全兴教授指出，实现马克思主义哲学自我革命“应十分重视马克思主义哲学的中国化”。从总结历史经验的视角审视，他认为，“马克思主义哲学的中国化应主要包括两个方面：一是马克思主义哲学与中国传统哲学相结合，一是马克思主义哲学的当代化。”“马克思主义哲学的出路在于自我革命，在于中国化和当代化。”在许全兴教授看来，马克思主义哲学中国化的关键在于与中国现实和传统文化的结合。“马克思主义哲学与中国传统哲学相结合，绝不仅仅是在讲马克思主义哲学原理时引用一些中国古代哲学语录、成语典故，而是要继承和弘扬中国哲学的基本精神、中华民族的民族精神，要用中国哲学中特有的珍品来丰富和发展马克思主义哲学。”他认为，中国哲学基本精神主要包括五个方面：(1) 刚健有为，自强不息；(2) 经世致用，实事求是；(3) 阴阳互补，辩证思维；(4) 民贵君轻，以人为本；(5) 大同理想，止于至善。在谈到马克思主义哲学与中国传统哲学相结合的主体条件时，许全兴教授强调要注意“吸取中国哲学认识主体修养论”。他认为，“重视认识主体修养是中国哲学认识论的特点”，对此，可以从以下几个方面去把握：(1) 认识主体立场的修养，“公生明，偏生暗”；(2) 认识主体态度的修养，“诚则明”；(3) 认识主体思维方法的修养，“虚与壹则明”；

(4) 认识主体情感的修养，“静则明”。许全兴教授特别强调，“在马克思主义与中国传统文化相结合过程中，要十分警惕中国传统文化中消极因素的渗入。”“有了这种警惕，头脑会清醒些，马克思主义中国化就可以得到健康的发展。”

关于马克思主义哲学的当代化，许全兴教授认为，“实现的根本途径在于对中国经验和世界经验的总结概括，对西方现代哲学的批判汲取”。他指出，马克思主义哲学的当代化，可以分不同的方面、层次：一是对原有的基本概念、范畴、原理给予现代的新的阐释；二是增加一些新的概念、范畴、原理；三是内在的结构和体系的现代化；四是从具体原理到体系都要体现当代的时代精神。许全兴教授强调，当前，发展马克思主义哲学的重点不应放在哲学体系的建构上，更不应放在对经典文本的读解上，而是“要放在内容的创新上，放在一些长期被忽视而在现实中又十分重要的问题上，如实践问题、价值问题、生产力革命和科学技术革命问题、认识方式和思维方式的变革问题、创新问题、非理性问题、文化问题、人的问题、真善美三者统一问题等”。

最后，许全兴教授对青年哲学学者提出希望：马克思主义哲学的革命关键还在于哲学家的革命，哲学家尤其是青年哲学家要在人格、德行、学养、文风、经历等方面修养自我，要“关注时代、关注现实、关注人民”，“脑中要装几个大问题，经常从哲学上反复思考中国经验、世界经验”。

对于许全兴教授的主题报告，与会学者给予了充分的肯定，认为这个报告是“许全兴教授关于自己从事马克思主义哲学研究 30 年的学术总结和升华”。韩庆祥教授在发言中指出，许全兴教授从整体上分析马克思主义哲学，特别是其在中国当代的状况的基础上，提出了马克思主义哲学的自我革命的问题，在论述马克思主义哲学自我革命的方法、方向和基本内容时，对马克思主义哲学中国化和当代化问题作了系统、全面且有突破性的论述，“这对于马克思主义哲学理论建设和学科建设无疑具有十分重要理论价值”。边立新教授认为，提出“马克思主义哲学自我革命”命题，不仅要对马克思主义哲学发展史进行系统深入地考察，尤其要有“巨大的理论勇气”。这一命题的提出，意味着马克思主义哲学研究视角的一次根本性转换：过去，一直是马克思主义哲学批判别人，“革别人的命”；现在，要用批判的眼光审视自身，进行“自我革命”。但是，仅有自我反思、自我批判意识是不够的，“要真正实现马克思主义哲学的自我革命还必须善于倾听、吸取别人的批评。”就许全兴关于认识主体与道德主体，自我革命与创新、结合等关系的阐述，王杰教授表达了不同的看法。他认为，任何一种思想理论体系都应是开放的，在发展中遇到危机时都要思考“化下去的路径”。按照历史比较的大尺度衡量，马克思主义哲学今天面临的危机与孔子之后儒学面临的危机（孔子之后，儒分为“八”）极为相似，“马克思主义哲学自我革命完全可以从儒学的发展中借鉴有益的历史经验”。侯才教授认为，对马克思主义哲学的理解“在层次上要分开”，要对“马克思哲学、马克思主义哲学、马克思主义哲学传统教科书体系以及后人对马克思主义哲学的各种诠释”作适当的区分，特别是注意反对“把本来不属于马克思主义哲学的东西理解为马克思主义哲学，然后加以批判”的错误倾向。郭大为教授、李建华教授、邱耕田教授、杨信礼教授分别从马克思主义哲学的世界化问题、马克思主义哲学与现代科技革命问题、马克思主义哲学自我革命的四维向度（求真、求善、求美、求利）、马克思主义哲学与部门哲学的发展问题等视角发表了对马克思主义哲学自我革命的看法。

中央党校校委委员、哲学教研部主任贾高建教授对本次论坛的举办给予了充分肯定。他指出，为了更好地推进我部的学科建设和科研工作，必须重视哲学一级学科范围内的各个二级学科之间的沟通与交流；而“奇思哲学论坛”就应成为这样一个交流的平台。这次论坛的主题很好，马克思主义哲学的已有成果要坚持，同时又要不断创新和发展。当然，这里首先有一个正确认识和把握马克思主义哲学基本精神的问题。大家在讨论中提出了一些不同的看法和意见，可以集思广益。他要求对论坛的已有做法进行总结，本着有利于促进各学科之间交流、提高学术水平的目的进一步加以改进，力求把这个论坛办得更好。

（王晓林供稿）

中央党校哲学部第八期“奇思哲学论坛”综述

2009年3月24日，哲学教研部举办了中央党校第八期“奇思哲学论坛”暨“中国特色社会主义理论体系的哲学基础”专题教学备课会。本次论坛由“中国特色社会主义理论体系的哲学基础”课程的主讲教师毛卫平教授作主题发言，他从体系与主导原则、体系与党的宗旨、体系与思想路线以及体系与辩证方法四个方面阐述了中国特色社会主义理论体系的哲学基础。

就体系与主导原则的关系而言，毛卫平教授认为，任何一个理论体系，都有一个主导原则。理论要与时俱进，其主导原则必须随着时代的变迁而变化，否则，正确的东西也会走向其反面。马克思主义中国化的第一个阶段性成果——毛泽东思想的主导原则是“阶级斗争”；第二个阶段性成果——邓小平理论的主导原则是发展生产力；第三个阶段性成果——“三个代表”重要思想的“核心在坚持党的先进性”，而科学发展观的核心是以人为本。

就体系与党的宗旨的关系而言，毛卫平教授认为，我们党的根本宗旨是“为人民服务”。但是，“为人民服务”在不同时期有不同的具体内容和要求，它也会在不同时期的理论体系中反映出来。在革命战争年代，参加革命、为人民的解放不怕流血牺牲，是当时“为人民服务”的基本内容和要求；而到了改革开放新时期，“三个有利于”取代“姓资姓社”的抽象争论，成为新的标准；在新的历史条件下，“三个代表”是对贯彻“为人民服务”根本宗旨的新要求；“科学发展观”的提出，把直接的民生问题放到了显著位置，这是共产党“为人民服务”宗旨在现阶段的体现。

就体系与思想路线的关系而言，毛卫平教授认为，我们党“实事求是”的思想路线体现了马克思主义的世界观和方法论，是指引革命和建设取得成功的思想保证。但是，要贯彻好实事求是思想路线，在不同时期要解决不同的问题，有不同的要求。1942年，毛泽东提出“实事求是”思想路线，主要是要解决教条主义的问题，强调实践是认识的来源、认识发展的动力和检验真理的标准，认识的目的是为了指导实践；改革开放之初，邓小平重新恢复“实事求是”思想路线，首先要解决的问题是“解放思想”；21世纪前后，“与时俱进”成为贯彻“实事求是”思想路线的突出要求。在贯彻落实“三个代表”重要思想的过程中，中共中央又明确提出了“求真务实”的新要求。树立和落实科学发展观，同大兴求真务实之风是内在统一的：要把树立和落实科学发展观作为求真务实的着力点，在树立和落实科学发展观中坚持求真务实；用求真务实的作风来树立和落实科学发展观。

就体系与辩证方法的关系而言，毛卫平教授认为，无论是指导革命还是指导建设，都离不开辩证法。但是，在社会发展的不同阶段，人们对辩证法的把握必然会有所不同。为了深入理解中国特色社会主义理论体系形成和发展的历程，必须认真研究从斗争哲学到和谐哲学的转变。所谓的斗争哲学就是事物处于质变阶段的哲学，是指导革命的哲学，是革命党的主导哲学；和谐哲学则是事物处于量变阶段的哲学，是指导建设的哲学，是执政党的主导哲学。斗争哲学的方法论原则是你死我活、不共戴天、“一个吃掉一个”；和谐哲学的方法论原则是共存、共荣、统筹兼顾。斗争哲学，讲斗争，也讲统一，但斗争的目的是为了打破当下的那个统一体；和谐哲学讲统一，也讲斗争，但斗争的目的是为了维持统一体的存在及更好的发展。他指出，今天，和谐哲学、和谐文化已经取代斗争哲学成为时代的潮流。随着革命斗争的胜利，中国共产党从革命党变成执政党，其基本的方法论原则就应该有一个从斗争哲学向和谐哲学的转变。但要在哲学世界观层面清楚地认识这一变化，并真正体现在实际工作中，还要付出很多努力。

对于毛卫平教授的发言，张绪文、许全兴、庞元正、董德刚、韩庆祥、边立新、王克迪、杨信礼、陈中浙、李绍猛、李海青等分别作了点评。大家普遍认为，中国特色社会主义理论体系的形成，经历了邓小平理论、“三个代表”重要思想和科学发展观三个紧密相连而又前后相续的阶段，因此，如何理解和把握其哲学基础，是一个理论难度极大的课题。毛卫平教授对这一问题进行了极富创见性的研究，他的一些理论见解和基本观点，很有启发性。

也有学者对毛卫平教授的个别观点表示了不同看法。李绍孟博士指出，在构建和谐社会理论的时候，应该如何借鉴中国古代的思想资源。但是也必须看到，传统社会和现代社会之间，存在着一些根本性的差别。现代社会对古代社会的一个最大的突破，就是它要贯彻“人人平等”这个理想，而这个理想的实现途径，是法治而不是礼治。要在现代社会中实现和谐，首先必须保证每个人在法律面前一律平等，保证他们能够通过和平的、合法的途径来解决彼此的分歧和矛盾。我们党提出的“和谐社会”理想，追求的是法治的理想，而不是礼治的理想。十六届六中全会公报指出：“到二〇二〇年，构建社会主义和谐社会的目标和主要任务是：社会主义民主法制更加完善，依法治国基本方略得到全面落实，人民的权益得到切实尊重和保障……”所以，从矛盾出发来讲和谐社会建设，可能要更稳妥一些。边立新教授认为，马克思主义的理论主题是一以贯之的，而实现这个主题的方式和方法，则要随着历史条件的变化而变化。从阶级斗争到发展生产力，是伴随历史条件的变化，我们党的工作方式和方法发生了变化，而不是理论主题的变化。马克思从来没有把阶级斗争作为自己的理论主题，而是在生产力的基础上理解阶级斗争，并通过阶级斗争的方式解决社会基本矛盾，实现生产力的解放和发展，进而实现人的解放和发展；毛泽东也多次强调，中国一切政党的政策及其实践在中国人民中所表现的作用的好坏、大小，归根到底，看它是束缚生产力的，还是解放生产力的。只不过，在夺取政权之前，我们党是以革命的方式解放和发展生产力，而在夺取政权以后，我们党则是以改革和建设的方式解放和发展生产力，进而实现民族复兴、国家富强和人民幸福。因此，我们不能把实现理论主题的方式和方法的变化，误以为是理论主题本身的变化，否则，就会淡化马克思主义的理论主题。

与会教员普遍认为，这次“奇思哲学论坛”活动将集体备课会与学术研讨结合起来进行，是一种很好的创新形式，既增强了大家对论坛的关注度和参与度，也提高了备课会的学术质量。

（王晓林供稿）

中央党校哲学部第九期“奇思哲学论坛”综述

为进一步推动中央党校哲学学科的发展，加强哲学各二级学科之间的交流，中央党校哲学部举办了第九期“奇思哲学论坛”。论坛由哲学部副主任侯才教授主持，科技哲学教研室副主任赵建军教授作了“工程哲学的兴起与思考”的主题报告。

赵建军教授在报告中首先向大家介绍了当前国内外工程哲学的研究现状。他指出，国内外学者关注工程哲学始于20世纪晚期，在21世纪之初，“工程哲学在中国和欧美同时兴起”。这主要表现在两个方面。第一，从工程哲学的创建过程看，中国科学院李伯聪教授出版的《工程哲学引论——我造物故我在》(2002)和美国学者布希瓦列里在欧洲出版的《工程哲学》(2003)，“标志着工程哲学的诞生”。第二，从工程哲学的研究进展看，2004年，中国工程院召开“工程哲学”报告会，立项研究“工程哲学”；美国工程院教育委员会立项研究工程哲学，成立工程哲学指导委员会。2005年，中国召开第2次工程哲学研讨会；英国组织了《工程与哲学》网上论坛（E-Forum)。2007年，中国召开第3次全国工程哲学研讨会，出版《工程哲学》(高等教育出版社)、《工程与哲学》第1卷、《工程研究》第3卷；丹麦和荷兰先后举办两次国际性工程哲学研讨会，出版教材《工程中的哲学》；英国工程院继续举办系列性工程哲学研讨会；美国伊利诺伊、德克萨斯、弗吉尼亚等大学在1～4月相互配合，先后召开7次系列性“春季研讨会”。

在赵建军教授看来，工程哲学在东西方的同时兴起并成为国际上关注的热点问题之一，“这决不是偶然的现象，而是既有各自的特定根据同时又有共同的根据——包括时代、社会和思想理论方面的根据”。他指出，20世纪下半叶以来，工程已经成为人类社会实践活动的主要方式，其范围、广度和深度日益扩展，在这种情况下，“仅从纯工程技术和工程管理的观点来看待工程问题，已经远远不能适应时代发展的需要”，“工程实践需要哲学指导”。由于工程哲学以工程为研究对象，“把现代人类的主要实践方式之一——工程活动，提升到了哲学理论的高度来加以认识和研究。通过对现代工程与工程活动的哲学研究，来透视人的本性和工程活动的本质，研究工程的发展规律，研究工程对自然、对经济、对人类和社会的作用和影响，研究工程对文明进程、社会发展和人类生存状态的作用和影响”。因此，研究和普及工程哲学“具有很强的实践性和应用价值，可使人们在工程活动中少走弯路，提高效率和效益”。他从工程的本质、特点、作用、规律，工程思维与工程方法论，工程理念与工程决策，工程伦理与工程美学，重大工程案例分析和工程史，工程教育与公众理解工程六个方面概括了工程哲学的基本内容。

针对当前工程哲学研究中存在的问题，赵建军教授提出了自己的六点思考：第一，哲学与工程是现代社会不可或缺的两项基本活动，工程哲学就是沟通工程和哲学的一个桥梁；第二，科学、技术与工程“三元论”是工程哲学得以成立的基础；第三，工程是知识转化为现实生产力过程中的关键环节；第四，要高度重视工程思维与工程方法的研究；第五，要树立正确的工程理念，实现科学的工程决策；第六，理论联系实际是工程哲学研究的灵魂。

就工程实践与哲学研究的关系，赵建军教授明确提出："工程实践需要哲学指导，哲学也需要面向工程实践，需要拓展新的研究领域。"由于"工程哲学是一个工程与哲学的交叉学科，其内涵涉及广泛的科学、技术及社会科学的问题"，因此，"应该把对工程活动的哲学研究和跨学科理论研究（多学科理论研究）结合起来"。他认为，"要使工程哲学健康、顺利的发展"，"必须有工程界、哲学界和其他方面专家、学者的共同努力和协同研究"。

庞元正、董德刚、毛卫平、靳凤林、任俊华、李宏伟、陈官泯、胡卫等专家学者分别从不同的学科视阈对赵建军教授的主题报告作了点评。庞元正教授在发言中指出，哲学回归生产实践，工程是人类最基本的生产实践活动，从这个意义上说，工程哲学的兴起有其必然性。他不同意一些学者将工程理解为创造的观点，认为"工程是科学技术管理的运用"。董德刚教授在发言中强调"要关注当代知识发展"，他指出，从工程哲学的兴起可以明显看出当代知识发展"综合中有分化，分化中有综合"的基本趋势。毛卫平教授认为，现在的行为方式，实践规模很大。从马克思主义哲学的视野看，工程与哲学的联盟是自然而不是生硬的。他强调，马克思主义哲学讲实践，落脚点应该不仅是唯物史观和认识论，还包括行为方式。"过去我们党经常讲思想路线，但不注重行为方式。实际上，做事情不仅仅取决于理念、思想。"靳凤林教授在发言中强调，工程哲学不仅要关注科学技术的运用问题，而且还应关注工程实施中的伦理问题。他从工程伦理的目的、价值取向，工程的群体道德素质对工程的影响，工程进行中的伦理原则三个方面介绍了自己对工程伦理问题的认识。

中央党校校委委员、哲学教研部主任贾高建教授肯定了本次论坛的意义和价值，重申了"奇思哲学论坛"的学术宗旨，强调"要努力把论坛办成哲学教研部内部跨学科交流的平台和集体学习的平台"，要求大家在以后的论坛发言中"注意从学科角度多提出问题"。

（王晓林供稿）

中央党校哲学部第十期"奇思哲学论坛"综述

在当代中国，谈及西方的民主制度以及与之相关的宪政主义、自由主义等观念，通常人们比较关注的问题有两个：其一，民主是不是一种更为理性（最好）的决策方法？其二，民主会不会不利于社会的稳定？从某种意义上说，对这两个问题的认识和回答不仅决定着西方民主理论在中国的未来命运，也关系着中国政治体制改革的未来走向。究竟应该如何看待这两个问题呢？中央党校第十期“奇思哲学论坛”专门对此进行了探讨。

关于民主是不是一种更为理性（最好）的决策方法？本次论坛的主题发言人李绍猛博士给出的答案是否定的。他认为，从历史上看，第一，民主作为一种决策方法，其优势并不明显。比如，古希腊伯罗奔尼撒战争期间，民主的雅典败给了比较专制的斯巴达，原因并不是雅典的实力不如斯巴达，而是因为雅典的民主决策有缺陷。民主的雅典败给了专制的斯巴达，这对柏拉图是一个很大的刺激。因此，柏拉图和此后的亚里士多德，都对民主有过尖锐的批评。第二，民主作为一种决策程序，优势并不明显。比如法国大革命期间，针对法国盛行的大民主，孔多塞就提出了一个民主制度面临的悖论：多数人的选择可能陷入一个循环。实际上，法国大革命后的大民主，最终不得不终结于拿破仑帝制。

关于民主是不是不利于社会稳定？李绍猛博士指出，这个问题既不能单纯地从历史的某一时段看，也不能静态地抽象地予以论证，而要从历史与逻辑相统一视角去认识。他强调，民主制度相对于历史上的其他制度，无疑具有优越性。但这种优越性“只是一种进化论意义上的优越性，一种历时性的优越性”。静止地看，民主制度乱糟糟的，并不优越。民主制度之下的决策程序，不仅乱糟糟，而且有可能急功近利，被大多数人的暂时的利益所左右，很难得出前瞻性的理性决定。实际上，由于实行民主而带来社会不稳定，进而陷入社会动乱或者陷入更大的专制——法国大革命并不是第一个例子。罗马共和国就是因为民主政治无法适应帝国扩张而消亡的。现代很多亚非拉国家，包括中国，也都有过早实行民主而导致国家动乱的教训。现代西方的成熟民主国家，与其说是规律，不如说是特例。

李绍猛博士认为，尽管民主化一般会伴随着社会动荡，民主制度的建立也并不一定能带来稳定的社会新秩序，但由于民主制度能够将社会矛盾以和平的方式释放出来，由于民主能够在制度体系内部减缓社会不平等的发展趋势，“民主制度从长期来讲，有利于维持社会秩序的稳定”。民主制度的优势不在秩序，而在活力。换句话说，民主制度不能确保短期的稳定，但是跟其他制度相比，民主更能维持社会秩序的长期稳定。在目前人类发现的所有制度体系中，民主制度能够容纳的体系内的竞争是最多的。民主制度不能一劳永逸地保证完全公平的竞争，但民主制度给了那些处于不利竞争地位的人一些非常重要的竞争砝码。人手一张的选票，以及相应的由法律保障的自由和权利，使得那些在竞争中处于不利地位的人不至于在竞争中输得太惨，不至于完全失去竞争的能力，成为任人宰割的牺牲品。民主的优越性，不在于民主选举产生的政府一定比其他制度下产生的政府更有效率，或者更有智慧，而在于它提供了任何其他制度都没法提供的一种和平更换政府的方法。在民主制度下，和平竞争的对象扩大到政府权力本身，而且这种竞争在全社会范围内公开进行。通过这样一种持续的压力，政府能够对社会秩序下面产生的各种社会问题做出及时的纠正。

李绍猛博士的主题发言引起了与会学者的热烈讨论。对于他提出的“民主并不是一种最好的决策方法”的观点，何建华教授提出了自己的两点质疑：第一，“决策和秩序能否构成一对矛盾，从哲学上讲是值得商榷的”；第二，“从中国的实际情况看，民主是有助于纠正决策失误的，正因为如此，党的十七大才提出‘决策民主化’的要求。”付立教授在发言中对李绍猛博士从历史比较中得出“民主并不是一种最好的决策方法”的推理方法，表示了不同看法。她认为，从“民主的雅典败给了比较专制的斯巴达”这一历史事件中，并不能推导出“民主并不是一种最好的决策方法”这一结论。从逻辑上讲，这一推导过程是有局限的，只是一种线性思维。实际上，由于社会是一个复杂的系统而充满了不确定性，“好的决策”与“好的决策结构”两者之间并非存在着严格的对应关系。这就好比两个人买股票，一个对股市很有研究的人赔了，而另一个没有股市经验的却入市获益。这不是决策本身出了问题，而是股市本身的混沌特性导致的结果。胡卫博士在发言中提出“对于民主决策的评判，不能仅看交易成本，应该主要看社会成本”。他指出，民主作为一种决策制度，从经济学的角度看，可能付出的交易成本较大，但其社会成本可能相对比较低。

对于李绍猛博士关于民主与稳定关系的分析，大家普遍认为“很有启发性”。何建华教授认为，民主作为现代人最好的发明，“不是好中求最好，而是坏中求不坏”。他指出，谈及民主，必须把握三点：第一，民主有助于纠正决策失误；第二，民主是现代多元化世界和多样化社会不可或缺的整合手段；第三，“民主的优势在活力，其短板在秩序。”民主和社会秩序之间确实存在着悖论，但是，对于这个悖论不能仅从民主自身找原因，更应该坚持具体问题具体分析的态度。靳凤林教授认为，研究民主制度，首先要注意把握它的对立面是什么？在不同的历史时期，这个对立面的表现是不同的，如在亚里士多德、卢梭、希特勒那里，就有显著的不同。所以说，民主的含义在历史上是有分歧的。其次，要注意分析民主制度的类型，注意联系实际去认识。他指出，同样是民主制度，中国的人民代表大会制就和美国的三权分立制度有着根本的区别。王杰教授在发言中提出了三点看法：第一，“民主不是最好的（古希腊最伟大的哲学家苏格拉底就死于‘民主’），但也不是最坏的”；第二，“讲民主即使不讲终极价值，也要讲价值”；第三，“讲民主首先要结合中国的实际”。这里核心的问题有两个：其一，一党执政可否搞民主？对于这一点，他以新加坡为例子进行了分析；其二，中国是否有民主传统？对此，他也给出了肯定的回答，强调“中国古代的三省六部制的本质就是分权”。

本次论坛由哲学教研部副主任侯才教授主持，中央党校中外哲学教研室李绍猛博士作了“制度主义与民主理论”的主题发言，哲学教研部全体教研人员参加了研讨。

（王晓林供稿）

四、全国党校系统会议

2009年全国党校系统哲学年会综述

2009年11月10日至12日，由中共中央党校哲学教研部和中共上海市委党校共同举办的2009年全国党校系统哲学年会暨“哲学与当代中国社会发展——纪念新中国成立六十周年”学术研讨会在上海召开。中共中央党校副校长石泰峰出席开幕式并发表了讲话。中共中央党校校委委员、哲学教研部主任贾高建、中共上海市委党校常务副校长吕贵出席了开幕式并分别致辞。

石泰峰副校长在讲话中指出，中国共产党历来重视并善于从思想理论的高度特别是哲学的高度来总结中国革命和建设的历史经验，从而有效地指导社会实践。可以说，党重视思想理论建设的一个重要特点，就是十分重视哲学的学习和研究，重视科学世界观和方法论的培训和掌握，重视从哲学高度来总结历史经验和解决路线是非问题。他强调，哲学学科具有特殊的性质，它关系到党的思想路线，关系到党员和干部的世界观、方法论和价值观，关系到领导干部的“战略思维、创新思维、辩证思维”的能力，关系到党的执政的宗旨和执政的科学化水平。在当前，世情、国情、党情的深刻变化对党的建设提出了新的要求，党面临着长期、复杂和严峻的执政考验、改革开放考验、市场经济考验和外部环境考验。在此情势下，党要肩负起领导现代化建设、复兴中华民族的历史重任，就必须比以往任何时候都更加重视思想理论建设，重视哲学理论建设。

石泰峰副校长要求党校的哲学理论工作者要“常怀忧党之心，恪尽兴党之责”，要像党的十七届四中全会《决定》所要求那样，坚持运用马克思主义的立场、观点、方法准确把握当今世界发展大势，准确把握社会主义初级阶段的国情，准确把握改革发展实际，及时总结党领导人民创造的现代化建设的新鲜经验，不断做出新的理论概括，努力推进哲学理论创新，为建设马克思主义学习型政党和搞好党的思想理论建设，为推动党和国家事业的进一步发展做出自己应有的贡献。

贾高建主任代表中共中央党校哲学教研部在致辞中对本次年会的研讨主题和主要任务作了简要说明。他指出，新中国60年的发展历程，是一个波澜壮阔的伟大历史进程。我们党领导人民将马克思主义的普遍真理与中国社会的具体实际相结合，在特殊的历史条件下艰苦探索，最终开辟了一条中国特色的社会主义道路，并在这一背景下将社会现代化不断推向前进。对于这样一个历史过程，需要从不同的学科进行全方位的考察和总结，而从哲学的高度进行深层次的研究和反思，无疑具有特殊重要的意义。特别是要用马克思主义哲学的立场、观点、方法，深入研究当代中国社会发展进程中所隐藏的客观规律及其在特殊历史条件下的特殊表现，揭示由这些规律所决定的必然趋势以及主体选择的历史意义。

在为期两天的研讨会上，与会学者分别围绕新中国哲学60年的主要成就与基本经验、中国特色社会主义理论体系的哲学研究、当代中国社会发展实践的哲学研究，以及新形势下党校哲学教学科研面临的问题与挑战等议题进行了广泛而深入的研讨。会议取得以下共识：（1）哲学学科、特别是马克思主义哲学学科在建设马克思主义学习型政党，提高全党的思想政治水平方面具有重要的地位；党校哲学理论工作者要“常怀忧党之心，恪尽兴党之责”，在建设马克思主义学习型政党、搞好党的思想建设、推进哲学理论创新的过程中发挥应有的重要作用。（2）要加强对中国特色社会主义理论和实践的哲学研究，特别是要从哲学的高度对我们党领导人民所开辟的中国特色社会主义道路进行深层次的研究、反思和总结。（3）要重视和加强对哲学基础理论的研究，特别是对马克思主义哲学基础理论的研究，反对忽视哲学基础理论的倾向，同时要结合时代精神，努力概括新的社会实践经验，推进哲学理论创新。（4）要积极促进马克思主义哲学与中国哲学、西方哲学之间的沟通交流，特别是要把中国传统哲学的现代性转换作为马克思主义哲学中国化的必要理论前提，把马克思主义哲学的中国化同中国传统哲学的现代化有机地结合、统一起来。（5）要大力加强哲学教研工作在党校干部教育事业特别是教学和科研体系中的地位，重视和加强党校的哲学学科建设，充分发挥哲学在培养领导干部世界观、方法论和价值观等方面的重要作用；同时，努力推进党校哲学理论研究和哲学学科的发展。

会议期间，来自中央党校和全国各省、自治区、直辖市委党校哲学教研部主任、副主任还专门召开了党校哲学教学科研工作座谈会，交流了过去两年来各地党校在哲学学科建设、人才培养、教学课题设置和科研成果等方面的情况和经验，并围绕学习贯彻十七届四中全会精神和《中国共产党党校工作条例》，改进党校哲学学科的教学和科研工作提出了一些意见和建议。

中共中央党校哲学部副主任李晓兵，中共上海市委党校副校长王国平，以及来自中央党校及全国各省、自治区、直辖市委党校的专家学者60余人参加了会议。中共中央党校哲学部副主任侯才作了会议总结。

（王晓林供稿）

全国党校系统哲学教研部负责人工作座谈会纪要

2009年11月10日至11日，2009年党校系统哲学年会在上海市委党校召开。期间，于2009年11月11日上午穿插举行了全国党校系统哲学教研部负责人工作座谈会。会议由中央党校哲学教研部副主任侯才教授主持，中央党校校委委员、哲学教研部主任贾高建教授、中央党校哲学教研部副主任李晓兵教授出席。来自全国各省级党校和副省级党校哲学教研部的20余位负责人参加了座谈会。代表们围绕贯彻落实十七届四中全会精神和《中国共产党党校工作条例》（以下简称《条例》）这一主题，以提高各级党校哲学教学、科研水平为着眼点和落脚点，结合各自具体实际，交流了教学、科研以及哲学学科建设的情况和经验，讨论了存在的问题和对策，并提出了进一步加强和改进党校哲学教学科研工作的具体意见和建议。

代表们一致认为，哲学教学和科研工作在党校有着不可取代的重要地位。特别是在现阶段，各级党校的哲学工作者在研究和宣传马克思主义的基本理论特别是中国特色社会主义理论体系，进一步加强世界观、方法论、价值观、人生观教育，提高广大党员领导干部的哲学素养等方面有着重大的历史责任。就总体而言，在教学上，各级党校的哲学工作者能够根据变化了的形势进一步巩固教学阵地、延伸范围、扩大影响。例如，上海市委党校哲学教研部长期坚持在中青班开展马克思主义原著的教学，分别开设了《序言》、《手稿》、《终结》、《宣言》等经典著作的辅导并赢得了学员的赞誉；天津市委党校通过苦练内功、发挥学科优势，校内外全方位拓展，加强集体攻关，提高了哲学教学在各种班次的话语权，取得了良好的教学效果；黑龙江、福建、湖南、辽宁、山东、江西、海南等省委党校的哲学教研部充分发挥个体和集体的两个积极性，不仅在主体班和研究生班坚持开设马克思主义哲学的基本理论课程，运用哲学世界观、方法论分析当代重大社会问题，而且积极拓展话语空间，运用研究式教学、案例教学等多种形式开设了科学发展观、核心价值观体系建设、领导科学、文化建设、社会建设等讲题。在科研上，各级党校的哲学工作者紧密结合教学的具体实践，着眼于分析和解决当代中国社会发展特别是各省、市经济社会发展的重大实际问题，以课题研究为抓手，取得了丰硕的成果。

在座谈中，代表们也客观地分析了当前哲学教学和科研中存在的问题。其一是队伍缩减。例如，在黑龙江省委党校，哲学教研部的教师从鼎盛时期的18人减少为今天的8人，其他一些省市党校的哲学教研部门也面临着教员出多进少的问题；湖北省委党校哲学教研部已经与其他部门合并。其二是讲题减少。实用性课程受重视，哲学理论专题在教学整体格局中的份额不断减少。一些省市党校已经不再安排马克思主义哲学原著和基本理论的教学。哲学类的专题课越来越少，哲学教研部门存在着与其他教研部门“争饭吃”的问题。其三是创新困难。各级党校的哲学教学普遍面临着更新教学方式、提高教学针对性的严峻课题。在这方面个别党校做了尝试，但教学效果的提高不明显。其四是资源闲置。由于讲题的减少和教学内容的变化，一些哲学教员存在着课少乃至无课可上的现象。

针对存在的问题，代表们认为，哲学要避免被边缘化的命运，不能片面责怪社会环境。党校哲学工作者应“常怀忧党之心、恪尽兴党之责”，苦练内功，关注和研究时代重大课题，辛勤耕耘，让马克思主义哲学在新的实践的基础上生长壮大，并不断汇聚成果，形成对中国社会的系统而深刻的认识，为学员提供科学和真正管用的理论武装。与此同时，在各级党校的教学和科研工作中，也要注意防止各种不正确的倾向，从而充分发挥党校的优势，为提高广大党员干部的马克思主义理论水平做出新的贡献。

为了进一步加强和改进党校哲学教学和科研工作，代表们提出了许多意见和建议。福建省委党校哲学部提出，针对党和国家在政治和社会生活中提出的一系列重大路线、方针和决策，各级党校要精诚合作，根据形势要求适时举办各种形式的研讨班，集中精力从哲学层面展开研究，为开展相关的专题教学提供理论支撑。新疆维吾尔自治区党校哲学部提出，应开展领导干部哲学素养调查，摸清干部的理论功底，并在此基础上提出加强和改进马克思主义哲学教学的有效措施。与此同时，为了实现党校哲学教学和科研的与时俱进，各级党校的哲学部门之间应建立网络平台，实现科研成果、讲稿和课件的资源共享。陕西省委党校哲学部提出，要多办一些师资研讨班、进修班，以尽快提高地方党校哲学教师的业务能力；现在的问题是教师的培训力度赶不上学员的培训力度。湖南省委党校哲学部提出，要加强马克思主义哲学理论的教学，首先必须要真正解决学习什么样的马克思主义哲学的问题，不能把辩证唯物主义和历史唯物主义弃置一边，这是我们党的宝贵财富，在党校教学中必须加强这一方面内容的学习和研究。江西省委党校哲学部和安徽省委党校哲学部提出，中央党校对地方党校的业务指导要增加力度，可以提出一些刚性的规定，例如，可以具体规定读书的篇目，哪些必读，哪些选读，同时要加强督促检查。天津市委党校哲学部提出，党校不仅要解决满足学员需求的问题，还应着力解决引导学员需求的问题。辽宁省委党校哲学部提出，改革开放30年，哲学的理论研究取得了许多重大成果，现在应该解决这些成果进课堂、进头脑的问题，使之成为全党和全社会的共识。另外，大多数代表还提出，各级党校要正确处理好教师的利益关系，切实重视和提高教师的地位，充分调动广大教师的积极性。

最后，中央党校校委委员、哲学教研部主任贾高建教授作了总结讲话。他充分肯定了召开此次教研部负责人工作座谈会的意义，提出要把它作为一项制度确定下来。结合座谈会上所讨论的问题，贾高建主任重点谈了四个方面。

第一，哲学教研工作在党校具有重要地位，我们既要有压力，更要有信心。《条例》明确规定，党校是培训轮训党员领导干部的主渠道，是党的哲学社会科学研究机构。从教学看，党校教育以思想政治教育为主旨，以马克思主义理论特别是马克思主义中国化的最新成果为主课，“一个中心、四个方面”，哲学不可或缺。从科研看，“四个服务”发挥思想库作用，哲学也不可或缺。在以往的历程中，哲学教研工作曾取得重大成绩，作出重要贡献。今天也同样需要。十七届四中全会提出建设马克思主义学习型政党，首先要重视学哲学。习近平同志强调爱读书、善读书、读好书，特别强调要读哲学书，学好哲学。当代社会发展的实践提出了许多重大问题，都需要哲学方法论的指导。党校哲学理论工作者应该尽到自己的责任。

第二，哲学教研工作遇到了新的问题和挑战，需要我们认真对待。在教学方面，主要有两个问题。一是哲学类课程如何设置。当前，党校的课程体系正在发生变化，调整是必然的，要服从整个课程体系的结构，但应有适当的分量。值得注意的是，《条例》要求推进教学改革，建构分类别、分层次的教学体系；哲学课的设置也应分类别、分层次。在深入研究中国特色社会主义理论体系的哲学基础的同时，也应重视加强哲学基本理论的教学，包括读经典著作。同时，各级党校的哲学教学要有衔接。二是哲学课的质量如何提高。关键是适合需要，解决好教什么、如何教的问题。要在哲学教学的各个环节上下功夫，根据不同的课程定位，选择不同的内容和方法，增强针对性。在科研方面，主要是如何提高水平，多出精品。在全面开展研究工作的同时，要有重点方向，要发挥党校优势，找准生长点，形成党校哲学研究的特色。我们处于理论和实践的结合部，可以背靠理论界，面对各方面实践，从理论高度研究重大现实问题，从而创造出党校自己的特色品牌。

第三，中央党校哲学部要带头做好。贾主任简要介绍了中央党校哲学部在教学和科研方面的基本思路。在教学上，主要坚持“找准定位，集约开发”的原则，首先强调定位问题，从各个方面去理解和把握；同时主张精耕细作，从教学过程的各个环节着手，努力提高教学质量。如抓好教学设计、竞争上岗、集体备课、教学分析等环节。在科研上，则是坚持“整体联动，重点提升”的原则，重视一级学科的整体协调，形成整体优势，同时抓两个意义的重点：重点学科和重点方向。后者着眼于一级学科层次，目前已经确立了“哲学与社会发展”这一重点方向，这是各个二级学科的共同目标。按照这一方向，采取“一书两坛”等措施，着力打造特色品牌。

第四，加强各级党校哲学教研部门之间的联系和交流。哲学年会是一种很好的交流形式，今后应进一步规范化，提高会议质量。同时，在年会期间召开工作座谈会，可以对各级党校哲学教研工作起到积极的促进作用。中央党校哲学教研部将尽可能地为地方党校的哲学教研工作提供支持和帮助，如继续办好哲学师资班、组织好各类学术活动以及接受西部之光访问学者等。此外还应积极探索全国党校系统内开展交流与协作的新形式。

座谈会上，还初步商议了下届年会的筹备工作以及其他有关事项。天津市委党校、山东省委党校、海南省委党校、安徽省委党校等单位均表示了承办年会的积极意向。

（何建华供稿）

五、国内学术交流和学术活动

首都理论界纪念真理标准讨论30周年座谈会综述

为纪念真理标准讨论30周年，继续解放思想，深化改革开放，发展中国特色社会主义，繁荣哲学社会科学，2008年4月6日，中国辩证唯物主义研究会、北京市社会科学界联合会、中共中央党校哲学教研部、北京市邓小平理论和“三个代表”重要思想研究中心联合发起召开“首都理论界著名专家学者纪念真理标准讨论30周年”座谈会，杨春贵、李君如、侯树栋、黄楠森、陈先达、庞元正、李景源、李德顺、郭湛、沈宝祥、孙长江等来自中共中央党校、北京大学、中国人民大学、中国社会科学院、国防大学、北京师范大学、北京市委党校等单位的50多位专家学者出席座谈会。与会专家学者就真理标准讨论的重大历史意义和现实意义、解放思想的历程与经验以及新一轮思想解放等问题进行了讨论和交流。

（一）真理标准讨论的重要意义

与会专家学者认为，30年前的真理标准大讨论冲破了“两个凡是”的思想禁锢，极大解放了人们的思想；破除了权力标准和“语录”标准，恢复了“实践是检验真理的唯一标准”这一马克思主义基本观点；破除了教条主义和个人崇拜，恢复和重新确立了党的实事求是思想路线；破除了“以阶级斗争为纲”的思维定势，为实现党和国家工作重心转移、开辟中国特色社会主义建设新道路，作了重要的思想理论准备；开创了当代中国思想解放的先河，使社会主义焕发出新的生机和活力，进入了建设中国特色社会主义的新时代。

中央党校原副校长杨春贵教授认为，30年前的真理标准大讨论是一场关系到党和国家前途命运的大讨论。是坚持“两个凡是”标准，还是坚持实践是检验真理的唯一标准，这是当时党和国家面临的严峻问题，是关系到社会主义前途和命运的重大问题。哲学是社会变革与政治变革的先导。真理标准大讨论，使党和全国人民解放了思想，摆脱了教条主义和主观主义的束缚，恢复了党的实事求是的思想路线，为作出以经济建设为中心、实行改革开放的战略决策作了充分的思想理论准备。

中央党校《理论动态》原主编沈宝祥教授从两个方面探讨了真理标准讨论的深远意义：第一，真理标准讨论重新确立并发展了党的解放思想、实事求是的思想路线，党的十二大第一次把思想路线正式写入党章，为我们国家的进一步发展奠定了坚实的世界观方法论基础；第二，真理标准讨论为我们党在什么是社会主义、怎样建设社会主义的问题上解放思想提供了重要哲学基础。

中国人民大学郭湛教授认为，中国社会发展、中国人民思想意识发展以及中国哲学界研究主题的转变，是同一个历史过程的三个相互联系的方面。在真理标准问题上，有三种不同的观点：一是文本标准，即本本主义；二是权威标准，将领导者个人的权威作为评判一切的准绳；三是实践标准，坚持实践是检验真理的唯一标准。马克思主义坚持以实践作为检验真理的唯一标准，反对本本标准和权力标准。

中央党校副校长李君如教授对于党的实事求是思想路线的形成和发展作了历史考察与回顾，指出，有人认为毛泽东提出了实事求是，邓小平增加了解放思想。这其实是一种误解，毛泽东不仅讲实事求是，也讲解放思想；同时邓小平不仅讲解放思想，也讲实事求是，我们应完整准确地理解党的思想路线。真理标准讨论的目的不是就理论讨论理论、就历史讨论历史，而是为了实现工作中心转移，进行社会主义现代化建设。

与会的专家学者认为，真理标准讨论重新恢复了实践的权威，重新确立了实践标准。30年前，我们冲破“两个凡是”的束缚，靠的是实践标准；30年后，我们评价工作的成败得失，还要靠实践标准。中国人民大学陈先达教授认为，30年前的真理标准讨论起到了破冰的作用，解放了人们的思想，证明了马克思主义真理观的永恒性。实践是评判我们工作是非得失的唯一标准，是衡量是否真正高举中国特色社会主义伟大旗帜、是否坚持走中国特色社会主义道路的唯一标准。

有的专家学者认为，在新世纪新阶段，我国改革开放和社会主义现代化建设事业到了一个战略机遇期和多种矛盾凸显期并存的十字路口，我们要用好机遇，应对挑战，坚持和发展中国特色社会主义，必须继续解放思想。胡锦涛同志提出的“四个坚定不移”，首要的一条就是解放思想。新一轮的解放思想，既要反对

“洋教条”，又要反对“土教条”。

与会学者还探讨了辩证法中的普遍性与特殊性的关系问题，因为这一问题对于新一轮思想解放，对于理解什么是社会主义、怎样建设社会主义以及实现什么样的发展、怎样发展意义重大。北京大学黄楠森教授认为，普遍性与特殊性既互相排斥又互相依存，在不同的历史时期各有侧重。30 年前，我们实行改革开放，坚持走中国特色社会主义道路，这是弘扬特殊性，只有找到这种特色，社会主义才能顺利发展。但在坚持特殊性的同时，不能忘记事物普遍性的一面，建设中国特色社会主义也必须坚持普遍性。人性、人权，公平、正义是作为人类发展发挥着重要作用普遍性原则，必须得到肯定和弘扬。但我们又不能抽象地谈论这些问题，而是必须作具体分析。赵凤岐研究员提出，要正确理解普遍与特殊、一般与个别的关系，要重点关注事物的特殊性，关注现实中的新事物。

（二）解放思想的历程与经验

对于 30 年来思想解放的历程，与会专家学者提出了一些不同的看法。北京大学王东教授、北京市社科联满运来教授认为，真理标准讨论是第一次思想解放，重点是解决“两个凡是”的问题；1992 年，邓小平南方谈话是第二次思想解放，重点是解决姓“社”姓“资”的问题；中共十七大以来的新一轮思想解放，重点是解决传统的发展观念和发展模式问题。

庞元正教授提出了五次解放思想说。他认为第一次思想解放是真理标准大讨论，重点是解决“两个凡是”问题；第二次是 1992 年邓小平南方谈话，重点是解决姓“社”姓“资”的问题；第三次是党的十五大召开前夕，重点是解决所有制问题；第四次解放思想是如何看待新出现的社会阶层问题；而新一轮思想解放重点则是破除不符合科学发展、不利于社会和谐的思想观念、体制机制问题。与会专家学者一致认为，实践是在不断发展，我们的思想认识也应与时俱进，要随着社会发展而不断地解放思想、实事求是。

与会专家学者认为，真理标准讨论为解放思想提供了宝贵的经验。第一，倡导通过讨论来解放思想。对于一些认识问题，要通过讨论，使人们畅所欲言，而不能用大批判来推动。人们思想认识上的差异问题只能用说服教育的办法来解决，而不能靠强迫、命令的办法来解决。第二，解放思想必须同实事求是相结合。解放思想就是要纠正那些不符合事物发展规律的错误思想，就是要做到主观符合客观，解放思想本身就是实事求是。第三，解放思想必须同实践相结合。尊重实践，勇于实践，是解放思想最有效的途径。第四，解放思想要抓住焦点，抓住主要问题，不能泛泛而谈。第五，实践标准和“三个有利于”标准仍然是我们今天解放思想的有力武器。第六，解放思想的实现必须发展民主政治。民主是解放思想的重要条件，只有在民主的保障下，才能真正做到解放思想。

与会专家学者认为解放思想要立足实际，要有明确目标，要有针对性，要搞清楚解放什么、怎么解放，不能泛泛而谈。中国政法大学李德顺教授概括了由真理标准讨论所引发的思想解放历程及其理论成果：一是确立了实践在马克思主义哲学中的地位；二是确立了人在社会历史发展中的主体地位；三是引发了价值问题的研究和价值哲学的兴起。当前新一轮思想解放不能仅仅是一种政治口号，要解决从哪里解放到哪里的问题，避免“结论在先”，使思想解放流于形式。同时，对于我们提出的一些理论，要给予实践检验以充分的时间。

（三）贯彻落实科学发展观需要继续解放思想

与会学者认为，“以史为镜可以知兴衰”。什么时候我们坚持了解放思想、实事求是，我们的事业就前进、就兴旺发达；什么时候我们背离了解放思想、实事求是，我们的事业就会遭受挫折和失败。侯树栋教授指出，当前，深入贯彻落实科学发展观，最根本的是继续解放思想、转换思维方式，深化改革开放，创新制度体制，在新的实践中坚持和发展中国特色社会主义。庞元正教授指出，贯彻落实科学发展观，必须破除以物为本的发展理念，树立以人为本的发展理念；必须破除唯 GDP 论和 GDP 崇拜，树立全面协调可持续发展的理念；必须破除单打一的思想方法，树立统筹兼顾的科学的思想方法和领导方法；必须转变发展方式，实现经济社会又好又快发展。王东教授认为，新一轮的思想解放重点在于改变传统的发展观，树立新的科学发展观。为此，要破除对于经济增长高速度的崇拜以及对于 GDP 的崇拜，把人们的思想从阻碍科学发展的那些意识和行为中解放出来。

与会专家学者认为，在当前我国发展的关键时期，继续解放思想，深化改革开放，意义重大。广大理论工作者要深入研究为什么要进一步解放思想、在哪些方面解放思想、怎样解放思想以及解放思想的社会环境与制度保障等问题，为推进思想解放和改革开放作出应有的贡献。

（博士生张志勇供稿）

艾思奇哲学思想与马克思主义中国化最新理论成果研讨会综述

经过接近两年时间的精心组织和筹备，由中共中央党校、中国社会科学院、中共云南省委主办，中共云南省委宣传部、省委党校、保山市委承办的“艾思奇哲学思想与马克思主义中国化最新理论成果研讨会”于 2008 年 5 月 10—11 日在艾思奇故里——云南省腾冲隆重举行。来自中共中央党校、中国社科院、国防大学、中共中央党史研究室、中共中央文献研究室、北京大学、中国人民大学等单位的专家学者 200 多人出席了研讨会。

中共中央党校校委委员、科研部主任张伯里在代表中央党校校委发言时指出，艾思奇同志的一生是学习、研究和宣传马克思主义哲学的一生，也是从事马克思主义哲学大众化、中国化的一生。作为党的理论战线的一名忠诚战士，艾思奇同志以学习研究、宣传普及马克思主义哲学为己任，为传播、研究和发展马克思主义哲学，为坚持马克思列宁主义、毛泽东思想的指导地位，为实现马克思主义哲学的现实化、大众化、中国化作出了重大贡献，为用马克思列宁主义、毛泽东思想培养党的高中级干部和专门理论人才作出了重大贡献。在艾思奇同志家乡举行的这次理论研讨会，对于重温艾思奇哲学思想、缅怀他的战斗历程和光辉业绩，并在新的历史条件下更加深刻地和更加坚定地实践马克思主义中国化的最新理论成果，有着特别重要的意义，我们理论工作者应当继承和发扬艾思奇的高尚品德、求实学风和创新精神，在推进马克思主义中国化的道路上，不断进取，再创佳绩。

在为期两天的大会主题发言中，与会专家学者就艾思奇生平、哲学思想及其对马克思主义中国化的重要贡献，马克思主义中国化的历史、现状和方法途径，特别是马克思主义中国化的最新成果，中国特色社会主义理论体系等，进行了多视角、全方位的交流和探讨。会议认为，艾思奇同志是马克思主义哲学的中国化和现实化即把马克思主义的普遍原理和中国具体实际相结合来研究哲学的楷模。马克思主义中国化，就是把马克思主义基本原理同中国具体实际和时代特征结合起来，运用马克思主义的立场、观点、方法研究和解决中国革命、建设、改革中的实际问题。马克思主义中国化的实质就是中国共产党人立足于中国实践的发展对马克思主义进行的理论创新和理论发展，又用新的发展着的马克思主义指导中国的新的实践。马克思主义中国化是一个不断创新、发展的过程。中国共产党的历史，就是探索和不断推进马克思主义中国化的历史，是把马克思主义普遍原理同中国具体实际紧密结合、使之得到不断丰富和发展，并在中国革命与建设的实践中获得巨大成功的光辉历史。

会议认为，学习艾思奇哲学思想，必须同改革开放的实践相结合，同马克思主义中国化最新理论成果相结合，同学习党的十七大精神相结合。党的十七大在总结改革开放历史进程和宝贵经验的基础上，创造性地提出并深刻阐述了中国特色社会主义理论体系，准确揭示了科学发展观的基本内涵和精神实质。科学发展观是中国特色社会主义理论体系的重要组成部分和马克思主义中国化的最新理论成果，集中体现了当今世界和当代中国的发展变化对党和国家工作的新要求，集中体现了全党全国各族人民的意志，集中体现了当代中国马克思主义的实践特色、民族特色、时代特色，是我们党励精图治、开拓进取、探索真理、把握规律的结果，是我们党最可宝贵的政治和精神财富，是长期指导我国经济社会发展的战略思想。

研讨会对提交的论文进行了评奖表彰。经评审，在160余篇论文中，评选出特等奖4篇，一等奖5篇，二等奖6篇，三等奖13篇。我校专家学者向会议提供论文18篇，其中，韩树英教授荣获特等奖；卢国英、许全兴、庞元正教授荣获一等奖；毛卫平教授荣获二等奖；薛广洲、胡为雄教授荣获三等奖。

会议期间，与会专家学者还参观考察了腾冲的艾思奇故居、李根源故居、国殇墓园等历史文化景点。

中国社科院常务副院长、中国马克思主义研究基金会理事长王伟光，中央文献研究室副主任李捷，中共云南省委常委、省委宣传部部长张田欣，中央党校校委委员张伯里，中央党史研究室原副主任石仲泉出席了研讨会。

（王晓林供稿）

“马克思主义哲学与中国改革开放30周年研讨会”述要

由中国辩证唯物主义研究会、中国社会主义社会辩证法研究会、中共中央党校哲学教研部、中共上海市委党校联合主办的“马克思主义哲学与中国改革开放30周年研讨会”，于2008年8月在上海举行。与会专家学者围绕马克思主义哲学在改革开放中的作用、解放思想的历史进程与最大意义以及进一步发展马克思主义哲学的方法路径等问题进行了深入研讨。

与会专家学者充分肯定马克思主义哲学对改革开放的指导作用，指出中国的改革开放从哲学入手、从端正思想路线起步，马克思主义哲学的指导作用贯穿于改革开放的历史进程。真理标准问题的讨论实现了思想上的拨乱反正，拉开了改革开放的历史序幕。邓小平提出的衡量改革开放成败的“三个有利于”标准，是对马克思主义基本原理的科学运用。江泽民同志高度重视哲学对各项工作的指导作用，他集中全党智慧提出的“三个代表”重要思想，在本质上也是哲学命题。以胡锦涛同志为总书记的党中央提出的科学发展观等重大战略思想，也是坚持和发展马克思主义的重大成果。发展是第一要义，就是坚持生产力在社会发展中起最终决定性作用的原理；以人为本是核心，就是唯物史观中社会主体和社会价值原理的体现；全面协调可持续的根本要求，就是辩证思维；统筹兼顾的根本方法，就是马克思主义的思想方法和工作方法。

与会专家学者认为，解放思想是发展中国特色社会主义的一大法宝，也是理论创新的前提和基础。坚持以实践为出发点和归宿，这是我们党思想路线的根本要求，也是不断推进马克思主义理论创新的根本所在。在新的历史条件下继续解放思想，必须从我国国情出发，围绕推动科学发展、促进社会和谐，通过经济体制、政治体制、文化体制、社会体制改革以及其他方面的改革来实现经济社会又好又快发展。

与会专家学者认为，改革开放30年来，我国马克思主义哲学研究取得重大进展，并呈现出以下几个特点：鲜明体现马克思主义哲学的科学精神、实践精神和开放精神；全面推进马克思主义哲学的文本研究、现实研究以及新兴学科研究、马克思主义中国化研究；努力实现研究范式由统一性向多样性和个性化转变。在新的时代条件下，我们应进一步加强马克思主义哲学研究，为推进改革开放、发展中国特色社会主义提供强大思想和理论保障。

（毛卫平供稿）

2008年全国应用哲学和邓小平理论研讨会综述

由中国马哲史学会应用哲学研究会、中国马哲史学会邓小平理论研究会、中共中央党校哲学教研部和中共黑龙江省委党校联合举办的全国应用哲学和邓小平理论研讨会，于2008年7月29日至31日在黑龙江省哈尔滨市召开。这次研讨会的主题是“思想解放与哲学应用”。郭国勋、董德刚、朱有志、张峰、王霁、钟玉海、李恒瑞、祝福恩、赵甲明等来自中共中央党校、中央社会主义学院、湖南省社会科学院、广东省社联、北京大学、清华大学、中国人民大学等党校、高校、社科院系统的50多位专家学者出席了会议。黑龙江省委党校常务副校长鲁滨教授到会致辞，应用哲学研究会会长、辽宁省社联副主席、辽宁大学郭国勋教授作主题报告，应用哲学研究会会长、邓小平理论研究会副会长、中央党校董德刚教授作会议总结。与会专家学者就我国当前继续解放思想和哲学应用等问题进行了深入研讨。

（一）继续解放思想的现实意义、主要内容和特点

1. 关于继续解放思想的现实意义。与会学者认为，新时期进一步解放思想是深化改革开放的需要。改革开放30年，始终贯穿着一条清晰的主线，那就是不断地解放思想，不断地赋予思想解放以新的内容。思想解放与改革开放是一个互相促进、相辅相成的渐进过程。思想解放的深入推动了改革开放的进展，改革开放的需求又给思想解放提供了新的空间。思想解放在改革开放的最新成果中得到认可与激励，改革开放在新的思想解放中得到进一步巩固与提高。当前我们要进一步深化改革开放，发展中国特色社会主义，必须继续解放思想。

2. 关于继续解放思想的主要内容。与会学者认为，一是从教条主义中解放出来，包括“马教条”，即对马克思主义本本的不正确理解；“洋教条”，即对西方哲学社会科学理论特别是政治学理论的崇拜。二是从经验主义中解放出来。三是从旧体制中解放出来，包括经济体制的问题，也包括政治体制。四是从不良风气和精神状态中解放出来。五是从旧的发展思路和模式中解放出来。六是从新的“土教条”中解放出来，防止把一个地区的解放思想的经验和做法当成普适性的，照抄照搬。七是从对市场经济的迷信中解放出来。一些学者认为当前解放思想的核心是政治体制改革。

3. 关于当前继续解放思想的特点。与会学者认为，一是继续解放思想的任务更艰巨。我国的改革正在向纵深发展，涉及的问题更加敏感，涉及的社会关系更加复杂，使得解放思想的任务更加艰巨。二是继续解放思想面临的问题更复杂。当前，西方国家几百年中分阶段出现的矛盾和问题，在我国几乎同时一次性地出现了，改革道路上又出现了各种新情况新问题，使得我们解放思想面临的问题更加复杂。三是继续解放思想的难度更大。以前我们更多地是否定过去僵化的、错误的东西，更多地突破前人，而现在要根据新情况对自己提出的思想、理论重新加以审视，要实现自我否定，这往往比较困难。解放思想的前提已经由“敢不敢”转变为“想不想”、“愿不愿”。有的学者认为解放思想有“五难”，即文化之难、事实之难、利益之难、制度之难、国民性之难。

（二）继续解放思想的主体、针对性和边界

1. 关于当前继续解放思想的主体。与会学者有四种不同的观点：第一种观点认为当前解放思想的主体是人民群众，是人民群众的实践拉开了改革开放的序幕，必须尊重人民群众的首创精神；第二种观点认为当前解放思想的主体是领导干部，特别是高级领导干部；第三种观点认为有思想的人都是解放的主体，都有解放思想的任务，领导干部的思想解放是首要的，人民群众的思想解放是重要的；第四种观点认为解放思想必须形成上下联动，广泛参与的整个社会的行为。首先基于人民群众的实践，人民群众知道基层的问题在哪里，知道解决这些问题的思路、办法和途径，领导干部的职能就是把人民群众自发的、分散的、无序的思想加以提炼、总结、规范、推广，“创新在地方，规范在中央”。

2. 关于当前解放思想的针对性。与会学者有两种观点：一种观点认为与前几次解放思想相比，当前解放思想的针对性并不明朗，大家都在谈解放思想，但具体在哪些方面解放思想并不清晰；另一种观点认为当前解放思想的针对性已经比较明朗，有的学者认为是围绕科学发展与社会和谐；有的学者认为是围绕深化改革开放，破解发展难题；有的学者认为是民主与威权之争。

3. 关于解放思想有无边界，是这次研讨会讨论比较热烈的问题，形成两种不同观点。一种观点认为解放思想是有边界的，与会的多数学者赞同这种观点。有的学者认为，认识的目的是实践，我们解放思想的目的是发展中国特色社会主义。因此，是否有利于高举中国特色社会主义旗帜、坚定不移地走中国特色社会主义道路、发展中国特色社会主义，就是当下我们解放思想的边界，四项基本原则就是解放思想的底线。有的学者认为，法律是公民解放思想的绝对底线；党规党法是党员解放思想的相对底线；保持国家稳定是国民解放思想的基本底线；把握住解放思想的底线，是我们党解放思想的历史经验。另一种观点认为，思想本来是自由的，如何进行思考是每个思想者自己的事情，思想固然有是非优劣之分，要以实践和人民利益为标准，但不应简单化地设定人为的边界。有的学者说，法律针对的是“行为”，不是“思想”，而且，法律本身也有“立、改、废”的问题，因此，不能把法律当作解放思想的底线。

（三）继续解放思想的条件、途径和目标

有的学者认为，民主是解放思想的基本途径，真理存在于多种意见的综合之中，只有发扬民主，让不同意见充分表达出来，通过辩论才能求得真理。

有的学者认为政治体制改革作为我国全面改革的重要组成部分，必须随着经济社会发展而不断深化，与人民政治参与积极性不断提高相适应。要大力营造鼓励探索、支持创新、宽容失误的环境和氛围，要为那些想干、能干、敢干的人提供制度和机制保障，解除他们的后顾之忧。

有的学者认为，解放思想也会有风险的，这就是容易引起思想混乱，进而影响社会稳定。我国是政治主导的社会，公民社会相对发育不足，极易受政治影响所左右，这一点与西方社会有很大的不同。所以，我们讲扩大公民的有序政治参与。这个“有序”非常重要，处理不好就容易引起全国性的失序甚至动乱。因此，要学会辩证地对待思想解放，防止固执己见的极端主义倾向。

有的学者认为，要以辩证思维推进思想解放，做到解放思想永无止境，思想解放要有边界；解放思想既要敢想敢干，也要实事求是，把敢想敢干与实事求是统一起来；解放思想既要以科学方法论来指引，又要坚持实现好、维护好、发展好最广大人民的根本利益这一根本思想立场。

有的学者认为，解放思想要处理好以下十个方面的关系：一是“好”与“快”的关系；二是“软”与“硬”的关系；三是解放思想与思想解放的关系；四是思想与思路的关系；五是切入点与关节点的关系；六是解放思想的主体与客体的关系；七是以物为本与以人为本的关系；八是为官与为民的关系；九是纵向比较与横向比较的关系；十是理论本位与实践本位的关系。

有的学者认为，解放思想的最终目标是在一定限度内创造一个思想自由的环境，创造一个使每个人都自由而全面发展的空间，主体的自由空间大小是衡量解放思想的根本尺度。解放思想的科学标准是主观符合客观；解放思想的价值标准是客体满足主体需要的程度；解放思想的最终标准是创造出有利于人的自由而全面发展的环境。

(四) 解放思想与哲学应用

有的学者认为，思想越是要解放，哲学越是更繁忙。哲学是思想“思想”的思想，哲学家是思想“思想”的思想家，一旦“思想”需要解放，那么，思想“思想”的思想家就要对需要“解放”的思想进行再思想。作为思想“思想”的哲学工作者的使命是：把自己的想法变为别人的说法，把自己的说法变为别人的做法；把自己的言论变为社会的舆论，将自己的思考变为领导的思想；使自己的文章进入上级的文件，让自己的发言促进社会的发展。

有的学者认为，哲学的大用在于应用。改革开放 30 多年来，哲学的研究可以说是大发展、大繁荣，但哲学贫困的帽子还没有摘掉，哲学贫困的局面还没有从根本上改变。我们还没有解决中国问题、具有中国风格和中国气派的中国哲学社会科学。中国处于社会转型期和发展的关键时期，亟须创新哲学和应用哲学。

有的学者认为，过去哲学为解放思想鸣锣开道，现在仍然需要为继续解放思想鸣锣开道，这是我们的历史责任，我们要通过哲学的应用来展现哲学的价值。

有的学者认为，改革开放的新时期就是以解放思想，坚持科学的哲学应用为开端和起点的。当前民生问题备受关注。汶川地震引起人们对人与自然、人与人的关系的新思考，奥运会是对我国综合国力和人的状态的检验，这些现实课题都需要我们用哲学的世界观、方法论、价值观去观察和解决。哲学必须走出书斋，面对现实。

有的学者认为，要从以下五个方面继续推进马克思主义政治哲学的研究：一是深化对当代马克思主义政治哲学基本价值的研究；二是建立现代公民社会；三是探讨社会主义公权力的运行机制，建构公共服务型政府；四是以社会主义核心价值引领意识形态建设；五是信息社会的公共治理。

(五) 继续解放思想，深入把握中国特色社会主义理论体系

有的学者认为，在把握中国特色社会主义理论体系方面，也要解放思想。要从历史连续性、系统整体性、思想开放性三个角度来研究中国特色社会主义理论体系。

马克思主义中国化的历史进程呈现两大阶段：从中国特色民主主义到中国特色社会主义，两大历史阶段围绕一个主题（中国特色发展道路），贯穿一条思想路线（实事求是、以人为本）；两大思想成果（中国特色民主主义理论体系和中国特色社会主义理论体系）既一脉相承又各具时代特色，共同构成了中国化马克思主义的理论体系。

我们要从一般、特殊、个别三个层次对中国特色社会主义理论体系作整体性的、“一体化”的把握和解读。这有助于既一脉相承又与时俱进地把握马克思主义中国化的历史进程和思想脉络；有助于把握“理论体系”的基本思想、精神实

质；也有助于我们真正以开放的态度去坚持和发展这个伟大的“理论体系”。

中国特色社会主义理论体系是开放性的思想体系，主要体现在：第一，世界眼光，面向开放的世界、开放中国的全部实践和全部思想文化成果；第二，时代思维，与时俱进，开拓创新，面向开放的时代，与时代同步；第三，世界观、价值观、方法论的核心指导功能，它不是“百科全书”，也不提供解决具体问题的现成答案，要善于抓住它的精神实质去研究和解决具体的现实问题。

（高原丽供稿）

马克思主义与儒学高层论坛综述

为响应党的十七大报告提出的“弘扬中华文化，建设中华民族共有精神家园”的号召，进一步推进马克思主义中国化问题的研究，由中共中央党校哲学教研部与中国孔子基金会共同主办、华夏文化纽带工程组委会、中国实学研究会协办的“2008·马克思主义与儒学高层论坛”于2008年10月19日至20日在中央党校召开。来自全国近70余名专家学者参加了此次论坛，与会学者讨论热烈，下面就主要内容作简要综述。

（一）马克思主义中国化与儒学的关系

从马克思主义哲学在中国的传播和发展的历史看，马克思主义哲学与中国传统哲学的联系，实际上是通过两条途径来建立的：一条途径，是通过中国传统哲学有形与无形的熏陶影响，自然建立起这种联系；另一条途径，是通过对中国哲学史或中国思想史的反思，探寻马克思主义哲学与中国传统哲学相结合的不同形态，自觉建立起这种联系。中国马克思主义哲学家，由于生活在中国这块土地上，总是要受到中国传统文化及哲学的影响，因而与中国传统哲学有着一种天然的联系。当马克思主义哲学传入中国时，中国人在最初阶段即从自己的哲学传统出发来加以理解和接纳。后来，李大钊由民彝史观走向唯物史观，毛泽东在湖湘学风影响下重视实践，都反映了马克思主义哲学与中国传统哲学的这种天然的联系。

在马克思主义中国化的过程中，不仅儒家的社会理想起着极大作用，而且儒家的人格理想、人格操守也激励着中国的早期马克思主义者及共产党人的先驱们。“志士仁人，无求生以害仁，有杀身以成仁”，“三军可夺帅也，匹夫不可夺志也”，“先天下之忧而忧，后天下之乐而乐”，救民于水火之中，博施济众，修己安人，修己以安百姓。中国几代马克思主义者之所以受民众的拥戴，无不与其人格修养、人格魅力有关。马克思主义与中国的革命、建设的具体实际相结合，包含了与积淀在社会及民众中的儒家文化诸因素的结合。马克思主义中国化的过程，是在具有深厚儒家文化土壤上进行的。无论是早期中国共产主义者的社会正义观与社会理想，还是我们当下建设中国特色社会主义、构建和谐社会的伟大实践，儒家的仁爱、民本、民富、平正、养老、恤孤、济赈、大同、兼善天下、和而不同、德治主张、入世情怀等等，都是其重要的历史文化背景与积极的思想资源。

（二）当前，马克思主义中国化最为紧迫的课题，是科学发展问题

十七大通过的政治报告，进一步完善了十四大以来确立的社会主义初级阶段的基本路线，把建设富强、民主、文明、和谐的社会主义现代化国家作为伟大目标。在这一基本路线指引下的经济建设、政治改革、文化繁荣、社会空间的拓展，尤其是解决民生问题，促进社会公平正义问题等，在这些方面，儒家文化资源大有用武之地。今天，马克思主义中国化最为紧迫的课题：一是全面落实科学发展观，强调科学、全面、可持续地发展；二是构建公平、正义、和谐的社会；三是树立社会主义的荣辱观与整饬吏治。在这三方面的理念与制度建构中，儒家文化资源都可以起一定的作用。儒家文化有关人与自然、人与社会、人与人、人与内在自我诸关系的讨论非常丰富，很多历史经验、文明制度、治世方略、人性修养的道理需要我们用当代科学理性精神加以分析与总结，以便为今天的人们提供借鉴。

（三）回归马克思主义原典，全面理解马克思主义

回归马克思主义原典，全面理解马克思主义。历史上，在相当长一段时间内，中国人主要是通过苏联来了解马克思主义，与马克思主义的本来精义相比，已发生了很大的变异。马克思主义本身是在欧洲自由主义思想体系中脱胎而出的，是在那个时代自由主义思想广泛信仰的基础上产生的。而马克思主义所讲的集体也是以充分的个人自由发展为前提的。在思想上，中国没有经过一个自由主义的发展时期，由封建思想盛行的社会直接过渡到了马克思主义为指导的社会。因此，中国要坚持和发展马克思主义，首先应该全面准确理解马克思主义，同时也应该正确对待封建主义和自由主义这两种思想。

（四）马克思主义经典作家给我们提供了对传统文化进行现代性解释的范例

我们知道，传统是沟通“过去”和“现在”的社会因素的总和。构成传统的基本要素有两个：一是在过去或历史上形成的东西；二是流传至今或仍存在于现今的东西。也就是说，传统是指走到“现在”的“过去”，是“过去”在“现在”的存在和显现，而不是仅指过去才有或者人们赋予过去的东西。传统并不是先天注定、一成不变的，而是在实践中不断形成和发展着的。古已有之的东西，未必皆成为传统；古未有过的东西，也未必不能进入传统。说到底，在生活中已经死去的、在历史上湮灭的东西，并不属于传统，只有在现实中仍然活着，并起着作用的既往存在才是真正的、有生命力的传统。

马克思主义经典作家给我们提供了对传统文化进行现代性解释的范例。一方面，他们以对传统文化的继承批判来奠定自己的理论根基。比如，马克思恩格斯在创立马克思主义的过程中，就充分吸收德国古典哲学、英国古典政治经济学和法国空想社会主义的积极成果。列宁在《我们究竟拒绝什么遗产?》、《青年团的任务》、《论无产阶级文化》，毛泽东在《新民主主义论》中，都指出了对待传统文化的批判继承态度。另一方面，他们准确触摸时代脉搏，积极引领时代课题，在时代的现实基础之上进行文化创造和理论创新，从而走出了一条既有传统的连续性又有时代特征的文化发展之路。这无疑为儒家传统的现代转换提供了有意义的启发。

（王杰供稿）

全国马克思主义哲学创新成果交流会综述

由中国辩证唯物主义研究会、中共中央党校哲学教研部、中共北京市委党校联合发起和主办的全国马克思主义哲学创新成果交流会，于2009年12月22日至25日在北京召开。王伟光、杨春贵、许志功、庞元正、李德顺、赵凤岐、陈中立、郭湛、杨耕、王东、毛卫平、周文彰、冯俊、李景源、董德刚、侯才、孙伟平、张绪文、许全兴、沈冲、崔自铎、奚洁人、赵光武、谢龙、丰子义、郭建宁、郝立新、马俊峰、刘敬鲁、张曙光、冯平、汪信砚、欧阳康、田丰、陈章亮、杨俊一、刘陆鹏、乔瑞金等来自全国高等院校、科研机构、党校、行政学院、干部学院、军队院校的专家学者120多人，参加了此次交流会。中国辩证唯物主义研究会第五届理事会会长杨春贵教授作了题为《改革开放以来中国马克思主义哲学的新探索》的主题报告，与会专家学者围绕改革开放以来中国马克思主义哲学的创新发展问题展开了深入交流和热烈讨论。

与会专家学者认为，马克思主义哲学作为时代精神的精华，一定要随着时代、实践和科学的发展而发展。哲学关注人民的命运，人民才关注哲学的命运；哲学满足实践的需要，实践才赋予哲学以生命。改革开放以来中国马克思主义哲学研究的基本走向和主要进展，主要体现在以下几个方面。

1. 党的思想路线的研究取得了丰硕成果。在事关党和国家前途命运的思想路线问题上，人们取得了一系列共识，深刻认识到实事求是是毛泽东思想的精髓，是马克思主义的精髓，是马克思主义的根本观点、根本方法，无论搞革命还是搞建设，都要坚持实事求是，坚持马克思主义普遍真理同中国具体实际相结合，走自己的道路；深刻认识到坚持党的思想路线，解放思想，实事求是，是我们的事业兴旺发达的根本思想保证，必须使自己的思想从那些不合时宜的观念、做法和体制中解放出来，从对马克思主义的错误和教条式的理解中解放出来，从主观主义和形而上学的桎梏中解放出来；我们深刻认识到马克思主义具有与时俱进的理论品质，必须根据现在的情况认识、继承和发展马克思主义，不断进行理论创新。这是改革开放以来我国马克思主义哲学研究在指导实践上的最大成果。

2. 马克思主义哲学体系的研究实现了重大突破。真理标准大讨论和党的实事求是思想路线的重新确立，也促进了对马克思主义哲学自身的反思。在重视文本研究的同时，更加注重总结国内外社会主义的历史经验和改革开放以来的新鲜经验，更加关注当代世界科技革命和生产力革命所引起的重大变化，更加注意吸收人类文明的优秀成果和中国传统文化的思想精华。在此基础上，努力创造具有中国特色、时代精神和实践品格的马克思主义哲学体系。对马克思主义哲学体系的理解，关键是如何认识实践在马克思主义哲学体系中的地位。长期以来，人们把实践仅仅理解为马克思主义认识论的首要的基本观点，因而在哲学体系中缺乏一以贯之的东西。改革开放以来，许多学者强调实践不仅是马克思主义认识论的首要的基本观点，而且是整个马克思主义哲学的首要的基本观点。实践是人的存在方式，是社会生活的本质。马克思主义哲学的根本任务就是研究实践活动的一般规律，推动实践活动的发展，达到改造世界的目的。研究本体论、辩证法、历史观、认识论、价值论，都服务于改造世界这个总目的。马克思主义哲学的功能不仅在于认识、评价世界，而且在于改变世界；马克思主义哲学不仅具有指导革命的功能，而且具有指导建设的功能。对于马克思主义哲学体系的这种新理解，在最近30年我国编写的马克思主义哲学教科书中逐步得到了强化。马克思主义哲学是以科学实践观为基础的辩证唯物主义和历史唯物主义，它的全部原理以实践为核心形成一个有机整体。这是改革开放以来我国马克思主义哲学研究在学术上的一个重大进展。

3. 马克思主义哲学基本原理的研究有了一系列新进展。（1）关于主体性问题。强调实践在马克思主义哲学体系中的地位和作用，必然导向强化对主体性的研究。主体和客体之间包括三种基本关系，即改造与被改造的关系、认识与被认识的关系、评价与被评价的关系。要唯物而又辩证地理解和把握这些关系，既要高度重视主体的能动性，又要充分认识客体对主体活动的制约性。深入研究这个问题，对于人们增强主体意识，自觉改善主体素质，正确发挥主体能动性，具有重要理论与实践意义。（2）关于系统问题。韩树英主编的《马克思主义哲学纲要》指出，系统科学研究的是各种现实的具体的系统组织和系统工程的原则，唯物辩证法则从哲学高度研究系统作为事物普遍联系的共同本质，赋予其世界观、方法论意义，揭示系统作为哲学范畴的基本特征，如整体性、结构性、层次性、开放性等等。系统问题的哲学研究，有助于人们正确理解和把握全局与局部的关系，提高总揽全局的战略思维能力。（3）关于社会形态问题。所谓社会形态，是指社会发展的不同阶段或不同类型。从经济关系即生产关系的视角，可以把社会区分为原始共产主义社会、奴隶社会、封建社会、资本主义社会、社会主义和共产主义社会等基本类型；而从生产力和技术发展水平以及与之相联系的产业结构的视角，则可以把社会区分为渔猎社会、农业社会、工业社会、信息社会等基本类型。只有多视角考察社会，才能从整体上对社会形态有更丰富、更具体的认识和把握。(4) 关于科学技术问题。科学技术在当代迅速发展，对于经济发展、社会进步发挥着巨大的支撑作用。发展先进生产力，关键是发展科学技术特别是高新技术；四个现代化，关键是科学技术现代化；必须尊重知识、尊重人才，实施科教兴国战略。这是历史唯物主义在当代中国的一个重大发展。(5) 关于认识过程问题。在从实践到认识的飞跃过程中，引入了选择性、重构性、建构性等概念，突出了主体在认识过程中的能动性以及认识过程的复杂性；在从认识到实践的飞跃过程中，引入了实践观念这一概念，以区别于认知观念，充实和完善了从认识到实践飞跃过程的中间环节。在以实践为基础的全部认识过程中，主体的知、情、意都发挥着不可代替的重要作用。这些新认识，对于提高主体认识世界和改造世界的能力，都有重要指导意义。(6) 关于价值问题。人不仅通过实践把握真理，而且通过实践创造价值。价值是在实践的基础上形成的主体和客体之间的一种意义关系。真理和价值这两个范畴体现了人对认识世界、改造世界的两个尺度——事物的客观尺度和人的内在尺度的自觉认识，二者总是相互渗透、相互作用地体现在各种思想、观点、意见、方案等之中，对每个思想的实践检验都是真理与价值的双重检验。马克思主义哲学作为科学的世界观，既是科学的真理观，也是科学的价值观；作为价值观，它揭示了价值的本质、特性、评价标准，以及价值的形成、功能、选择等等。这些思想，都是对马克思主义哲学的新开掘和新发展。

4. 社会主义社会矛盾理论的研究提高到一个新的科学水平。社会主义社会矛盾理论是毛泽东思想的重要组成部分，是我们党对马克思主义理论宝库的一个独创性的新贡献。十一届三中全会以来，我们在总结经验教训的基础上，对社会主义进行再认识，恢复了毛泽东思想关于我国社会主要矛盾、基本矛盾、两类不同性质矛盾的科学思想，并以一系列的新认识丰富和发展了这些科学思想，把对社会主义社会矛盾理论的研究提高到一个新的科学水平。(1) 我们恢复党的八大关于现阶段我国社会主要矛盾的正确判断，坚持以经济建设为中心推动社会的全面进步。强调社会主义的根本任务是发展生产力，只有快速发展生产力才能集中体现社会主义制度的优越性，才能为解决国际国内一切问题奠定物质基础，才能为将来向共产主义过渡奠定物质基础；只有紧紧抓住经济建设这个中心，才能清醒地观察和把握社会矛盾的全局，有效地促进各种社会矛盾的解决，“以经济建设为中心是兴国之要，是我们党、我们国家兴旺发达和长治久安的根本要求”。(2) 我们坚持和发展毛泽东关于社会主义社会基本矛盾的科学思想，创造性地提出改革是社会主义社会发展的直接动力。要在坚持社会主义基本制度的前提下，改革生产关系和上层建筑中同生产力发展要求不相适应的环节，以解放生产力、发展生产力。这是对马克思主义哲学和科学社会主义理论的重大发展。(3) 我们正确认识和处理社会主义发展中的重大关系，形成和发展了以人为本，全面、协调、可持续的科学发展观。强调要正确处理手段与目的的关系，坚持以人为本的发展理念；正确处理重点与全面的关系，坚持以经济建设为中心，同时注重社会的全面进步；正确处理非均衡与均衡的关系，促进城乡之间、区域之间的协调发展；正确处理当前与长远的关系，坚持可持续发展。以人为本的唯物史观和统筹兼顾的辩证方法，集中体现了发展问题上的马克思主义世界观和方法论。(4) 我们正确认识和处理社会主义社会的人民内部矛盾，提出建设社会主义和谐社会的科学构想。经济社会发展中的矛盾必然在人民内部反映出来。社会主义社会的人民内部矛盾既表现为思想上的是非矛盾，又表现为利益上的得失矛盾，以及实际工作中各种各样的具体矛盾。凡属是非矛盾，应当坚持用“团结——批评——团结”的方法去解决；凡属利益矛盾，应当主要用经济方法去解决；凡属复杂的矛盾，应当用综合的方法去解决。在经济上，要正确处理先富、后富、共富的矛盾，注重社会公平；在思想上，要正确处理思想多样化与指导思想一元化的矛盾，在解放思想中统一思想；在政治上，要正确处理领导和群众的矛盾，发展社会主义民主，健全社会主义法制。只有这样，才能促进社会和谐。

5. 提出要加强马克思主义哲学经典文本研究，加强重大现实问题的研究，加强马克思主义哲学创新体系的研究，推进马克思主义哲学中国化、时代化、大众化。要全面总结马克思主义哲学中国化的历史经验，科学阐明马克思主义哲学中国化的历史必然性和现实必然性，拓展并创新马克思主义哲学中国化的范畴体系、科学内涵、表现形式和理论成果。要把马克思主义哲学的一般原理与中国国情相结合，解决马克思主义哲学的“一般性”与“特殊性”的辩证关系问题。要把哲学研究同时代要求结合起来，适应时代发展，把握时代主题，回答时代问题，回应时代挑战，吸收世界先进哲学思想，使哲学真正成为时代精神的精华；既要创造马克思主义哲学中国化的理论成果，又要积极探索中国化的马克思主义哲学表达体系，实现马克思主义哲学的大众化、普及化；要端正学风，以科学的创新精神发展中国化的马克思主义哲学。

除了以上五个方面，还涉及到人、人道主义、异化问题，矛盾同一性与斗争性的关系问题，和谐与矛盾的关系问题，以及发展哲学、经济哲学、政治哲学、文化哲学、管理哲学、科技哲学等各个领域的问题。

在交流会期间，中国辩证唯物主义研究会召开第六届代表大会。第五届理事会会长杨春贵同志作了工作报告，庞元正同志作了换届说明。大会选举产生第六届理事会理事196名，常务理事76名，选举王伟光为第六届理事会会长，韩树英、邢贲思、赵凤岐、杨春贵为名誉会长，齐振海、许志功、陈中立、张江明、赵光武、胡福明、夏甄陶、侯树栋、袁贵仁、陶德麟（以姓氏笔画为序）为顾问，庞元正为常务副会长，李德顺、郭湛、杨耕、王东、周文彰、夏兴有、孙伟平、毛卫平为副会长，杨信礼为秘书长。

（博士生王文江供稿）

六、国际学术交流和学术活动

哲学部举行“俄罗斯哲学研究”学术交流会

应中央党校哲学教研部邀请，2009年6月5日下午，俄罗斯科学院哲学研究所副所长C. A. 尼科里斯基等一行6人，到我部进行学术交流和访问。俄罗斯科学院哲学研究所M. M. 费奥多罗娃研究员和Б. Г. 布罗夫研究员分别以“政治学知识形成的方法论问题”和“当代俄国的马克思主义研究”为题，作了主题发言。部分哲学部教师和博士研究生参加了这次学术活动。

M. M. 费奥多罗娃研究员目前任俄罗斯科学院哲学研究所政治哲学史研究室主任，主要从事政治哲学特别是法国古典自由主义研究。在以“政治学知识形成的方法论问题”为题的发言中，费奥多罗娃以“政治的合理性问题”为主线，对人们一般所理解的现代意义上的政治合理性，进行了哲学层面的反诘和批判，提出了构建新型政治合理性的必要性与可能性问题。具体来讲，费奥多罗娃的观点主要有三。第一，依据历史的时序，对政治合理性可以进行三种类型的划分：一是古代类型的政治合理性，由目的、善和理性三个概念所构成，其基础是对自然界的效法和认同；二是现代类型的政治合理性，其基础是自然科学的纯认识，体现在社会政治生活领域当中，就是以人的自由、平等和博爱为原则的现代政治合理性的产生和发展；三是在当代历史条件下，有必要生成和构建一种更具宽容和多元特质的新型政治合理性。第二，现代类型的政治合理性在当代已经面临深刻的危机。与人们对自由、平等、人权等观念的一般理解不同，费奥多罗娃对现代类型的政治合理性持明确的批判态度。以法国大革命为例，费奥多罗娃强调，包括社会契约理论、人权理论、平等理论等在内的西方民主理论，实际上都是建立在原子论的哲学基础之上，通过对个体理性完满性质的强调，使现代政治哲学的发展带上了强烈的社会工程特点。在这个意义上，费奥多罗娃认为，集权制不过是民主制的另外一种变体而已。第三，新型政治合理性的发展，应当着力摆脱普遍主义的观念束缚，突出理性的非直接性和中介性内涵，各个国家民族有权依据自身的历史、文化和传统，探索自身的发展道路和政治构型方式。

Б. Г. 布罗夫目前是俄罗斯科学院哲学研究所政治问题研究室的首席研究员，同时也是一位马克思主义者。在以“当代俄国的马克思主义研究”为主题的重点发言当中，布罗夫首先介绍了马克思主义在经历了苏联的解体、苏共的垮台以及近 20 年的裂变发展之后，在当代俄罗斯思想构成当中所处的真实地位。对于这种地位，布罗夫表示不容乐观，由于主流媒体拒绝对于马克思主义的推广和宣传，因此，当代俄国的马克思主义发展基本停留于学术研究的领域，在青年学生中影响较小，只限于以政治思想史为专业的学生。按照布罗夫的看法，对当代俄国的马克思主义研究，可以进行 4 个学派的基本划分：一是正统的马克思主义学派，主要代表人物是原苏共中央机关刊物《共产党人》杂志的主编科索拉波夫教授；二是后苏联的马克思主义学派，主要代表人物是莫大经济系的布兹加林教授；三是创新的马克思主义，代表人物是原苏联时期具有持不同政见者身份的卡加尔林茨基教授；四是以奥伊泽尔曼为代表的、主张对马克思主义进行系统反思和自我批判的学派。布罗夫对奥伊泽尔曼在 2005 年出版的《为修正主义辩护》一书，持有保留的肯定态度，认为马克思主义只有在对教条主义的不断破除中才能获得真正有生命力的发展。

针对两位学者的发言，哲学部毛卫平教授、胡为雄教授、梁晓杰副教授以及参会的博士研究生进行了有针对性的提问，围绕理性的地位和作用问题，十月革命与叶利钦改革的成败得失问题，以及民主制与集权制的内涵等等，阐述了自身的疑问和见解。包括俄罗斯科学院哲学所副所长尼科里斯基等在内的 3 位学者，对这些问题坦率地发表了自己的意见。

校委委员、哲学部主任贾高建教授会见了到访的俄罗斯学者，并参加了这次学术交流活动。哲学部副主任董德刚教授也参加了这次学术交流会。会议由哲学部副主任侯才教授主持。

（林艳梅供稿）

“现代社会的公正问题”理论研讨会综述

2009 年 6 月 11 日上午，中央党校与德国汉斯·赛德尔基金会合作十周年庆典暨“现代社会的公正问题”理论研讨会在中央党校育园楼第一教室举行。中央党校副校长石泰峰、德国汉斯·赛德尔基金会总干事长彼得·维特劳夫博士出席庆典仪式并致辞。中央党校校委委员、哲学教研部主任贾高建、哲学教研部副主任侯才、哲学教研部原主任庞元正、汉斯·赛德尔基金会北京项目协调和信息中心主任贝乌拉女士等出席了庆典仪式。庆典仪式由中央党校办公厅副主任张忠军主持。

庆典仪式之后，由中央党校哲学部与德国汉斯·赛德尔基金会联合举行“现代社会的公正问题”理论研讨会。哲学教研部原主任庞元正教授和汉斯·赛德尔基金会总干事长彼得·维特劳夫博士分别作了“中国社会的公正状况与展望”和“德国的社会公正问题：氛围、现实情况和必然结果”的主题报告。

庞元正教授在发言中首先对我国改革开放30多年来在社会公正方面所取得的进步给予了充分肯定。庞元正教授认为，“判定一个社会是否实现公平正义有四个基本视角”：一是看全体社会成员的基本权利是否得到切实保证；二是看每个社会成员在总体上是否享有大致相同的基本发展机会；三是看按贡献分配的原则是否得到有效的贯彻落实；四是看每个社会成员的生存和发展是否有必要的社会保障。从上述四个方面看，他认为，那种关于中国社会公正状况“很糟糕”的论断是站不住脚的，实际的情况是中国改革开放30多年来在社会公正方面取得了长足的进步。

庞元正教授指出，当前中国社会公正面临的挑战主要来自四个方面：一是社会成员基本权利受到不公正对待甚至侵犯的情况大量存在；二是机会平等原则在很多情况下“流于形式”；三是按贡献分配“出现了向资本和权力的不当倾斜”；四是公共服务、社会保障等“尚未发挥抑制社会不公正的作用”。他认为，当前中国社会的不公正现象最突出的表现就是收入分配差距的扩大。“中国无论是城市还是农村，贫富差距都有了较大幅度的上升”，全国城乡居民家庭人均收入的基尼系数达到0.47，已经大大超过了国际上中等贫富差距程度。改革开放短短的30多年，中国从平均主义盛行的国家变成贫富差距较大的国家，这种变化是需要深忧的。“在大多数人民收入水平大幅度提高，生活质量明显改善的同时，相当规模的城乡群众特别是农民收入水平增长持续缓慢，弱势群体被边缘化，已经不能不引起社会的高度警惕。”

就如何应对中国社会公正面临的四大挑战，庞元正教授认为，“中共十六届六中全会提出的构建社会主义和谐社会以及十七大作出的加强中国特色社会主义社会建设的战略部署已经为我们提供了总体的解决思路”。第一，要深入贯彻落实科学发展观，实现发展成果由人民共享。第二，要进一步推进政治体制改革，切实保障人民的基本权利。第三，要建立公平的社会保障体系，促进实质公平的实现。第四，要从根本上改变分配不公的局面，提高最低工资标准。第五，要加快完善社会保障体系。

彼得·维特劳夫博士在演讲中介绍了德国的社会公正状况。他认为，“总的说来，德国公众对德国政府应对经济危机和社会发展的努力还是很肯定的”。之所以如此，原因有二：第一，德国社会奉行“谁的肩膀硬，谁就多挑一点担”的原则，占人口总数30%的低收入者税收贡献仅为0.8%，而占人口总数30%的高收入者税收贡献却高达80%，由于政府在控制收入差距方面卓有成效的努力，德国的基尼系数只是在0.27左右；第二，政府对社会保障体系的巨额投入，每年投到社会体系中的资金大约有7000亿欧元（约占其GDP的1/3）。“尽管如此，社会公平在德国仍然受到人们的高度关注”，“调查显示，德国人认为德国正变得越来越不公平了”，“德国社会不公正现象最集中的是在企业界”。他说，“在20世纪70年代，德国企业高层和一般员工的工资差是4倍，而到了90年代，两者的差距则拉大到200倍，到了今天，更是达到了令人瞠目的350倍。”在今天的德国，人们可以看到，“一方面，一些企业的高管可以在不承担责任的情况下把成千上万乃至上亿的资金挥霍掉；另一方面，一个商场的售货员可能因为3欧元的账目差而被解雇。”正是在这种社会氛围中，老百姓对国家的社会政策产生了怀疑。“多数人（85%的人）认为国家推行的政策不利于消除社会不公”。

彼得·维特劳夫博士对庞元正教授提出的“按贡献分配的原则”表示赞同。他认为，贡献公平是社会发展的根本动力，“个人成功的欲望是德国社会市场经济的基石”，“富人并不满足自己的成就是德国的最大希望”。在彼得·维特劳夫博士看来，贯彻“按贡献分配的原则”有一个基本的前提：就是“教育与机会均等”。在这方面，他认为“政府完全是可以大有作为的”，因为“从物质上使人们满足比较难，但在机会均等上则可以做很多的事”。

最后，两位报告人对与会专家学者提出的问题作了精彩的回答。研讨会由哲学教研部副主任侯才教授主持，哲学教研部郭大为、胡为雄、刘毅强、刘余莉、李小科、成官泯、林艳梅、梁晓杰、王晓林等专家学者及研究生代表共30余人参加了研讨。

（王晓林供稿）

段培君教授在“费正清中心——中国转折点”论坛发表演讲

2009年2月2日，应美国哈佛大学费正清研究中心（Fairbank Center）邀请，段培君教授在“费正清中心——中国转折点”论坛（Turning Point Series）就“中央政府与地方政府财政的分合关系”发表演讲，提出，1980年以来的财政改革的基本思路是“分”的逻辑，这一逻辑符合中国改革的总体逻辑。下一步的发展主要是围绕这一逻辑进行系统化改革。主要内容如下。

（一）中央政府与地方政府财政关系的发展与现状

财政体制关系的改革与财政资源的分割情况联系在一起。1980年划分收支、分级包干；1985年划分税种、核定收支、分级包干；1994年分税制。这些与联产承包责任制的分地、“双轨制”的分物资、“保大放小”的分企业是一个逻辑，基本思想是定支出，划分中央和地方政府的事权，确定相应的财政支出范围。国防、外交、武警、重点建设、中央财政内外债务还本付息、中央直属行政事业单位经费由中央支出、其余由地方政府支出。

1994年的分税制是一次系统的“分”。“分税”是定收入，按税种划分各自的财政收入范围，将全部税收划分为中央税、地方税以及中央与地方共享税。中央固定税收包括：关税，海关代征消费税和增值税，消费税，中央企业所得税，地方银行和外资银行及非银行金融企业所得税，铁道部门、各银行总行、各保险总公司等集中交纳的收入（包括营业税、所得税、利润和城市维护建设税），中央企业上交利润等。外贸企业出口退税，除1993年地方已经负担的20%部分列入地方上交中央基数外，以后发生的出口退税全部由中央财政负担。“分机构”是将原一套税务机构分设为国税、地税两套税务机构，分别负责征收中央收入和地方收入，建立了相对独立的地方财税工作体系。

（二）中央政府与地方政府财政关系的评估

中国中央政府与地方政府着眼于“分”的财源关系形成了统一市场下的地方竞争，成为推动中国经济增长的重要动力之一。从1993年到2007年，全国财政收入增长了10.8倍，年均增速19.3%；全国财政收入占国内生产总值的比重，由1993年的12.3%提高到20.6%。1981年中央财政收入占全国财政收入为57%，到1992年下降到38.6%，财政赤字从20亿上升为200亿，加上债务为900亿。1993年到2007年，中央财政收入占全国财政收入的比重由1993年的22%提高到2007年的54.1%。中央对地方的补助协调发展具有一定的积极作用。

这一改革存在事权与财权差距很大的问题。1994年财政体制改革主要涉及财政体制的收入方面，仍然让地方政府扮演着中央政府的支出代理人的角色，保留了具有计划经济色彩的支出责任体制。地方政府相对中央政府的支出比例大幅度提高了，最近20多年中基本稳定在60%以上。2002年，地方政府在全部预算收入中的比重大约为45%，但却负担了全部预算支出的70%。即使把中央的返还收入考虑进来，也不足以达到收支的平衡。同时也存在不利于协调发展的因素。1994年分税制改革在地方政府层面上切断了收入与支出需求的联系，使地方政府尤其是落后地区的政府负担加重了。中央与地方的共享税和税收返还的主体是增值税，主要来自制造业和服务业部门，因而分税制和主要建立在税收返还基础上的中央转移支付，在一定程度上扩大了地方财政能力差距而更有利于富裕和发达的地区。转移支付的比重偏大，也加剧了原有体制权力过于集中的弊端，给寻租留下了机会。

（三）中央政府与地方政府财政关系调整的设想

财政关系的调整基于以下三条原则。

有效原则。泰伯特（1956）认为通过居民的"以脚投票"机制，地方政府提供公共物品比较有效。施蒂格勒认为，地方政府更接近于自己辖区内的居民，地方政府更了解他们的效用与需求。奥茨提出"财政分权定理"：地方政府将一个帕累托有效的产出量提供给它们各自的选民，总是要比由中央政府向全体选民提供任何特定的并且一致的产出量有效得多。特里希从信息不完全和非确定性出发，认为中央政府有可能错误地认识社会偏好，从而错误地把自己的偏好强加于全民头上。布坎南认为，"用脚投票"或者居民的流动性促使地方政府比中央政府会更好地为居民服务。

调控原则。公共财政是政府调控经济的重要政策工具。政府宏观调控的主要目标是促进经济增长、抑制通货膨胀、提高就业水平等。分配性财政政策涉及到将服务和利益分配给人口中的特定部分个人、团体、企业和社区。如农产品价格补贴，只对生产特定农产品的农民进行补贴。调节性财政政策则与限制和规定某些个人、企业或团体的行为有关，如税收的奖限政策就是为了鼓励或限制那些受调节者的某些经济行为，实现政府某一经济目标。再分配政策指政府在社会各阶层中针对财富、收入、财产等所进行的转移性分配，实现收入公平分配的目标。

发展原则。公共财政是以国家为主体，通过政府的收支活动，集中一部分社会资源，用于履行政府职能和满足社会公共需要的经济活动。职能包括经济职能和政治职能，比如社会资源配置，社会保障，满足人民物质文化需要。美国财政学家马斯格雷夫在《美国财政理论与实践》一书中指出："财政学是研究公共部门的经济学，不仅包括其理财活动，而且包括其与资源利用水平、配置以及在消费者之间的收入分配的全部关系。"可见，公共财政的定义及其范围是随着市场条件下政府职能的不断变化而发展的。

基于上述原则和中国的实际情况，可考虑以下的改革措施。

调整中央政府与地方政府收入比例，中央占45%，地方占55%可能是比较合适的选择。

减少和规范转移支付。区域协调发展和社保等全国性的支出可以加大转移规模，其他项目转地方政府处理。转移支付的权力进行分割：财源集中在财政部，其他部门作为职能部门出项目、出方案，避免"跑部钱进"。转移支付要有严格的规则、程序，实现公开透明，并通过人大批准。

完善分税制：调整税源和中央与地方税收关系。按照服务对象设置税源税种，划定中央税、地方税和中央地方分享税。中央可征收个人所得税、公司所得税，关税、社保费等。省级政府征收个人所得税、公司所得税，消费税、资源税。县级政府主要征收财产税、物业税、房产税、遗产税等。

进一步调整政府支出结构以利科学发展。修立财政管理体制法或过渡法规。收费、增加机构和公务员编制应经人大批准。

（段培君供稿）

七、全国马克思主义哲学博士生会议

2009年全国博士生学术会议召开

2009年全国博士生学术会议（马克思主义哲学与当代中国社会发展）于2009年11月23日至26日在中央党校召开。中央党校副校长石泰峰教授出席开幕式并讲话，中央党校校委委员、哲学部主任贾高建教授与研究生院院长卓泽渊教授分别致辞。哲学部副主任李晓兵教授主持开幕式，哲学部副主任董德刚教授、侯才教授参加会议。

此次会议是教育部研究生教育创新计划的子项目。会议由中央党校哲学部具体负责，中央党校研究生院协办。来自全国20多所高校的近50名博士生的论文入选并参加了本次会议。与会代表围绕马克思主义哲学与当代中国社会发展这个主题，就中国化马克思主义哲学形态、人学与马克思主义哲学、马克思主义哲学与中国传统文化、科学发展观与马克思主义哲学等马克思主义哲学的前沿学术问题进行了深入交流。

闭幕式上，中央党校校委委员、哲学部主任贾高建教授为论文获奖者颁发了证书，研究生院副院长刘春教授作会议总结。

（胡卫供稿）

全国马克思主义哲学博士生学术会议综述

2009年11月23日至26日，由教育部学位管理与研究生教育司、国务院学位委员会办公室主办、中共中央党校哲学教研部承办、中共中央党校研究生院协办的“马克思主义哲学与当代中国社会发展·2009”全国博士生学术会议在中共中央党校举行。来自北京大学、清华大学、中国人民大学、北京师范大学、山东大学、武汉大学、中山大学等著名高校近50名博士研究生参加了会议。与会博士生围绕马克思主义哲学学科的地位及其特征、马克思主义哲学的传播史、研究史及其研究方式、马克思主义哲学的中国化、马克思主义的自由观、马克思主义与意识形态安全、科学发展观的哲学意蕴、唯物史观与当代中国社会发展等问题进行了广泛而深入的研讨。

（一）关于马克思主义的传播史、研究史及对当前研究方式的反思

马克思主义的传播路径对于理论工作者的研究路径具有深刻影响，如何对国内马克思主义理论界现有的研究方式进行理论反思，是一个不容回避的重要问题。有博士生考察了马克思主义的传播史，批驳了传统的以西学东渐的范式来解释马克思主义中国化的观点，认为从“西学东渐论”来解释马克思主义中国化是对马克思主义中国化的严重误读，马克思主义中国化的价值旨归和马克思主义关于人类解放和阶级解放的思想相一致，而这也正是“西学东渐论”所不能达及的。有博士生以国内学术界对实践唯物主义的讨论为例，在梳理马克思主义哲学研究史的同时，提出马克思主义哲学的研究者应对自己的研究方式和诠释框架保持自觉的反思态度。有博士生从思维方式的角度分析了马克思人道主义的研究现状，认为马克思人道主义研究的传统思维方式是一种两极对立的形而上学思维方式，日益暴露出其局限性，我们应坚持实践观点的思维方式，这才是准确把握马克思人道主义的合理方式。还有博士生对马克思主义哲学研究的现状进行了梳理，并对其所面临的困境进行了深入分析，认为当前国内马克思主义哲学的研究呈现三个特点：单纯的宏大叙事、抽象的演绎思辨与研究倾向的非自主性。马克思哲学研究的根本出路在于建立一种基于现实实践的、具有真正内涵的、中观性的社会理论。

（二）关于马克思主义哲学中国化问题

紧密结合中国特色社会主义建设的伟大实践，不断推进马克思主义中国化，这是与会博士生的普遍共识。但是，关于如何在哲学层面推进马克思主义哲学中国化，建构中国化的马克思主义哲学新形态，与会博士生视角不一，见仁见智。有博士生从生活哲学的角度切入，强调中国化的马克思主义哲学形态离不开马克思生活哲学的中国化。当代中国马克思主义哲学研究必须思考与中国传统生活哲学结合，以解决重大现实生活问题为依据，以生活批判为手段，建构中国化马克思生活哲学。有博士生考察了马克思主义中国化与中国优秀传统文化现代化之间的关系，认为这二者并不存在着根本对立，马克思主义中国化应该是马克思主义与中国优秀传统文化的辩证综合，而实现中国优秀传统现代化的重要途径就是要实现其与马克思主义的有机结合。有博士生归纳了马克思主义哲学进入中国后的三种研究路径：学术路径、教条化实践路径、现实性自觉的路径；强调应坚持现实性自觉的路径，以中国现实为前提，以革命和建设的实际需要为导向，以马克思主义哲学在中国的具体化和运用为手段，用其立场、观点和方法具体地研究中国的历史及现状，分析和解决问题，在实践中丰富和发展马克思主义哲学，以此推进马克思主义哲学中国化。有博士生从中国现代性建构的角度探究马克思主义哲学中国化，认为资本逻辑批判是马克思主义哲学中国化切入现实的通道。所以，应以资本逻辑批判为主题推进马克思主义哲学中国化，同时，马克思主义中国化又使中国传统文化转化为现代性建构的理论资源，实现“人的自由而全面发展”和中国现代性建构的共同目标。

（三）关于马克思主义的自由观

消灭剥削与压迫，实现人的自由而全面的发展，是贯穿马克思主义发展史的主线。因此，劳动与自由问题对于当代中国的社会转型而言具有重要的研究意义。有博士生通过劳动与自由的关系来分析马克思的自由观，提出劳动在什么样的意义上才是自由的，这是马克思一直探索的重要问题。在马克思看来，劳动的本质是人的自由生命活动，劳动只有展示了劳动者的个性及创造才能时，才会是自由的。有博士生从时间的角度切入，考察马克思思想中自由时间与劳动时间的关系问题，提出劳动时间是自由时间的基础，而自由时间是劳动时间升华的必要条件，二者的辩证关系在人类历史的不同发展阶段上受生产关系的制约。在资本主义社会，自由时间与劳动时间严重分离；只有到了未来社会，自由时间才能与劳动时间融合在一起，实现劳动休闲化和休闲劳动化。有博士生从马克思早期文本出发，考察了马克思博士论文中独立的主体性确立问题，认为青年马克思基于伊壁鸠鲁的原子偏斜学说，确证了主体资质和主体性前提，为个人在疏离化的社会时空中追寻自由打开了可能性空间。

（四）关于意识形态理论研究

全球化背景下，各种思想文化交流、交融、交锋日益频繁，意识形态领域渗透和反渗透的斗争依然十分尖锐复杂，维护中国文化安全和意识形态安全面临着新的挑战。为此，从哲学层面研究当代中国意识形态安全问题，尤显必要。有博士生从马克思主义经典文本出发，考察了马克思意识形态思想和商品拜物教思想之间的逻辑演进，认为意识形态的理论从根本上说是一个国家理论，而拜物教的理论归根到底是一个市场理论。因此，在一定程度上，《德意志意识形态》勾勒出的是权力建构的理论，而《资本论》建构的商品和货币的控制理论，但二者又有共同特征，即通过揭示人的异化，达成对人的精神的影响。有博士生更加强调理论的现实关怀性，强调科学把握意识形态概念是理解马克思主义意识形态理论的重要前提。意识形态具有阶级维护、批判整合、现实引导和理想追求的功能。当前我们应通过充分发挥意识形态的特有功能，加强社会主义核心价值体系建设，来维护国家意识形态安全。还有博士生结合国内发展的阶段性特征阐发了精神的创造性，认为培养个人乃至民族的创造精神，实现精神的创造性作用，是民族国家不断发展的强大动力。当前社会思想观念和价值取向复杂多样、多元多变，这种阶段性特征为人精神创造性的发挥提供了条件，我们应把握主旋律，真正实现引领时代潮流的精神。

（五）关于科学发展观的哲学意蕴

党的十七大深刻阐述了科学发展观，为全面建设社会主义小康社会提供了强大的思想武器。因此，探寻科学发展观的哲学依据，成为本次学术会议的一个研讨热点。有博士生从新人文主义和生存论的角度来揭示科学发展的哲学内涵，提出科学发展观不仅注重物质层面的发展，还牵涉到精神层面，是精神层面新的启蒙运动，它所提倡的科学理性，是一种饱含人文精神的科学精神。科学发展观强调可持续发展。有博士生从伦理学视角考察"以人为本"，认为"以人为本"社会发展观的实践论逻辑是以抽象个体价值实践活动为起点的，社会个体在价值行动中面临着价值确立的二元性和价值实现的悖反，这一"价值悖论"的根源在于"人的异化"。只有在"人本论"的社会发展中才能从根本上克服这一"悖论"。有博士生考察了科学发展和生态文明之间的内在关联，强调生态文明具有深刻的反讽性。"生态"与"文明"处在尖锐的对立之中，交往实践观超越了人类中心主义和生态中心主义，它主张的是"我与他者"之间的平等交往与对话，使生态和文明从截然两分的对立体转为利益攸关的有机体，建构了生态文明的新路径。有博士生从文化哲学的角度来探析科学发展观，提出转型期的中国社会面临许多问题背后都有深层次的文化原因，而科学发展观正是当代中国社会转型的思维理念和行动指南。从根本上说，它是一种文化支撑，是新的文化精神，实现了科学主义和理性主义的有效整合，达到了文化精神的优化。还有博士生认为，发展观不仅是对发展实然性的描述和解释，更包含着关于发展应然性的评价与选择。科学发展观的"科学"意指社会发展的全面性、协调性与可持续性，体现了发展规律之"真"、发展质量之"好"和发展效率之"高"的统一，是关于中国社会发展方式的终极价值选择。

（六）关于唯物史观与当代中国社会发展研究

唯物史观是马克思一生两大发现之一，坚持历史唯物主义基本原理研究当代中国社会转型，是推进马克思主义中国化的重要途径。有博士生基于中国化马克思主义政治哲学考察了传统社会层级结构对当代中国政府转型的影响，提出，应该把权力至上的传统社会层级结构逐步改造为中国共产党领导下的由社会主义市场经济、公共服务型政府和公民社会所构成的"三维制约"新型社会结构，从而推进当代中国政府转型。有博士生从发展和代价的角度来考察当代中国社会转型，提出马克思恩格斯有关发展与代价思想深刻揭示了资本主义社会发展的二重性。当代中国应充分利用经典作家这一思想，通过消解权力和资本的负面效应，建构一种制约和消减人为性代价的社会运行机制，以实现从风险社会向和谐社会的转型。还有博士生站在唯物史观的立场上分析了分工的"经济学和哲学"双重意蕴及其内在张力，提出要立足于当代中国社会分化与整合的经验事实，结合科学发展和社会结构优化的实践诉求，用历史唯物主义的观点、方法考察分工，反思和批判现代社会的内在矛盾形状，以真正实现人的发展与生产力发展的高度统一。

经过研讨，与会博士生一致认为，举办“马克思主义哲学与当代中国社会发展”这样一个全国博士生学术会议非常必要，它为在读博士生提供了一个学术交流平台，加强了国内各高校相关专业博士生之间的沟通和联系，对于在新时期新形势下着力挖掘马克思主义哲学理论的丰富资源，深入思考新的历史条件下中国社会发展问题，借以发展和创新马克思主义哲学基本原理，不断推进马克思主义中国化，具有重要的现实意义。

（博士生冯建辉供稿）

第六部分　社会调研

一、哲学教研部全体同志赴河南省安阳市进行学习调研

2008年11月28日至30日，哲学教研部全体同志赴河南省安阳市进行了为期3天的学习调研。这次学习调研属于哲学教研部开展深入学习实践科学发展观活动中的一项“自选动作”。

哲学部领导对这次活动高度重视，进行了精心的策划和组织。校委委员、哲学教研部主任贾高建，哲学部副主任董德刚、韩庆祥和党总支书记侯才参加了此次调研活动。

在为期3天的调研活动中，全体同志先后参观了安阳钢铁公司，了解了该公司在实施循环经济、推动科学发展方面的先进做法和经验；参观了殷墟博物苑和羑里城，对中华民族悠久的文明史和“自强不息”的民族精神有了切身的感受；参观了林县红旗渠，为林县人民“自力更生、艰苦奋斗”的创业精神所深深感动和鼓舞。

调研期间，安阳市电视台还对侯才、杨信礼、阮青等同志进行了现场专题采访，请他们就“红旗渠精神与解放思想”畅谈各自的理解和体会。

这次调研活动，是哲学教研部通过对现实的切身感悟来学习实践科学发展观的具体做法。大家普遍认为，这种做法新颖、生动、活泼，取得了较好的效果。它不仅使大家进一步深化了对科学发展观本身的理解，而且对各行各业实践科学发展观的情况和经验也有了一定的感性了解，这对搞好本教研部的学习实践活动以及教学科研等各项工作，都有着积极的促进作用。

二、哲学教研部全体同志赴河南省焦作市进行专题社会调研活动

2009年4月17日至19日，哲学教研部全体同志赴河南省焦作市进行了为期3天的专题社会调研活动。哲学部副主任董德刚和部副主任、党总支书记侯才，马克思主义理论教研部副主任韩庆祥教授参与了这次专题社会调研活动。

大家参观了以生产汽车和各种大型工程车辆轮胎为主的焦作风神集团有限公司，了解了该公司坚持以科学发展观为指导、推动科技进步和企业发展的基本情况，特别是该企业实施清洁生产和环境保护的经验。此外，还到温县参观了陈氏太极拳发源地陈家沟，听取了有关陈式太极拳的相关介绍，观看了以各种经典套

路为内容的精彩表演，了解了该县在保护和发展传统文化方面所采取的一些有效措施。该县大力扶持旅游产业以促进地方经济发展的做法也给大家留下了深刻的印象。

在社会调研期间，哲学部的领导和老师与焦作市及相关县的领导也进行了广泛交流。董德刚、韩庆祥和丁东红教授等还接受了焦作市电视台的采访。

第七部分　科研成果

一、成果统计

2008年哲学教研部科研成果统计总汇

姓　名	题　　目	类　别	发表/出版时间	报刊或出版单位
贾高建	实现科学发展应把握的几个基本关系	论文	2008—3—10	新视野 2008年第2期
贾高建	公平与效率问题上的三个误区	论文	2008—4—21	学习时报
贾高建	如何改进我们的案例教学	其他	2008—6—3	教学情况反映
贾高建	关于社会全面协调发展的几个方法论问题	论文	2008—10—1	中共中央党校学报 2008年第5期
贾高建	社会全面协调发展的进程分析与对策探讨	论文	2008—12—10	理论动态第1799期
贾高建	社会全面协调发展问题研究	论文	2008—12—20	解放军理论学习 2008年第12期
董德刚	在如何看待所有制问题上继续解放思想	论文	2008—1—18	人民日报《内部参阅》
董德刚	所有制问题也要进一步解放思想	论文	2008—2—28	南方周末
董德刚	论马克思主义哲学与马克思哲学的关系	论文	2008—3—15	理论前沿 2008年第6期
董德刚	改革30年中国的观念变革	论文	2008—5—9	人民网
董德刚	什么是马克思主义的核心	论文	2008—6—2	学习时报
董德刚	新境界·新观念·新觉醒——中国特色社会主义理论体系的三大创新	论文	2008—6—23	北京日报
董德刚	全面辩证把握马克思主义理论品格	论文	2008—6—24	理论视野 2008年第6期

续表

姓名	题目	类别	发表/出版时间	报刊或出版单位
董德刚	改革开放以来的思想观念转变	合著	2008—6—30	社会科学文献出版社
董德刚	马克思主义的真精神——中央党校哲学部教授董德刚答问录	论文	2008—7—21	北京日报
董德刚	坚持马克思主义的当代意义	论文	2008—8—1	中共中央党校学报 2008 年第 4 期
董德刚	认识社会主义的新视野	论文	2008—10—10	深圳宣传 2008 年第 10 期
董德刚	马克思主义哲学方法论概要	论文	2008—10—20	学术研究 2008 年第 10 期
董德刚	"普世价值"、"普适价值"与"普遍真理"	论文	2008—10—31	人民日报《内部参阅》
韩庆祥	面向"中国问题"的马克思主义政治哲学	论文	2008—2—1	中国社会科学 2008 年第 1 期
韩庆祥	马克思是如何以哲学的方式解读现实问题的	论文	2008—1—10	江海学刊 2008 年第 1 期
韩庆祥	改革开放 30 年历史经验的哲学总结	论文	2008—2—25	科学社会主义 2008 年第 1 期
韩庆祥	人性化论析	论文	2008—3—3	毛泽东邓小平理论研究 2008 年第 3 期
韩庆祥	制度承载核心价值	论文	2008—4—4	瞭望 2008 年第 13 期
韩庆祥	回到马克思哲学本性的基地上探寻哲学发展之路	论文	2008—5—26	哲学动态 2008 年第 5 期
韩庆祥	社会层级结构理论与当代中国政治哲学研究范式	论文	2008—6—30	学习与探索 2008 年第 3 期
韩庆祥	论解放思想	论文	2008—7—7	探索与争鸣 2008 年第 7 期
韩庆祥	关于马克思主义中国化的一点理解	论文	2008—11—18	光明日报
韩庆祥	马克思主义政治哲学视阈中的"中国问题"	论文	2008—11—25	社会科学战线 2008 年第 11 期
侯　才	对中国特色社会主义价值理念的新阐发	论文	2008—1—31	中国魅力城市杂志 2008 年第 1 期
侯　才	从诠释走向建构	论文	2008—4—1	研究生教育 2008 年第 4 期

续表

姓 名	题 目	类 别	发表/出版时间	报刊或出版单位
侯 才	政治哲学经典·马克思主义卷	教材	2008—7—31	人民出版社
侯 才	马克思的社会主义构想与现实社会主义的实践	论文	2008—8—11	学习时报
侯 才	Die Bambustaefelchen Lao Zi (德文)	专著	2008—12—10	Lit—Verlag
董振华	解析“潜规则”	论文	2008—1—1	反腐败导刊 2008 年第 1 期
董振华	发展问题上的唯物辩证法	论文	2008—1—7	学习时报
董振华	解放思想——发展中国特色社会主义的一大法宝	著作	2008—2—1	人民出版社
董振华	统筹兼顾：落实科学发展观的根本方法	论文	2008—5—1	北京联合大学学报 2008 年第 2 期
董振华	如何维护政府公信力	论文	2008—8—1	反腐败导刊 2008 年第 8 期
董振华	新时期的思想解放	论文	2008—8—29	周口日报
董振华	如何推进基层纪检组织建设	论文	2008—10—1	反腐败导刊 2008 年第 10 期
董振华	世界各国发展实践的经验教训	论文	2008—11—1	党课参考 2008 年第 6 期
毛卫平	毛泽东与和谐哲学	论文	2008—3—1	淮海工学院学报 2008 年第 1 期
毛卫平	中国特色社会主义理论体系概论	论文	2008—6—20	南方论丛 2008 年第 2 期
毛卫平	三路会通论中庸——试论艾思奇对和谐哲学研究的贡献	论文	2008—7—1	《怀念与思考——艾思奇与马克思主义哲学中国化》中共中央党校出版社
毛卫平	社会和谐的重要前提是坚持中国特色社会主义	论文	2008—7—1	《马克思主义哲学与中国改革开放 30 周年》 上海社会科学院出版社
毛卫平	总结 30 年改革开放经验探讨马克思主义中国化经验	综述	2008—9—8	学习时报
毛卫平	为推进改革开放提供思想和理论保障	综述	2008—10—20	人民日报

续表

姓　名	题　　目	类　别	发表/出版时间	报刊或出版单位
毛卫平	和谐哲学:当代中国时代精神的精华	论文	2008—12—1	中共中央党校学报 2008年第6期
边立新	把提高效率同促进社会公平结合起来	合著	2008—1—1	中国法制出版社
边立新	市场经济与和谐社会的关系	论文	2008—1—20	发展导刊 2008年第1期
边立新	在改革发展中彰显人的价值	论文	2008—4—1	科学社会主义 2008年第4期
边立新	论效率与公平的结合	论文	2008—7—1	《马克思主义哲学与中国改革开放30周年》 上海社会科学院出版社
边立新	中国特色社会主义理论体系论纲	合著	2008—10—1	党建读物出版社
林艳梅	今日俄罗斯的马克思主义研究	论文	2008—1—15	理论视野 2008年第1期
林艳梅	Формирование куль туры гармоничного социолистического общества	论文	2008—1—15	远东问题研究〔俄〕 2008年第1期
林艳梅	中国的改革与前苏联的改革——对比研究中的结论	论文	2008—12—8	中共中央党校研究报告
王晓林	中国特色社会主义的理论主题及其历史展开	论文	2008—3—3	学习时报
王晓林	学术化，还是反问题化？——对当前马克思主义哲学研究中一种学术思潮的辩证审视	论文	2008—5—26	理论视野 2008年第5期
王晓林	以次逻辑视野重释方法论个体主义	论文	2008—6—28	学习时报
王晓林	理论探析：发展、科学发展、科学发展观	论文	2008—8—4	民主 2008年第15期
王晓林	马克思主义哲学研究的问题意识及其辩证解读	论文	2008—11—25	社会科学战线 2008年第11期
王晓林	国家社科基金优秀成果《马克思主义哲学自我革命》简介	其他	2008—11—10	学习时报
王晓林	学科瑰宝　时代精华	其他	2008—11—25	学习时报

续表

姓　名	题　　目	类　别	发表/出版时间	报刊或出版单位
朱辉宇	发展与和谐的辩证关联——兼论科学发展与社会和谐的内在统一	论文	2008－1－15	胜利油田党校学报 2008 年第 1 期
阮　青	“三个代表”重要思想中的创新思想	论文	2008－1－20	发展导刊 2008 年第 1 期
阮　青	中国特色社会主义理论体系干部读本	合著	2008－2－20	中共党史出版社
阮　青	也谈中国特色社会主义理论体系	论文	2008－2－20	理论动态 第 1770 期
阮　青	构建中国特色社会主义理论体系	论文	2008－3－20	理论学刊 2008 年第 3 期
阮　青	摸着石头过河并不否认理论指导	论文	2008－6－10	北京日报
阮　青	中国特色社会主义理论体系十一论	论文	2008－6－20	政工师指南 2008 年第 3 期
阮　青	中国特色社会主义理论体系论纲	主编著作	2008－10－20	党建读物出版社
何建华	构筑与协调发展相适应的价值共识	论文	2008－4－21	发展导刊 2008 年第 2 期
何建华	中国特色社会主义理论体系论纲	合著	2008－10－20	党建读物出版社
许全兴	马克思主义哲学家的自我革命	论文	2008－2－10	南京市委党校学报 2008 年第 1 期
许全兴	“和”真是中国传统哲学的精髓吗？	论文	2008－2－10	社会科学 2008 年第 2 期
许全兴	Theory on the cultivation of cognitive subjects in Chinese philosophy（英文）	论文	2008－3－1	Frontiers of Philosophy in China
许全兴	“马克思主义中国化”的提出与新文化运动	论文	2008－3－31	毛泽东邓小平理论研究 2008 年第 3 期
许全兴	中国直觉思维的形成与发展	论文	2008－7－20	河北学刊 2008 年第 4 期
许全兴	与《延安时期的艾思奇哲学与毛泽东哲学》的商榷	论文	2008－8－30	理论视野 2008 年第 8 期
许全兴	马克思主义与中国传统文化相结合四题	论文	2008－10－30	理论动态 第 1795 期

续表

姓 名	题 目	类 别	发表/出版时间	报刊或出版单位
许全兴	毛泽东精神研究四题	论文	2008—11—20	湖南科技大学学报 2008 年第 6 期
许全兴	中国马克思主义者不能忘记自己的中国“祖宗”	论文	2008—12—1	理论视野 2008 年第 12 期
胡为雄	《七律·吊罗荣桓》有批林彪之意吗？	论文	2008—1—28	北京日报
胡为雄	从武装斗争转向议会政治——尼共（毛主义）与尼泊尔政治革命的进程	论文	2008—9—8	学习时报
胡为雄	关于汉译中的“意识形态”一词	论文	2008—10—13	学习时报
胡为雄	把握前提　追溯历史　注重方法	论文	2008—10—20	学习时报
胡为雄	普拉昌达：毛式传奇英雄	论文	2008—11—21	凤凰周刊 2008 年第 20 期
胡为雄	毛泽东军事思想的几个主要理论	论文	2008—11—21	湖南科技大学学报 2008 年第 3 期
胡为雄	马克思的社会形态理论与我国现实社会的属性	论文	2008—5—1	新视野 2008 年第 3 期
胡为雄	新中国第一本马克思主义哲学教科书的编写	论文	2008—11—21	中国人民大学学报 2008 年第 2 期
胡为雄	不能将“马克思主义中国化”泛化理解	论文	2008—3—21	理论视野 2008 年第 3 期
胡为雄	重新解读马克思的“上层建筑”概念	论文	2008—7—21	教学与研究 2008 年第 7 期
胡为雄	“马克思主义中国化”研究中的一个误区	论文	2008—12—29	学习时报
胡为雄	尼泊尔联邦民主共和国与“毛主义”道路	论文	2008—12—31	国际关系学院学报 2008 年第 5 期
刘毅强	邓小平“不搞争论”思想探析	论文	2008—3—1	理论学刊 2008 年第 1 期
刘毅强	科学发展观是发展中国特色社会主义必须坚持的重大发展战略	论文	2008—4—30	中共山西省委党校学报 2008 年第 2 期
刘毅强	像邓小平那样认识和建设社会主义	论文	2008—6—20	中共珠海市委党校学报 2008 年第 3 期

续表

姓　名	题　　目	类　别	发表/出版时间	报刊或出版单位
刘毅强	邓小平理论基本问题概论	论文	2008—6—30	中央党校《函授教育》2008 年第 3 期
刘毅强	科学发展观是马克思主义中国化的最新成果	论文	2008—9—10	民主 2008 年第 17 期
刘毅强	中国特色社会主义理论体系论纲	合著	2008—10—20	党建读物出版社
刘毅强	邓小平理论是中国特色社会主义理论体系的奠基之作	论文	2008—11—20	湖南社会科学 2008 年第 6 期
李海青	政治哲学视野中的公民参与	论文	2008—1—14	学习时报
李海青	中国特色社会主义理论体系党员干部读本	合著	2008—2—21	中共党史出版社
李海青	现代公共生活中的"交互性"理念——一种政治哲学的阐释	论文	2008—3—21	学习与探索 2008 年第 3 期
李海青	理想的公共生活如何可能	论文	2008—6—21	伦理学研究 2008 年第 3 期
李海青	社会主义意识形态的世俗化及其现实效应	论文	2008—6—21	求实 2008 年第 6 期
李海青	法的信仰——一种政治哲学分析	专著	2008—6—21	知识产权出版社
李海青	当代政治哲学视域中的公共理性——一种规范性的分析	论文	2008—6—26	哲学动态 2008 年第 6 期
李海青	中国特色社会主义理论体系论纲	合著	2008—10—21	党建读物出版社
李海青	现代性视野中的间接民主	论文	2008—8—1	中共中央党校学报 2008 年第 4 期
李海青	努力在深入人心上下功夫	论文	2008—3—21	党建 2008 年第 3 期
李海青	加强党的建设　改善党的领导　推进经济社会全面发展	论文	2008—3—31	理论学习 2008 年第 3 期
段培君	建设创新型国家	合著—教材	2008—1—1	《中国特色社会主义理论体系读本》第三编第三章，红旗出版社
段培君	精读十七大：转变经济发展方式的战略导向	论文	2008—1—1	沪港经济 2008 年第 1 期
段培君	让创新真正成为中国发展战略的核心	论文	2008—3—10	沪港经济 2008 年第 3 期

续表

姓　名	题　　目	类 别	发表/出版时间	报刊或出版单位
段培君	建设创新型国家的理论与实践	论文	2008—4—1	中共中央党校学报 2008 年第 2 期
段培君	深入学习实践科学发展观，建设创新型国家	合著—教材	2008—5—1	《深入学习实践科学发展观》第八章，红旗出版社
段培君	改革开放与当代中国发展模式的价值建构	论文	2008—6—1	河北学刊 2008 年第 6 期
段培君	宏观调控应有战略思维	论文	2008—6—10	沪港经济 2008 年第 6 期
段培君	涉藏外宣工作的思考和建议	其他	2008—6—15	思想理论内参
段培君	Establish the Status of Strategic Environmetal Impact Assessment（英文）	论文	2008—7—1	China Environmental Science Press
段培君	把握战略思维的基本特征	论文	2008—8—4	学习时报
段培君	把握战略思维的当代发展	论文	2008—8—11	学习时报
段培君	着力加强战略预见	论文	2008—8—18	学习时报
段培君	结构性宏观调控势在必行	论文	2008—9—10	沪港经济 2008 年第 9 期
段培君	解放思想的三重意义	论文	2008—12—8	学习时报
段培君	金融危机带来新的战略机遇	论文	2008—12—10	沪港经济 2008 年第 12 期
段培君	“以人为本”的规律论意义	论文	2008—12—22	学习时报
杨信礼	领导干部关心的 100 个理论问题	合著	2008—1—1	中共中央党校出版社
杨信礼	马克思主义价值论与当代中国价值观的建构	论文	2008—2—5	山东社会科学 2008 年第 2 期
杨信礼	科学发展观——必须坚持的重大战略思想	著作	2008—2—8	人民出版社
杨信礼	新思想　新观点　新论断	合著	2008—3—3	人民出版社
杨信礼	理论热点面对面 2008	合著	2008—6—1	学习出版社、人民出版社

续表

姓　名	题　　目	类　别	发表/出版时间	报刊或出版单位
杨信礼	哲学价值论研究与当代价值观的建构	论文	2008－6－6	中国党政干部论坛 2008年第6期
杨信礼	科学发展观战略研究	合著	2008－10－1	辽宁人民出版社
杨信礼	中国特色社会主义史	著作	2008－12－31	福建人民出版社
庞元正	科学发展观是与时俱进的理论	论文	2008－1－2	紫光阁 2008年第1期
庞元正	解放思想立潮头科学发展闯新路	论文	2008－1－9	广州日报
庞元正	深刻认识科学发展观的重要地位	论文	2008－3－12	学习时报
庞元正	继续解放思想，推动科学发展	论文	2008－6－15	紫光阁 2008年第6期
庞元正	唯物史观视野中的当代中国文明	论文	2008－7－1	马克思主义哲学与中国改革开放30周年 上海社会科学院出版社
庞元正	邓小平对生产力理论的创造性运用与发展	论文	2008－8－15	学术探索 2008年第4期
庞元正	发展低碳经济，促进科学发展	论文	2008－9－14	学习时报
庞元正	论科学发展观的哲学基础	论文	2008－9－15	中共中央党校学报 2008年第5期
屠春友	The Process of Marketability and a Harmonious Society（市场化进程与和谐社会/英文）	合著	2008－1－1	外文出版社
屠春友	论战略哲学视野下的国家利益原则	论文	2008－4－1	中共中央党校学报 2008年第2期
胡　卫	基于绩效的公务员薪酬制度改革研究	论文	2008－2－4	中国行政管理 2008年第2期
胡　卫	自主创新的理论基础与政策研究	论文	2008－4－1	中共中央党校学报 2008年第2期
胡　卫	产业层面技术赶超战略及其要素主导模式研究	论文	2008－5－12	软科学 2008年第5期
胡　卫	政府风险投资的政策工具与职能定位研究	论文	2008－2－12	投资研究 2008年第2期

续表

姓 名	题 目	类 别	发表/出版时间	报刊或出版单位
胡 卫	自主创新的理论基础与财政政策工具研究	专著	2008—8—8	经济科学出版社
胡 卫	实施自主创新战略要走出政策误区	论文	2008—8—12	发展导刊 2008年第4期
胡 卫	完善政府采购政策，推进自主创新	论文	2008—9—8	思想理论内参
胡 卫	从赶超战略到竞争优势战略	论文	2008—10—13	发展导刊 2008年第5期
靳凤林	欧洲近现代民主法治型社会治理模式与规范伦理	论文	2008—1—1	道德与文明 2008年第1期
靳凤林	意大利政治生活中的制度伦理建设	论文	2008—1—7	学习时报
靳凤林	十字架与存在的勇气	论文	2008—4—6	神秘与反思 广西师范大学出版社
靳凤林	意大利文化发展中的多元价值取向	论文	2008—4—7	学习时报
靳凤林	政治伦理学视域中的意大利社会治理模式	论文	2008—5—1	伦理学与公共事务 第2卷湖南人民出版社
靳凤林	领导干部道德建设研究（VCD）	论文	2008—5—6	中共中央党校求索音像出版社
靳凤林	西方宗教经济伦理与资本主义发展	论文	2008—7—6	理论视野 2008年第7期
靳凤林	儒家与基督教生死伦理思想之比较	论文	2008—9—8	学习时报
靳凤林	臣民道德的双重面相	论文	2008—10—13	学习时报
靳凤林	人民道德的主要标志及其运行机制	论文	2008—10—17	学习时报
靳凤林	重新认识我国公民道德建设的三大重点领域	论文	2008—11—13	学习时报
靳凤林	论欧洲历史上社会治理模式与道德伦理类型的交互更新	论文	2008—12—1	学思录 当代中国出版社
靳凤林	孔子经济伦理思想的生存论诠释	论文	2008—12—8	孔子研究 2008年第6期
邱耕田	发展的意义：基于发展哲学视阈的一种分析	论文	2008—1—20	天津社会科学 2008年第1期

续表

姓　名	题　　目	类　别	发表/出版时间	报刊或出版单位
邱耕田	中国模式与低代价发展道路	论文	2008－6－1	中共中央党校学报 2008年第3期
邱耕田	科学发展观:一种代价论视角的分析	论文	2008－8－20	教学与研究 2008年第8期
邱耕田	代价控制简论	论文	2008－8－20	理论视野 2008年第8期
刘余莉	中国特色社会主义理论体系的思想来源	论文	2008－1－2	天津行政学院学报 2008年第1期
刘余莉	扶正驱邪，显正破邪	文章	2008－5－5	思想理论动态参阅（周刊）
刘余莉	思想道德教育的中国传统伦理基础	论文	2008－6－1	中共中央党校学报 2008年第3期
刘余莉	中国传统文化再度引起世界瞩目	论文	2008－10－1	学习时报
刘余莉	道德教育根除“没良心”	论文	2008－10－16	中国教育报
刘余莉	中国传统道德教育经验浅析	论文	2008－12－1	理论前沿 2008年第23期
梁晓杰	正义二十讲	合著	2008－1－30	天津人民出版社
郭大为	个人命运与社会正义	论文	2008－8－31	学习与探索 2008年第4期
郭大为	关于学者的本质及其在自由领域的表现	论文	2008－9－1	自由的体系——费希特哲学读本　商务印书馆
郭大为	康德的纯粹理性批判	译著	2008－9－1	人民出版社
郭大为	新的发展阶段中效率与公平问题研究	合著	2008－12－18	中共中央党校出版社
王　杰	反省与启蒙	论文	2008－2－1	中共中央党校学报 2008年第1期
王　杰	中国哲学是智慧之学	论文	2008－3－31	学习时报
王　杰	中国哲学的发展脉络（上）	论文	2008－4－7	学习时报
王　杰	中国哲学的发展脉络（下）	论文	2008－4－14	学习时报

续表

姓名	题目	类别	发表/出版时间	报刊或出版单位
王杰	中国哲学对西方社会的主要影响	论文	2008—4—21	学习时报
王杰	生生不息的天人智慧	论文	2008—4—28	学习时报
王杰	仁民爱物　民胞物与的生态智慧	论文	2008—5—12	学习时报
王杰	早期儒家“礼”文化内涵的嬗变	论文	2008—5—13	哲学动态 2008年第5期
王杰	先秦神权政治的演变	论文	2008—5—13	中国哲学史 2008年第2期
王杰	中国的和谐文化及其现代启示	论文	2008—5—13	中国人 2008年第1期
王杰	群我和谐　人我和谐的人际智慧	论文	2008—5—19	学习时报
王杰	让儒家文化重新回归民间大众	论文	2008—5—20	中国社会科学院院报
王杰	阴阳互补、动静互根的思维智慧	论文	2008—6—23	学习时报
王杰	欲而不贪　宠辱不惊的人生智慧	论文	2008—6—30	学习时报
王杰	中国哲学智慧的现代启示	论文	2008—7—7	学习时报
王杰	如何看待当前的国学现象	论文	2008—10—13	中国人 2008年第2期
王杰	2008·马克思主义与儒学综述	综述	2008—11—10	学习时报
王杰	近年来马克思主义与儒学关系综述	综述	2008—12—1	中共中央党校学报 2008年第6期
丁东红	从社会哲学视角看米德符号互动论	论文	2008—2—1	中共中央党校学报 2008年第1期
任俊华	华夏国学经典正宗文库序	论文	2008—1—1	湖南大学学报 2008年第1期
任俊华	传统蒙学与生态伦理教育	论文	2008—1—1	《东方道德研究》中华工商联合出版社
任俊华	中国古代生态伦理文明的基本特征	论文	2008—1—7	学习时报

续表

姓 名	题 目	类 别	发表/出版时间	报刊或出版单位
任俊华	天道与人道的贯通	论文	2008—1—14	学习时报
任俊华	万物平等的价值观	论文	2008—2—25	学习时报
任俊华	三十六计正宗	合著	2008—3—1	华夏出版社
任俊华	道技之辨	论文	2008—3—3	学习时报
任俊华	建设生态文明的重要思想资源——论中国古代生态文明	论文	2008—3—5	伦理学研究 2008年第2期
任俊华	“圣王之制”的资源保护观	论文	2008—3—17	学习时报
任俊华	大学中庸孟子正宗	合著	2008—4—1	华夏出版社
任俊华	周易故事	合著	2008—4—1	华夏出版社
任俊华	一部多视角研究曾国藩的学术著作	书评	2008—4—28	学习时报党校教育专刊
任俊华	聚变到升华——读“观念三部曲”	书评	2008—5—5	学习时报
任俊华	人类中心主义、超人类中心主义和反人类中心主义	论文	2008—11—10	理论学刊 2008年第11期
任俊华	论儒道佛生态伦理思想	论文	2008—12—2	湖南社会科学 2008年第6期
成官泯	什么叫政治哲学?	论文	2008—6—30	学习与探索 2008年第3期
成官泯	现代西方政治哲学是什么?	论文	2008—5—17	现代哲学 2008年第3期
成官泯	试论柏拉图《理想国》的开篇	论文	2008—7—17	世界哲学 2008年第4期
陈中浙	CCTV大型历史纪录片《中华文明》第四集《理性光辉》(春秋战国诸子百家)	论文	2008—3—1	中央电视台
陈中浙	荀子的成才论	论文	2008—9—30	群言 2008年第9期
陈中浙	董其昌“引禅入书画”的政治意义	论文	2008—10—10	中国书法 2008年第10期

续表

姓名	题目	类别	发表/出版时间	报刊或出版单位
陈中浙	论荀子的“养人之欲”观	论文	2008—10—25	哲学研究 2008年第10期
陈中浙	兵法与书法	论文	2008—10—27	解放军报
陈中浙	一超直入如来地——董其昌书画中的禅意	专著	2008—10—28	中华书局
陈中浙	荀子的“明分”之道	论文	2008—11—3	光明日报
陈中浙	荀子“开源节流”思想的现代意义	论文	2008—11—3	学习时报
陈中浙	现代人需常存敬畏之心	论文	2008—11—4	人民日报
陈中浙	儒学研究应为当前社会发展服务	论文	2008—11—11	人民日报
陈中浙	论荀子的“上下俱富”思想	论文	2008—11—25	孔子研究 2008年第6期
李小科	新的发展阶段中效率与公平问题研究	合著	2008—12—18	中共中央党校出版社
李绍猛	罗尔斯、民主与公议民主	论文	2008—12—31	学习与探索 2008年第6期
杨洪江	后现代政治哲学的理论版图	论文	2008—6—30	学习与探索 2008年第3期
赵建军	建设生态文明是时代要求	论文	2008—1—15	贵阳日报
赵建军	中共十七大提出建设生态文明意义何在	论文	2008—1—15	领导干部关注的100个理论问题 中国法制出版社
赵建军	为何把自主创新作为国家战略	论文	2008—1—15	领导干部关注的100个理论问题 中国法制出版社
赵建军	生态文明：人类文明观的转型	论文	2008—2—1	中共中央党校学报 2008年第1期
赵建军	意大利现代体制的考察及思考	论文	2008—2—20	理论动态 第1770期
赵建军	加快建设可持续发展生态文明步伐	论文	2008—3—30	中国经济论坛 2008年第3期

续表

姓　名	题　　目	类　别	发表/出版时间	报刊或出版单位
赵建军	节能减排要从制度建设着手	论文	2008－4－21	学习时报
赵建军	可持续发展中代内公平的必要性与稀有性	论文	2008－4－25	理论研究 2008 年第 2 期
赵建军	生态文明与贵州的又好又快发展	论文	2008－5－25	当代贵州 2008 年第 10 期
赵建军	生态文明建设刍议	论文	2008－7－5	中国文化报
赵建军	一个值得关注的循环经济发展典型	论文	2008－7－5	思想理论内参
赵建军	技术理性与人文关联	论文	2008－8－15	工程技术哲学 2006—2007 卷 大连理工大学出版社
赵建军	以知识产权制度促进科技创新	论文	2008－8－18	学习时报
赵建军	生态文明人类未来文明演进的方向	论文	2008－8－18	中共珠海市委党校学报 2008 年第 4 期
赵建军	我国科技创新任重道远	论文	2008－9－18	理论视野 2008 年第 9 期
赵建军	生态文明的理论品质与实践形式	论文	2008－9－20	深圳大学学报 2008 年第 5 期
赵建军	为循环经济发展提供法律保障	论文	2008－9－22	学习时报
赵建军	建设生态文明的若干思考	论文	2008－10－20	理论动态 第 1794 期
赵建军	马尔库塞：技术是一种历史的社会工程	教材	2008－11－15	《技术哲学教程》第七章 高等教育出版社
赵建军	建设生态文明是实践科学发展观的必然	论文	2008－12－31	中国文化报
蔡德聪	从意大利的火车排位看理念创新	其他	2008－1－14	学习时报
蔡德聪	让信息公开成为政府自觉的工作方式	论文	2008－6－30	学习时报
蔡德聪	我所亲历的改革开放	其他	2008－10－30	发展导刊 2008 年第 5 期
杨玉成	凯恩斯的哲学与经济学	论文	2008－2－25	中共福建省委党校学报 2008 年第 2 期

续表

姓 名	题 目	类 别	发表/出版时间	报刊或出版单位
杨玉成	重建哲学	译著	2008—4—25	上海译文出版社
杨玉成	西方大观念	译著（合译）	2008—4—25	华夏出版社
杨玉成	经典通读　第二辑（20 册）	主编—译著	2008—10—5	北京出版社
付　立	“囚徒困境”及其启示	论文	2008—3—1	发展导刊 2008 年第 2 期
付　立	人类世，一种警示，一种机会	论文	2008—4—7	学习时报
付　立	技术的双刃剑效应	论文	2008—9—8	学习时报
付　立	从大型强子对撞机看科学研究的风险	论文	2008—10—20	学习时报

2009 年哲学教研部科研成果统计总汇

姓 名	题 目	类 别	期数/出版时间	期刊或出版单位
贾高建	文风问题的原因分析	其他	2009—1—19	学习时报
贾高建	现阶段可持续发展战略的主要着力点	论文	2009—3—10	新视野 2009 年第 2 期
贾高建	充分重视领导干部的读书问题	其他	2009—6—1	学习时报
贾高建	规则、“潜规则”与“反规则”	论文	2009—7—13	学习时报
贾高建	推进面向社会的哲学探索	其他	2009—10—1	《哲学与社会》第 1 辑，中国时代经济出版社
贾高建	当代中国社会发展进程中的基本关系与内在逻辑	论文	2009—10—1	中共中央党校学报 2009 年第 5 期
李晓兵	政治·哲学笔记	专著	2009—4—1	中央编译出版社
李晓兵	关于理论联系实际的理论思考——兼议哲学研究与社会的关系	论文	2009—10—1	《哲学与社会》第 1 辑，中国时代经济出版社

续表

姓　名	题　　目	类　别	期数/出版时间	期刊或出版单位
侯　才	从诠释走向构建	论文	2009—2—26	哲学动态 2009 年第 2 期
侯　才	马克思的遗产	专著	2009—3—1	黑龙江人民出版社
侯　才	经典文本解读中值得重视的几个问题	论文	2009—4—30	理论视野 2009 年第 4 期
侯　才	中国特色社会主义的基本价值观：民主、富强、公正、和谐和自由	论文	2009—8—31	文化建设与和谐社会 鹭江出版社
侯　才	执著的学术追求　彻底的科学精神	论文	2009—9—1	哲人其萎　风范永存 国家图书馆出版社出版
侯　才	理论社会主义与现实社会主义	论文	2009—10—1	《哲学与社会》第 1 辑，中国时代经济出版社
侯　才	马克思的终极人类关怀——马克思视野中作为理想社会价值目标的自由	论文	2009—12—30	科学社会主义 2009 年第 6 期
董振华	创新实践视域中的哲学创新	论文	2009—1—16	理论前沿 2009 年第 2 期
边立新	以人为本：历史观和价值观的统一	论文	2009—4—20	理论动态 第 1812 期
边立新	深入研究中国特色社会主义理论体系	书评	2009—4—20	理论前沿 2009 年第 8 期
边立新	坚持以人为本必须着力解决的几个问题	论文	2009—9—7	学习时报
边立新	以人为本对当代中国发展的意义	论文	2009—10	中共石家庄市委党校学报 2009 年第 10 期
边立新	以人为本与当代中国发展的路径选择	论文	2009—10—1	《哲学与社会》第 1 辑，中国时代经济出版社
林艳梅	奥伊泽尔曼与马克思主义的当代反思	论文	2009—3—25	现代哲学 2009 年第 2 期
林艳梅	奥伊泽尔曼《为修正主义辩护》一书观点述评	论文	2009—4—4	国外理论动态 2009 年第 4 期
林艳梅	建设与发展社会主义和谐文化的辩证分析	论文	2009—5—15	学习与探索 2009 年第 3 期
林艳梅	社会主义和谐文化建设：优势与困境分析	论文	2009—10—1	《哲学与社会》第 1 辑，中国时代经济出版社

续表

姓　名	题　　目	类　别	期数/出版时间	期刊或出版单位
张绪文	市场经济缘何能促进生产力发展——对市场经济历史价值的人学解读	论文	2009—10—1	《哲学与社会》第1辑，中国时代经济出版社
董德刚	论马克思主义中国化的实质	论文	2009—2—16	马克思主义与现实 2009年第1期
董德刚	应当中国化的是马列学说中的普遍真理	其他	2009—3—16	北京日报
董德刚	对无产阶级专政的新认识	论文	2009—5—10	理论视野 2009年第5期
董德刚	对中央党校教学特点和规律的初步探讨	调研报告	2009—6—1	党校教育规律和干部成长规律研究报告集 中共中央党校出版社
董德刚	应当要什么样的“哲学”	其他	2009—7—27	学习时报
董德刚	特点、规律与创新党校教育——中央党校教学特点和教学规律初探	调研报告	2009—8—1	中共中央党校学报 2009年第4期
董德刚	当代中国根本理论问题——科学的马克思主义观研究	专著	2009—10—15	河北人民出版社
董德刚	坚持和发展马克思主义的宏观路径	论文	2009—10—16	党政干部学刊 2009年第10期
董德刚	全面理解“党校姓党”	其他	2009—10—26	学习时报
董德刚	社会科学也应该回应“钱学森之问”	论文	2009—12—14	北京日报
董德刚	对“什么是马克思主义、怎样对待马克思主义”的求索	论文	2009—12—16	理论前沿 2009年第24期
董德刚	谈“不够格”的社会主义	其他	2009—12—28	北京日报
董德刚	研究所有制问题的新观念	论文	2009—12—31	社会科学报
毛卫平	不应被忘却的哲人——兼评《杨献珍哲学思想通论》	论文	2009—3—2	学习时报
毛卫平	必须着眼于社会发展的阶段性特点——艾思奇研究和谐哲学的一个关键性角度	论文	2009—10—1	《哲学与社会》第1辑，中国时代经济出版社

续表

姓　名	题　　目	类　别	期数/出版时间	期刊或出版单位
毛卫平	马克思主义发展观的重大进展	论文	2009—10—11	中国特色社会主义研究 2009 年第 5 期
王晓林	多元对话视角中的马克思主义哲学自我革命	论文	2009—4—30	学习时报
王晓林	工程哲学的兴起与思考——中央党校第 9 期奇思哲学论坛综述	综述	2009—6—15	学习时报
王晓林	从逻辑与历史相统一的视角理解和把握中特理论的哲学基础	论文	2009—6—30	学习时报
王晓林	从哲学层面研究科学发展观应注意的几个问题	论文	2009—10—1	《哲学与社会》第 1 辑，中国时代经济出版社
王晓林	2009 年全国党校系统哲学年会综述	会议报道	2009—11—15	学习时报
朱辉宇	道德资本与经济伦理	合著	2009—10—1	人民出版社
朱辉宇	中西伦理思想研究理路与方法	综述	2009—11—30	学习时报
朱辉宇	社会主义核心价值体系与文化领导权	论文	2009—12—16	政工研究动态 2009 年第 24 期
阮　青	中国社会不能承担之重——虚假价值研究和批判	论文	2009—6—10	理论学刊 2009 年第 6 期
阮　青	中国特色社会主义理论体系研究（党员干部读本）	著作	2009—8—7	中共党史出版社
阮　青	社会主义思想史	合著	2009—9—7	人民出版社
阮　青	必须重视对虚假价值的研究和批判	论文	2009—10—1	《哲学与社会》第 1 辑，中国时代经济出版社
何建华	列宁的政治伦理思想及其当代价值	论文	2009—2—1	中共中央党校学报 2009 年第 1 期
何建华	政治伦理建设的方法论——列宁的探索	论文	2009—10—21	理论视野 2009 年第 10 期
何建华	像列宁一样对待马克思	论文	2009—12—21	学习时报
何建华	交流经验　研讨对策——全国党校系统哲学教研部负责人工作座谈会纪要	综述	2009—12—28	学习时报

续表

姓　名	题　　目	类　别	期数/出版时间	期刊或出版单位
胡为雄	1950年代国内学界有关上层建筑的争论	论文	2009—1—20	毛泽东邓小平理论研究 2009年第1期
胡为雄	毛泽东的视角转换：从“中国化”到“国际化”	论文	2009—2—1	中共中央党校学报 2009年第1期
胡为雄	举国一心　共克时艰　齐奔小康	论文	2009—4—1	视界 2009年第3期
胡为雄	科学是财富的最可靠形式	论文	2009—3—9	学习时报
胡为雄	准确解释马克思的上层建筑学说	论文	2009—3—16	学习时报
胡为雄	从上层建筑学说看马克思主义的研究方法	论文	2009—3—23	学习时报
胡为雄	对“上层建筑”学说发生误解的原因	论文	2009—4—6	学习时报
胡为雄	马克思关于“上层建筑”的论述	论文	2009—4—20	学习时报
胡为雄	全球化与中国社会精神文化的发展	论文	2009—10—1	国际关系学院学报 2009年第5期
胡为雄	马克思主义在中国的最初介绍	论文	2009—5—29	理论视野 2009年第5期
胡为雄	马克思关于“上层建筑”的论述（二）	论文	2009—5—11	学习时报
胡为雄	马克思关于“上层建筑”的论述（三）	论文	2009—5—18	学习时报
胡为雄	调整产业结构　发展新兴产业	论文	2009—12—1	视界 2009年第6期
胡为雄	柳亚子向毛泽东要过颐和园吗?	论文	2009—6—8	北京日报
胡为雄	毛泽东论读书与学习	论文	2009—6—15	学习时报
胡为雄	“马克思主义中国化”研究须深入的五个方面	论文	2009—7—10	中共中央党校研究报告（第10期）
胡为雄	当代中国文化哲学研究及其历史比较	论文	2009—9—1	毛泽东邓小平理论研究 2009年第9期
胡为雄	1978—1982年中国哲学界有关上层建筑的争论	论文	2009—5—1	中共浙江省委党校学报 2009年第3期

续表

姓　名	题　　目	类　别	期数/出版时间	期刊或出版单位
胡为雄	科学对待历史遗产推进哲学理论创新——读《马克思的遗产》	论文	2009—11—9	光明日报
刘毅强	社会主义初级阶段理论是中国特色社会主义理论体系的基石	论文	2009—2—1	中共珠海市委党校学报 2009 年第 1 期
刘毅强	读邓小平的两句诗	论文	2009—5—11	学习时报
刘毅强	邓小平的两句诗	论文	2009—6—1	博览群书 2009 年第 6 期
刘毅强	党的思想路线新议	论文	2009—8—20	岭南学刊 2009 年第 3 期
刘毅强	解放思想新议	论文	2009—10—20	《哲学与社会》第 1 辑，中国时代经济出版社
段培君	全面协调可持续的系统方法论	论文	2009—1—5	学习时报
段培君	4 万亿投资的基本目标应明确包含产业结构优化调整	论文	2009—1—10	沪港经济 2009 年第 1 期
段培君	统筹兼顾蕴涵的现代化建设规律	论文	2009—1—12	学习时报
段培君	建设创新型国家	合著—教材	2009—2—1	《中国人民银行干部理论学习读本》第八章 中共中央党校出版社
段培君	人与自然和谐发展的环境科学基础	论文	2009—2—9	学习时报
段培君	扩大创新型需求：转变发展方式的重要突破口	论文	2009—2—10	沪港经济 2009 年第 2 期
段培君	发展是第一要义的战略学蕴涵	论文	2009—2—16	学习时报
段培君	开放的心灵与开放的社会	论文	2009—3—2	学习时报
段培君	创新型改革：中国面临一场革命性的变革	论文	2009—3—10	沪港经济 2009 年第 3 期
段培君	改革是最大的民生所在	论文	2009—5—10	沪港经济 2009 年第 5 期
段培君	权宜之计不能脱离基本战略取向	论文	2009—7—30	沪港经济 2009 年第 7 期

续表

姓　名	题　　目	类　别	期数/出版时间	期刊或出版单位
段培君	走向科学发展的中国——中国新甲子前瞻	论文	2009—9—27	香港《中国评论》
段培君	深入改革的实质是调整权力结构	论文	2009—9—30	沪港经济 2009 年第 9 期
段培君	转变发展方式是实现科学发展的关键	论文	2009—8—30	石油政工研究 2009 年第 4 期
段培君	当代创新进入第三阶段　经济结构调整正当其时	论文	2009—11—20	沪港经济 2009 年第 11 期
庞元正	两会或有十二大议题	访谈	2009—3—2	广州日报
庞元正	社会结构、全面发展与人类文明关系新探	论文	2009—10—1	北京行政学院学报 2009 年第 5 期
庞元正	论统筹兼顾	论文	2009—12—1	学术探索 2009 年第 6 期
庞元正	以科学发展观为指导夺取应对世界金融危机的新胜利	论文	2009—7—1	毛泽东邓小平理论研究 2009 年第 7 期
庞元正	创新实践与马克思主义哲学当代化	论文	2009—7—15	哲学研究 2009 年第 7 期
庞元正	唯物辩证法在中国化当代化中不断发展	论文	2009—9—4	人民日报（理论版）
庞元正	贯穿新中国 60 年的两条主线	论文	2009—9—20	理论动态 第 1827 期
庞元正	科学发展观研究的若干问题	合著	2009—10—1	北京出版社
庞元正	论社会主义现代化与马克思主义中国化	论文	2009—12—11	中国特色社会主义研究 2009 年第 6 期
庞元正	马克思主义哲学中国化当代化视域中的唯物辩证法	论文	2009—12—1	中共中央党校学报 2009 年第 6 期
胡　卫	日本、韩国发展战略转变的经验与启示	论文	2009—3—11	亚太经济 2009 年第 2 期
胡　卫	平权措施的公平理念之争及其对和谐社会的启示	论文	2009—12—15	湖南社会科学 2009 年第 6 期
杨信礼	与党员谈科学发展观	专著	2009—1—10	广西师范大学出版社
杨信礼	科学发展观概论	合著	2009—1—31	人民出版社

续表

姓　名	题　　目	类 别	期数/出版时间	期刊或出版单位
杨信礼	构建食品农产品质量安全体系的成功探索	研究报告	2009—4—6	中共中央党校科研部
杨信礼	毛泽东思想与中国特色社会主义理论体系概论	合著	2009—5—5	新华出版社
杨信礼	社会规律：历史必然性与主体选择性的统一	论文	2009—7—6	学习时报
杨信礼	中国马克思主义哲学 60 年发展历程、成就与经验	综述	2009—9—21	学习时报
杨信礼	当代中国发展哲学的特点、内涵与走向	论文	2009—10—1	《哲学与社会》第 1 辑，中国时代经济出版社
杨信礼	中国马克思主义哲学 60 年理论研讨会述要	综述	2009—10—15	人民日报
杨信礼	马克思主义哲学在当代中国发展的新形态——发展哲学研究综述	论文	2009—11	理论学刊 2009 年第 11 期
靳凤林	让生命价值铭刻为民族记忆	论文	2009—1—1	郑州大学学报 2009 年第 1 期
靳凤林	现状与走向：中国死亡哲学研究三十年	论文	2009—2—3	东亚生死学 日本东京大学出版
靳凤林	延安时期中共领导干部道德建设研究	论文	2009—5—3	中国延安干部学院学报 2009 年第 3 期
靳凤林	全球化与中国主权伦理的深度更新	论文	2009—7—3	甘肃理论学刊 2009 年第 4 期
靳凤林	对中国民族主义政治伦理的多维检审	论文	2009—5—3	道德与文明 2009 年第 5 期
靳凤林	民族主义政治伦理的道德悖论	论文	2009—6—1	中共中央党校学报 2009 年第 3 期
靳凤林	地球村内的和平伦理及其历史走向	论文	2009—7—6	学习时报
靳凤林	现代战争理论的多重面相及其伦理困惑	论文	2009—9—14	学习时报
靳凤林	耶稣政治伦理思想的核心理念	论文	2009—10—3	科学发展与政治伦理 线装书局
靳凤林	当代中国社会的阶层划分与公平流动	论文	2009—10—3	《哲学与社会》第 1 辑，中国时代经济出版社

续表

姓　名	题　　目	类　别	期数/出版时间	期刊或出版单位
刘余莉	中国特色社会主义理论体系需借鉴传统文化	论文	2009—7—1	中国经济导刊
刘余莉	从传统文化中汲取营养构建全社会普遍遵守的道德价值观	论文	2009—10—1	精神文明导刊 2009 年第 10 期
刘余莉	中国传统治国理念的当代价值	论文	2009—10—1	《哲学与社会》第 1 辑，中国时代经济出版社
刘余莉	弘扬中华文化，促进社会和谐	论文	2009—10—2	载《大家都学弟子规》 世界知识出版社
刘余莉	传统家族伦理与中国式管理	论文	2009—12—10	浙商 2009 年第 23 期
刘余莉	《弟子规》与伦理道德教育	论文	2009—12—21	学习时报
梁晓杰	西班牙人的伦理学邀请	论文	2009—1—2	文汇读书周报
梁晓杰	建构世界共同体——全球化与共同善	论文	2009—10—30	中国学术（总第 26 辑）
王　杰	2008·马克思主义与儒学关系综述	综述	2009—1—30	孔子研究 2009 年第 1 期
王　杰	中国传统哲学的基本精神	论文	2009—3—5	人民日报
王　杰	设立中华母亲节势在必行	调研报告	2009—4—5	思想理论内参
王　杰	如何对待传统文化	论文	2009—4—30	学习时报
王　杰	儒家治国方略对构建和谐社会的启示	论文	2009—4—1	中共中央党校学报 2009 年第 2 期
王　杰	高山仰止　道德文章	其他	2009—7—11	学习时报
王　杰	读《天不变道亦不变——老子纵横谈》	书评	2009—8—24	光明日报
杨玉成	论科学论的经济学转向	论文	2009—1—8	科技进步与对策
杨玉成	科学知识生产和传播的经济学分析	论文	2009—3—8	自然辩证法研究 2009 年第 3 期
杨玉成	译者序	其他	2009—12—28	罗素论中西文化 北京出版社

续表

姓　名	题　　目	类　别	期数/出版时间	期刊或出版单位
杨玉成	东方人和西方人的幸福观念	译文	2009－12－28	罗素论中西文化 北京出版社
杨玉成	西方文明	译文	2009－12－28	罗素论中西文化 北京出版社
丁东红	米德文选	合译	2009－1－1	社会科学文献出版社
丁东红	百年康德哲学研究在中国	论文	2009－7－2	世界哲学 2009 年第 4 期
丁东红	现代西方人本主义思潮	论文	2009－8－1	中共中央党校学报 2009 年第 4 期
郭大为	西方的哲学与政治	论文	2009－11－3	云南大学学报 2009 年第 6 期
任俊华	资本精神与湖湘文化的第二次转型	论文	2009－6－8	学习时报
任俊华	近代民间慈善发展及其现代启示	论文	2009－6－15	学习时报
任俊华	永远的温暖	论文	2009－7－20	学习时报
任俊华	论孟子的集义养气说	论文	2009－11－20	理论学习与探索 2009 年第 6 期
任俊华	倡导华夏新国学	论文	2009－11－28	湖南社会科学 2009 年第 6 期
任俊华	《易经》的生态社会理想	论文	2009－11－30	学习时报
陈中浙	孔子的理想与无奈	论文	2009－3－16	光明日报
陈中浙	论苏轼的文学创作与禅宗之关系	论文	2009－9－1	大学生 GE 阅读第 3 辑， 中国传媒大学出版社
陈中浙	先秦儒家政治理想建构的文化基础	论文	2009－10－20	哲学研究 2009 年第 10 期
陈中浙	传统书画的社会作用与政治意义	论文	2009－10	佛学与国学 九州出版社
成官泯	克莱因和他的《柏拉图的三部曲》	论文	2009－7－1	中国图书评论 2009 年第 7 期
成官泯	柏拉图的三部曲	译著	2009－7－1	华东师范大学出版社

续表

姓 名	题 目	类 别	期数/出版时间	期刊或出版单位
成官泯	从以人为本的视域看当代中国发展	论文	2009—11—2	世界哲学 2009 年第 6 期
李小科	米德文选	合译	2009—1—1	社会科学出版社
李小科	哈耶克对“本真”自由的“还原”及其意义	论文	2009—4—1	云南大学学报 2009 年第 2 期
李小科	哈耶克眼中的“马克思”——以《致命的自负》为例	论文	2009—5—20	西南民族大学学报 2009 年第 5 期
李小科	民主的回归与民主制的重建——哈耶克的民主批判及其启示	论文	2009—10—1	《哲学与社会》第 1 辑，中国时代经济出版社
李绍猛	意识机的哲学基础质疑	论文	2009—5—1	北京大学学报（哲社版） 2009 年第 3 期
李绍猛	John Rawls' Theory of Institutionalism（英文）	专著	2009—11—1	The Edwin Mellen Press
赵建军	加拿大环境与可持续发展科技创新及其启示	论文	2009—6—2	中国人口资源与环境 2009 年第 3 期
赵建军	小灵通十年发展历程	论文	2009—3—10	《工程研究——跨学科视野中的工程》第 4 卷 北京理工大学出版社
赵建军	一个突破性的制度创新	论文	2009—5—30	思想理论内参
赵建军	在制度创新中提升国企竞争力	论文	2009—7—26	中共中央党校研究报告
赵建军	建设生态文明实现科学发展	论文	2009—9—20	人文北京科技北京绿色北京 同心出版社
赵建军	生态文明与科学发展	论文	2009—10—1	《哲学与社会》第 1 辑，中国时代经济出版社
赵建军	发展低碳经济，实现实验区新跨越	论文	2009—10—20	科技成果纵横 2009 年第 5 期
赵建军	低碳经济视域下的生态文化体系建设	论文	2009—11—15	林业经济 2009 年第 11 期
赵建军	低碳技术引领能源发展	论文	2009—12—14	学习时报
赵建军	现代林业与生态文化体系建设研究	研究报告	2009—12—20	国家林业局 2009 重大调研课题

续表

姓　名	题　　目	类　别	期数/出版时间	期刊或出版单位
付　立	生物灭绝图景的两种解读	论文	2009－3－23	学习时报
付　立	有一种保护是远离	论文	2009－7－13	学习时报
付　立	学会与不确定性共存	论文	2009－11－30	学习时报

二、专著介绍

《马克思的遗产》简介

侯才教授的学术专著《马克思的遗产》，2009 年 3 月由黑龙江人民出版社出版，全书 31.5 万字。

该书从历史、理论和现实三个方面对马克思本人的哲学思想进行了系统的研究。作者对马克思哲学的起源、本质和内在逻辑，对其中所包含的哲学观、本体论、思维方式、政治哲学、人的理论等诸多方面的内容，以及对马克思哲学的当代境遇和时代课题等，都力求在深入、彻底研究的基础上给出自己的理解、阐释和描述。作者在“序言”中指出：自从马克思主义诞生以来，在很大的程度上，世界的变化以马克思的名义发生的，而不管人们对其采取的主观态度如何。由于人类今天仍未能摆脱马克思曾关注和揭示过的文明的困境，所以，如何理解和看待马克思的遗产，特别是马克思的哲学遗产，关涉到中国的当代发展，也关涉到人类 21 世纪的行程。

本书是作者多年来在马克思哲学研究方面所取得的部分成果的汇集，旨在提供一种对马克思哲学的独特的当代解读。由于中国的国情和文化传统，中国的学术发展，迄今为止，基本上是在尊经奉典、“依经演绎”的文本诠释的形式下进行的。呈现在读者面前的这些成果，作为一种历史的记录，在一定程度上也仍然沿袭了文本诠释的传统。但是，或许读者可以从中发现某种理论建构的努力以及为建构所必需的因素和准备。作者期望并相信，伴随中国愈益走向世界，中国的哲学研究也将愈益从诠释走向建构。

《当代中国根本理论问题》简介

中共中央党校哲学教研部董德刚教授的专著《当代中国根本理论问题——科学的马克思主义观研究》，2009 年 10 月由河北人民出版社出版，全书 25.9 万字。

该书从理论与实践的结合上，比较系统和深入地阐述了“什么是马克思主义、怎样对待马克思主义”这个当代中国的根本理论问题，并对社会主义、所有制、商品价值论、阶级阶层、执政党建设等重大现实问题作了新探索。

全书分三篇十五章。上篇主要研究了坚持马克思主义的科学含义，包括作为我们指导思想理论基础的马克思列宁主义的含义，坚持马克思主义的主要内容，马克思主义的理论品格，坚持马克思主义的核心、标准和意义等问题。中篇主要论述了马克思主义在我国新时期的发展，在对中国特色社会主义理论体系作出新阐释的基础上，深入阐发了其中所蕴含的对社会主义、所有制问题、商品价值、阶级和阶层、党的建设等重大问题的创新，并提出了作者较多独到见解。下篇总结了坚持和发展马克思主义的基本经验，包括马克思主义中国化的实质，马克思主义与具体实际结合的微观机制与宏观路径，马克思主义创新成果的命名、定位和宣传问题，以“新”解“马”新范式即从人类文明新成果高度研究和推进马克思主义等。

作者自称该书是“个人耗时多年，几经梳理的研究心得，集数十年学习和研究马克思主义心得之大成的一部著作”。作者坦言：“‘思想者’的生命和价值在于‘思想’；‘思想者’的使命和责任在于为社会提供‘思想’，以帮助人们审视和改变这不尽人意的世界。”

作者介绍该书主要观点的文章——《对“什么是马克思主义、怎样对待马克思主义”的求索》，被评为“全国党校系统纪念新中国成立六十周年理论研讨会优秀论文”，后在《理论前沿》发表，并被多家媒体转载。《北京日报》也用较大篇幅发表了该书节选：《马克思主义研究要说些新话》。

许全兴教授在《科学社会主义》发表书评，将该书的主要特点概括为“现实感、讲真话、讲新话”。宋惠昌教授在《学习时报》撰文，说该书作者“对许多重大理论问题都阐述了自己的观点”和“一家之言”，是“一部有价值的著作”。金忠严在《社会科学报》刊文，称该书是“树立科学马克思主义观的新著”。周宁新在《中国教育报》推介该书，题为《“思想者”的使命和责任》。人民网、中国改革网、中国选举与治理等网站刊登了多篇介绍和评论该书的文章。

《罗尔斯的制度主义理论：朝向自由民主制的历史发展》简介

Rawls' Theory of Institutionalism: The Historical Development toward Liberal Democracy, New York: Edwin Mellen Press, 2009.

本书认为，罗尔斯对自由民主制度的辩护，是一种制度主义的辩护，它鼓励一种朝向自由民主制的政治发展。自由民主制应该被理解为一种历史过程，而不应该仅仅被理解为一套固定的制度安排。任何一种制度体系，一旦确立，就必须为它的成员提供越来越多的安全、自由、权利和福利。任何一种制度体系，尽管在最开始可能是少数人强加给多数人的，但它的稳定性和持续性，却要求越来越多的社会成员参与到制度的制定、修正、辩护和执行当中。对自由民主制度的一种成功的制度主义的辩护，不仅对自由民主政体的公民而言具有说服力，而且对其他社会的人民也具有说服力。对任何一种社会来说，不管支撑着它的是什么样的制度体系，只要这个社会想要得到和保持长期的秩序，它就必须向着自由民主制的理想演化。这就是说，这个社会的大多数民众，不仅需要从现有的社会秩序中得到越来越多的权利，而且需要越来越多地参与到这个社会的制度体系的设计和修改的过程中来，参与到为这些制度做出辩护因而内在地接受这些制度的过程中来。之所以如此，是因为大多数民众对于他们的社会所依靠的制度体系的自愿服从，是一个社会保有长期秩序的根本原因。一个社会的制度体系越复杂，朝向自由民主制发展的压力就越大。因此，尽管有很多条通向自由民主制的道路，但人类社会的发展仍然有一个共同的目标。

《中国特色社会主义理论体系论纲》简介

《中国特色社会主义理论体系论纲》一书，由阮青主编，党建读物出版社2008年出版。被中央宣传部和新闻出版总署联合评选为“纪念改革开放30周年重点图书”。

本书是集体研究、精诚合作的结晶。作者以马克思主义哲学史教研室的同志为主体，哲学教研部、经济学教研部、党史教研部、国际政治研究所、军事科学院的相关同志也参与了书稿的讨论和写作。中国社会科学院常务副院长王伟光同志特为本书撰写序言。

全书分序言、总论和正文三大部分。

“序言”说明，中国特色社会主义理论体系是马克思主义中国化的最新成果，在当代中国，坚持中国特色社会主义理论体系，就是坚持马克思主义。

“总论”说明，中国特色社会主义是我们的伟大旗帜，全面研究了中国特色社会主义理论体系的实践基础、思想渊源、形成过程，阐明中国特色社会主义理论体系是马克思主义中国化的最新成果。

正文共十四章，全面构建起中国特色社会主义理论的科学体系。第一章，中国特色社会主义理论体系的精髓论；第二章，中国特色社会主义本质论；第三章，中国特色社会主义初级阶段论；第四章，中国特色社会主义科学发展论；第五章，中国特色社会主义市场经济论；第六章，中国特色社会主义民主政治论；第七章，中国特色社会主义先进文化论；第八章，中国特色社会主义和谐社会建设论；第九章，中国特色社会主义生态文明建设论；第十章，中国特色社会主义国防和军队建设论；第十一章，中国特色社会主义祖国统一论；第十二章，中国特色社会主义和平外交论；第十三章，中国特色社会主义人民主体论；第十四章，中国特色社会主义执政党建设论。

三、论点荟萃

贾高建：公平与效率问题上的三个误区

近年来，公平与效率问题引起了人们的广泛关注，有关这方面的讨论不断深入。但是，仔细考察一下就可以发现，在这个问题上存在着一些认识误区，如果不加注意，就会引起混乱。而从目前讨论的情况来看，不少争议都与此相关。

误区一：把公平和效率的基本规定绝对化、简单化。公平这一概念主要用于对社会关系、社会政策、社会活动等方面的评价。由于不同的主体有着不同的利益关系和价值取向，在公平问题上的诉求和主张也就往往不同。因此，还应有一个客观的尺度，最终还是要讲生产力标准。而生产力标准是一种历史的、相对的尺度，因此所谓公平也就相应地具有客观性和历史性。在讨论中，人们往往从某种特定的观念出发，将公平等同于某种特定的关系和做法，这是不正确的。效率这一概念，从广义上讲应是指经济活动以及其他各种社会活动中投入和产出的比率，讨论主要是从经济发展亦即生产力发展的角度来理解的。而这里应注意两个问题：一是要把局部的效率与整体的效率统一起来；二是要把短期效率与长期效率统一起来。一些论者只是笼统地谈论效益问题，对各种局部的或短期的效率也往往不加区分地一概加以肯定，这同样是不正确的。

误区二：将公平和效率的关系形而上学地对立起来。公平和效率之间并不是一种非此即彼、互不相容的对立关系，而是内在地联系着的，在根本上是一致的。既然公平是客观的和历史的公平，这种公平只能随着生产力的发展而不断地得到实现，没有效率，就没有公平。而另一方面，既然效率是局部效率与整体效率的统一，以及短期效率与长期效率的统一，那么它也不可能脱离或排斥公平，而是以公平为条件和保证；公平解决得越好，生产关系以及整个社会关系体系就越合理，从而也就越有利于效率的提高和生产力的发展。因此，没有公平，也就没有效率。那种将二者的关系割裂开来，甚至对立起来的倾向，是不正确的；所谓“市场管效率，政府管公平”的主张，也同样是错误的。

误区三：在探寻现阶段分配不公的原因时找错了地方。在现阶段的实践中，分配不公、收入差距过大的问题凸显出来。一些论者将问题产生的原因归结为改革只重效率、不重公平，这是不能成立的。改革开放以来，生产力之所以能够得到较快发展，效率之所以能够得到较大提高，恰恰是因为比较好地解决了公平问题。过去实行计划经济体制，搞平均主义“大锅饭”，以客观的、历史的尺度来看，就是一种不公平，它妨碍了生产力的发展和效率的提高。革除这种旧体制，代之以社会主义市场经济新体制，以客观的、历史的尺度来看，则是一种与效率相一致、相统一的公平。问题是在克服旧的不公平的同时，还没有能够形成一种有效的机制，以防止和控制另一个方向的偏差。而这方面问题在妨害了公平的同时，也不可避免地妨害了效率，进一步实现公平和进一步提高效率，决不是什么“鱼和熊掌不可兼得”，而是根本一致的。

（原文《公平与效率问题上的三个误区》，载 2008 年 4 月 21 日《学习时报》）

侯　才：从诠释走向建构——理论研究的三种范式和境界

文化发展的基本矛盾是继承与创新。这一矛盾在理论研究方面的表现可以概括为诠释（既有文本的解读）与建构（新的理论的创建）。从诠释到建构有三个基本的层次，即诠释、寓建构于诠释之中以及建构。用古语来表述，可称之为“述而不作”、“寓作于述”以及“舍经作文”。它们是理论研究的三种范式，也是三种层次和三种境界。

“述而不作”，即文本解读和诠释，是理论研究的基本范式和初阶。既有经典文本作为文化长期发展的结晶，既是以往文化的集大之成，也是后继文化的延续之源。因此，文本解读和诠释就成为理论研究的一项基础性和前提性的工作。

孔子首创“述而不作”，这种“述而不作”自汉代始被尊为文化和理论发展的经典范式。在这一范式的主导和影响下，发展出一套以训诂、史证、物证以及心理体验（朱熹“以自家之心体验圣人之心”）等为基本元素和手段的经典中国解释学方法。“寓作于述”的重点和主旨已不再是文本的解读和诠释。它是以文本的解读和诠释为直接依凭的一种建构，只不过这种建构依然采取文本解读和诠释的形式，未从文本的解读和诠释的形式中完全解脱出来。

如果说“述而不作”侧重的主要是文本解读和诠释的客观性，那么，在“寓作于述”中则更多地包含了对解读者的思想独立性和主观意见的要求。在中国历史上，由于文本诠释的强大传统，思想家们在创立新说时往往采取“寓作于述”的形式，甚至连朱熹这样的大学者也不例外。

“舍经作文”（朱熹）至少在形式上已经彻底抛开了经典文本。解读者在这里已经转换了角色，成为文本的创作者。解读者的主观性在这里得到充分的彰显，形式上的“我注六经”变成了“六经注我”。因此，“舍经作文”不再是任何一种诠释，而是一种彻底的理论构建。在中国思想史上，晋代曾有过这种“舍经作文”的典型表现。

“述而不作”、“寓作于述”和“舍经作文”三者作为三种研究范式，都为理论研究所必需。抽象而论，它们没有高下、优劣之分，一切取决于具体的条件、所达到的水平和功效。然而，如果就解读者的主体性的彰显程度而言，“舍经作文”是最高的层次，“寓作于述”次之，“述而不作”更次之。这种主体性的彰显在中国文化史上展现为由“述而不作”到“舍经作文”，即由诠释到建构的过程。

在漫长的封建历史时期，中国文化发展的要义仿佛就是注疏、诠释和普及先秦儒道等诸家的文化典籍。孔子的“述而不作”，不仅奠定了中国文本诠释历史传统的基石，而且成为对待传统文化的一种理想态度和最高典范。这种唯“经”是从的历史传统的形成，直接根源于高度集权的政治体制，以及由此导致的官学一体、政学合一。由此，形成了人类思想史上罕见的强大的文本诠释文化传统。甚至可以说，一部中国思想史，在相当程度上就是一部经典文本的诠释史。

由此不难看出，当下仍然盛行的对待经典文本的种种文本主义、诠释主义的态度，实质上根源于中国强大的文本诠释文化传统，不过是这一传统在新的历史条件下的遗传和沿袭。

然而，中国改革开放和现代化的实践呼唤新的理论的建构，而非仅仅既有理论的诠释。当代中国文化的命运和当代中国学者的历史使命在于：从诠释走向建构。

（原文《从诠释走向建构》，载《哲学动态》2009年第2期，“学术评论”专文）

郝永平：发展哲学视域中的进步与代价

社会进步是在人与自然能动关系的基础上社会系统在性质、结构与功能方面所发生的进化与变革趋势，是人类实践活动在社会规律的支配下历史地实现的由过去经现在到美好未来的一维演进历程，是人们从生存与发展的根本利益出发而对社会生活变化的实然状态所作的肯定性价值认同。

虽然人类在改造自然、改造社会与改造自己思维的活动中，通过发明新技术、建立新制度和创造新的精神产品，不断地追求与实现着社会进步，但也不得不付出一定的代价。换言之，对于社会进步来说，积极效应是广泛而充分的，但消极影响也是客观存在的。在实现进步所付出的代价中，有些是具有内在必然性的，有些是因人类面临的历史局限性造成的，有些则是与不合理的社会制度联系在一起的。虽然不付出代价是不可能的，但以较小的代价换取较大的进步则是明智的，这正是研究社会进步的代价问题的根本价值所在。

（一）技术进步及其代价

技术进步对人类的生存与发展无疑具有重要意义，但也需要付出一定代价：

成本付出的代价，即必须投入一定的人力、物力与财力；隐含风险的代价，即有些技术包含着未知的风险；关系扭曲的代价，即技术进步的步伐日益把人与自然界相隔离，并伴随着人类生存环境的某种恶化；能力弱化的代价，即人的机体对于外界变化的适应力在一定程度上发生了严重的退化；客体异化的代价，即技术世界在历史上成为人之外的独立力量、甚至成为奴役人的异己力量。

（二）制度变革及其代价

制度变革对人类生存和发展同样具有重要的积极意义，但也要付出一定的代价：集团抵抗的代价，即制度变革总会遇到某些人或社会集团的顽强抵抗，极易采取阶级斗争的激烈方式；关系疏离的代价，即在某种程度上人们从直接而亲密的人际互动中获得认同与归属的能力发生了退化；个体萎缩的代价，即表面上独立与自由的个体越来越陷入困境；矛盾交织的代价，即新制度本身总是使人面临着难以回避的现实矛盾，如公共性与特殊性的矛盾、确定性与变易性的矛盾、价值目标（公平、效率与秩序）之间的矛盾。

（三）精神产品的创新及其代价

通过对人类活动的指导与引导，精神产品的创新既推动了社会文明的历史发展，又促进了人自身的不断发展。但是，精神产品的进步也是要人付出代价的：成本投入的代价，即要耗费人的大脑与神经，消耗一定的人力、物力、财力与仪器设备，花费一定的管理与协调、生产与传播的成本；能力弱化的代价，即在开掘与发挥人的高层次精神文化能力的同时，极易造成低层次精神文化能力随之退化；意志冲突的代价，即从共时态来看，各种价值观念之间必然展开激烈的较量并发生严重的冲突；传统困扰的代价，即从历时态来看，精神产品的创新、传播与消费总是面临着如何继承与超越传统的矛盾。

（原文《发展哲学视域中的进步与代价》，载《理论视野》2008 年第 8 期，《新华文摘》2008 年第 21 期论点摘编）

董振华：统筹兼顾是唯物辩证法在发展问题上的科学运用

联系和发展的观点是唯物辩证法的总的特征。唯物辩证法把世界看作是一个相互联系的整体，坚持用全面的和联系的观点看世界。正如列宁所讲的，“要真正地认识事物，就必须把握、研究它的一切方面、一切联系和（中介），我们决不会完全地做到这一点，但是，全面性的要求可以使我们防止错误和僵化。”而统筹兼顾的哲学方法论，正是唯物辩证法的生动体现，也正是唯物辩证法在发展问题上的科学运用。

第一，统筹兼顾是唯物辩证法全面观点在发展问题上的科学运用。唯物辩证法要求用全面的而不是片面的观点看问题，体现在发展问题上就是要求全面发展而不是片面发展。坚持全面发展，就是在经济建设的基础上，推动经济、政治、文化、社会协调发展，不断提高生产力水平和人民群众的物质文化生活水平，增强综合国力，把我国建设成为富强、民主、文明、和谐的社会主义国家。

第二，统筹兼顾是唯物辩证法联系观点在发展问题上的科学运用。唯物辩证法要求用联系的而不是孤立的观点看问题。事物是普遍联系的，任何一方面的发展都与其他方面的发展相联系、相依存。因此，要理顺发展中各方面的关系，把全面发展与可持续发展有机地结合起来。既要把全国发展作为一个大的系统工程，立足全局，实行全国一盘棋，统筹兼顾，又要把地方、部门和产业的发展作为全国发展系统工程的子系统。

第三，统筹兼顾是唯物辩证法发展观点在发展问题上的科学运用。唯物辩证法要求用发展的而不是静止的观点看问题。对于发展要周密策划，推行可持续发展的前瞻性战略，把当前发展与长远发展结合起来，把全面发展建立在可持续发展的基础之上，把可持续发展寓于全面发展的过程之中。在谋求当前利益的同时，必须着眼于长远利益，防止为了当代人的利益而牺牲子孙后代的利益，防止只顾眼前发展而牺牲长远的持续发展。

第四，统筹兼顾是唯物辩证法“两点论”与“重点论”辩证统一的方法在发展问题上的科学运用。唯物辩证法“两点论”与“重点论”相统一的方法，要求用两点论和重点论相结合的观点来观察和解决发展中的各种矛盾和问题。对发展中的各种矛盾，要抓住主要矛盾，同时，也要学会“弹钢琴”，注意解决次要矛盾。科学发展观突出以经济建设为中心，这就抓住了我国发展中主要矛盾的主要方面，抓住了发展链条中的关键环节。全面的发展观坚持了经济建设这个中心，同时强调促进发展、加快发展，不仅要增加促进经济增长的投入，而且要增加促进社会发展的投入，增加保护资源和环境的投入；不仅要推进社会主义物质文明建设，而且要推进社会主义政治文明和精神文明建设；不仅要关注经济指标，而且要关注社会发展指标、人文指标、资源指标和环境指标。

（原文《统筹兼顾：落实科学发展观的根本方法》，载《社会主义论坛》2009 年第 4 期）

边立新：坚持科学历史观与合理价值观的统一

以人为本，既是一个价值观的问题，也是一个历史观的问题，而且首先是一个历史观的问题。因此，对人的研究，不能停留在价值观，而是要深入到历史观。人的地位和人的价值是紧密联系在一起的：只有真正确立了人的地位，才有可能发现人的价值；同样，只有实现人的价值，才能巩固人的主体地位。而人的地位的真正确立，离不开科学的历史观。只有树立科学的历史观与合理的价值观，才能真正做到坚持以人为本。

坚持科学历史观与合理价值观的统一，就要把社会历史条件的改变和人的价值的实现紧密地结合起来。我们既要充分认识人的价值对社会进步的引导作用，又要高度重视人的价值得以实现、人的能力得以发挥的社会历史条件。这里所说的社会历史条件，既包括物质生产力的水平，也包括社会制度和体制的因素。因此，我们在关注人的发展和人的价值实现的同时，也要高度重视社会制度、体制和社会观念的变革。如果离开具体的历史条件，离开社会制度、体制和社会观念的变革，抽象地谈论人的发展、人的价值和人的能力，必然忽视制度创新、体制改革和观念变革对于人的发展和人的价值实现的意义。

坚持科学历史观与合理价值观的统一，必然要求把生产力的发展和人的发展结合起来。人类社会的发展，就是在生产力的发展和人的发展的矛盾运动中实现的。因此，我们必须把生产力的发展和人的发展共同作为科学发展的评价尺度，而不能把它们割裂开来，甚至绝对地对立起来。与生产力的发展和人的发展的统一性相联系，市场经济的发展和民主政治的发展相辅相成、相得益彰。离开了民主政治，市场经济则孤掌难鸣，不可能向纵深发展。因此，发展社会主义民主政治，不仅是社会主义市场经济发展的必然要求，而且是社会主义市场经济发展的政治保障。根据我国市场经济发展的需要，及时有效地推进我国的政治体制改革，扩大人民的民主权利，拓宽民主政治参与渠道，不仅是完善社会主义市场经济体制，实现生产力可持续发展的需要，也是实现人的自由全面发展的必然要求。

坚持科学历史观与合理价值观的统一，还要求把集体利益和个体利益结合起来。人是个体和集体的统一。人是作为个体而存在的，同时又是存在于集体中的个体。无论是对人的个体性的忽视，还是对人的集体性的淡化，都不可能达到对人的全面认识。只有坚持人的集体性和个体性的统一，才能真正做到以人为本。就理论层面而言，坚持个体和集体的统一，就是要实现自由和平等的结合，使自由和平等在博弈中发展。我们承认并在制度上保障个人的自由，这是确立人的主体地位的必然要求，也是人的创造性得以发挥的基本条件。但我们所要追求的自由，不是少数人的自由，而是全体人民中的每个人的自由。为了确保每个人都拥有自由，就必须关注平等，特别是关注人的基本权利的平等。在实践层面，坚持个体和集体的统一，就是要实现市场和政府的结合，通过它们各自对其职能的发挥，就能够达到彼此之间的互补，从而实现个体利益和整体利益的双赢，求得个体和集体的良性互动。

（原文《在历史观和价值观的统一中坚持以人为本》，载《理论动态》2009年4月20日）

林艳梅：马克思主义的当代反思——奥伊泽尔曼最新研究成果评介

2003年和2005年，俄罗斯科学院著名元老级院士Т.И.奥伊泽尔曼先后推出两部大部头学术著作——《马克思主义与乌托邦主义》以及《为修正主义正名》，对马克思主义缘何失去前苏联的官方正统主流意识形态地位，以及在当代历史条件下，如何重新确定和评价伯恩施坦主义的历史地位，进行了自我批判和反省意义上的研究和探索。其基本观点可以概括如下：

（一）作为意识形态的马克思主义

奥伊泽尔曼并不否定马克思主义是一门科学的思想理论，就其内容来讲，"马克思主义是一种哲学的、社会学的和经济学的学说"，但同时，他强调，在马克思主义当中同样包含有意识形态的错误，被各国工人阶级奉为经典的、作为无产阶级意识形态集中表述的《共产党宣言》一文，"所表达的只是早期工业资本主义时代无产阶级的状况和利益"。

（二）马克思主义包含有乌托邦主义的因素

马克思恩格斯关于人类历史发展趋势和未来前景的判断，虽然一定程度上超越了空想社会主义者的抽象道德设定性质，但在本质上仍然带有乌托邦主义的思想印痕，其最为根本的原因即在于，马克思恩格斯同样过高地估计了资本主义的成熟程度。"马克思恩格斯同样受人道主义幻想的支配，预言在不久的将来资本主义制度即将崩溃。他们与乌托邦主义思想相似，没有看到资本主义所产生的矛盾在资本主义制度的范围内正在寻找着逐步得到解决的办法，并且片面而悲观地评价了资本主义的发展前景。"

（三）教条主义是马恩学说本身固有的东西

虽然马克思恩格斯都曾主张马克思主义不是教条，而是行动的指南，但在他们的思想当中，实际上同样包含有教条主义的东西。马克思主义之所以在前苏联蜕变为教条主义，其最主要的原因，是由于发生了马克思主义向官方的、受国家政权支持的意识形态的转变，"马克思主义在意识形态领域的全面控制，将使这一科学的理论无可避免地转变为教条主义的观念体系。"在1921年3月召开的俄共（布）第十次代表大会，也就是列宁生前所参加的最后一次代表大会之上，列宁所获得通过的一项关于禁止在俄共（布）内部出现任何派别的秘密决议，则对党内的民主派构成了一次毁灭性的打击，为后来教条主义的泛滥成灾提供了重要的前提条件。

（四）还伯恩施坦“修正主义”以历史的公正

虽然伯恩施坦在哲学论题上对马克思的批评并不能够成立，但伯恩施坦就生产资料的社会化问题、社会的两极分化问题、工人阶级的绝对贫困和相对贫困问题而对马克思的批评，以及对马克思无产阶级专政理论和暴力学说的批判，则是值得基本肯定的。总体来讲，伯恩施坦主义的产生有其历史的必然性，它将马克思主义所主张的并为社会民主党领袖所深信的关于“资本主义日益临近的崩溃”的观点，作为一个并非自明的问题，提到了马克思主义理论讨论的议事日程，从而与教条主义的马克思主义者相对立，“看到了发生在资本主义生产方式当中的变化的实质——出现了使资本主义向新的更高的经济条件改进的手段和方式”。

（原文《奥伊泽尔曼与马克思主义的当代反思》，载《现代哲学》2009年第2期）

董德刚：改革30年中国的观念变革

2008年5月9日，为了纪念真理标准讨论暨我国改革开放30周年，董德刚教授应人民网之邀，主讲了《改革30年中国的观念变革》并回答了网友的提问。记录稿16000多字。

主要观点：长期以来，影响我国社会主义现代化建设健康发展的主要思想理论障碍，是关于社会主义和资本主义、公有制和私有制、阶级和阶层特别是对待马克思主义的许多简单、片面、似是而非的观念。改革开放以来，在中国共产党的领导下，我国经历了波澜壮阔的思想解放历程。我们在思想观念方面取得的进步，集中体现为中国特色社会主义理论体系的创新，可概括为三个主要方面。一是马克思主义的新境界。邓小平表达了马克思主义具有层次性的重要思想，强调它的精髓是实事求是，进而又强调生产力标准和“三个有利于”标准。“三个代表”重要思想强调了马克思主义具有与时俱进的理论品质。十六大以来，我们党又特别强调了创新。二是社会主义的新观念。我们党提出并反复阐述了社会主义初级阶段论。我们对社会主义不断进行再认识，经历了三次重大转变。我们对社会主义和资本主义的关系有了新认识。三是执政党建设的新觉醒。我们党提出了“两个转变”论。我们党强调了“两个先锋队”统一论。

此外，在线回答了网友提出的问题：关于解放思想需要哪些条件，回答一是民主，二是了解外部世界，三是提高公民素质。关于怎样凝聚共识、推进改革，回答要靠科学，靠民主，靠法治。关于现在怎么把握社会主义，回答一是坚持社会主义方向，即党的基本路线所讲的四位一体目标——富强、民主、文明、和谐，还可加上自由、公正等。这是目的。二是坚持党在现阶段的基本纲领。这是手段或途径。关于资本主义的缺陷问题，回答一是资本霸权，二是个体本位过度膨胀。还回答了怎么看社会主义和社会主义“趋同论”、剥削和劳动价值论问题、互联网作用问题、当前继续解放思想的针对性问题，等等。

（新华社、中国社会科学院、中共中央党校、中国新闻网、新浪网、搜狐网、农远网、中国选举与治理网、浙江、河北、若干大学网等数百家网络媒体、个人博客转载［摘］，《北京日报》、《江南论坛》等报刊也作了转摘）

毛卫平：马克思主义哲学的当代新形态是和谐哲学

任何真正的哲学都是自己时代精神的精华。当今时代是和平与发展的时代，与此相对应并被取而代之的是革命与战争的时代。今天哲学的基本形态应当是和谐哲学，被它所取代的哲学形态是斗争哲学。所谓斗争哲学，实际上是关于事物质变的哲学，是指导革命的哲学，是革命党的主导哲学；而所谓和谐哲学，则是关于事物量变的哲学，是社会和平发展时期指导建设的哲学，是执政党、执政者的主导哲学。随着从革命到建设、革命党到执政党的转变，必须实现从斗争哲学到和谐哲学的转变。当前，和谐哲学成为中国哲学、西方哲学和马克思主义哲学共同关注和研究的方向，决不是偶然的。

马克思主义哲学在探讨自己当代形态的过程中产生的一些观点，不过是孕育和谐哲学的准备。实践唯物主义与其说是马克思主义哲学的新形态，还不如说是马克思主义哲学应有的形态或基本的形态。因为它是从来就具有的特征。主体性哲学也难以视作新形态。主体性是历来都重视的，过去有时候甚至强调得过了头。若说有不同，则在于过去较多地强调的是阶级的、集体的主体性，而今天则较多地强调个体的主体性。强调实践和主体性，有利于实现哲学形态的转变，但还不是新形态本身。“回到马克思”，只有回到更高层面的基本原理，才能真正纠正过了时的具体观点，树立与时俱进的新观点。对于“斗争哲学”，只有回到更高层面的质量互变规律、社会基本矛盾的运动规律，才能再回到和谐哲学。只有回到和谐哲学，马克思主义哲学才能具备适应时代要求的新形态，重新放射出灿烂的时代光芒。

（原文《和谐哲学：当代中国时代精神的精华》，载《中共中央党校学报》2008年第6期）

王晓林：马克思主义哲学研究的“问题意识”及其辩证解读

首先，马克思主义哲学研究的“问题意识”既是一种学术研究路径，也是各种研究范式共有的思维向度。毋庸讳言，马克思主义哲学研究的“问题范式”需要强烈的“问题意识”。但“问题意识”不只是马克思主义哲学研究中的一种学术取向，同时它也是马克思主义哲学其他各种研究范式共有的思维向度。作为学术研究中的一种共性的思维向度，“问题意识”一方面涉及到“问题”本身，即研究对象的确立，另一方面，“问题意识”还涉及到提问的方式，即如何提出、如何着手解决问题，而这实际上反映出人们治学时的一种意识——“学术意识”。与第一个方面不同，“问题意识”在这里应该充分体现认识演进的过程，反映既有的研究状况、贡献，及提出的问题、采用的材料、立论的依据与阐发的方法等。

其次，马克思主义哲学研究的“问题意识”既是一种“理论和学术”的眼光，也是一种“时代和现实”的视界。从“学术意识”而不是“问题意识”的视角去界定马克思主义哲学研究的问题域，把“问题”看成是“理论和学术中的问题”，而不是“时代和现实中的问题”。其所造成的直接后果就是：马克思主义哲学研究要么是生吞活剥西方各派理论的所谓“纯学术创新”，要么演变为著者在自己的书斋里“自言自语”。这种关于马克思主义哲学研究的问题域的厘定，不仅严重脱离马克思主义哲学中国化这一理论主题，也有悖于应然形态的哲学内在诉求。当代中国的马克思主义哲学研究要克服理论脱离实际的状况，就必须“既要善于从文本中发现问题，更要善于从社会生活实践中提炼出问题”，从而跳出学术冷落现实的误区。不能把“问题意识”的对象仅仅限制在“理论和学术中领域”，而把“时代和现实中的问题”排除在外。

再次，马克思主义哲学研究的“问题意识”既是学术主体的一种理论自觉，也是马克思主义哲学自身的理论诉求。马克思曾指出：“在哲学的实现中有一种关系同世界相对立，从这种关系中可以得出一个结论：这些个别的自我意识始终具有一个双刃的要求；其中一面针对着世界，另一面针对着哲学本身。”从其诞生的时代背景和承担的历史使命来说，马克思主义哲学与其他哲学派别相区别的本质之点，就在于其最终目的是要实现人类的彻底解放。因此，它把揭示人类社会发展规律作为自己的根本任务，这就注定了它与时代的发展变化息息相关。马克思主义哲学家唯有通过参与社会实践，通过对各种复杂社会现象的观察透视，才能把人民群众的实践经验加以概括、升华，形成一种具有普遍意义的哲学理论。

最后，既要从主观根源理解“问题意识”，也要从实践根源理解“问题意识”。马克思曾经说过：“一个时代的迫切问题，有着和任何在内容上有根据的因而也是合理的问题共同的命运：主要的困难不是答案，而是问题。因此，真正的批判要分析的不是答案，而是问题。”判断社会变革的时代不能以它的意识为根据，相反，这个意识必须从物质生活的矛盾中，从社会生产力和生产关系之间的现存冲突中去解释。只要按照事物本来面目及其产生的根源来理解事物，任何深奥的哲学问题都会被简单地归结为某种经验事实。因此，离开了产生问题的实践基础，问题就只能是虚假的空洞的概念。正因为问题之于时代、之于社会历史发展具有如此重要的地位，所以准确把握和解决时代与实践提出的重大问题，就成为当代中国马克思主义哲学义不容辞的历史使命。

（原文《学术化，还是反问题化？——对当前马克思主义哲学研究中一种学术思潮的辩证审视》，载《理论视野》2008年第5期，中国人民大学报刊复印资料《哲学原理》全文转载）

阮　青：中国社会不能承受之重——虚假价值研究和批判

虚假价值是价值学界研究的一个盲点。因为虚假价值是以真实价值的面目出现的，甚至比真实价值更容易实现，更容易形成轰轰隆隆的效果，也就更容易形成一种价值取向，引导着人们进行某种错误的价值追求。大量的虚假价值的存在，不仅极大地冲击了真实价值，甚至毁灭性地打击了真实价值；而且对于科学发展观的全面贯彻和落实、社会的安定和团结、经济社会的进步和发展、人民群众的物质文化生活需要的满足、广大共产党人理想和信念的坚定，也造成极大危害。

一般说来，价值是指主体需要与客体属性之间的效用关系。正价值与负价值、绝对价值与相对价值、真实价值与虚假价值则是从不同方面或角度来揭示这种效用关系的概念。真实价值与虚假价值都是一种价值形态，都表达了主体需要与客体属性之间的效用关系，因此才同样成为人们积极追求的对象。真实价值与虚假价值又有本质区别。从价值哲学一般理论来说，价值生成需要具备三个条件：一是主体具有某种需要；二是客体具备满足主体需要的属性、结构或功能；三是具有某种媒介能够把主体和客体联系起来，使客体满足主体的需要，价值关系得以生成。如何认识和把握这三个条件，就涉及到对价值主体的需要是否能够正确把握，对客体的属性、结构和功能能否客观认识，对客体满足主体需要的关系能否科学界定，在此基础上便形成了真实价值与虚假价值。真实价值所反映的主体需要是真实的、具体的，客体满足主体需要的属性、结构或功能是客观的、自在的，把主体与客体联系在一起的媒介是合规律性与合目的性的实践活动。因此，价值的实现过程就表现为随着主体需要与客体属性、结构或功能之间的效用关系的展开、丰富、深化而且日益展开、丰富、深化的过程，就表现为人的自由而全面发展的过程。虚假价值所反映的主体需要是虚假的、歪曲的，客体满足主体需要的属性、结构或功能是主观的、臆造的，把主体与客体联系在一起的媒介是缺乏科学性和现实性的随心所欲。因此，价值的实现过程尽管有时候是表面的轰轰隆隆，甚至似乎是满足了人们的某种需要，但是，如果深入其背后用科学标准进行评价，这种价值活动或价值追求恰恰阻碍了社会的进步，影响了人的自由而全面发展的进程。

形成虚假价值的原因是多方面的。从价值本质来看，一是主体对自身需要的把握不够准确；二是主体对满足自身需要的手段即价值实现手段运用不够正确；三是主体进行价值评价和价值选择的标准、程序不够科学合理。在当今中国社会条件下，消除虚假价值决不仅仅是价值观念领域的问题，而是一个牵涉到全社会政治、经济、文化等各个领域的问题，是一项浩大的系统工程。其中，快速发展社会生产力是消除虚假价值产生土壤的基础，推进制度现代化是消除虚假价值产生土壤的根本保证，实现人的现代化是消除虚假价值产生土壤的关键。

（原文《中国社会不能承受之重——虚假价值研究和批判》，载《理论学刊》2009 年第 6 期）

何建华：论列宁的政治伦理思想及其当代价值

在革命与建设进程中，列宁坚持批判性、实践性、创新性的原则，阐述了革命与道德、党性与良心的关系问题，丰富和发展了马克思主义的政治伦理思想。

首先，列宁坚持道德的历史性、具体性原则，从三方面为革命提供了伦理辩护。在革命的道德意义问题上，他批判了托尔斯泰、米海洛夫斯基和“路标派”思想家的观点，认为社会革命的目的是为了实现政治民主、社会自由、人民平等和人的自由全面发展，而绝非是民粹主义的“为了革命而革命”，它符合大多数人的利益，具有伟大的道德意义；在革命的手段问题上，列宁反对为了革命而摒弃道德，不赞成迷信暴力，反对把革命理解为欺骗，认为革命将促进个性的全面发展，使革命者成为一个真正正派的人；在革命的次序和性质等问题上，列宁既驳斥了考茨基等人提出的十月革命“早产”的论点，又认为十月革命尚未完成社会革命的任务，强调需要大力提高劳动生产率，深入开展“文化革命”，建设“共产主义道德”，加强民主的制度和机制建设，防范官僚主义和政治专制，使革命政权真正体现人民性。

其次，列宁坚持无产阶级政党是时代的光荣和良知的原则，从两方面阐述了马克思主义的政党伦理思想。一方面，无产阶级政党要实现时代性与人民性的统一。在革命时期，要反对沙皇专制、追求民主自由；反对暴政奴役，实现政治解放。在建设时期，要反对官僚主义，建设社会主义民主政治，特别要反对共产党员的狂妄自大、文盲的大量存在和贪污受贿。另一方面，广大党员干部要严格遵守政党的伦理规范，主要包括：说真话，不撒谎；反对空谈，崇尚实践，少唱些政治高调，发扬“求实精神”；发挥首创精神，树立“人人为我、我为人人”的新道德；善于学习、善于总结；公正无私、襟怀坦白、谦逊质朴、作风民主。

最后，列宁的政治伦理思想以其鲜明的批判性、实践性、创新性等特征而具有突出的时代价值。他批判了新康德主义、唯意志主义、非理性主义、无政府主义、自由主义、伦理社会主义等思潮；他坚持实践第一的原则，注重对伦理问题的实证研究，注重把政治伦理思想转换为群众实践；他在研究方法、研究内容、研究过程中坚持结合的原则，首次提出了“共产主义道德”理论，阐发了“人人为我、我为人人”的集体主义精神，论述了政治民主、个性自由等思想，从制度层面探讨了政治伦理的建设问题。

列宁的政治伦理思想不仅为俄国革命和建设提供了科学的价值引导、伦理支撑和道德动力，而且对当代中国现代化建设也具有一定的指导意义。

（原文《论列宁的政治伦理思想及其当代价值》，
载《中共中央党校学报》2009年第1期）

胡为雄：重新解读马克思的“上层建筑”概念

“上层建筑”概念在马克思的思想发展中占有重要地位，需要认真阅读马克思的文本方能准确解释。在解释时拟注意：

第一，上层建筑是一个比喻性概念。在汉语语境中，上层建筑一词的比喻性似乎消失了，但在西方学者眼中明显存在。例如，德国学者柯尔希纳等在《哲学概念词典》中说，“上层建筑：历史唯物主义有关国家、文化、社会意识、意识形态和政治的比喻性的集合名称，与基础（生产关系）相区别。”不过，马克思在借用上层建筑概念时对它作了新的规定。

第二，马克思在使用上层建筑概念时赋予的含义有重大变化。在《德意志意识形态》中首次使用上层建筑概念时，马克思从社会存在决定社会意识着眼将它规定在意识范围。在《〈政治经济学批判〉导言》中，马克思使用该概念时则将它限定在“法律的和政治的”结构意义上，这表明其意义重心已经发生转移、变化。这种意义重心的转移、变化在法文版《资本论》中得到加强，马克思在书中引述《〈政治经济学批判〉导言》中的那段话时将它删改成“社会的经济结构，是有法律的政治的上层建筑竖立其上的现实基础”。

第三，“法律的政治的上层建筑”属社会存在，不属社会意识范畴。不能把马克思有关上层建筑的话语简单罗列起来，把上层建筑分为思想上层建筑和政治上层建筑。更不能把政治上层建筑隶属于思想关系的范畴。正确的解释是，社会经济关系的变化引起政治关系的变化，同时影响人们的政治思想等等的变化。马克思所说的法律的政治的上层建筑所揭示的是社会关系、政治结构。

第四，上层建筑的具体形式随历史的演变而演变，其内容丰富多样。马克思不止是以资本主义社会为典型剖析了它的经济结构、政治结构和精神文化结构，他的目光更是向前伸展——指向了封建社会、奴隶制社会和更为远古的原始社会。在马克思看来，上层建筑处在伴随经济基础发展变化的历史延续过程中，其内在结构及各个相关的组成部分，其具体形式、性质和职能都历史地变化着。

第五，上层建筑与经济基础具有内在联系，其职能是为经济基础服务。从学术传统看，德国人认为政治经济学是一门系统地研究国家应该采取哪些措施和手段来管理、影响、限制和安排工业、商业、手工业，从而使人民获得最大福利的科学。德国这种学术传统为马克思借助政治经济学揭示建立在经济基础上的国家政权机构这种政治形式极有助益。正因为这样，马克思能够正确地揭示政治与经济的不可分割的联系，上层建筑对经济基础的服务功能。

第六，把上层建筑表述为政治结构，能更好地说明它在整个社会系统中的地位。《〈政治经济学批判〉导言》概括了两个系列的问题：社会经济结构这一现实基础决定法律的和政治的上层建筑；社会存在决定社会意识。这两大系列与物质生活、政治生活、精神生活三大类型有基本的对应关系：经济基础对应着物质生活；法律的政治的上层建筑对应着政治生活；社会意识对应着精神生活；而社会存在对应着整个社会生活。马克思将人类社会分析为经济、政治和精神文化三个子系统，开创了运用系统方法研究人类社会结构的新途径。

（原文《重新解读马克思的“上层建筑”概念》，
载《教学与研究》2008年第7期）

刘毅强：邓小平“不搞争论”思想探析

(一)“不搞争论”符合马克思主义认识论

邓小平发明的“不搞争论”思想，蕴涵四点实践观点。一是实践优先，不要搞脱离实际的抽象的空洞的无谓争论，只有实践才能转变人们的观念，冲破传统理论的束缚，摆脱离开中国现实的抽象争论。二是实践探索，“改革是一场试验”，“我们现在做的事情都是一个试验”，“是一个伟大的试验”，“从世界考察角度讲，也是一个大试验”，是探索“一条新路”、“一条好路”的试验。三是实践勇气，“看准了的，就大胆试大胆闯。”“看准了的”，就是主观符合客观，理论与实际相一致，就是“解放思想、实事求是”。四是实践标准。一个政策、一项措施，一个决策，判断它们是不是实事求是，是否正确，我们拿什么作标准，用什么去衡量它们呢？标准只有一个，那就是实践。

邓小平把实践当作人的全部历史活动的基础和出发点，强调了实践是最有说服力的，争论不能解决实际问题，重新确立了实践在马克思主义哲学中的核心地位。

（二）“不搞争论”凝聚党的若干历史经验

建国后，我们党的历史上有两次大争论：一次是与苏联的争论，谁是修正主义？结果是“一风吹”；另一次是“文化大革命”中关于无产阶级与资产阶级、社会主义道路与资本主义道路的争论，结果是对“文化大革命”的彻底否定。邓小平作为这两次争论的“当事人之一”，由此取得了“不搞争论”的发明权。

20世纪60年代初，中苏这种意识形态原则的尖锐争论，其后果对中苏双方都是灾难性的。在我国的影响是按照阶级斗争思维惯性处理党内的意见分歧，强调阶级斗争必须是“年年讲、月月讲、天天讲”，时刻警惕我们身边的“赫鲁晓夫式”人物，最终导致“文化大革命”的十年浩劫；对苏联来说，争论的后果是推动了思想理论和政治、经济体制的日趋僵化。在一定意义上说，中苏论战实际上成为推动苏联最后发生剧变的一个不可忽视的因素。邓小平论及中苏争论时说：“经过20多年的实践，回过头来看，双方都讲了许多空话。马克思去世100多年，究竟发生了什么变化？在变化的条件下，如何认识和发展马克思主义，没有搞清楚。”邓小平总结了中苏争论讲“空话”的历史教训，深刻分析了现实条件下社会主义和资本主义的新变化，由此开创了中国特色的社会主义崭新道路。

（三）“不搞争论”成为改革开放的一项基本政策

邓小平很善于运用自己的政治智慧把“不搞争论”落实在改革开放的实践过程中。一是“不搞争论”，“允许看”。改革是一项崭新的事业，对改革项目的提出，改革措施的实施，改革内容的深化，由于会触及到不同的利益群体，就会产生不同的观点和不同的意见，这是正常的。基本政策就是“允许看，但要坚决地试”。中国农村改革就是在“允许看”的氛围中起步的。1992年初，邓小平在南方谈话总结改革开放的历史时，深有体会地说，“我们推行三中全会以来的路线、方针、政策，不搞强迫，不搞运动，愿意干就干，干多少是多少，这样慢慢就跟上来了。”“允许看”，就是承认人的认识程度有差别，不同的社会人群对新事物接受是有区别的，承认认识区别是为了使改革开放减少阻力，最后在实践的过程中统一认识和行动，在全社会逐步形成坚持改革开放、坚持党的基本路线“一百年不动摇”的整体合力。二是“不搞争论”，“拿事实来说话”。对于改革开放，不仅有持观望态度的，还有对改革开放政策持怀疑和否定态度的人。在农村改革的初期，人们就有各式各样的疑问和担心。有人说“辛辛苦苦几十年，一夜退到解放前”，有人说“包产到户是搞资本主义”。对此，邓小平说，“有一些人感到不顺眼，我们的做法是允许不同观点存在，拿事实说话”，“我们不能拿空话而是要拿事实来解除他们的这个忧虑，并且回答那些希望我们变成资本主义的人。”创办经济特区，一开始也有不同意见，有人担心是搞资本主义。邓小平两次亲自来到深圳经济特区，用“深圳的建设成就，明确回答了那些有这样那样担心的人。特区姓‘社’不姓‘资’”。正是在邓小平“拿事实来说话”的方法疏导下，全党全国人民逐渐领悟到十一届三中全会以来党的路线、方针、政策的正确，通过实践逐步统一人们的认识。

（原文《邓小平“不搞争论”思想探析》，载《理论学刊》2008 年第 1 期，人大复印资料《邓小平理论、“三个代表”重要思想》2008 年第 4 期全文转载）

段培君：“以人为本”的规律论意义

“以人为本”的规律论意义，首先体现为人的价值需求在社会发展中的某种前提性。在这一意义上，马克思关于“人们首先必须吃、喝、住、穿，然后才能从事政治、科学、艺术、宗教等等”的思想，需要理解为一种社会价值规律。首先是人的价值需求和自然条件，然后才是以此为前提的“直接的物质的生活资料的生产，从而一个民族或一个时代的一定的经济发展阶段，便构成基础”。“我们首先应当确定一切人类生存的第一个前提也就是一切历史的第一个前提，这个前提就是：人们为了能够‘创造历史’，必须能够生活。但是，为了生活，首先就需要衣、食、住以及其他东西。因此第一个历史活动就是生产满足这些需要的资料，即生产物质生活本身”。人的价值需求构成了历史活动的第一个前提。这种前提性也体现为人的实践活动的动力性。每个人的价值需求以及实现这种需求的人的力量的聚积将形成巨大的合力，构成创造历史的动力。中国改革开放 30 多年的历程其根本立足点是要解决人的基本需求问题，让中国人民富起来，让国家综合国力强起来。从“三个有利于”到“以人为本”，都体现了重视和落脚于人的价值需求的特点，反映了在历史的进程中围绕价值需求展开实践的重要性。

“以人为本”的规律论意义，其次体现为人的价值需求的全面性和价值实践进程的全面化趋势。“促进人的全面发展”是这一意义在实践层面的反映。从强调“物质文明建设和精神文明建设两手抓”，到“经济建设、政治建设、文化建设”三位一体，到“经济建设、政治建设、文化建设和社会建设”的总体战略布局，以及目前形成的“富强民主文明和谐”的基本价值目标体系，反映了价值体系逐步全面化的趋势，体现了“人的全面发展”的客观要求。

“以人为本”的规律论意义，也体现为人在社会发展中的主体性。价值需求的满足、价值目标和途径的确立、价值目标的实现都依赖于人的主体性的发挥和主体地位的确立。农村改革确立了农民作为生产经营者的主体地位，解放了生产力。城市企业改革使民营企业登上舞台一展身手，同时也使国有企业获得了新的生机活力。随着创新在全球的推进，人本身在经济社会发展中越来越成为一种特殊的资源和力量。在此意义下，当代经济社会发展规律需要通过“以人为本”进行新的阐述。

“以人为本”的规律论意义，还体现为人的价值活动和价值实现的历史性。人的价值需求的满足和人的自我价值的实现，是价值的现实化过程，也是实践的深化过程，因而是一个历史性过程。这种历史性体现于价值活动结构对物质条件的依赖上，体现于价值之间的互动关系和价值全面化进程中，体现于人作为价值主体的发展进程中，还体现于价值实践效果的阶段性发展方面。“以人为本”的这一意义，要求把握价值活动的现实条件、价值实现的相对性和不断进取的必然性，从而能够使“以人为本”的历史进程不断取得成果。

主要观点：提出了“以人为本”不仅是价值论的命题，而且在一定意义上也是规律论的命题。其作为社会一般价值规律的内涵可以理解为，社会发展是人的价值确立、建构、实践和实现的客观进程，该进程的规律性体现为人的价值需求的前提性、人的价值需求的全面性和价值实践进程的全面化趋势，体现为人在价值实践中的主体性，以及人的价值活动和价值实现的历史性。

（原文《“以人为本”的规律论意义》，载《学习时报》第 467 期理论版，2008 年 12 月 22 日）

庞元正：创新实践与马克思主义哲学当代化

该文认为，实践的观点是整个马克思主义哲学最基本的观点，因此，马克思主义哲学的当代化既不能离开对当代人类实践发展的研究，更不能离开在此基础上对马克思主义哲学实践观点的发展。作者指出，所谓创新实践，是指那些通过对事物规律、属性、关系的新发现或新运用，能够比先前的实践更能有效认识世界和改造世界的实践。常规实践则是指那些运用事物已被发现了的规律、属性和关系，按照先前已有的规则和范式进行的实践。创新实践较之于常规实践，更能体现实践的能动性和创造性，更能拓展人类认识世界的深度和广度，更能体现实践改造世界、满足人类需要的功能。有鉴于此，作者结合当代人类实践的新发展，在深入挖掘马克思实践思想的基础上，提出创新实践的观点。作者认为，开展对创新实践范畴的研究，不仅是马克思哲学思想研究中不容忽视的重要内容，而且是推进马克思主义哲学当代化的一个关键环节，同时也是实现马克思主义哲学当代化的重要路径选择。

（原文《创新实践与马克思主义哲学当代化》，
载《哲学研究》2009年第7期）

胡 卫：平权措施背后的哲学争论及其对构建和谐社会的启示

平权措施（affirmative action）是指为了消除歧视，促进社会公正和机会平等给予妇女、少数族裔、社会弱势阶层差别性优待的政策措施，这些优待措施涉及就业、教育、医疗卫生等多个领域。平权措施一词最先见于1961年美国总统肯尼迪（John F. Kennedy）签署的10925号行政命令，该命令规定所有联邦政府的承包商必须“采取平权措施以保障这些企业在雇佣员工时不因他们的种族、宗教、肤色，或者民族而产生歧视”。

平权措施自其产生之日起就饱受争议。1961年后，平权措施逐渐成为一个焦点的政治议题。对于肯尼迪之后的历届美国总统来说，任何一项平权措施政策都可能引起政治分歧，但身为总统又不得不对这一议题做出明确的表态。

平权措施首先得到哲学理论的支持。20世纪70年代初，美国哲学进行了一场“公共性转向”的运动，哲学家们开始由原先的“概念分析”和“元伦理学”研究转向政治理论、宪政体制和社会政策的研究。1971年，罗尔斯（John Rawls）发表正义论，全面系统深刻地论证了自由与公平、个人与国家、机会与结果等广泛的社会政治问题，为西方社会重建“公平正义”的道德体系构建了理论基础。罗尔斯主义者主张，由于美国历史上的奴隶制和种族隔离制，长期以来黑人不享有公民权利和政治权利、不能进入主流社会。现在国家有责任实行照顾或政策倾斜，保障黑人获得与其他人一样成功的机会。另一种支持平权措施的理论是多元文化主义（multiculturalism）。它主要指对不同文化和不同种群充分尊重，注重不同社群的充分代表性。多元文化主义在政治哲学上受到泰勒的“政治承认”说和解构主义的影响。

平权措施推出之后，各项计划得到了有效的实施，但同时引发了自由派和保守派两方的持久争论。平权措施的反对者认为，现实中很难找到法律意义上的奴隶制和隔离制的真正受害者。平权措施以族裔和肤色为基础把少数民族权利置于公民权利之上，这本身背弃了“人生而平等”的原则，违反了美国宪法。“平权措施”使就业和就学活动中的种族因素高于个人的能力、才干、性格等因素，使个人的成功依赖于种族因素而不是依赖于勤奋和努力。这损害了以个人奋斗为基础的美国精神，同时使少数族裔滋长不劳而获和低人一等的观念。反平权措施的主张实际是诺齐克（Robert Nozick，1938—2002）的权利正义论在社会政策层面的反映。诺齐克以个人的持有权为根本点，认为凡干涉这种持有权的任何模式化或目的原则都是不可取的。

我国当前正处于构建社会主义和谐社会的关键时期，平权措施引发的一系列争论，特别是对于公平原则与相关标准的争论，对我们的和谐社会建设事业有着深刻的启迪。它至少提醒我们，尽管全社会对于公平正义已经达成共识，但对于其实施的原则和标准却可能存在不同意见，这需要在不断地讨论和博弈中达成进一步的共识。

主要观点：平权措施之争说明，平等是一个历史范畴，尽管公平正义作为一种理念已经被广泛接受，但是对于这一理念的实施原则和操作标准却存在一系列的分歧。西方提出“自由、平等、博爱”之后，历经数百年，依然问题重重，远没有达到理想境地。中国要实现和谐社会不可能一蹴而就，更不可能一帆风顺。实现公平正义还有一条很长、很艰难的路要走。

（原文《平权措施背后的哲学争论及其对构建和谐社会的启示》，载《湖南社会科学》2009年第6期）

杨信礼：社会规律：客体性与主体性的统一

在社会历史领域内进行活动的，是具有意识的、经过思虑或凭激情行动的、追求某种目的的人。任何事情的发生都不是没有自觉的意图、没有预期的目的，“历史不过是追求着自己目的的人的活动而已。”实践作为人类自我创生、自我肯定、自我发展的方式，是人类社会存在和发展的深刻基础，是社会生活的本质。社会历史规律并非某种预成的和永恒不变的东西，而是在人类实践中形成和展现的。

社会规律具有客观性。社会规律尽管是人类有意识有目的、能动创造的实践活动规律，但其属人性并不是其客观性的否证。人类的物质生产受自然环境与社会历史条件的制约，尤其是受既定的、先前已经获得的生产力的制约。在物质生产基础上形成的生产力与生产关系、经济基础和上层建筑的矛盾运动既内在于人的实践活动，又不以人的意志为转移。历史过程中的决定性因素归根到底是现实生活的生产和再生产，历史发展的必然性、规律性就是经济运动对于社会发展行程及其基本趋势的根本制约性。但经济因素并非决定历史行程的唯一因素。政治条件、自然环境、历史文化传统等都对社会历史发展起着一定制约作用。经济必然性不是脱离人类实践的孤立的实体，不能脱离政治、文化、社会乃至自然因素而独立发挥作用。经济必然性本身就具有社会历史性，以经济必然性为基础的历史必然性因而也就具有了总体性特征，它实际上是经济、政治、文化、社会、自然环境等诸因素交互作用的产物。社会规律具有主体选择性。历史必然性、规律性本质上是人的实践活动的必然性和规律，而人的实践作为有目的有意识的、自觉能动的感性物质活动，其本身就是基于对主体、客体以及主客体之间的关系的认识而从事的有选择的活动。由于受主体与客体、历史与现实、内部与外部诸多因素的影响，社会发展的可能性趋势是多维的。社会历史将沿着哪一种趋势前进，取决于人的选择。选择作为人的主体能动性和创造性的突出表征，成为社会发展的关键性环节。在此，人的需要是选择的内在动力，人的价值观念是选择的坐标尺度，人的认识能力和实践能力则使所选择的路向变为现实的社会运动。主体选择在社会发展中起着关键性作用，但选择不是主观任意的，而是受客观历史条件制约：其一，选择以一定的客观条件为基础；其二，主体选择是在由多种趋势构成的可能性空间中进行的，而可能性空间的形成具有客观性和必然性；其三，任何特定主体的选择都要受到其他主体的制约；其四，主体选择受人的素质、能力等自身状况的影响。

社会发展规律是客体性与主体性、历史必然性与主体选择性的统一。在当代中国，坚持这个基本理论，首先，要立足基本国情，把握阶段性特征，制定和选择正确的发展战略和发展模式。其次，要坚持历史尺度和价值尺度的有机统一，正确处理效率和公平的关系，经济社会发展与人的发展的关系，努力促进经济社会与人的全面发展以及社会公平正义的实现。最后，要培养社会的人的一切属性，努力提高国民素质。人既是社会发展的价值主体，亦是社会发展的核心动力。人的发展的全面性和丰富性与社会发展的全面性和丰富性是互为因果的。经济社会全面协调可持续发展，为人的自由而全面的发展创造了客观条件；而人的自由而全面发展，人的思维方式和价值取向的现代转换，人的认知能力、实践能力、审美能力的提高，人的文明的思想观念和生活方式的养成，则是经济社会全面协调可持续发展的主体条件。只有努力提高人的主体素质和能力，才能在合规律性和合目的性的自觉选择和能动实践活动中，实现经济社会的全面、协调、可持续发展。

（原文《社会规律：历史必然性与主体选择性的统一》，
载《学习时报》2009年7月6日）

靳凤林：民族主义政治伦理的道德悖论

笔者在本文中试图就民族主义政治伦理存在的道德悖论从以下四个层面予以深入剖析。

（一）民族主义的发生学起源和历史进路

要对民族主义政治伦理这一既十分敏感又极端复杂的政治问题做出深入说明，必须对民族主义现象的发生学起源予以深入剖析。从发生学的角度看，古代民族是在人类结束群婚制的蛮荒状态后，伴随家庭、私有财产和社会分工的出现，在共同的历史渊源、共同的生产方式、共同的语言文字、共同的文化传承、共同的风俗习惯和共同的心理认同的基础上逐步生成的，它经历了由血缘氏族部落到地域部落，再到部落联盟，最后形成大小不等、特征各异的民族，古代中国、印度、埃及等国的民族大都经历了这一过程。民族主义（Nationalism）则特指各种族裔的民族群体坚持斗争以保持其独特认同特征和自治、自强要求的持久性思想潮流。

世界范围内的民族主义运动自生成至今，大致经历了前后相继的五个主要历史阶段：第一阶段是17世纪民族国家的生成阶段；第二阶段是18—19世纪欧洲强势民族迅猛扩张的时期；第三阶段是20世纪上半叶民族斗争活跃时期；第四阶段是20世纪50—70年代二战结束后美苏争霸的冷战时期；第五阶段是20世纪80年代至今的民族分离主义运动时期。

（二）民族主义政治伦理的核心要素

笔者将民族主义政治伦理的核心要素概括为以下四个方面：首先，它高度热爱本民族的文化传统；其次，它十分强调对本民族性格特质的认肯；再次，它充分肯定对民族自尊的维护；最后，它永不放弃对民族自强的不懈追求。

（三）民族主义政治伦理的天然缺陷

民族主义政治伦理除了具备上述优秀道德特质外，从其产生之日起，就具有天然性道德缺陷，这就是与国际人道主义政治伦理的持久摩擦和冲突。此类道德冲突集中表现为两种形式：一是民族沙文主义道德观；二是狭隘民族主义道德观。

（四）民族主义政治伦理的当代论争

为不被当今世界民族主义政治运动现象所迷惑，还需要对国内外学术界围绕民族主义政治伦理实践而生成的各种理论分歧获得清晰的认识，笔者将与之有关的主要理论争议概括为以下六个方面：（1）世界主义普世伦理与民族主义政治伦理的二元张力；（2）民族利益与国家利益的对立统一；（3）国家民族主义伦理与少数民族权利的矛盾冲突；（4）民族主义伦理与极权主义伦理的内在关联；（5）自由主义民族主义伦理与族裔民族主义伦理；（6）民族主义发展的非均衡性和民族主义政治伦理作用的极端复杂性。

综合以上四个方面的论述，我们可以看出，无论当代世界如何变化，民族之间的互动状况，民族主义政治运动的升沉荣枯，都将对国际社会的政治格局产生重大影响，同时也为民族主义政治伦理的未来发展留下充满变数的思想空间。

（原文《民族主义政治伦理的道德悖论》，
载《中共中央党校学报》2009年第3期）

刘余莉：中国特色社会主义理论体系的思想来源

马克思主义来自于英国的古典政治经济学、法国的空想社会主义和德国的古典哲学，同样，中国特色社会主义理论体系也有一个思想来源的问题。马克思主义、特别是其实践观和群众观、中国优秀传统文化和当代人类一切文明进步的理论成果，构成了中国特色社会主义理论体系的思想来源。

中国特色社会主义是马克思主义与本国国情相结合的产物。中国的国情有两个特点：一是有着五千年悠久历史和文化的文明古国；二是一个发展中的社会主义大国。因此，中国特色社会主义理论体系的形成，离不开对中国优秀传统文化的继承与发展。换言之，中国的优秀传统文化构成了中国特色社会主义理论体系的一个重要思想来源。这是因为，一方面，中国特色社会主义理论体系体现的治国理念，与中国传统文化中的治国理念是相传承的：在儒家那里，一定的经济发展水平，是实现和谐社会的物质基础；但是同时，儒家也看到，仅仅提高人民的物质生活水平对于实现和谐社会远远不够，因为它不会自然而然地带来道德的进步、精神的充实和社会的和谐。所以，孟子说："饱食、煖衣、逸居而无教，则近于禽兽"（《孟子·滕文公上》）。我们党在提出构建和谐社会的目标后，随即就提出了要树立社会主义荣辱观和构建社会主义核心价值体系的要求，这正是继承了儒家"富之，教之"治国理念的结果。另一方面，把社会和谐作为中国特色社会主义的本质属性，也正是借鉴了中华文化的结果。"和"是中国传统文化的核心内容之一。而这种和谐包括了身心和谐、人际和谐、天人和谐及协和万邦等内容，这也是十六大以来我们提出的一系列重大理论的思想来源。因此，胡锦涛总书记在耶鲁大学的讲话中提出："科学发展的理念是在总结中国现代化建设经验，顺应时代潮流的基础上提出来的，也是在继承中华民族优秀文化传统的基础上提出来的……现代中国强调的'以人为本，与时俱进，社会和谐，和平发展'，既有着中华文明的深厚根基，又体现了时代发展的进步精神。"在这里，实际上肯定了中国优秀传统文化是中国特色社会主义的重要思想来源之一。

从马克思主义、中国优秀传统文化和当代人类一切文明进步的理论成果这三个方面来理解中国特色社会主义理论体系的思想来源，才不会割断历史，才不再是从马克思主义经典作家的只言片语中去寻找对现实问题的解释，而是随着实践的发展不断地丰富我们的理论，使中国特色社会主义理论成为一个不断发展的、越来越开放的体系。

（原文《中国特色社会主义理论体系的思想来源》，载《天津行政学院学报》2008年第1期）

杨玉成：科学知识生产和传播的经济学分析

自20世纪70年代以来，以“社会建构主义”为代表科学知识社会学（或称新科学社会学）发展势头迅猛。传统的科学社会学主要限于对科学家群体进行社会学研究，不考虑科学知识或科学的内容。而科学知识社会学则要进一步对科学的内容作社会学分析，运用社会学的理论和方法，把科学知识的生产、建构或制造作为一种社会现象加以分析和探讨，并且在认识论上对“科学”采取相对主义的立场。尽管科学知识社会学派系分化，各派所持的观点不尽相同，但它们有一个共同的主张：科学知识的内容不是对自然界的描述，而是社会性地建构出来的。所谓“社会性地建构起来”表示社会因素渗透到科学知识的生产当中，渗透到科学知识的内容当中，而社会因素往往是主观的、相对的、变动不居的，它们对科学知识的渗透使得科学知识的客观性和真理性被“大打折扣”。科学知识社会学过分强调社会因素在科学知识生产中的作用，甚至把社会因素看作是科学知识生产的决定性因素，这有可能导致极端的相对主义倾向，有可能从根本上彻底抹杀各种科学知识的客观内容和存在基础，从而对科学知识的合理性构成严峻的挑战。

在西方学界，对科学知识社会学的“相对主义挑战”有许多学理上的回应，其中近年产生的所谓“科学知识经济学”的回应较有力度。科学知识经济学把科学知识作为经济分析的对象，它在吸收和借鉴科学知识社会学某些观点的基础上，对科学知识生产和传播机制进行较为深入的研究。众所周知，经济学家们一直关注这样的问题：追求自利的理性经济人的行为，如何能够在某些制度结构约束下带来合乎社会需要的结果？与此相似，科学知识经济学家所关注的核心问题是：“在认识论上有污点的”代理人的认知行为，或者更确切地说，受社会因素影响的科学家的认知行为，如何能够在某些制度结构约束下，给我们带来认知上正确的材料？如果科学知识经济学家能够证明，在认识论上有污点的代理人仍然可能给我们提供认知上正确的材料，那么，相对主义对科学知识合理性的威胁就可以被消除。尽管科学知识经济学家的论证路径不同，但知识增长对“认知的多样性”要求在他们的论证中都扮演重要角色。科学知识经济学家的基本思路是：受各种社会因素影响的科学家能够给我们提供多种多样的认知材料，其中只有一些可靠的知识材料能经受科学知识生产的社会竞争过程的考验。由此看来，社会因素的渗透并不会威胁社会所接受的科学知识的客观性，反而有利于认知材料的多样性，有利于科学知识的增长。因此，对于科学知识生产而言，关键在于社会竞争过程的制度安排。有效的制度安排不仅能够保证认知的多样性，也能够保证科学知识的客观性。

无论是在理论上还是在实践中，科学知识经济学对我们都有重要的启发意义：就理论意义而言，科学知识经济学的重要性在于应对科学认识相对主义对科学知识合理性的挑战，其结论是社会因素对科学的真理性和客观性的威胁并不值得过分忧虑，关键的因素是我们的科学知识生产的制度安排；就实践意义而言，科学知识经济学明确以经济学术语描述科学知识的生产和传播，把来自新制度主义经济学、非合作博弈论、信息理论等领域的概念付诸应用，它对科学知识的生产和传播机制的阐述对于制定科学政策有着重要的启发意义。

主要观点：科学知识经济学的分析表明，只要制度安排合理，社会因素对科学的真理性和客观性的威胁并不值得过分忧虑，这种分析有利于我们应对相对主义对科学知识合理性的挑战。

（原文《科学知识生产和传播的经济学分析》，载《自然辩证法研究》2009 年第 3 期）

任俊华：人类中心主义、超人类中心主义和反人类中心主义——儒、道、佛学之生态伦理思想比论

我们冷静地反思人类中心主义、反人类中心主义和超人类中心主义的生态伦理思想，都可以在中国传统伦理文化中寻觅出类似的思想渊源和哲学基础。

儒家从现实主义的人生态度出发，强调万物莫贵于人，在人与万物的关系上所持的态度显然是人类中心主义的。但是在坚持“人为贵”的立场上，如何处理人与自然的关系，却与西方的功利型人类中心主义有区别，笔者称之为仁爱型人类中心主义。儒家重视人类的利益，但从儒家的创始人孔子开始就强调以“仁”立学，主张“天下归仁”，既对人类讲“仁爱”，也对万物讲“仁爱”。从孔子、孟子、荀子、董仲舒到宋明理学，对待万物所持的态度都是以“仁爱”为基本立场的。儒家将仁爱的道德情感与责任情怀纳入爱护天地万物的实践之中，对当今的环保教育和环保工作皆有借鉴作用。

道家学派的生态伦理思想也是十分突出的。道家创始人老子，明确提出了“人法地、地法天、天法道、道法自然”和“道常无为而无不为”的无为型超人类中心主义生态伦理观，将天、地与人同等对待，提出：“道大、天大、地大、人亦大”的生态平等观，把人看作是大自然的一部分，大自然由“道、天、地、

人”四大元素构成，这样就具有了一种既非人类中心主义又非反人类中心主义的“四大皆贵”的生态伦理观。道家“四大皆贵”的无为型超人类中心主义的生态伦理思想，主张顺着自然万物固有的本性及其周围的条件，以不胡乱作为的方式去实现人与自然的和谐的思想，受到当代西方环境保护主义者的高度重视，这说明其有许多可取之处。

从尊重生命的价值出发，佛教提出了一系列戒律，要求佛教徒“不杀生”、“放生”和“吃素”，反对任意伤害生命，这样就从理论到实践形成了一种反人类中心主义的生态伦理观。而且，由于佛教要求破除人类中心主义的“迷妄”（阿部正雄语）和对事物包括对生命的执著，以“无我”的胸怀应对大千世界。这就从精神上彻底破除了人类自身的优越感和征服自然的统治欲。这种“破妄”型反人类中心主义的生态伦理观受到非人类中心主义生态伦理学家的普遍称道，如曾担任美国环境伦理学会会长的罗尔斯顿把佛教尊重生命、众生平等的生态伦理思想看作是建立一种关心自然价值的生态伦理学的深刻理论基础。

本文把三家按“儒、道、佛”顺序排列，表明了其在对待自然和生态环境的基本立场上的一种递进关系，即从人类中心主义、超人类中心主义到反人类中心主义的三种立场。儒、道、佛三家生态伦理思想作为东方古代文明的成果，有其不可替代的理论价值。它们虽然是古代农业文明的产物，带有朴素直观和直觉体悟的色彩，但是，其追求人与自然和谐的生态平衡理想境界，反对破坏自然资源和爱护生态环境的情怀、举措，从生态伦理的角度来分析，其积极因素是多于负面作用的。

综观儒、道、佛三大家的生态伦理思想皆有理论优点和弱点，任何一家的思想都不可能为当今生态伦理学的理论建构所完全采纳。只有结合当代西方各派生态伦理学研究的积极成果，整合其理论优点，才能做到古为今用、推陈出新。

主要观点：本文通过揭示儒、道、佛生态伦理思想的基本要点，指出，儒家是一种仁爱型的人类中心主义生态伦理观；道家是一种超人类中心主义的无为主义生态伦理观；佛家是一种破妄型反人类中心主义的生态伦理观。这对当代持三种不同立场的生态伦理学说，即人类中心主义立场、反人类中心主义立场和超人类中心主义立场的生态伦理学的深入论争，以及为妥善处理好人与自然的关系问题提供了可供借鉴的、极有价值的道德文化资源。

（原文《人类中心主义、超人类中心主义和反人类中心主义》，载《理论学刊》2008年第11期）

第八部分 获奖情况

一、杨信礼教授的著作荣获中央党校 2007 年度科研优秀成果奖

2008 年 9 月，杨信礼教授的《科学发展观研究》（人民出版社 2007 年版）荣获中央党校 2007 年度科研优秀成果奖。

二、郭大为教授的译著荣获中央党校 2008 年度科研优秀成果奖

2009 年 9 月，郭大为教授的译著《康德的〈纯粹理性批判〉——现代哲学的基石》（人民出版社 2008 年版）荣获中央党校 2008 年度科研优秀成果奖。

三、董振华副教授荣获中央党校 2008—2009 学年教学优秀奖

2009 年 9 月，董振华副教授荣获中央党校 2008—2009 学年教学优秀奖。

第九部分　学科前沿报告

哲学学科前沿报告

哲学部课题组

对近年来我国整个哲学学科的进展及前沿问题的研究状况进行描述是一个宏大的课题。这里仅概述几个主要方面的问题。

一、当代中国哲学的哲学自我理解

什么是哲学？这是全部哲学的基础和核心问题。它体现哲学的自我认知和自我理解，体现哲学的自我意识和理论自觉。对这个问题的不同回答，构成不同的哲学观，展示不同的哲学学说和哲学派别的分野。全部哲学的发展以此问题为引导，又不断回归到此问题。可以说，全部哲学研究进展及其成果最后都升华、凝聚和集中体现为对哲学本身获得的新理解、新认识，升华、凝聚和集中体现为哲学观的深化和进展。在此意义上，一部哲学史，就是一部对“什么是哲学”这一问题不断作出新的解答又不断提出新的追问的历史。

在某种意义上，近年来，当代中国哲学发展的成果也集中体现在对“什么是哲学”这一问题的理解和认识之中。

在当代，由于认识重心的嬗变和迁移，加之哲学对象的广博性和复杂性，以及主体自身认识视域的多元性和多样性，对哲学的理解可谓色彩纷呈。虽然早在古希腊，人们就已经提出有关哲学的普遍的、且较为经典的界定，即把哲学理解为“智慧”或“爱智”的学说，但是，对于“智慧”或“爱智”，人们却仍然可以基于不同的历史条件和不同的视角作出完全不同的理解、解释和界定。于是，后来的哲学家们就依据新的历史条件和新的实践经验，通过不断对哲学进行新的反思、概括和总结，提出各种新的定义或界说。

曾有学者把当代哲学对哲学的理解归纳为 8 种主要的类型，即普遍规律说；认识论说；语言分析说；存在意义说；精神境界说；文化样式说；文化批判说；

实践论说[①]。对哲学观的主要类型做出的另种近似的概括和描述是：（1）“形而上学说”。该观点认为，人类的最高智慧在于把握一切可感觉事物背后的终极原因和原则，哲学就是关于“作为是的是”的科学；（2）“世界观方法论说”。该观点认为，哲学的智慧在于获得关于世界人生的普遍性知识和规律性认识，构建或表达关于世界或宇宙整体的完整而系统的观点、观念和一般方法；（3）“认识论说”。该观点认为，上述说法难以避免独断论的结果，哲学事实上只能提供人类认识和把握世界的方式、过程及其成果的理论前提和根据，所以哲学就是认识论；（4）“思维方式说”。该观点更进一步把智慧归结为人的思维能力、方式和方法，把哲学看作是关于人的思维方式的学说；（5）“价值观念说”。该观点则基本否定了智慧中的知识化取向，而是强调：哲学不同于具体科学的使命和意义——不在于提供知识，而在于提供并说明人类应有的价值观念系统；（6）“文化批判说”。该观点与价值观念说相近，但它更注重强调：哲学的智慧在于对社会历史和文化的综合考察、批判、超越和重新建构；（7）“人生境界说”。该观点把重点放在哲学与人生的直接联系上，认为哲学是思考着、追求着的人生所具有的一种自觉的高尚的精神境界；（8）“语言分析说”。该观点主张摈弃抽象玄远的解释方式，抓住人类思想和智慧的载体——语言进行实证的分析和操作，认为这才是哲学的本质面貌[②]。应该说，这些概括和描述大体展示了当代哲学家们对哲学的理解和体认，反映了当代哲学自我认识和自我理解的实际状况。

近年来，哲学家们在反思当代中国哲学发展以及借鉴当代西方哲学成果的基础上，也尝试对哲学作出新的理解和界定，提出了一些值得注意的观点。

1. 哲学是关于人对世界的态度或人生境界之学。综合中西哲学史上种种对哲学的界定，也通过对这些界定的发展过程和趋势的审视，应把哲学界定为以进入人与世界融为一体的高远境界为目标之学。这一界定，意在把中国传统哲学的人与万物一体的思想和西方现当代关于人与世界融合为一的思想同西方近代的主客关系的思想结合起来。所以，这种境界不是抛弃主客关系，而是需要和包括主客关系却又超越之；不是不需要知识和规律性、必然性，不是“弃智”，而是需要广泛的知识和规律性、必然性而又超越知识和规律性、必然性；不是不要功利追求，而是既讲功利追求而又超越功利追求。总之，这种境界不是单纯精神上的安宁或精神享受，而是对人世间一切现实活动的高远态度。[③]

2. 哲学是一门特殊的人文学科。为了阐明哲学的人文学科的特殊性质，首

---

① 孙正聿：《哲学通论》，辽宁人民出版社 1998 年版，第 27 页。

② 李德顺：《什么是哲学？——基于学科与学说视野的考察》，《哲学研究》2008 年第 7 期。

③ 张世英：《哲学导论》（修订版），北京大学出版社 2008 年版，第 7 页。

先必须明确人文学科与科学的根本区别。这种区别主要有三个方面。

第一，旨趣不同。一切科学，包括自然科学和社会科学，其目的都是要揭示对象的性质和规律、获取关于对象的尽可能普遍的知识，其所要回答的主要是对象“是什么”、“怎么样”“为什么”等问题。与此相反，人文学科的根本目的不是要获取关于对象的知识，而是要探寻人的生存意义、人的价值及其实现问题，由此表达某种价值观念和价值理想，从而为人的行为确立提供某种价值导向，其所要回答的主要是对象“应如何”的问题。可以说，科学是一种纯粹的知识体系，一切科学都是一种“物学”，而人文学科则是建立在一定知识基础上的价值体系，一切人文学科都是一种“人学”。

第二，致思方向不同。科学在研究对象时总是致力于“抽象化”或“普遍化”，也就是说，它总是致力于把个别事实归结为某种规律的作用和表现，并把特殊规律提升为一般规律，从而抽象出越来越普遍的规律，获取关于对象的越来越普遍的知识。与一切科学致思方向不同，人文学科在研究对象时总是致力于“具体化”或“个别化”，它强调和珍视各种个别的东西、富有个性特色的东西、独特的东西的价值，并借此来开掘人的生存的丰富的意义。

第三，思维方式不同。各门科学都以探寻对象的性质和规律、获取关于对象的知识为己任，这样一种旨趣决定了一切科学的思维方式都必然是实证的。与此不同，人文科学的旨趣在于表达一定的价值观念或价值理想，因而它的思维方式不可能是实证的，尤其是哲学的思维方式。

上述三个方面是各门人文科学区别于自然科学和社会科学的共同规定性，其中，第三个方面又体现出哲学区别于其他人文学科的特殊规定性，它们共同构成了对“什么是哲学”这一问题的理解和解答。因此，如果一定要给哲学下一个定义，那么可以说，哲学是一门特殊的人文学科，是旨在表达某种价值观念和价值理想的人学，是以反思的方式对人的生存意义、人的价值及其实现问题的理性把握。①

3. 作为学科的哲学和作为学说的哲学。应该区分作为学科的哲学与作为学说的哲学。学科与学说是既相互联系又彼此区别的概念。所谓“学科”，是指按知识和科学的分类标准划分出来的一个个相对独立的领域。各个学科是“大科学”的实体和基本形态。就其思想内容来说，一个学科，是由针对某一方面对象的、具有普遍性的“问题”，以及人们长期积累的共同知识、方法、规范等所构成。学科的根本特点，在于体现人类认识和知识的公共性。所谓“学说”，则是指人们在“学科”这个舞台上的“表演”，即思想的过程和成果，它表现为一个个相对独立的思想理论体系。一般说来，学说是对学科问题的一定解答或反应系

① 汪信砚：《什么是哲学？——从人文学科的视角看》，《哲学研究》2009年第11期。

统，所以学说是学科的现实形态。

作为学科的哲学，可以从以下三个方面界定：首先，它是人类的一个共同的文化平台。因为全人类都有一定程度上共同的思维层次，即高度理性化的、追求普遍性的自觉思维层次。而正是这个特定层次上的对象、问题、知识和规则等，构成了哲学这门学科的基础。这意味着作为学科的哲学，是人类共同的、共有的学科。其次，哲学是一门源远流长、博大深邃、普遍适用的学问。尽管哲学在其发展的历史中经历了不断的分化，但它始终拥有自己的对象领域、思维层次、基础性问题和研究方式，并陆续形成了自己的基础性问题和基本理论的领域。哲学凭借对这些成果的不断检验、反思和批判，实现着人类思维能力和思维方式的不断超越与自我超越。最后，哲学是一门与人类实践密切联系、因而生机无限的学问。学科的生命在于“问题”，而一切真实的问题最终都来自人类生存发展的实践和思考，来自历史本身；一切真实的答案也都来自人类生存发展的实践和思考，来自历史本身。在人类理性思维所能达到的最高层次上思考问题，是哲学这门学科的任务。在承担这个任务时，哲学总是从理论上提炼人类所面临的那些最深刻、最普遍、最具长远意义的问题、经验和感受，并通过对思维方式和思维前提的审视与反思，探索和开辟新的思路，提供新的理念和方法，以实现人类在精神上的超越和自我超越。这也使哲学本身始终处在不断深化、拓展、超越和自我超越的过程之中，永远不会有一个终结。正因为如此，哲学的学科性质决定着它总是处在社会和实践发展的最深刻、最具思想代表性的地位上。

至于作为学说的哲学，则是指运用哲学思维、对哲学问题作出一定回答或探索的思想理论系统。在世界上，这样的理论系统因创立它的人、时间、地域和文化条件的不同，必然地呈现为一幅多元化的面貌和图景。从西方到东方，从古代到现代，有史以来的哲学“学说”千姿百态、数不胜数。经过历史的积淀，至今已逐渐形成了若干大的哲学传统体系，它们不仅各自都有着深厚的历史底蕴和特色风格，而且都有着强大的社会影响力，历久不衰。但是，由于学说层次的复杂性和学说内容的流变性，要较为详细、清晰、完整地描述诸种哲学传统的形成和发展脉络，至今还是一项有待完成的任务。而要详尽地描述人类全部哲学学说的情况，则更非易事。①

4. 哲学是理论形态的世界观。哲学是一种从总体上把握世界的人类智慧。尽管哲学家们对哲学的解释不同，哲学问题总是关于人与世界关系的重大问题、根本问题。中国传统哲学究天人之际、探寻“宇宙万物之道”，古希腊哲学求索万物本原、追究“最高原因的基本原理”，都表现了从总体上把握世界的人类智

① 参见李德顺：《什么是哲学？——基于学科与学说视野的考察》，《哲学研究》2008年第7期。

慧，是一种理论形态的世界观。

世界观是人们关于世界的根本看法。人们在认识世界和改造世界的活动中，必然形成关于世界各种事物的看法，进而形成关于世界的总体理解和根本看法。哲学是通过一系列概念、范畴、命题和理论论证而形成的关于世界总体的思想体系，是理论化、系统化的世界观。

哲学作为理论形态的世界观，既包括对自然以及人与自然关系的总体理解，又包括对历史以及人与历史关系的总体理解，还包括对人本身以及人生意义的总体理解。哲学的内容极为丰富，是包括自然观、历史观和人生观等在内的理论体系。①

5.“哲学是什么”不可回答。“哲学是什么”是一个无法回答的问题。任何企图回答这个问题的人，无论把哲学说成“是什么”，都不可能是正确的答案——因为这个问题根本就没有一致的、确定的答案。“哲学是什么”的问题，这种提问方式是知识论的提问方式。知识论的问题的前提是要求有确定的答案；对问题的回答如果是不确定的，就不能构成知识的内容。但是，“哲学是什么”的问题却是一个没有确定答案的问题：不同民族、不同时代和不同哲学家都会对此作出不同的回答。之所以这个问题没有确定的答案，是因为哲学是一门个性化的学问，没有超越时代、超越民族和超越哲学家个人的“一般哲学”。哲学的这种个性化特征表现在：哲学的民族性、哲学的时代性和哲学的个人性。由于没有“一般哲学”的存在，我们只能通过理解“哲学不是什么”，去理解和解释具有个性的不同哲学形态的一般特征，因而我们只能提出“哲学不是什么”的问题。“一般哲学”是个“无”，而不是“有”。因此我们不能采取“有论”的提问方式，而只能采取“无论”的提问方式。“哲学是什么”和“哲学不是什么”，是两种不同的提问方式；这两种不同的提问方式根源于两种不同的哲学观；对这两个问题的不同理解，必然引导出两种完全不同的哲学②。

6. 作为一般、特殊和个别智慧的哲学。尽管对哲学概念的理解众说纷纭，但哲学自有其客观的本质规定性。这种客观规定性根源于社会实践以及由此决定的认识重心，同时又直接蕴含和体现在哲学发展的历史中。

从一般、特殊和个别三者关系的角度，可以对哲学概念作出三层含义的理解和解读：其一，在一种发生论意义上的具有普适性的普遍的哲学概念。这就是古希腊哲学家已提出的“智慧”或者“爱智”。可以说，“智慧”是“哲学”的最始

① 本书编写组：《马克思主义哲学》（马克思主义理论研究和建设工程重点教材），高等教育出版社、人民出版社 2009 年版，第 1—3 页。

② 刘福森：《哲学不是什么?》，《理论探讨》2009 年第 5 期。

源、最基本、最一般的含义。就此而论，在学科意义上，哲学确有理由被称为智慧之学。其二，反映不同历史时期认识重心和哲学主题的历史意义上的特殊的哲学概念，即在每一历史时期，不同的认识重心、不同的哲学研究主题所规定的具有不同含义的哲学概念。就此而论，可以把古代以广义的自然为主要对象的本体论哲学概括为“自然智慧”，把近代以人的认知为主要对象的认识论哲学概括为“精神智慧”，而把现代以人的自身存在为对象的人本论或生存论哲学概括为“生存智慧”。其三，与哲学家的个性和独特视角相联系的、反映在各个独特哲学理论体系中的个别的哲学概念。它通过不同色彩的理论体系、不同的理论个性表现出来。一般说来，哲学家理论体系所具有的独有视域和个别含义，就体现该哲学家对哲学概念的独特理解。就此而论，可以把哲学定义为“个别智慧”。

总之，哲学发展的历史表明，哲学作为智慧或爱智之学，蕴含一般、特殊和个别三个层次，即既体现为总的历史发展过程中的“一般智慧”，也体现为不同历史发展阶段上的“自然智慧”、“精神智慧”和“生存智慧”等诸种特殊智慧，还体现为在不同的哲学家思想体系中所表现出来的各具特色的“个别智慧”。在当代，哲学发展的历史逻辑和社会实践的客观需要均要求哲学自觉成为人类的理性与良心的双重承担者，成为理性与良心的有机统一。只有如此，哲学才能担负起对时代所负有的历史责任与使命，引导人类向着合理的目标并遵循健康的轨道前行。①

二、当代中国哲学发展的自我反思

在改革开放30周年和新中国成立60周年之际，对当代中国哲学发展的历史回顾、反思和总结成为我国哲学界的一个热点。学者们围绕新中国成立以来中国哲学发展的历史及其逻辑、成绩和总体评价以及基本经验提出了各种观点。

（一）新中国成立以来中国哲学发展的历史及其逻辑

1. 从哲学的最基本的理论框架去分析新中国哲学成立以来的哲学概况，大体可以划分为20世纪80年代以前的教科书哲学、80年代以反思教科书为主要内容的哲学改革和90年代以来以现代性的反省为主要内容的后教科书哲学。进入21世纪，在中央实施马克思主义理论研究和建设工程战略决策的指导下，建设具有中国特色、气派和风格的马克思主义哲学，成为中国哲学界共同的努力方向，并取得了一系列重要的研究成果。其中，“实践的唯物主义”的哲学理念，在20世纪80年代以来的马克思主义哲学研究中，获得了越来越丰富、越来越深

① 侯才：《哲学的历史理解和当代阐释》，国家社科基金项目结项成果《哲学的嬗变与未来》，2007年。

刻的思想内涵，也在越来越广阔、越来越深刻的思想解放中发挥了哲学的作用。①

2.1949年以来的当代中国哲学，经历了一个曲折发展的历程，大体可分为以下四个阶段：(1) 恢复和改造时期的哲学(1949—1956)。"恢复"即国民经济恢复时期；"改造"即生产资料的社会主义改造时期。这一时期的特点是确立和探索，即确立马克思主义的指导地位，在理论探索方面也取得一些成果。(2) 十年建设时期的哲学(1956—1966)。这一时期的中国哲学，总的看是有成绩，亦有不足。其特点是普及与批判，即普及马克思主义，对唯心主义和形而上学进行大批判。(3)"文化大革命"时期的哲学(1966—1976)。1966年至1976年的"文化大革命"，是中国人民遭受历史浩劫的十年，也是当代中国哲学不堪回首的十年。这一时期的特点是混乱与破坏。(4) 改革开放时期的哲学(1978年至今)。随着粉碎"四人帮"，实践标准的讨论，十一届三中全会和改革开放，中国哲学从"文化大革命"的历史灾难中走出，哲学研究的广度与深度，哲学课题的价值与哲学工作者的视野，都是以前无法比拟的。总的看，是研究领域不断扩大，研究水平不断提高，研究方法不断更新，研究问题不断深入，取得了令人振奋的成果。②

3. 就当代马克思主义哲学的研究而论，其进展主要体现为：(1) 哲学主题的转换：从研究整个世界到主要研究人的生活世界；(2) 哲学观念的发展：从物质观念到物质与实践相统一的观念；(3) 哲学思维的跃迁：从前定论、给定论走向后定论、实力论；(4) 哲学视野的拓展：由相对注重两极对立到也注重人类共同的先进文明和共赢共生；(5) 哲学内容的丰富：由"四大板块结构"到"涌现一批哲学发展的生长点"；(6) 哲学研究方式的变化：从"无我哲学"到"有我哲学"；(7) 哲学发展的新路径：由固守"书本公式"到注重"生活公式"；(8) 哲学功能的提升：由"注解—论证"的哲学到"批判—前导"的哲学；(9) 哲学本体的重解：从"既成本体论"到"生成本体论"；(10) 哲学形态的建构：从哲学失语到哲学研究的反思。③

4. 现代中国哲学的发展以"中国现代性"的追寻为主线、以人的主体地位的确立为中心，经历了民主主义革命时期、新中国的计划经济体制时期和改革开放时期三个大的阶段。在民主主义革命时期，对中国现代性的求索首先鲜明地体现在20世纪上半叶中国思想家、政治家们的思想中。特别值得提及和考察的是

① 孙正聿主编：《中国高校哲学社会科学发展报告1978—2008》，广西师范大学出版社2008年版，第1页。

② 郭建宁：《当代中国哲学六十年：回顾与思考》，《学术探讨》2009年第5期。

③ 韩庆祥：《中国马克思主义哲学研究的历史进展》，《马克思主义哲学研究2009》，湖北长江出版集团/湖北人民出版社2009年版，第3—16页。

五四运动。五四运动是中国由古代社会向现代社会、由农业社会向工业社会跃进的必然产物，是现代化过程开启的思想和文化标志，是现代性的真正启蒙。它既是旧民主主义革命思想启蒙的继续，又是新民主主义革命思想启蒙的开篇。五四运动作为一场现代性的启蒙运动，其基本精神是作为现代性底蕴的主体性精神。如果说，由于历史条件的限制，现代性问题特别是主体性的意识和要求在五四新文化运动中还主要滞留在实践操作层面，存在着一定的盲目性，那么，它在1978年真理标准大讨论开启的当代中国哲学的新发展中，则最终找到和获得了理论上的表达和自觉。纵观改革开放以来中国哲学的发展，其中尤其贯穿了现代性特别是主体性原则这条红线：1978—1980年的真理标准讨论；1980—1984年的人性、异化和人道主义讨论；1981年以后的主体性和“实践唯物主义”讨论，以及价值论讨论；1992年以后逐渐深化的对主体性原则的反思和对“现代性”概念的直接探讨；等等。这些讨论，特别是对“现代性”概念及其相关理论的直接探讨，标志着中国现代化真正达到哲学上的自我意识和理论上的自觉。①

（二）新中国成立以来中国哲学发展的成绩和总体评价

1. 哲学是思想中的现实。改革开放以来的中国哲学，是同改革开放的历史进程息息相关、密不可分的。从总体和主流上看，30多年来的中国哲学，是以理论的方式表征和推进中国特色的社会主义伟大实践的哲学，是正在建设的具有中国特色、气派和风格的马克思主义哲学。同时，不可否认的是，30多年来我国哲学界主要是在“照着说”方面取得了进步，尚未达到真正意义上的“接着说”，还没有建立中国哲学的自主话语，创造出个性化、原创性的，具有典范性的伟大作品。②

2. 在20世纪的中国，马克思主义哲学作为当代中国哲学的主流尤其获得了举世瞩目的广泛影响和重要发展，经历了一种特殊的中国化历程，并成为中国民族文化的一个有机组成部分。特别是，正如马克思主义哲学的传播及中国化开启和引导了中国新民主主义革命进程一样，在中国改革开放和现代化建设这一新的历史时期，中国马克思主义哲学也扮演了理论先导的重要角色。而且，中国改革开放和现代化事业的每一重大进展，也都未离开中国马克思主义哲学的统领和推动。与此同时，也必须清醒地看到，尽管中国马克思主义哲学已逐渐摆脱“左”的、教条主义的束缚，其触角已伸入到世界哲学的前沿和时代精神的核心，但仍然明显滞后于社会实践的发展及其需要，特别是，它在很大程度上仍囿于强大的

① 侯才：《“中国现代性”的追寻》，《哲学研究》2010年第4期。

② 孙正聿主编：《中国高校哲学社会科学发展报告1978—2008》，广西师范大学出版社2008年版，第3、244页。

文本诠释的文化历史传统，走向世界和“世界化”的道路还很漫长。

改革开放以来中国马克思主义哲学的发展，总体上可以归结为向本真的马克思主义哲学的复归，归结为摈弃教条主义的诠释而走向客观主义的诠释的过程。然而这种客观主义的诠释，尽管是新的理论构建的必要前提，却仍然是诠释而非建构本身。然而，中国改革开放和现代化的实践呼唤新的理论的建构而非仅仅既有理论的诠释。中国马克思主义哲学的命运和历史使命在于从诠释走向建构。①

（三）新中国成立以来中国哲学发展的基本经验

1. 改革开放30年，我国哲学研究取得了重要的理论成果，为我国哲学的创造性发展奠定了坚实的基础。与此同时，现实性与学术性的关系、研究与创新的关系、走向世界与民族特色的关系等一系列问题，也成为建设具有中国特色、气派和风格的马克思主义哲学的主要问题。（1）面向现实与坚持学术。改革开放以来的我国哲学研究，既面对当代中国和人类的现实生活，同时又保持着哲学学术固有的超越性维度，在学术性与现实性中保持必要的张力，以理论的方式保证和推进了中国特色社会主义的伟大实践。面向现实和坚持学术是我国哲学研究积淀的宝贵经验，也是“实践的唯物主义”的内在要求。（2）学术研究与理论创新。改革开放以来，我国哲学界坚持不断地解放思想，明晰了哲学和政治的边界，实事求是地进行研究。回到哲学自身的学术研究，突出地表现为对哲学史上重要哲学家及其经典文本的“客观的研究”。（3）学科建设与体制创新。改革开放以来，我国的哲学学科建设取得了丰硕的成果，既为哲学教育提供了丰富的教学内容，也为哲学学科体制创新注入了生机与活力。（4）哲学研究与哲学教育。改革开放以来，我国学界力图按照哲学的本性将哲学作为一门独立的学术进行客观的研究，同时也按照哲学研究所得的哲学理念去实行体现哲学本性的哲学教育，哲学研究和哲学教育之间逐渐形成了一种良性互动。（5）走向世界与民族特色。如何提高和扩大我国文化的“思想力”在国际社会中的地位和力量，已成为我国社会发展尤其是文化发展中的一项重大任务。近年来，国内哲学界已清醒地意识到了这一问题的重要性和迫切性。②

2. 总结与反思当代中国哲学曲折发展的经验教训，尤为重要和关键的是处理好以下几个问题：第一，关于当代中国哲学与苏联哲学的关系。新中国成立以后，我们的马克思主义哲学教学主要采用的是苏联哲学家写的哲学教科书。斯

① 侯才：《马克思的遗产》，黑龙江人民出版社2009年版，第348—350页。

② 孙正聿主编：《中国高校哲学社会科学发展报告1978—2008》，广西师范大学出版社2008年版，第237—268页。

大林哲学和苏联哲学教科书的一个重要缺陷，就是对实践和人的主体性的忽视。第二，关于当代中国哲学与毛泽东哲学思想的关系。第三，关于当代中国哲学与阶级斗争、政治路线的关系。历史表明，如果把哲学过分政治化，把本来许多不属于哲学的东西强加于它，使之成为阶级斗争的工具，是注定要遭受挫折、失败、甚至灾难的。第四，关于当代中国哲学与人民群众的关系。怎样使哲学为广大人民群众所掌握，成为人民群众认识与改造世界的工具，这是毛泽东一贯重视并致力于解决的重要课题。第五，关于当代中国哲学与社会主义实践的关系。从历史上看，哲学与实践的关系具有两重性：从消极方面看，如果处理不好，哲学可能为错误的实践论证，错误的实践也可以发展错误的理论；从积极的方面看，科学的世界观和方法论可以为社会主义实践提供指导，社会主义实践又进一步促进哲学的发展。因此，科学地处理好这一问题，意义十分重大。①

3. 哲学研究怎样联系社会发展的实际并指导社会的发展，是关系到哲学理论创新和发展的重要课题。要充分认识和妥善解决这一问题，就应当对它的理论基础，即理论与实际的关系，作进一步深入的探讨。马克思对早期资本主义规律的揭示，列宁、毛泽东及当代中国特色社会主义理论体系对非资本主义国家建立和发展理论社会主义的探索，以及当代国外马克思主义对发达资本主义尤其是工业化—市场经济条件下诸多性问题的分析，都成为“理论联系实际”这一原则运用的典范，同时也是“理论联系实际”这一原则有效性、重要性的有力证明。多年来的实践经验和理论成就证明，这一方针在总体上是必要的、有效的。正因这一方针在理论和实践中的极端重要，才使得我们有必要对它作进一步的研究和阐发。随着中国特色社会主义理论与实践的深入发展，这一方针作为一种“理论”，在很大程度上需要进一步解释和充实，尤其是需要具体化，以便能够适应飞速发展的社会“实际”，并对理论工作有实际指导。②

4. 反思新中国成立以来中国马克思主义哲学的发展，尤其是“文化大革命”前的“三次哲学大论战”和改革开放后有关人性、异化和人道主义的讨论，有许多值得认真总结的经验和教训。就其客观方面而言，最主要的就是要正确认识和妥善处理哲学与政治的关系。

哲学与政治具有复杂的关系。它们分属不同的领域，各自都具有自己的特殊规定性和一定的相对独立性，因而彼此具有异质的性质，并且就此而论都有自己发展的内在逻辑，都是某种意义上的（虽然是“相对”意义上的）“自为存在”物。同时，哲学与政治之间的联系也是显而易见的。哲学不仅具有学术意义上的

① 郭建宁：《当代中国哲学六十年：回顾与思考》，《学术探讨》2009 年第 5 期。

② 李晓兵：《关于理论联系实际的理论思考》，《哲学与社会》，中国时代经济出版社 2009 年第 1 辑。

科学属性，而且具有政治属性，属于意识形态的一部分。哲学的这种意识形态性质，是其价值性的突出表现。这就使哲学与政治的关系具有了同质的和亲缘的性质。然而，归根到底，同质性总是以异质性为前提。就认识秩序而言，人们必须予以充分关注的首先应是哲学与政治的差异和各自特点。哲学与政治的一个明显的区别是，哲学作为人类把握自身和对象世界的一种特殊形式，具有超验的特点，它总是诉诸和指向一般或普遍物。而政治作为拥有正当使用强力的特权来维护、规定和管理社会秩序的行为或技术，则具有具体的和现实的特点，它总是诉诸和指向当下和特殊物。在此意义上，哲学与政治甚至是对立的，它的主要政治功能是对现存政治的审视、反省和批判。而这恰恰也为现存政治的发展与进步所必需。

哲学与政治相互关系的另一重要表现是两者的相互依赖与相互影响。哲学依赖于政治。哲学只有通过政治特别是政治权力才有可能把自己变成现实。同时，政治也依赖于哲学。政治需要智慧，需要理性和德性（正义和善）的引导。而哲学对于政治来说不是别的，就是政治的理性和良心。

鉴于哲学与政治两者的异质性和相互关联，需要在哲学与政治之间保持一定的建设性的张力。这既为哲学的发展所必需，也更为政治的发展所必需。①

三、当代中国哲学发展的任务和前瞻

在回顾、反思和总结新中国成立以来中国哲学发展的历史经验的基础上，学者们也对当代中国哲学面临的挑战、任务和未来发展路径进行了深入的探讨。

（一）当代中国哲学发展面临的危机和挑战

1. 当代中国哲学发展所面临的首要的危机，就表现为滞后于社会发展实践的危机。当代中国社会飞速发展的现实实践，使当代中国哲学的发展呈现为一种不相适应的、严重滞后的状况。中国目前所处的是一个真正伟大的时代，是真正应该产生划时代思想、划时代观念的时代，但急功近利却让人们只关注眼前的利益，只看到眼前的问题，未能做出深层的研究和哲学的思考。

2. 当代中国哲学发展所面临的另一危机是严重不能适应当代中国哲学自身国际化的需要。虽然近些年来中国哲学的研究一直比较注重与国际的衔接和接轨，但这一接轨的进程实际上并没有完成得很好。在有关当前全球发展重大问题的讨论当中，其中包括由中国崛起所引发的一系列热烈讨论当中，中国哲学界很难提出自身有代表性的观点和影响力的看法，处于一种“集体失语”或者“话语权危机”的状况。由于中国的快速发展和在国际社会地位的空前提高，当代中国

---

① 侯才：《马克思的遗产》，黑龙江人民出版社 2009 年版，第 358—361 页。

哲学正愈益紧迫和突出地面临着国际化或世界化的任务。但是，当代中国哲学虽已面临这一重大任务，自身却还尚未做好这方面的准备，特别是中国传统哲学的现代性转换工作还大大滞后。

3. 中国马克思主义哲学的自身研究也面临困境和挑战。当前国内的马克思主义哲学研究，主要面临双重危机：一是生存空间和话语空间受到挤压，人们热衷于对西方马克思主义学者思想观点的研究和介绍，却缺乏自身的理论表达和建树；二是对马克思主义哲学的发展和创新，到目前为止，仍然表现为对马克思主义哲学原理的重新编写和编撰，因此，既缺乏对马克思主义经典作家思想文本的深入研究和准确阐释，同时也缺乏个性化的、时代化的独立研究和创造。①

（二）当代中国哲学发展的机遇和任务

1. 当代中国社会发展正处在一个特殊重要的历史阶段，新的实践对我们的哲学研究提出了新的要求，需要我们做出回应。如何在梳理和整合已有成果的基础上，进一步明确方向，使哲学理论研究更好地向前推进，从而更加有效地指导实践，需要我们认真思考和对待。坚持理论联系实际，从理论高度研究各种重大现实问题，从这些问题着眼对理论本身进行反思，不仅是党的理论教育工作的客观要求，同时也是哲学社会科学研究的最有力的生长点。②

2. 当代中国哲学要想实现大的发展，必须立足于当代社会实践，必须进行研究范式的转换。只有从体系意识转变为问题意识，客观地面对和研究现实问题，真正地关注当代中国人的生存状态，哲学的发展才会有出路和前途。当代中国哲学的发展，只有切实地回归现实和回归生活，做到“既要上天，也要入地”，“既要关注外部世界，也要关注内部世界”，才有可能摆脱目前的发展困境。③

3. 在全球化背景下，中国发展已经成为时代现象，也是世界范围内的重要话题。哲学观念的更新，哲学研究主题的转换，不同学科的对话所催生的跨学科的研究，将推动哲学研究进入一个新的发展时期。在这个新的发展时期，树立“中国特色”范式，对于推动哲学理论创新具有重要意义。从毛泽东的“中国化”，到邓小平的“中国特色”，指明了马克思主义理论发展的根本途径和根本指向，也是我们推动哲学社会科学理论创新的基本范式。树立“中国特色”范式，是推动哲学理论创新的必由之路。“中国特色”是个具有时代内涵、民族内涵和

---

① 李德顺、谢地坤、胡为雄等：《在“哲学与社会发展论坛（2009）”上的发言》，见林艳梅：《当代中国社会发展背景下的哲学》，《哲学动态》2010 年第 1 期。

② 贾高建：在“哲学与社会发展论坛（2009）”上的致辞，见林艳梅：《当代中国社会发展背景下的哲学》，《哲学动态》2010 年第 1 期。

③ 谢地坤、郝立新等：在“哲学与社会发展论坛（2009）”上的发言，见林艳梅：《当代中国社会发展背景下的哲学》，《哲学动态》2010 年第 1 期。

实践内涵的综合性概念，对其既不能望文生义，也不能作形而上学的简单理解，即把它理解为脱离普遍的特殊主义和经验主义。它是以创造性思维方式对待外来思想文化的哲学表达，即以理论与实际、共性与个性相统一的角度对待一切外来理论，其实质就是强调在理论与实际的结合中创造出中国独特的新东西。①

4. 从现代性的视域来看，当代中国哲学面临着塑造“中国现代性”的时代责任和历史使命。当代中国哲学要完成自己的这一使命，必须创造性地解决科学性与价值性的关系问题以及现代性与民族性的关系问题。

首先，就现代性本身的内在矛盾来考察，特别是就作为现代性本质规定的主体性的内在矛盾来考察，必须解决和实现科学性与价值性的统一。近代以来，伴随着人的主体地位的确立，科学性与价值性发生了分裂，并由此导致了现代性的危机。科学性与价值性分裂的根源实际上是主体性自身发生了危机，即人虽然凭借工业和科技的力量成为自然和万物的主人，但却未能让人自身真正成为自身的需要、欲望和本质的主人。因此，当代中国哲学有责任构建一种“自我主体性”，即使人真正成为人自身之主体的主体性。

其次，就现代性外部考察，特别是就当代中国文化发展所面临的矛盾考察，要塑造合理的中国现代性，必须解决和实现现代性与民族性的统一。从广义文化的角度来说，近代以降，中国文化就处在古今中外文化矛盾的交汇点上。解决古今中外文化的矛盾，成为当代中国文化赖以发展的一种必然形式和契机。如果说，中国传统文化的现代化要解决的是前现代性与现代性的矛盾，可以归结为现代性这一核心问题；那么，具有现代性的外来文化资源的中国化解决的则是世界性与民族性的矛盾，可以归结为民族性这一核心问题。所以，中国传统文化的现代化与具有现代性的外来文化资源的中国化的关系，在本质上就可以被归结为现代性与民族性的关系。基于上述这一理解，可以肯定的是，合理的中国现代性的塑造必须将现代性与民族性结合、统一起来。②

5. 哲学思考的重要问题是实现“超验”与“经验”的统一。哲学似乎是比一般经验科学更为理论的。表面上看，古代希腊哲学的发展似乎沿着一条越来越“抽象”的道路在发展，它所思考的问题似乎越来越“大”，越来越“普遍”，走的是一条从“特殊”到“普遍”的道路。

然而哲学如果只是从具体经验中越来越“抽象”，越来越“脱离”“经验现实”，则就会“止于”“形式”，于是“哲学”就会等同于“形式逻辑”，研究哲学

---

① 李景源：《树立“中国特色”范式，推动哲学理论创新》，《中国马克思主义研究前沿（2008年卷）》（赵剑英、吴波、郑祥福主编），中国社会科学出版社2009年版，第190—196页。

② 侯才：《“中国现代性”的追寻》，《哲学研究》2010年第4期。

的发展历史将会发现，哲学恰恰是要避免这种形式化的偏向；哲学是一门“科学”，而不仅仅是项“技术”，它和一切其他科学一样，有自己的“内容”，这个内容是具体的，经验的。

然而，哲学又要“超越”于一般的日常经验之上，是一门“形而上学”，不是“形而下学”；它是“道学”，而不是“器学”，所以西方将“哲学”称作“meta-physics”，“meta”和“physics”缺一不可，于是二者的“同一性”，就成为哲学思考的重要问题。

6. 关于当代中国哲学发展的前景，从宏观上讲，以下几点应当引起充分地注意：一是应当在全球化的进程中考虑当代中国哲学的构建和发展。二是应当在前现代、现代、后现代的历史与文化的格局中考虑当代中国哲学的构建与发展。三是应当在马克思主义哲学、中国传统哲学和西方现代哲学的“综合创新”中考虑当代中国哲学的建构和发展。21 世纪的中国哲学应当是马克思主义哲学与西方现代哲学、中国传统哲学的和谐统一，综合创新。即经过“同情的了解”，进行平等的交流与对话，最终实现符合现时代的创造性转化。四是应当从哲学创新的时代要求来考虑和把握当代中国哲学的建构和发展。①

7. 今天，中华民族正迅速开展着的历史实践本身已经以其高度的紧迫性和迫切性将哲学——它的时代课题和使命——指定为一项根本的任务。其核心之点在于，精神领域从根本上的建设任务已经被郑重地提上议事日程。当今哲学的这一时代课题首先包含一项批判的任务，即克服主观意识的哲学。

在我们民族的现代化进程中，“西化派”的观点首先集中反映了这种以主观意识为根据的实证主义。当它们将现代世界本身抽象为无内容的形式时，也把构成这一世界的诸民族及其历史—文化抽象为无形式的内容，以便使外部反思能够任意地把给定的内容纳入抽象的原则之下。与之相反的见解即“文化保守主义”，由于其对现代世界的批判具有单纯倒退的定向，是浪漫主义的。这种浪漫主义的批判主义虽然构成无批判的实证主义的反动和必然补充，却不能真正克服后者。当它只是停顿和滞留于后者的反面时，便不得不从这反面同样落入到主观意识的本质之中。上述局限于主观意识的哲学观点，其要害终归于对社会现实的掩盖。因此，当哲学本身意识到自己的批判任务即对主观意识的批判时，势必也就要求发现和把握当今中国之现实。②

（执笔人：侯才）

① 郭建宁：《当代中国哲学六十年：回顾与思考》，《学术探讨》2009 年第 5 期。

② 吴晓明：《哲学的时代课题和使命》，《复旦学报（社会科学版）》2006 年第 5 期。

马克思主义哲学学科（原理专业）前沿报告

马克思主义哲学原理教研室课题组

改革开放以来，我国的马克思主义哲学研究具有重大进展。1978年的真理标准大讨论，不仅开辟了一个改革开放的新时期，也开辟了一个马克思主义哲学研究的新时期。30多年来，马克思主义哲学研究通过立足改革开放和现代化建设的实践，逐渐摆脱僵化的教条主义影响，获得了长足的理论发展，在发展中国特色社会主义事业中发挥了不可替代的重要作用。

从理论主题的历史转换和理论发展的总体态势分析，1978年以来的马克思主义哲学研究大致可分为三个阶段：第一个阶段，20世纪70年代末到80年代中期，是提出问题的阶段。在这个阶段，马克思主义哲学主要关注的是人道主义和异化问题。围绕真理标准、人道主义和异化等问题的讨论，为马克思主义哲学的研究找到了突破口，拓展了视野，确定了基本的问题域，马克思主义哲学研究在认识论、价值论、马哲史学科建设和教科书体系改革等方面均取得了一定的突破性进展。这一时期，马克思主义哲学最突出的理论贡献，是通过实践是检验真理唯一标准的大讨论，揭开了新时期思想解放运动的帷幕，重新恢复和确立了党的实事求是的思想路线，开启了中国改革开放和社会主义现代化建设的新时期。第二个阶段，20世纪80年代中期到90年代后期，是逐渐形成鲜明的理论生长点的阶段。在这个阶段，马克思主义哲学主要关注的是主体性和实践唯物主义问题。并把一系列重大社会问题转化为哲学问题。由此，领域（部门）哲学如自然哲学、社会哲学、价值哲学、政治哲学、经济哲学、文化哲学、艺术哲学、宗教哲学等研究迅速崛起。这一时期，马克思主义哲学通过对改革开放和现代化进程中有关重大理论和实践问题的研究，为中国特色社会主义现代化建设事业的顺利推进提供了重要的精神动力。例如，通过对现阶段社会基本矛盾和主要矛盾的分析，明晰了当代中国的基本国情和历史方位，逐步形成和确立了党在社会主义初级阶段的“一个中心、两个基本点”的基本路线；在关于姓“资”姓“社”问题的争论中，马克思主义哲学为生产力标准和人民利益标准的最终确立提供了最具影响力和说服力的理论阐述，从而为新时期党的政策的制定、为我们从事并深化各方面的改革提供了根本的理论依据；通过对人、对主体原则的讨论，使“以人为本”成为全社会共识，进而被确立为科学发展观的核心，为中国特色社会主义现代化建设事业提供和奠定了根本的哲学基础。第三个阶段，进入21世纪以来，马克思主义哲学研究开始了一个新的发展阶段。党的十六届三中全会提出牢固树立和落实以人为本的科学发展观，十六届四中全会提出构建社会主义和谐社会，十七大提出发展中国特色社会主义、用中国特色社会主义理论体系武装全党，等等。所有这些，都为马克思主义哲学研究确立了新的重大理论课题。从学术层面看，这一时期是把马克思主义哲学作为学术来建设并且学术水平稳步提高的时期。马克思主义哲学研究面貌发生了巨大而深刻的变化，彻底打破了传统教科书体系“一统天下”的格局，开拓了一系列新的研究课题和研究领域，形成了多样化的研究取向和研究风格。从理论进展看，这一时期，马克思主义哲学在原有理论成果得以巩固并继续发展的基础上，进一步深化了文本研究和现实问题研究，理论视点主要集中于现代性问题、和谐哲学和斗争哲学问题、科学发展观的哲学研究问题、以人为本的问题、继续解放思想问题、马克思主义哲学新形态的建构问题等多个热点领域。

以下仅对其中若干重要理论热点问题作简要述评，以期有助于推动马克思主义哲学研究进一步深入和发展。

一、关于现代性及其在中国的历史命运问题

如果说马克思主义哲学在改革开放初期主要关注的是人道主义和异化问题、在20世纪80年代后期至90年代主要关注的是主体性和实践唯物主义问题，那么，进入21世纪以来，其理论的关注点则是现代性及其在当代中国的命运问题。20世纪90年代后期，西方后现代主义思潮传入中国并引起了相当的反响。人们最初认为，后现代主义所质疑的是现代理论及其实践，而且是西方社会的现代理论及其实践。由此，后现代主义的译介开始是和回归本土文化的吁求联系在一起，附和了当时的文化民族主义思潮。在后现代主义及紧随其后的后殖民主义之后，全球化理论流行开来，并逐渐得到了中国社会的广泛认同。诚如全国第四届马克思哲学论坛所指出，“现代性毫无疑问是我们时代最重要的焦点性话题之一，它在文学的、哲学的、政治学的、社会学的、法学的、经济学的争论话语中，都已经成为出现频率最高的核心术语之一。不同领域的研究者已经洞察到，我们面对的许多理论和实践方面的重大问题，实际上都直接地或间接地与现代性问题构成深刻的关联。”①“现代性问题的明确的课题化不仅把中国的问题同全球化背景下的世界问题紧密地联系起来，而且为马克思哲学的当代价值在中国语境中的真正展开找到了一个坚实的附着点。”②

① 赵剑英、庞元正主编：《马克思哲学与中国现代性建构》，社会科学文献出版社2006年版，第113页。

② 衣俊卿：《新时期我国马克思主义哲学研究的阐释结构》，《哲学研究》2007年第11期。

对于西方思想界关于现代性问题的理论观点，我国学者从不同的理论视角纷纷予以回应：有的学者认为现代性并不仅仅只是在欧洲社会母体中孕育出来的一种精神文化和价值体系，在更普遍的意义上，它是对于现代化运动所倡导的那些有利于人类文明进步的要素与特性的概括、提炼和张扬，中国不必要也不可能抛开西方现代性另搞一套；有的学者认为西方现代性并不具有普世价值，强调“谈及现代性一定要结合本民族的历史文化特点”，主张强化对西方意义上的“正统现代性”的警惕，认为“由于中国传统文化具有一整套独特而完整的宇宙模式、社会制度、价值系统等”，因而能够成为现代性的拯救者。还有学者把中国现代化进程中出现的一些社会问题归结为现代性畸变，并由此质疑国家现代化的制度设计、质疑改革开放以来党的路线、方针和政策，主张以“后现代意识”去跨越现代性的“卡夫丁峡谷”，通过“后工业社会”、“知识经济”、“信息社会抑或创新社会”等途径直接导入后现代模式，倡导激进的发展主义。

如何看待在现代性及其在中国的历史命运问题上的种种歧义与纷争？我们认为，一是从西方现代化的历史语境中澄清现代性的基本意蕴。考察西方现代化的历史进程，不难发现，西方的现代化过程，首先表现为一种社会文化心理的根本变革，即通过“祛魅化”的理性启蒙，现代性的社会理念借助于人们的心理认同而转化为一种公众意识和主流意识形态，并通过一定的社会模式和制度安排而得到表现和实现。正因为如此，在近代西方较为正统的学术语境中，“现代性”就是“发展”的代名词，不论是孔德、迪尔凯姆，还是韦伯、帕森斯等思想大师，几乎都把现代性当作可欲的价值目标予以追求。在他们看来，现代社会之所以成为现代社会，根本的原因在于它有着不同于传统社会的根本属性，即现代性，主要是：高度发达的科学技术和工业文明及较为完善的市场化经济运行模式；行政管理的科层化、公共领域的自律化、公共权力的民主化和契约化；社会的高度分化与流动、高度发达的专门化社会组织；意识形态化的社会历史叙事和公共文化精神，及以人的价值为本位的自由、民主、平等、正义等观念。由此可见，现代性是一个与“现代化”具有同等含义的概念。如果说“现代化”主要是一个在经济学和社会学层面上谈论的范畴，表明社会在从农业文明进入工业文明的变化过程中——在生产力、生产方式、经济增长、社会发展上与传统农业社会相比的根本变化，以及社会在城市化、信息化、教育普及、知识程度提高等方面的巨大进步等，那么，“现代性”则主要是一个哲学范畴，是从哲学的高度审视文明变迁的结果，着眼于从传统与现代的对比上抽象出现代化过程的本质特征，着眼于从思想观念与行为方式上把握现代化社会的根本属性——“现代”应有的时代意识与精神。

二是“回到马克思”，从马克思的视野考察现代性问题。马克思恩格斯在《共产党宣言》中曾指出，资本主义工业化运动结束了各个孤立的、彼此分离的民族历史，开辟了“世界历史进程”。工业化与现代性的不断扩展、信息化和全球化进程的强有力推进，使世界任何地方的本土问题总是在不同程度上与全球问题或世界问题紧密交织在一起。马克思虽然没有就现代性的一般问题进行专门的分析和阐述，但是，他对资本主义社会的内在矛盾曾做过系统的、深刻的经济分析，如生产的社会化与产品的私人占有；劳动异化和商品、货币拜物教；财富的积累与贫困、奴役和道德堕落的积累；资本与科学、文化发展的对立，等等。就其深层的哲学意蕴而言，可以说，马克思对资本主义的批判就是一种反资本主义现代性或后资本主义现代性的理论。因此，应该把马克思对资本主义社会的经济学分析上升到哲学上有关现代性问题的探索来解读和研究。在马克思看来，现代性内含进步与退步等深刻的悖论，表征了人类的最深刻的社会冲突和人性本身的内在矛盾。资本主义生产方式不仅开启了现代化的进程，也开启了一个真正的“世界历史”时代，这使资本主义与世界历史、现代性重叠、结合在一起。然而，资本主义现代性却突出地昭示出其蕴含的创造与毁灭、赢取与丧失、发展与付出的尖锐对立。马克思分析和揭示了资本主义经济和社会运动即资本主义现代化过程的内在矛盾和深刻危机，指明了资本主义现代化扬弃的历史必然性。按照马克思的观点，资本主义自身不可能解决现代性的矛盾及其造成的社会危机，唯有以社会主义现代性取代资本主义现代性，才能使其在“世界历史”范围内彻底转变为服务于人类的力量。

三是从中国社会发展的历史进程考察现代性问题在当代中国的具体论域。经过半个多世纪的艰辛探索，中国的马克思主义者逐渐认识到一个越来越被认可的事实：中国一向试图绕过去的工业化进程、市场法则、理性化管理、程序合理性、法治原则等，却原来是绕不过去的现代性的硬核。① 一方面，我们国家脱离封建社会以及半封建半殖民地社会的时间不长，我们的“生活世界”与现代性的文明规范还有相当距离，文明的习惯还未积淀为日常的习俗，权大于法、情大于理、关系大于能力、依附大于独立、身份大于实力等造成中国近代落后的封建文化基本要素在今天仍严重制约着我国的社会发展；② 另一方面，当代中国正处在从前现代向现代的转型过程中，现代性远没有在我们的个体生存、公共生活、社会运行和制度安排中作为本质性的机理和规定性而扎根。③

总之，我们认为，探讨现代性及其在中国的历史命运问题，既不能离开现代

---

① 参见温家宝：《关于社会主义初级阶段的历史任务和我国对外政策的几个问题》，《中华人民共和国国务院公报》，2007 年第 10 期。

② 参见《邓小平文选》第 2 卷，人民出版社 1994 年版，第 320—343 页。

③ 参见《中共中央关于构建社会主义和谐社会若干重大问题的决定》，2006 年 10 月 11 日。

化运动去理解现代性，过于强调它的自发性和自为性；也不能离开“世界历史”去理解现代性，过于强调它的民族文化属性；亦不能过于强调它的意识形态属性，把社会主义现代性与资本主义现代性完全对立起来。而应该遵循现代性发展的“世界历史”趋势，理性地厘清这个问题在中华民族的具体论域，以积极的心态“扬弃”资本主义现代性，坚持走中国特色社会主义新型现代性之路。

二、关于和谐哲学与斗争哲学问题

十六大以来，我们党从全面建设小康社会的全局出发，明确提出构建社会主义和谐社会的战略任务。构建和谐社会，必然地提出了一个“和谐哲学”的问题。到底有没有“和谐哲学”？如果有，其内涵又怎样界定和把握？怎样处理“和谐哲学”与其他哲学思想的关系？围绕上述问题，近年来，哲学界展开了广泛而热烈的讨论。在对这一问题讨论的过程中，关于“和谐哲学”与“斗争哲学”问题的争论，由于直接指向马克思主义哲学的核心——唯物辩证法在当代中国的理论定位而备受关注。

综观目前哲学界对“和谐哲学”与“斗争哲学”问题的探讨，大致有三种观点。(1) 斗争哲学就是毛泽东哲学思想，它“高度概括了毛泽东哲学思想的基本内涵和特征”。“‘斗争哲学’作为一种基本的价值取向，贯穿了党和国家几十年历史发展的全部进程，不仅给中国共产党，而且给20世纪中国的政治生活、社会生活，给中国社会几乎所有人的思想和行为打上了深刻的烙印。”① 而“和谐哲学”作为中国共产党在现阶段倡导的一种具有新型价值取向的新哲学，是对斗争哲学的反思和补充。两者相较，一种是以和谐为核心理念，一种是以斗争为核心理念；一种是引导社会向和谐的方向发展，一种是鼓励社会展开各种形式的斗争；一种是要求人们学会合作共存，实现互利共赢，一种是要求人们寻找彼此差异，实现相互取代。(2) 斗争哲学，讲斗争，也讲统一，但斗争的目的是为了打破当下的这个统一体；而所谓和谐哲学，讲统一，也讲斗争，但斗争的目的是为了维持统一体的存在及更好的发展。斗争哲学是事物处于质变阶段的哲学，是革命党的哲学，是革命的哲学；而和谐哲学则是事物处于量变阶段的哲学，是执政党的哲学，是建设的哲学。二者在事物发展中所处的阶段不同，出发点和目的也不同，这是它们的根本区别。② (3) 西方哲学的主导精神是“斗争哲学”。它是建立在人性论（性恶论）、思维方式（主客体二分）、进化论（弱肉强食、适者生

① 李忠杰：《论“和谐哲学”》，《新视野》2006年第4期。

② 参见毛卫平：《和谐哲学：当代中国时代精神的精华——兼论马克思主义哲学与中国传统“和”文化》，《中共中央党校学报》2008年第6期。

存)、宗教观（原罪说）等广泛的基础之上的，对马克思主义哲学（唯物辩证法）产生了根深蒂固的影响，倡导“斗”的辩证法；而中国哲学尤其是儒家哲学的主导精神是“和谐哲学”，倡导“和”的辩证法，诸如“和实生物，同则不继”、“天人合一”、“君子和而不同，小人同而不和”、“仇必和而解”等，体现了21世纪的时代精神。

第一种看法的积极意义在于把“和谐”作为一种思维方式和价值目标。在这种观点看来，提出构建社会主义和谐社会，实际上是确立了一种以“和谐”为取向的带有根本性的价值目标。只有坚定地朝着这样的目标前进，才能在把社会活力最大限度地激发出来的同时，使社会各方面的利益关系得到妥善的协调，使人民内部矛盾和其他社会矛盾得到正确处理，使整个社会处于团结和谐的良性运行的状态。第二种观点的积极意义在于把构建和谐社会看作是治国理念和治国结果的有机统一。在这种观点看来，不能简单地认为是因为我国现实社会出现了不和谐状态才提出这个重要任务的，它尤其是我们党清醒地认识我国社会发展的现阶段特征和党的历史方位，把握人民群众的根本利益和共同愿望，主动提出的一种治国方略。第三种观点的积极意义在于突出了中国传统哲学思想在构建社会主义和谐社会中的重要作用。

但是，其一，由于仅仅从斗争哲学与和谐哲学的比较中把握二者的不同涵义，这就不可避免地把和谐社会的哲学基础同唯物辩证法对立起来。其二，由于只是从对立统一规律、甚至仅仅是从矛盾的斗争性和统一性的视角理解和谐哲学，这就不可避免地造成对唯物辩证法精神实质的严重误读与扭曲。尤其是，把辩证法归结为“斗争哲学”并因此抑“斗争哲学”而扬“和谐哲学”，这种倾向所带来的直接消极后果，就是丑化革命、丑化历史。这样不但失去了对历史的科学态度，而且造成思想的混乱、凝聚力的削弱，从而影响社会的稳定与和谐，并且也在实际上削弱了国家的软实力。

从我国社会发展的历史进程和现阶段特征分析，我们认为，社会主义和谐社会的哲学基础仍然是马克思主义的唯物辩证法和唯物史观。无论是新民主主义革命、社会主义革命，还是社会主义建设，包括构建社会主义和谐社会，都是以马克思主义哲学为理论基础的。党的十六届六中全会决定用很长的篇幅论述社会矛盾问题，是符合马克思主义辩证法观点的。“必须看到社会主义社会充满着矛盾，构建和谐社会是不断化解矛盾，使矛盾双方达到相互依存、相互促进的良性状态的过程，因此承认矛盾、承认矛盾辩证法，是构建和谐社会的基本前提。”① 构

① 庞元正、吕文林：《马克思主义哲学中国化时代化视域中的唯物辩证法研究》，《中共中央党校学报》2009年第6期。

建社会主义和谐社会就要认识现实社会的矛盾、分析现实社会的矛盾、善于化解现实社会的矛盾。就其现实性来说，所谓和谐，不是不承认矛盾，而恰恰是在承认矛盾这一客观规律基础上，要求社会能够找到自我解决和调适矛盾、及时顺利地利用和平、公正、公开的手段化解矛盾。

一方面，要从理论上阐明唯物辩证法的基本观点。必须看到，由于所处的时代条件和面临的历史任务不同，马克思主义经典作家在运用唯物辩证法分析和解决问题时，他们所运用、所强调的侧重点是有所不同的。例如，在马克思恩格斯时期，为了同德国古典哲学的唯心主义辩证法划清界限，把唯物主义与辩证法统一起来，他们着重阐述的是辩证法的唯物主义基础，论述了辩证法基本规律和范畴的客观性与普遍性问题。而在列宁时代，资本主义已进入帝国主义阶段。为了揭露第二国际机会主义者以庸俗进化论、诡辩论和折衷主义代替辩证法的伎俩，制定新的革命策略，列宁在阐明辩证法的唯物主义基础的同时，深入地研究了辩证法各个规律和范畴之间的内在联系，揭示了对立统一规律在唯物辩证法中的实质和核心地位。因此，决不能把马克思主义经典作家在特定历史条件下所强调的理论之侧重点绝对化，甚至将其与唯物辩证法的精神实质混为一谈。正确把握唯物辩证法的精神实质，应从中外哲学史的比较视角历史地、整体地对其予以考察：第一，与脱离客观实际抽象思辨的主观辩证法不同，唯物辩证法是以彻底的唯物主义为前提和基础的；第二，与否定发展的循环论和宿命论不同，唯物辩证法总是与进步主义观念结合在一起的；第三，与笼统直观的日常思维方式不同，唯物辩证法以逻辑思维为主要特征，以分析、综合、比较、抽象、概括和具体化作为思维的基本过程；第四，与不讲原则、不论是非的折衷主义不同，唯物辩证法具有彻底的否定和批判精神；第五，与盲动短视的机会主义不同，唯物辩证法始终强调要着眼于规律层面认识和把握事物；第六，与否认矛盾的形而上学和机械论不同，唯物辩证法坚持把矛盾分析法作为自己认识事物的根本方法。

另一方面，基于我国社会发展的现阶段特征和构建社会主义和谐社会的实践要求，还有必要实现马克思主义哲学研究和宣传的重点的转移。这是因为，从马克思、列宁到毛泽东，基本上都处于革命战争的年代，这一时代特征不能不反映到当时的马克思主义哲学体系中。其表现就是，在全面的基础上又有所侧重，是由革命和斗争哲学主导的全面。比如，表述质量互变规律时，在承认量变和质变都是事物发展的基本环节的同时，又侧重于事物的质变，强调、而且往往是过分地强调质变在事物发展过程中的作用，认为事物发展的实质是质变，而量变不过是为质变准备条件，似乎并没有独立存在的意义。这样做，在特定时期是必要的、可以理解的，但又必须看到它的局限性，不能把它绝对化。特别是在时代发生根本性转变之后，必须实现哲学形态相应的转变。要实现这种转变，除了要加强对马克思主义哲学的基本理论研究之外，在运用唯物辩证法分析观察问题时，还要特别注意两点。第一，不能把矛盾分析法与其他科学方法割裂甚至对立起来。矛盾分析法与其他科学方法在不同的领域，其地位和作用也各不相同。首先要坚持矛盾分析法；其次要正确运用其他科学方法。第二，讲和谐不是否认矛盾，也不是不要斗争性，而是解决矛盾的方法在新的历史条件下发生了变化。如果说在革命和战争年代，矛盾的解决取决于对斗争性、整体性、根本性、必然性、前瞻性等的充分关注，那么，今天我们在分析和解决社会矛盾时，则应在立足于斗争性、整体性、根本性、必然性、前瞻性的基础上，更多地从统一性、多样性、层次性、或然性等方面去考虑问题。

三、关于科学发展观的哲学研究问题

对科学发展观哲学基础、哲学依据及其哲学意蕴的研究和探讨，是当前关于科学发展观的哲学研究的理论焦点和重要内容①。毫无疑问，科学发展观是以辩证唯物主义和历史唯物主义为自己的思想理论基础的，它是新世纪新时期以胡锦涛同志为总书记的党中央运用马克思主义世界观和方法论深刻剖析当代世界与中国的发展态势、全面总结中国改革开放和现代化建设的历史经验而提出的重大战略思想。同时，作为马克思主义基本原理与当代中国具体实际相结合的最新理论成果，科学发展观是现时代思想的精华，具有深刻的哲学意蕴，对坚持和发展马克思主义哲学的时代观、自然观、发展观、价值观、社会结构理论、文明建设理论、社会辩证法理论等都提出了新的要求。牢固树立和全面贯彻科学发展观，要求我们必须在理论上进一步开拓马克思主义哲学中国化的新境界。

——科学发展观对坚持和发展马克思主义哲学的时代观提出了新的要求。时代问题是马克思主义政党最高层次的战略判断问题。恩格斯曾明确指出："每一历史时代的经济生产以及必然由此产生的社会结构，是该时代政治的和精神的历史基础"②。对时代的科学认识，以及对本国社会发展阶段的准确定位，历来是

① 相对于中共十七大之前，中国学术界侧重于从哲学层面对科学发展观进行研究的理论成果显著增加。根据笔者对相关研究成果的梳理，十七大以来，哲学层面关于科学发展观的研究成果主要集中于三个方面：一是关于科学发展观对马克思主义哲学辩证唯物主义和历史唯物主义基本原理的创造性运用；二是对科学发展观基本内涵、具体理论观点如以人为本、统筹兼顾等的哲学论证和阐发；三是关于科学发展观对当代中国国情和时代特征的准确把握及其提出的现实意义、实现机制等。参见王晓林：《从哲学层面研究科学发展观应关注的几个理论问题》，《哲学与社会》中国时代经济出版社，2009年第2辑。

② 《马克思恩格斯选集》第1卷，人民出版社1995年版，第252页。

共产党人明确使命、提出理论、制定战略策略的基本依据。具体而言，科学发展观对马克思主义时代观的坚持与发展主要表现在三个方面。一是对时代特征和世界历史趋势的概括：经济全球化、社会信息化、世界多极化继续演进①。二是对时代主题的回答：和平、发展、合作是当今世界的主旋律②。三是对当代中国社会发展阶段性特征的提炼："八个并存"③ 和"两个前所未有"（即面临的发展机遇前所未有，面对的挑战前所未有）。面对这样一个时代，处在这样一个发展阶段，中国应该如何发展？科学发展观不仅对此作出了具体的回答和部署，而且要求我们对此必须以新的时代观予以理解和把握。

——科学发展观对坚持和发展马克思主义哲学的自然观提出了新的要求。世界观的核心是自然观。没有科学的自然观，就没有正确的历史观，当然也就不可能有正确的世界观。人类如何认识和改造自然，从根本上说取决于他对自然的总体认识和深刻把握。全面贯彻落实科学发展观，必须坚持和发展马克思主义哲学的新型自然观——生态型自然观。这种生态型自然观体现了"尊重自然的价值与尊重人类发展权利"的有机统一。它有两个核心理念：其一，人与自然的关系是人类生存与发展的基本关系，人类生存于其中的自然环境是其生存和发展的物质前提和基础；其二，人与自然的关系是随着经济社会的发展不断改变的，与此同时，人类对人与自然关系的认识也随着科技发展和社会文明进步而不断深化。以这种生态型自然观为指导，必须把人的发展与自然发展之间的矛盾的解决纳入到基本制度变革的视野中予以考察，从根本上变革今天仍然妨碍着人们正确运用自然规律的不合理的社会关系和社会制度。

——科学发展观对坚持和发展马克思主义哲学的价值观提出了新的要求。同历史上和西方的各种价值论学说相比，马克思主义价值观具有显著的科学性和革命性特征。在理论上，它以彻底的唯物主义世界观和方法论为基础；在实践上，它坚持以无产阶级和人民大众为主体的共产主义价值观念。从马克思主义价值观的立场来考察发展问题，我们不难得出这样的结论：人的全面发展乃是衡量经济社会发展的根本尺度，是人类社会进步的根本标志；坚持以人为本是社会主义社会的根本原则，是衡量我们各项工作的根本标准。科学发展观把以人为本作为自己理论体系的核心，这不仅重申了对马克思主义价值观的坚持，而且对发展马克思主义价值观提出了新的要求。首先，科学发展观中既有"以人为本"的内涵，

---

① 参见胡锦涛：《共同谱写和平、发展、合作的新篇章》（2007年新年贺词），2006年12月31日。

② 参见胡锦涛：《共同谱写和平、发展、合作的新篇章》（2007年新年贺词），2006年12月31日。

③ 参见胡锦涛：《高举中国特色社会主义伟大旗帜 为夺取全面建设小康社会新胜利而奋斗》，中国网十七大专题网站2007年10月15日。

又有“科学”规定的内涵，两者是有机统一的。坚持以人为本的科学发展观，必须坚持以人为本与尊重客观的统一、价值论与认识论的统一、人文精神与科学精神的统一、目的性与规律性的统一。其次，科学发展观的以人为本，既包括作为整体集合的人的利益指向，也包括作为个体的人的利益指向。最后，科学发展观的以人为本，强调维护人的尊严和基本权利，其核心是以人民群众为本。以人为本具有十分丰富的内涵，在不同的理论体系中有不同的甚至根本对立的阐释。在反对社会历史的神创论、主张人创论，反对神的权威、提倡人的权威，反对将人不当人看待、强调维护人的尊严和基本权利的时候，唯物史观理解的以人为本与人道主义思潮、人本主义哲学的理解有相同之处。但是，在涉及人类内部究竟谁是社会历史的主体和动力的时候，唯物史观的理解就与唯心史观基础上的人道主义、人本主义、民本主义存在着根本区别。在唯物史观看来，历史是群众的事业。阶级社会中，人民群众是社会历史的创造者，任何阶级和个人只有融入人民群众并代表他们的利益，才能成为历史发展的动力。这时的以人为本，就是以人民群众为本，承认人民群众的社会历史主体地位。

——科学发展观对坚持和发展马克思主义哲学的社会进步观提出了新的要求。毋庸置疑，科学发展观对当代中国发展观念的重构是以马克思主义哲学进步观为理论基石的。但是，长期以来，对于马克思主义哲学的社会进步观，人们只是从两个方面简化地予以理解：在最抽象的意义上，把“发展”看作是“前进的变化或进化”，特别是指“人类所处的现实世界中从低级向高级、从无序向有序、从简单向复杂的上升运动。”① 在社会历史领域，把发展看作是以物质生产为基础，以生产力、生产关系（经济基础）和上层建筑的矛盾运动为动力的社会过程，强调发展作为一个“历史过程的客观性和规律性”。笔者以为，对于马克思主义哲学进步观这种诠释，并没有充分揭示其内在的理论意蕴。

实际上，对于马克思主义哲学进步观的丰富内涵，我们至少还可以从以下两个方面把握：一是它对西方传统理性主义进步观合理基因的沿承。与西方传统理性主义进步观一样，在它的视域中，社会发展不仅意味着人类获得物质财富的能力和手段的显著提高以及人类所拥有的物质财富与日俱增，还意味着人类物质财富实现方式与社会生存和发展方式的根本变革——高度发达的工业、服务业和较为完善的市场化经济运行模式，行政管理的科层化，公共领域的自律化、公共权力的民主化和契约化，社会的高度分化与流动、高度发达的专门化社会组织、开拓进取和效率至上等观念以及意识形态化的社会历史叙事和理性化、契约化的公共文化精神，等等。二是马克思主义哲学创始人也通过对资本主义制度下各种社

① 肖前等主编：《马克思主义哲学原理》（上册），中国人民大学出版社 2004 年版，第 151 页。

会异化现象的存在及其成因的揭露，对传统理性主义进步观的消极影响提出了尖锐的批判，指出，它给人类带来进步与繁荣的同时也带来了资本专制、人的异化、生态灾难等“现代病”，进而提出以制度变革和社会秩序重塑为核心、以实现人的自由全面发展为目的的社会进步观。就历史的观点而言，马克思主义哲学创始人对西方传统理性主义进步观的批判开启了西方思想界对社会进步的种种探讨和争议。可见，正确把握马克思主义哲学进步观的精神实质，绝不可忽视马克思主义哲学创始人对于西方传统的传统理性主义进步观的扬弃。在这方面，科学发展观不仅重申了发展中国特色社会主义，走中国特色社会主义道路的坚定信心，而且充分肯定人在社会历史发展中的主体地位以彰显“以人为本”的发展理念，强调通过合理的制度安排以彰显公平正义的伦理精神，要求以人所特有的道德自觉协调人与自然的关系以彰显可持续发展伦理等，内在地提出了坚持和发展马克思主义哲学社会进步观的问题。

（执笔人：王晓林）

马克思主义哲学学科（发展史专业）前沿报告

马克思主义哲学史教研室课题组

近几年来，我国哲学界围绕着马克思、恩格斯、列宁、毛泽东思想、邓小平理论、“三个代表”重要思想和中国特色社会主义理论体系中的哲学思想展开广泛讨论，取得丰硕理论成果。本文仅撷取一些重要方面的内容给予回顾和总结。

一、马克思恩格斯哲学思想研究述要

对于马克思、恩格斯哲学思想的研究，主要围绕着马克思经济学的哲学诠释，对恩格斯与马克思之间哲学思想关系的再认识，以及对马克思、恩格斯某些哲学经典文本的新解读展开的。

（一）对马克思经济学的哲学诠释

在马克思那里，经济学与哲学、特别是它与历史唯物主义理论是有机联系、密不可分的。但是，在以往的传统诠释中，它们却被分离甚至分割开来。随着现代化过程的推进和资本在现代社会生活中的扩张，学者们愈益关注资本在当代社会生活中的作用。在理论上则重新发现马克思的经济学、特别是资本理论与哲学及其与资本主义现代性批判之间的内在关联，从而找到了深入解读马克思主义哲学的新的视角和路径。

学者们认为，《资本论》是马克思“超学科”研究的典范，其中熔铸了政治经济学、哲学和社会主义理论三个学科的批判。特别是，马克思在政治经济领域中实现了一种哲学批判，实现了在哲学层面上对整个资本主义社会的理解。《资本论》的哲学蕴含首先就体现在它的存在论意义，它通过对商品、货币、剩余价值等经济范畴和资本运动逻辑的考察分析，实现了“对现实的描述”与破解“存在的秘密”的统一。《资本论》实际上是马克思揭示“现实的历史”即破解存在秘密的“存在论”，即关于现代人的存在状况的存在论。①

有的学者认为，在马克思那里，经济学批判是历史唯物主义的深层主线，以经济学批判为主线的现代性批判是历史唯物主义最本真的理论视域。经济学、现代性与历史唯物主义三者之间存在的特殊关系，赋予马克思的现代性批判以独树一帜的品格。具体来说，货币、资本、生产是架构三者关系的概念桥梁，它们既是经济学建构现代性叙事的支柱概念，又是历史唯物主义开展现代性批判的基础

① 李惠娟：《马克思哲学与〈资本论〉学术研讨会综述》，《哲学动态》2010 年第 1 期。

概念。因此，如何解读马克思的货币、资本和生产概念，具有极端的重要性，而某些后现代学者的做法正是把这些概念限制在单一的经济学视域。基于对马克思的经济学与历史唯物主义两者关系的这种理解，该学者还主张和赞成把历史唯物主义定位为经济哲学，作出有关历史唯物主义的实质是经济哲学的判断，既符合马克思的哲学历程又符合马克思的哲学方法，是最符合唯物史观本意的学科定位；认不清这个学科定位就无法把握历史唯物主义的原初蕴含及其独特的理论气质——把政治经济学批判作为解开现代社会秘密的一把钥匙。①

学者们还把马克思的经济学特别是资本理论运用和引申到当代社会生活。有的学者认为，现代性后果不仅指向主体性哲学，更涉及到主体性资本。主体性哲学是现代性思辨的核心程式，而主体性资本则是现代性社会生存本体论的重要根基。因此，反思现代性，需要对主体性哲学与主体性资本进行双向追问。主体性哲学的启蒙与发展，离不开主体性资本的发育和生成。而主体性哲学只有通过主体性资本的解读，才能够触及该哲学的真正历史空间——个性化的自由人性和多样化的自由市场需要精神自由哲学的启蒙。② 有的学者依据马克思关于资本扩张与社会结构关系的论述，具体考察了当代社会结构的新变化。认为，在资本主义早期阶段，简单的资本形态生成了以阶级对立为轴心的板块式社会结构。而在当代，资本新形态则使这种板块式社会结构得到消解；但与此同时，资本逻辑并没有改变，它在职业市场、产权市场、资本市场、产品市场等各个领域中造成冲突。现代社会结构处于两种相逆的发展趋势的博弈中，其结果将取决于具体的社会政治经济条件。为此，当代中国应当坚持社会主义的本质，努力创造“复杂性社会网络结构”的生成条件。③

（二）对恩格斯与马克思之间哲学思想关系的再认识

有的学者通过解读《路德维希·费尔巴哈和德国古典哲学的终结》一文，提出，恩格斯写作该书的动机是基于《德意志意识形态》缺乏对费尔巴哈哲学的批判这一判断，但正是这个判断折射出恩格斯对于马克思哲学旨趣的误解。恩格斯认为费尔巴哈唯物论之所以在历史领域失效，主要是因为未追问历史的“动力的动力”和辩证法的阙如，这同马克思把费尔巴哈唯物论的缺陷归结为感性直观大异其趣。与马克思试图从逻辑和历史双重意义上超越“唯物—唯心”之争不同，恩格斯致力于强化这种对峙。首先，恩格斯的所谓《德意志意识形态》“缺少对费尔巴哈学说本身的批判”这一说法是错误的，梁赞诺夫、巴加图利亚等苏联学

① 张雪魁：《经济学、现代性与历史唯物主义》（上、下），《人文杂志》2009年第5—6期。

② 张雄：《现代性后果：从主体性哲学到主体性资本》，《哲学研究》2006年第10期。

③ 鲁品越：《资本逻辑与当代中国社会结构》，《哲学研究》2006年第10期。

者对此早已指出过了。恩格斯的这一说法只能表明，他误解了当时马克思批判费尔巴哈的真正意图，或者说，当时马克思并不是在恩格斯所期待的意义上来批判费尔巴哈的。而且，从恩格斯把马克思的《关于费尔巴哈的提纲》作为《终结》一书的附录并一起出版这件事可以看出，恩格斯并没有自觉意识到他自己同马克思之间在思想上存在的重大距离。其次，费尔巴哈之所以在历史观领域重蹈唯心论的覆辙，其根源并不像恩格斯所揭示的那样是缺乏对“动力的动力”的追问，或者未能按照辩证法的原则去改造唯物论，而在于费尔巴哈的唯物论基础本身所固有的缺陷，即在哲学原初基础上脱离了人的感性活动，使实践“缺席”，从而陷入了感性直观的歧途。最后，恩格斯之所以强调和突出唯物主义与唯心主义“两大阵营”的对立，其学理上的原因在于恩格斯的本体论立场局限于传统本体论的范围，即把存在了解为本质维度上把握的规定。这种本质主义的运思方式只能先行地设想一种与人的存在无关的本体论悬设。而与恩格斯不同，马克思寻求的是奠定新的哲学根基，即确立“实践”的终极原初性地位。①

（三）对马克思、恩格斯某些哲学经典文本的新解读

改革开放以来，对马克思的《1844 年经济学哲学手稿》和《关于费尔巴哈的提纲》以及马克思和恩格斯的《德意志意识形态》等哲学原典的研究成为我国哲学界的一大热点。近几年来，学者们对这些原典研究的热情仍是有增无减。

关于《1844 年经济学哲学手稿》。有的学者认为，马克思在《1844 年经济学哲学手稿》中通过对支撑整个现代文明社会的资本原则和现代形而上学原则的批判，剥离了由种种意识形态包裹在人身上的虚幻性外衣，深入到人存在的根基处，真切地把握到人存在的本然状态和历史的乖戾，从而在存在论的高度确定了关于人的解放的共产主义学说的感性原则。人在现代社会的非人化或异化构成马克思关于人的感性解放的直接现实前提。在《手稿》中，马克思不仅论证了人的感性解放的必要性，而且就人的解放的实现途径和达至的解放状态作了原则高度的规定和描绘。同时，也有学者坚持认为，在《手稿》笔记本Ⅰ中，马克思完全采纳了费尔巴哈人本主义的唯物主义（也可称之为“自然唯物主义”），他此时所用的“异化”概念主要是费尔巴哈意义上的，而非黑格尔意义上的。也就是说，笔记本Ⅰ的“异化”主要是一个“道德批判”的概念。②

关于《关于费尔巴哈的提纲》。有的学者提出，青年马克思经历了两次“走进—走出黑格尔”的思想摇摆，而《关于费尔巴哈的提纲》正处于马克思第二次“走进—走出黑格尔”的过程之中，体现了历史目的论的隐性唯心主义。相对于

① 何中华：《恩格斯对“唯物—唯心”之争的态度》，《学习与探索》2009 年第 5 期。

② 鲁克俭：《〈关于费尔巴哈的提纲〉与历史目的论》，《河北学刊》2006 年第 6 期。

《德意志意识形态》而言，《关于费尔巴哈的提纲》在思想上更接近于《1844年经济学哲学手稿》的笔记本III。该观点认为，这种历史目的论表现在，马克思在借鉴黑格尔的历史辩证法的同时，并未意识到，黑格尔的历史辩证法的唯心主义方面不仅仅表现在黑格尔把劳动、劳动的异化以及异化的扬弃都“精神化”，也就是把它们局限于思维领域，而且表现在黑格尔的历史辩证法具有历史目的论的特征，即根据黑格尔的历史哲学，历史最终必然发展到世界历史，发展到“绝对精神”的统治，而“绝对精神”的实质是“自由”。这导致马克思在写作《提纲》时对共产主义的论证仍采用历史辩证法这一哲学脚手架，把历史的目的规定为“真正的人”，即与人性和人的本质相符合的人，从而仍未能脱离“哲学共产主义”阶段。①

关于《德意志意识形态》。有的学者认为，在《关于费尔巴哈的提纲》和《德意志意识形态》等文本中，马克思、恩格斯从揭示自然史和人类史的真实关系，到对人类史的发生、发展的探讨，再到人与人、人与社会、社会存在与社会意识及其关系的论述，都是从“现实的个人及其历史发展”出发的，并构建了一个以物质生产为逻辑起点，以生产方式的发展为动力，以实践观为灵魂，以自然与人、人与人、人与社会、社会存在与社会意识、自然与历史为统一形式的理论体系。这个理论体系，严格说来，既不是“实践唯物主义”，也不是传统意义上的“辩证唯物主义”，更不是什么“人学”、“实践人学”、“生存论”或“生活哲学”，而是历史唯物主义②。有的学者以《德意志意识形态》中的相关段落为文本依据，提出和具体论证了“历史唯物主义是哲学而不是实证科学”的观点。认为，马克思在《德意志意识形态》中之所以特别强调“纯粹经验的路径”或“经验直观”的重要性，是为了把自己的思想与完全漠视经验、完全以任意的想象为基础的德国思辨哲学鲜明地对立起来。而且，马克思并没有以笼统的、抽象的态度来对待经验，而是对经验及有关经验的不同理论采取了分析的态度。关于《德意志意识形态》和《1844年经济学哲学手稿》等文所集中论及的“异化”（包括“异化劳动”）理论及其在历史唯物主义中的地位，该学者也明确予以充分肯定，指出异化批判不仅在马克思的历史唯物主义理论中拥有实质性的、基础性的地位，而且对后马克思主义时期的社会批判理论的形成和发展产生了巨大的影响。③

从上述对马克思、恩格斯哲学文本的各种解读中可以看出，近年来学界对文本的研究又有新的推进，但同时，依然面临着进一步深入研究和解读文本的艰巨

① 鲁克俭：《〈关于费尔巴哈的提纲〉与历史目的论》，《河北学刊》2006年第6期。

② 张传开：《关于马克思主义形态问题的思考》，《哲学动态》2010年第2期。

③ 俞吾金：《历史唯物主义是哲学而不是实证科学》，《学术月刊》2009年第10期。

任务，其中也包括进一步从教条主义诠释传统的束缚下解放出来。

二、列宁哲学思想研究述要

近几年来，国内外列宁哲学思想的研究摆脱了苏东剧变后短期的低迷状态，进入一个方法不断创新、论题愈趋广泛、研究更加深入、队伍持续扩大的新阶段，列宁哲学的研究对中国“列宁学”的创建和发展做出了重大的理论贡献。

（一）研究方法的新突破

近些年来，学者们对列宁哲学的研究在继承已有的比较研究、文本研究、历史研究、理论和实际相结合等方法的基础上，进一步在研究方法上推陈出新，实现了新的突破。

1. 在研究中引进“文本深度解读”法。

以南京大学张一兵教授为负责人的研究团队承担了2004年度国家社会科学基金重点项目“列宁哲学思想的历史逻辑”。在研究中，他们采用了文本深度解读法去重新厘定和清理列宁哲学的思想史研究平台，解构第二国际以后，特别是前苏东学界强加于列宁文本的意识形态文饰和伪学术构境，以求真正改变传统研究中从教科书体系观点出发，非历史地肯定与“反注经典”的研究方法。从列宁思想的真实发生语境入手，还原式地探究列宁在“思想实验室”中的理论建构进程，重建式地再现列宁哲学思想的当代性意蕴。为此，他们深入追踪研究了以《唯物主义和经验批判主义》为代表的前期著作，和以《哲学笔记》为核心的后期著作之间的复杂曲折的转变与突破的历史逻辑过程，专题研究了列宁的哲学理论范式的微观转换及其在现代哲学史上的革命意义。

2. 在研究中提出并运用“思想构境法”。

2008年，张一兵教授出版《回到列宁——关于“哲学笔记”的一种后文本解读》一书。为了更深入地研究主要以拟文本、亚文本或生成性文本出现的“哲学笔记”，他提出并运用了“思想构境法”，力求重新拟现列宁哲学思想的历史原像，即依据已经成为历史的不在当下言说的文本及其所有可能的征候细节，重新建构出作者所理解的列宁的思想之境。张一兵认为，面对“哲学笔记”中的拟文本和亚文本，更多的不是有直接而明确文本证据的指认，而是对阅读本身进行再阅读和再解读，在一种当下的思想构境中呈现再解读者本人的猜想、推论和主观认定。正如凯文·安德森教授所说，张一兵从传统上对列宁、马克思及辩证法的教条主义的解读视域中抽拔出来，从当代法国的文本学批判的视角出发，对列宁关于黑格尔的哲学笔记进行了卓越的解读。

（二）研究论题的新拓展

近些年来，围绕已有论题和新提出的论题，学者们从各个视角对列宁哲学展开了更加广泛和深入的研究，发表了一批有较高质量的论文和专著。

1. 既有论题的研究有了新突破。

近些年来，对列宁哲学的研究主要还是在既有论题的视域内展开，但是在一些文章和论著中实现了方法、论据和论点的新突破。主要表现为：

(1) 关于列宁的哲学特色。

关于列宁的哲学特色，主要涉及他的哲学家身份、哲学特征以及哲学体系三个问题。

其一，列宁是不是一个哲学家?

这是国内外学界非常关注的一个话题。对此，学者们之间存在着许多争论。大多数学者认为，必须要把列宁列入马克思哲学的家谱，他是一个真正的马克思主义哲学家。但也有学者认为，列宁主要是一个实践家而非理论家，他在哲学上更多的是继承而非创新。对于这一问题，俄罗斯历史学家和哲学家罗·梅德韦杰夫提供了第三种思路。在他看来，列宁自己并不认为他是哲学家，列宁不认为他的哲学著作可以同马克思、恩格斯、黑格尔、费尔巴哈的哲学著作相提并论。列宁有自己的哲学思想且很有意义，但那并不是一种可以同马克思、恩格斯的哲学思想同等看待的严谨的哲学思想。中国人民大学梁树发教授也提出，列宁主义的确开辟了科学社会主义的新阶段，但并不能说列宁哲学开辟了马克思主义哲学的新阶段。列宁整个一生都贯穿了强烈的实践意义，要把对列宁文本的解读和对列宁哲学实践精神的研究结合起来，从而全面理解列宁哲学。

其二，列宁哲学的主要特征是什么?

这是国内外学者更为关注的话题。在西方，一些“列宁学”的代表人物，例如莱塞克·科拉科夫斯基认为，列宁哲学的特征主要表现为实用主义，阿夫托尔汉诺夫则认为列宁哲学是一种权力哲学；在国内，也有一些学者提出，列宁哲学中浸透着雅各宾派、车尔尼雪夫斯基、特卡乔夫、涅恰耶夫等人的思想遗产，是一种鼓吹狂飙突进的民粹主义哲学；大多数学者认为，列宁哲学的主要特征表现为实践性、阶级性、创新性、科学性。例如，俄罗斯哲学博士理查德·科索拉波夫教授于1999年4月25日在东京举行的题为“克鲁普斯卡娅与列宁”的国际研讨会上作了《列宁与20世纪》的发言，认为列宁的哲学具有严格的科学性，他用辩证唯物主义和历史唯物主义客观分析了社会现象；列宁的哲学具有真正的人民性，他密切联系劳动群众，毫不利已，无私奉献。

在考察列宁哲学的特征时，还有学者从历史发展的角度提出了“两个列宁”和“三个列宁”的观点。

所谓“两个列宁”的问题，最早是由南斯拉夫哲学博士德拉古京·列科维奇教授在他的《列宁与斯大林主义》一文中提出来的。他认为，存在着两个列宁，即具体环境中的列宁和本质的列宁。本质的列宁是宽容的人道主义者，具体环境中的列宁是有限民主的代表者。

所谓“三个列宁”的问题，是20世纪90年代末俄罗斯政论家尤·布尔金在《三个列宁》一文中提出来的。他认为，存在着十月革命的列宁、向新经济政策过渡的列宁和1923年初的列宁。十月革命（包括革命前和革命后直至1921年初的活动）的列宁是极其热情的革命者、理论家和大规模社会摧毁活动的实践者，这一时期的列宁明显表现出唯意志论的哲学特色；新经济政策时期的列宁，是政治领域的独裁者和经济领域的多元论者，明显表现出渐进的改良主义的哲学特色；1923年初及以后的列宁，在政治、经济和社会生活中表现出开放性，不受任何事先选定的目的的限制，表现出开放主义的哲学特色。

其三，列宁是不是构建了一个马克思主义的哲学体系？

这是学者们关注的又一个问题。黄楠森教授在《西南师范大学学报》（2004年5月）发表《正确评价列宁和苏联哲学家的哲学贡献》一文，认为列宁在体系建构上做出了两大贡献。一是奠定了辩证唯物主义在马克思主义哲学中的核心地位，这个贡献主要是在《唯物主义和经验批判主义》中作出的。当然由于历史的局限，列宁的论证有以下一些缺点：对认识论理解得过于宽泛，用认识论包含了世界观，认识论超越了历史观，只把实践看做认识论范畴，较少论述客观世界的辩证发展的内容；二是进一步提出了建构马克思主义哲学的科学体系的基本原则，且提供了若干体系雏形。这个贡献主要是在《哲学笔记》中作出的。主要提出如下设想：哲学研究的是客观的普遍的东西；普遍性范畴的转换是一个辩证的过程，辩证转换的核心是对立面的统一和斗争；最普遍的最抽象的是存在与非存在、有与无，因此，存在与非存在是哲学的逻辑起点；哲学范畴的发展或转换是按从抽象到具体、从简单到复杂、从静止到运动、从客观到主观的原则进行的。但总体来看，列宁开辟了马克思主义哲学的新阶段但是没有完成。

（2）关于列宁与其他哲学家的关系。

对列宁哲学的研究，必然涉及马克思、恩格斯、黑格尔、费尔巴哈、狄慈根、普列汉诺夫、卢森堡、考茨基等人。在以往研究的基础上，近些年来学者们集中考察了列宁在哲学上与马克思、普列汉诺夫、卢森堡等人的关系。

其一，关于列宁哲学与马克思哲学的关系。

自20世纪中叶以来，西方一些学者就制造了马克思与列宁的哲学断裂，认为列宁更多的是继承恩格斯、普列汉诺夫等人的哲学遗产，而马克思的哲学则没有引起列宁的思想共鸣。对上述观点，国内大多数学者持批判态度，认为二人之间是一种继承与发展的关系。不仅如此，一些学者还结合文本的深度阅读，坚持历史主义的分析方法，进一步具体考察了不同时期列宁与马克思的哲学关系。

在《回到列宁》一书中，张一兵教授通过深度的文本阅读，对马克思与列宁之间的哲学联系进行了一种历史的具体的分析。他认为，青年列宁在革命实践中通过对普列汉诺夫哲学的学习和思考而直接成为一个马克思主义者，但并不是一开始就是一个马克思主义的哲学大家。青年列宁的理论着眼点是历史辩证法的客体向度，强调社会历史发展是一个自然历史过程，注重的是哲学唯物主义；《唯物主义和经验批判主义》时期的列宁强调的仍然是马克思哲学的理论基础，即哲学唯物主义特别是唯物主义认识论；只是在一战期间通过阅读黑格尔的《逻辑学》，才真正理解和掌握了马克思的历史辩证法和马克思改变现实、“消灭存在”的实践辩证法。

郭凤海在发表于《理论探讨》2007 年第 3 期的《自由的歧路——“苏联哲学”的历史命运及启示》一文中，则具体考察了马克思与列宁之间的哲学差异。他认为，马克思哲学的本质和最高理想是揭示历史规律的客观性和人的活动的自觉能动性，实现人的自由全面发展。列宁对马克思主义哲学的研究达到了同时代的先进水平，但不论是在文献上还是在基本观念上，他都依托于恩格斯、梅林和普列汉诺夫等人的既有工作并由此前进，这就决定了他对唯物主义的阐述是恩格斯式的。列宁在哲学上表现出“自然哲学”倾向，使他在许多理论和实践问题上与马克思存在差异，主要表现为哲学“推广”论、思想“灌输”论和革命“转变”论，并对日后苏联哲学的面貌产生了深远影响。

其二，关于列宁哲学与卢森堡哲学的关系。

列宁与卢森堡的比较研究，是近些年来国内学界较为关注的一个话题。在哲学层面，主要成果有何萍发表于《哲学研究》2008 年第 3 期的《马克思主义世界历史理论中的决定论与非决定论——关于马克思、卢森堡、列宁的一个比较研究》一文。作者认为，马克思、罗莎·卢森堡和列宁是马克思主义哲学史上的三位思想巨匠。他们分别写作了《资本论》、《资本积累论》、《资本主义在俄国的发展》，以对资本主义的研究开创了世界历史研究的崭新视野。但是，从《资本论》到《资本积累论》和《资本主义在俄国的发展》，马克思、卢森堡和列宁之间并不是直线式的思想继承关系，而是一个通过激烈的理论论争和思想碰撞不断创新的过程。其中，有两场争论影响最为深远：一场是卢森堡对马克思资本积累公式的批评和修正，在这一过程中，卢森堡把马克思有关世界历史发展必然性的思想绝对化了，从而创造了世界历史的决定论；另一场是列宁对卢森堡有关民族自决权观点的批评，列宁站在非西方世界的立场上审视世界历史的变化，反对卢森堡以西方资本主义的总体性否定非西方国家的民族自决权，强调非西方国家能够在民族运动的世界发展中，通过社会主义革命获得政治和经济的自决权，从而成为制衡西方资本主义的力量。由此出发，列宁把世界历史看作是东西方国家交互作用的复杂过程，并通过对这一复杂过程形成的内在机制的研究，阐发了马克思有关世界历史偶然性的思想，创造了世界历史的非决定论。这两场争论体现了马克思、卢森堡和列宁对他们各自所处时代、所处民族提出的历史课题的思考，他们之间的理论联系和差别生动地展现了马克思主义哲学从19世纪到20世纪的历史演变。

（3）关于《唯物主义和经验批判主义》。

随着时代的发展和研究的逐步深入，国内学者对《唯物主义和经验批判主义》的探讨进入到了一个新的阶段，取得了一些新的研究成果。

一方面，学者们在总体上对《唯批》的评价更趋客观和具体，抛弃了全盘肯定与简单否定的对立思维。2008年11月16日，为纪念《唯物主义和经验批判主义》创作100周年，中国马克思主义哲学史学会列宁哲学思想研究分会在北京举行学术研讨会，专家学者们实事求是地分析了该书的理论贡献和局限性。例如，黄楠森教授认为，该书论证了马克思主义的世界观和认识论是辩证唯物主义的科学体系，在这之后，辩证唯物主义的地位才逐步确立起来。在书中，列宁提出了一系列带有创新性和系统性的观点和理论，比如对“物质”概念的定义、物质运动形式、辩证法的范畴、主客体关系、哲学基本问题、实践标准以及认识论的三个结论等。但是在探讨实践标准、实践观点时，列宁没有谈及整个实践以及实践对社会和人的作用；世界观的地位在整个列宁哲学中的地位不明显，容易导致把认识论和实践观混为一谈；有些地方确实把政治术语用于哲学批判等。

另一方面，对《唯批》的研究进入更具体、更细化的发展阶段。学者们大多致力于从新的特别是实践思维的角度对其中某些论题展开新的分析。

贺祥林在《哲学研究》2007年第9期发表《以实践思维方式重释列宁的物质定义及其意义》一文，强调要“重释列宁的物质定义”。文章认为，列宁原有的物质定义有三点不足：未提及实践这一反映方式或意识发生的最切近的基础；未揭示人的意识能反作用于客观实在；未将人类自身概括到客观实在之中。这些不足归根到底是因为没有找到理解物质和意识的关系的基础即实践。根据列宁的重要思想资源，可以重释一个具有实践的唯物主义所谓的物质定义。该定义就是：物质是指不依赖于人的意识而有规律地运动着，又能被人认识与改造并满足其需要的多类型的客观存在。

李显棠在《湖北经济学院学报》2008年第10期发表《“物质”概念在哲学中的理解命运》一文，认为旧唯物主义对物质范畴主要从本体论和认识论两个向度来规定，而恩格斯和列宁则继承了这个思维习惯，分别从本体论和认识论的向度来界定物质范畴，并在这种认识框架中明确界定了唯物主义的物质范畴，克服了旧唯物主义存在的问题，但同时也遮蔽了一些问题。要确立科学的物质观，就必须回到马克思的实践的物质观，实现本体论和认识论、自然观和历史观的统一。

吕广利在《湖北社会科学》发表《从实践的思维视角解读列宁的〈唯物主义和经验批判主义〉》一文，认为实践是《唯批》阐述认识论的基础，是论证唯物主义、批判马赫主义的依据，是分析辩证法与唯物主义相统一、批判相对主义的前提。实践是《唯批》的基本依据和思维视角，只有立足实践的视角，才能把握《唯批》的实质。

(4) 关于"哲学笔记"。

"哲学笔记"是学者们最为关注的一个文本。围绕该文本，学者们从多个角度展开了较为深入的研究。

其一，文本的谱系研究。

周嘉昕在《河北学刊》2007年5月号上发表《列宁的"哲学笔记"是一部独立的哲学著作吗?——一项学术史的谱系考察》一文，认为在"哲学笔记"的既有研究中，存在一个认识上的错误倾向，即把"哲学笔记"看做列宁为改造辩证法而创作的一部"未完成的著作"。但是，列宁在世期间，"哲学笔记"并未公开出版。在20世纪二三十年代，其中的各篇文献才逐渐得到发表，并于1933年形成了较为完整的"哲学笔记"单行本。在苏联党内两次重大的理论争论之后，"哲学笔记"获得了以阿多拉茨基的判断为基础的理论形态，尽管存在被过分拔高的嫌疑，但仍未被看做一部著作。之后，由于斯大林刻意抬高《唯物主义和经验批判主义》的理论地位，并将"哲学笔记"指认为"列宁的思想实验室"，对"哲学笔记"的研究遂陷入低谷。直到1963年新版"哲学笔记"的出版和以凯德洛夫为代表的相关研究出现，作为"未完成著作"理论形象才最终在文本和逻辑上得以确立。将"哲学笔记"视为独立的哲学著作，并构造一个列宁改造辩证法的"计划构想"，背离了列宁思想发展的原初语境，并在逻辑上呈现出内在的悖结。关于该文本的谱系研究，在张一兵教授的《回到列宁》一书中得到了进一步的扩充和延展。

其二，文本的深度研究。

近年来，对"哲学笔记"文本的研究，涌现出了一批高质量的成果，其中尤以张一兵教授的《回到列宁》一书为代表。该书由一个导言和上、下两篇组成。导言主要介绍相关的文献情况，评说传统研究中存在的问题，介绍了作者的主要研究方法即思想构境法；上篇主要分析了青年列宁的哲学历程，通过对1908年前列宁的各种历史文献以及学习和研究哲学时留下的批注、笔记的阅读，详细考察了列宁与普列汉诺夫、狄慈根、费尔巴哈、俄国思想家的哲学关系，指出青年列宁的哲学唯物主义是一种他性理论镜像，这与他的政治实践立场既有链接也有脱节之处；下篇是对列宁“伯尔尼笔记”的专题研究，它颠覆了苏联学者的“计划构想论”的先验框架，认为并不存在一个事先的辩证法体系研究的计划。指出，列宁在接近黑格尔哲学的认识过程中发生了深刻的思想转变，即从他性理论构架向自主性阅读构境空间的转换。而且即使在最后，列宁的理解也没有能够超越马克思历史辩证法的思想深度。该书不仅视角新颖、材料翔实、考证有据，涵盖面广，而且逻辑缜密、论点深刻，真正实现了“与列宁一同前行”的目的。

其三，文本间的比较研究。

杨杰在《时代人物》2008 年 8 月号上发表《马克思与列宁辩证法的基础性差异——从〈1844 年经济学哲学手稿〉与〈哲学笔记〉的比较来看》一文，认为两部著作在辩证法问题上存在着“基点的异趣”。马克思的基点是对黑格尔《精神现象学》的批判，而列宁的基点是对《逻辑学》的批判；存在着“方式的相殊”，马克思的方式是通过批判辩证法来批判存在论，将黑格尔的辩证法改造为现实的实践的辩证法。而列宁的批判不是“通过”而是“针对”辩证法，他对黑格尔存在论判而不论，并将辩证法独立化。于是，在马克思那里原本是实践化的任务，到列宁那里就转变成理论化，从而把本来只有在实践中才能出现的马克思主义的原则，开始固化为理论和观念形态；存在着“畛域的差别”，马克思的畛域从存在论转变到生存论，这是通过在《手稿》中对黑格尔辩证法的批判而达成的。而列宁的基础仍然是存在论的，并且在一定程度上仍具有柏拉图主义的嫌疑。这使得他不能从革命实践的现实需要出发来研究现实的理论，而是从革命计划的需要出发来构建所需要的理论。总之，马克思构成了对近代形而上学本质的批判，而列宁则对从笛卡儿以来的整个近代哲学基本问题没有遭遇，并因而停留在近代形而上学语境之内，这构成了两部著作的基础性差异。

吕国忱在《理论探讨》2004 年第 1 期发表了《列宁主体客体观的重大转变——〈唯批〉与〈哲学笔记〉之比较研究》一文。认为列宁在《唯批》中提出“主体—客体和客体—主体”，“这就是经验批判主义的原则同格的全部实质，就是最新实证论对‘素朴实在论’的最新式的保护的全部实质!”并且把它作为批判马赫主义的武器而贯穿全书的始终。与此相反，列宁在《哲学笔记》中多次提出“主体和客体的一致”，并把它作为马克思主义哲学的核心。现在应把列宁的后期观点引进哲学原理，把主体和客体之间的关系作为哲学基本问题，避免以往教科书滥用唯物主义和唯心主义的对立，从而把哲学理论推向前进。

其四，理论命题的研究。

刘林元在《南京政治学院学报》2006 年第 5 期发表《一个哲学悬案的解决——关于列宁“同一性是相对的，斗争性是绝对的”命题的证明》一文。认为对于列宁的“同一性是相对的，斗争性是绝对的”命题，过去按两条思路来证明：一是同一性是有条件的、相对的，斗争性是无条件的、绝对的；二是同一性决定静止，斗争性决定运动，用静止的相对性和运动的绝对性推出同一性的相对性、斗争性的绝对性。这两条思路的证明都是缺乏说服力的。只有跳出在一对矛盾内进行同一性与斗争性的比较，将辩证的发展观与形而上学的发展观作比较，将具体同一性与抽象同一性作比较，才能证明列宁这一哲学命题的真理性。

易杰雄在《北京大学学报》第 40 卷第 6 期发表《意识创造世界是列宁的思想吗？——评前苏联哲学界对此命题的研究，兼及我国马克思主义哲学一流行观点》一文，详细介绍了国际国内在不同历史时期对该命题的不同理解，并认为苏联哲学家凯德洛夫的理解最为可信和合理。根据凯德洛夫的理解，“人的意识不仅反映客观世界，并且创造客观世界”这句话，既不是列宁的成熟的辩证唯物主义观点的科学表述，也不是列宁对黑格尔唯心主义思想的简单复述，而是他对黑格尔的思想动的一次语言手术，是列宁改造黑格尔过程的一个中间阶段，这句话才呈现出这种介乎两者之间的面貌。

其五，关于辩证法构想问题的研究。

阎军在《理论界》2005 年第 6 期发表《从〈哲学笔记〉看列宁的“辩证法构想”》一文，考察了列宁辩证法思想的理论来源。认为列宁着重继承《资本论》科学体系中辩证法、认识论、逻辑学相统一的思想，受恩格斯哲学思想的影响较深，主要发掘了黑格尔《逻辑学》中科学主义的结构因素；列宁的辩证法体系是以《资本论》为中心的唯物辩证法，而在《哲学笔记》中，包含着他为建立唯物辩证法体系而初步拟订的总体构思和纲要，可以称为列宁的“辩证法构想”。该构想包含以《辩证法要素》为主要代表的第一纲要、第二纲要和第三纲要。列宁的辩证法体系的构想，是经黑格尔、马克思而达到的新的阶段。辩证法在列宁那里不仅得到复活，而且得到创新和发展。

易杰雄在《教学与研究》2007 年第 5 期发表《列宁论作为科学发展观的唯物辩证法》一文，认为列宁关于作为科学发展观的马克思主义哲学即唯物主义辩证法的思想，主要体现在他的《哲学笔记》中。在列宁看来，科学发展观就是新唯物主义的方法论和世界观，它既是实践的又是辩证的，同时也是历史的。这种发展观认为，社会是人类以自然界为依托组成的人的社会，它是在人类实践的基础上相互作用构成的有机整体。因此，发展必须以人为本、全面协调可持续地进行。同时指出，发展观是否科学，关键看承认不承认事物的内在矛盾是事物运动、发展的源泉；承认不承认事物的运动、发展不仅有量变，而且有渐进过程的中断、飞跃和质变；科学发展观的规律不仅适用于人类社会，同时适用于自然界、人类认识与思维。

2. 提出并阐述了一些新论题。

结合现实发展的需求，学者们对列宁哲学的研究进入到了一些新的领域，开辟了新的研究领地，提出并阐述了一些新的论题。

（1）就横向而论，新的研究论题主要集中在列宁的政治哲学、政治伦理学等领域。

在政治哲学领域，《国际学术交流》杂志 2008 年第 4、5 期翻译发表了加拿大著名哲学家凯·尼尔森教授的《马克思、恩格斯和列宁的正义观》一文。该文以《哥达纲领批判》为基点，较为系统地梳理和阐释了马克思、恩格斯、列宁的正义观。作者认为，列宁严格地运用了历史唯物主义方法来探讨马克思所探讨的问题，认为在按劳分配的条件下，分配的不平等仍然大量存在，但这是该历史环境中最为正义和平等的社会安排，因为这些不平等是一个国家企望社会财富伴随生产力的发展得到充分涌流而从事的事务。无产阶级除了形式平等的要求以外，其实质和关键性的平等要求就是消灭阶级，只有进入共产主义高级阶段才会获得真正的平等。

除了正义观的探讨，国内的一些学者也重点考察了列宁的政治自由观。徐俊忠、黄寿松两位学者在《哲学研究》2006 年第 2 期发表《政治自由及其意义的限度——列宁的理解与启示》一文，集中讨论了列宁对于政治自由的理解及其在这种理解中所透视出的马克思主义政治思维的特质。作者认为，列宁把政治自由与公民自由作了区分，认为公民自由对于保障人的自由的实现从总体上看是消极的，因此，必须有政治自由。但是，列宁对政治自由的理解有着不同于近代西方资产阶级思想家所说的政治自由的特质。其实质是人民处理全民事务和参与国家事务管理的权利；主要形式包括各种表达政治意愿的形式，如言论自由、集会自由、信仰自由、结社自由、罢工自由、出版自由、选举自由等；实施政治自由的政体保证是人民选举自己的代表参与到国家机关，管理国家。列宁关注的焦点首先不是如何防范国家对个体私域的侵犯，而是如何从根本上彻底变革整个不公正的社会制度，以确保人民大众真正参与国家事务，进而使国家真正体现广大人民群众的利益。在列宁看来，政治自由需要通过保障人民的一系列政治权利而得到具体贯彻和落实，这些权利包括选举权和被选举权，言论和出版自由，集会、结社和工会自由。在现实生活中，列宁特别关注赋予形式的政治自由以实际的内容，强调苏维埃政权不仅在原则上支持政治自由，而且要为人民群众切实享有政治自由提供物质条件。这充分体现了马克思主义自身所具有的政治价值向度，即不能仅仅恪守于形式上的平等权利而漠视最广大人民群众的实际权利的享有。

在伦理学领域，学者们在继承既有研究成果的基础上，进一步从内涵、特征、方法及其当代价值等层面具体考察了列宁的政治伦理思想。何建华等学者在《中共中央党校学报》、《理论视野》等杂志上发表《列宁的政治伦理思想及其当代价值》、《政治伦理建设的方法论——列宁的探索》等文，认为列宁的政治伦理思想主要通过他对革命伦理的辩护和对政党伦理的思考表现出来，他坚持了革命与道德、党性与良心、时代性与人民性的有机统一，为无产阶级政党的革命和建设提出了丰富且具有俄国特色的伦理规范。对于政治伦理的建设，列宁始终坚持“在实践中”的基本原则，遵循重在自律、本在他律的建设规律，贯彻时中和权变相结合、因循和革新相统一的建设思路，在实践中巧妙地运用了实用理性的方法论，积极推进了马克思主义政治伦理的俄国化和时代化。

（2）就纵向而论，新的研究论题主要围绕列宁的哲学历程展开。

既有的研究特别是哲学思想史的研究也注重从历史发展的视角考察不同时期列宁哲学的不同内涵、不同特征，但这种研究往往存在主题先行、人为拔高等倾向，不注重对文本本身特别是不同文本之间相互关系的深度研究。有鉴于此，一些学者进一步探讨了列宁哲学思想的历史逻辑。例如，张一兵教授在《回到列宁》一书中提出，列宁的哲学思想是一个包含一定的非连续性的分期断代过程，可以分成三个时期。第一，早期列宁哲学思想发展阶段（1894—1906 年），主要是作为一个马克思主义实践家在革命实践中灵活运用马克思主义哲学的过程。他针对不同时代的不同问题，强调了不同的主题，但是他的哲学观念主要依附于普列汉诺夫等第二国际的理论家。但是自 1900 年之后，由于对现实问题的认识不一致，列宁越来越多地生发出一种强调主体能动性的逻辑射线。第二，研究和掌握哲学唯物主义理论的重要时期（1906—1913 年），成为一个有着深厚哲学素养的马克思主义思想家。但缺少对马克思以实践为基础的历史辩证法学术的更深刻的理解，以至于在对马赫主义的批判中还存在不少可以进一步加深的地方，特别是没能将哲学唯物主义的立场与布尔什维克的革命实践意向很好地结合起来；第三，对黑格尔辩证法和认识论的专题哲学研究（1914 年后），这是不断变化着的飞跃性哲学思考。通过研究，破除了普列汉诺夫等人诠释话语中的他性哲学镜像，在一种自主性的思想构境空间中更加深入地理解和掌握了马克思主义哲学的实践辩证法的革命本质，但与马克思的历史唯物主义和历史辩证法逻辑之间还存在着一定的理论间距。

（三）中国列宁学的创建与列宁哲学的当代生长点

改革开放以来，中国学者在列宁思想研究方面，通过借鉴和批判苏联列宁学和西方列宁学的成果，走出了自己的创新之路。在此基础上，学者们提出了重新解读列宁的文本，形成自身的解释框架，创建“中国列宁学”的课题。

中国马克思主义哲学史研究会会长梁树发教授认为，创建“中国列宁学”，势在必行，在创建中要特别注意将其和带有意识形态意味的西方列宁学区别开来。王东教授则具体阐述了创建“中国列宁学”的独特含义：这是中国学者独立进行的列宁研究，力求在世界范围内成一家之言；这是要直面列宁，把列宁本人的文本与思想作为坚持和发展马克思主义哲学的首要思想与源头活水；这是在解释方法上凸显时代特色和中国特色，把中国古典解释学、西方近代解释学和马克思主义解释学融为一体；这是要突出时代性和民族性，为马克思主义中国化和建设中国特色社会主义做理论铺垫的基础工程。

在创建“中国列宁学”的过程中，哲学研究承担着极为重要的作用。为此，哲学工作者提出了积极探索列宁哲学的当代生长点的问题。黄楠森教授提出了探索的基本原则，这就是解放思想、实事求是，客观评价列宁哲学的贡献和缺陷。我们可以超越列宁，但绝不能回避列宁、绕过列宁。王东教授则具体分析了列宁哲学在当代的四大生长点：《唯批》中的认识论是解放思想、实事求是思想路线的源头活水；《哲学笔记》中的唯物辩证法体系构想是马克思主义哲学体系创新的源头活水；《帝国主义论》中的国家垄断资本主义新阶段论是中国特色社会主义时代观的源头活水；列宁晚期著作中的全盘改革构想是中国特色社会主义系统改革论的源头活水。他认为，列宁哲学思想的实质是活生生的辩证法，是哲学唯物主义与辩证法灵魂的有机结合，因而是突破传统计划经济的苏联模式与哲学教科书体系，实现中国特色社会主义体制创新、理论创新和哲学创新的源头活水。上海师范大学高慧珠教授认为，应当结合无产阶级的政党实践谈列宁哲学的当代生长点，把学术性和政治性统一起来，为中国特色社会主义开掘源头活水。

三、毛泽东哲学思想研究述要

1993 年纪念毛泽东诞辰 100 周年前后，我国的毛泽东哲学思想及整个毛泽东思想与生平研究论著数量曾达到高峰，还曾举办全国性的大型学术研讨会。2003 年纪念毛泽东诞辰 110 周年之际，研究论著的数量慢慢减少，学术研讨会的规模、数量也在下降。自 2003 年以来，毛泽东哲学思想研究更是日益成为少数学者的事业，但相关论文仍有数百篇，著作亦有百余部。毛泽东哲学思想研究有不少新的变化和起色，如新的学术刊物得以创办，学术成果也有不少。考虑到近年来专门研究毛泽东哲学思想的著作很少，并且有的是再版，有的是论文集，故本文在概述近年毛泽东哲学思想研究的状况时重在论文方面。在概述研究取得的学术成果前，先来看看近年来的研究情况。

（一）学术会议从未中断，有新学术刊物创办

毛泽东哲学思想研究尽管不再像 20 世纪 90 年代那样轰轰烈烈，吸引众多学术的和非学术的人士参加，但相关学术研讨会每年都在进行。主办研讨会的领军者是全国毛泽东哲学思想研究会。自 2003 年以来，该研究会连续召开了 6 次全国性的大型学术研讨会。2003 年 12 月，第 11 次全国毛泽东哲学思想学术研讨

会在广东佛山科学技术学院举行，有数十名学者与会，主要围绕“‘三个代表’重要思想与21世纪毛泽东哲学思想的研究”这一主题展开讨论。2004年8月，第12次全国毛泽东哲学思想学术研讨会在成都西华大学召开，与会的专家学者主要围绕“邓小平与马克思主义中国化”这一主题进行讨论和交流。2006年8月，第13次全国毛泽东哲学思想学术研讨会在黑龙江省哈尔滨市委党校召开，有来自全国各地的50余名学者与会。会议主要围绕“科学发展观和建构社会主义和谐社会”这一主题，对毛泽东哲学思想的现实意义进行探讨。2007年8月，第14次全国毛泽东哲学思想学术研讨会在山东青州召开。会议主要就《实践论》、《矛盾论》、《关于正确处理人民内部矛盾的问题》等著作展开研讨。学者们认为，这些著作继承、丰富和发展了马克思主义哲学理论，并运用来分析中国革命和建设的一系列重大问题，又把中国革命和建设实践中的许多经验上升到哲学高度进行了科学的概括。2008年7月，第15次全国毛泽东哲学思想学术研讨会在青海省委党校召开，来自中央机关、全国党校、高校和社科院系统的70余名专家学者参加研讨会。会议以“毛泽东哲学思想与改革开放30年”为主题，并对这个主题所涉及的众多问题开展学术交流，特别是对毛泽东哲学思想、毛泽东思想与中国特色社会主义理论体系之间的关系进行深入研讨。2009年9月，第16次全国毛泽东哲学思想学术研讨会在山西农业大学召开。会议主要是围绕毛泽东哲学思想的三大基本理论观点，即实事求是、矛盾的对立统一和群众史观展开讨论，认为它们既是毛泽东思想的哲学基础，也是中国特色社会主义理论体系的哲学基础。显然，全国毛泽东哲学思想研究会经常性地召开学术会议，对加强全国各地学者的学术交流、提高毛泽东哲学思想的研究水平有很好的推动作用。

与此同时，一些省市的毛泽东哲学思想学术研讨会也连续不断。其中较为典型的是四川省毛泽东思想研究会的学术年会的召开。2004年，参加四川省毛泽东思想研究会年会的有来自四川省社会科学院毛泽东思想研究所、西南交通大学人文社科学院、四川大学、成都理工大学等省内20多所科研院所的30多位专家学者。会议主要就党的十六届四中全会关于加强党的执政能力建设的决定，围绕“毛泽东思想与党的执政能力建设”这一主题进行了学术研讨。2008年，四川省毛泽东思想研究会年会的主题是“纪念改革开放30周年，‘三个永远铭记’与中国特色社会主义理论体系的关系”。2009年11月，为庆祝新中国成立60周年，“马克思主义中国化与新中国60年理论研讨会”暨四川省毛泽东思想研究会年会召开，来自四川省社会科学院和四川、重庆及河南等省市高等院校102名代表参加了会议。与会者进行了热烈的发言和广泛交流讨论。讨论的内容主要涉及“毛泽东思想与新中国的成立”、“新中国成立后毛泽东思想在各个领域的展开”、“中国特色社会主义理论体系与改革开放”以及“马克思主义中国化的基本理论、基本经验、基本规律”等问题。

在毛泽东的故乡湖南，湘潭大学及韶山管理局自2003年以来对毛泽东哲学思想及整个毛泽东思想的研究有新起色，多次举办国际国内学术会议，成为新的研究基地。自20世纪90年代以来，全国高校及党校系统的毛泽东哲学思想研究和教学机构陆续撤销，毛泽东哲学思想不再单独列为高校的课程。在这种背景下，湘潭大学的毛泽东思想研究机构却得到加强。毛泽东思想研究所（前身是创办于1980年的毛泽东思想研究室，1992年改办为所）在2002年更名为毛泽东思想研究中心后，于2004年被确定为湖南省普通高等学校哲学社会科学重点研究基地，同年，又经教育部组织专家评审，被遴选为教育部高校人文社会科学重点研究基地。该中心主任为彭国甫教授，副主任为李佑新教授和夏佑新研究员。湘潭大学毛泽东思想研究中心有其他研究机构所不具备的优势。早在2001年，湘潭大学与湖南省韶山管理局签订协议，确定共同开展毛泽东思想研究，双方商定在研究资料、学术力量、科研项目、学术交流等方面加强合作。该中心现设有毛泽东思想发展史研究所、毛泽东思想基本理论研究所、毛泽东思想与现当代社会发展研究所、毛泽东研究文献信息中心、毛泽东同志纪念馆、毛泽东图书馆（后两者隶属于韶山管理局）。2006年，湘潭大学毛泽东思想研究中心创办了《毛泽东研究》，每年出版1期，为研究者们提供了新的学术阵地。到2009年为止，《毛泽东研究》共出版了4期，刊发了大量相关研究文章。自2008年起湘潭大学毛泽东思想研究中心、湖南省韶山管理局韶山毛泽东同志纪念馆还和中国深圳·民族精神与中国发展研究中心在韶山联合举办过2届全国“毛泽东论坛”。“全国毛泽东论坛”源起于1999年中共中央党校教师发起的“首都中青年学者毛泽东及其思想研讨会”，2002年更名为“首都理论界毛泽东及其思想研讨会”，2005年起邀请外地部分毛泽东研究专家和学者参加，后更名为“毛泽东论坛”。实际上，“毛泽东论坛”也在北京同时开展活动。自2006年至2010年，这种不定期的“毛泽东论坛”已经举办了3届。同时，由中央党校主管的中国马克思主义基金会的刊物《理论视野》刊发有关毛泽东哲学思想研究的文章数量也在增多。

此外，中山大学现代哲学研究所近些年来也加强了毛泽东哲学思想研究，该所每年都有一些研究生的博士论文是以毛泽东哲学思想为研究题材。同时，中山大学的学术刊物《现代哲学》也时常刊发一些毛泽东哲学思想研究的论文。

显然，湘潭大学毛泽东思想研究中心、韶山管理局、中山大学现代哲学研究所和中国马克思主义基金会的学术活动，以及相关的学术刊物的编辑工作，给毛泽东哲学思想研究增添了新活力。本来，自20世纪90年代以来国内毛泽东及其哲学思想研究的刊物已在减少。1993年前后，全国共有4家研究毛泽东及其思想的专门刊物，即四川省社会科学院毛泽东思想研究所主办的《毛泽东思想研究》，上海社会科学院哲学所主办的《毛泽东哲学思想研究》，湖南省委党史委主办的《毛泽东思想论坛》，中国毛泽东思想与实践研究会主办的《毛泽东思想理论与实践》。然而，《毛泽东思想论坛》、《毛泽东思想理论与实践》因种种原因而停刊，只有《毛泽东思想研究》仍保持原名，《毛泽东哲学思想研究》则易名为《毛泽东邓小平理论研究》，并且这两家刊物发表的有关毛泽东思想研究的专业论文明显地减少了。《毛泽东研究》的创办，以及《现代哲学》和《理论视野》的协助，使已经萎缩的学术阵地得以振兴。这些刊物与《毛泽东思想研究》、《毛泽东邓小平理论研究》，以及中共中央文献研究室主办的《党的文献》一起，组成了一个较为强大的毛泽东及其思想研究的学术阵地，并以各自的特色吸纳、培养了一大批学术中坚和青年学者，提供了必不可少的学术成果发表平台。

（二）一些领域的研究更加深入，一些论点被重点关注

事实上，自20世纪80年代以来，国内毛泽东哲学思想的研究开始涉及多个领域，除了研究《实践论》、《矛盾论》等哲学原著外，还研究政治、经济、军事、外交、文化、历史以及诗词等方面的著作，形成了广义的毛泽东哲学思想研究，形成了不少分支学科。同时，对毛泽东著作的文本研究也开始受到关注，进入90年代以后则得到进一步加强。2003年以来，毛泽东哲学思想的研究的新起色主要有如下方面：

一些学者从对马克思主义哲学和中国传统文化的继承关系、从实践视角来审视毛泽东哲学思想。例如，湘潭大学李佑新教授认为："毛泽东哲学思想在基本性质上是与马克思哲学一致的，即都是实践哲学。"马克思实践哲学的重要特质就在于力主"改变世界"，而"改变世界"是一个诉诸现实感性活动的实践问题。"毛泽东实践哲学的伟大意义是毋庸置疑的：它将马克思'改变世界'的实践哲学在中国付诸实践了，从根本上改变了现代中国社会的面貌"①。中国人民大学教授杨焕章则从哲学史角度来认证毛泽东的实践哲学，他认为"实践高于（理论的）认识"，是列宁在挖掘黑格尔哲学的合理思想时所提出的一个论断，毛泽东在总结中国革命经验的基础上又对它做了进一步的发挥②。武汉大学李维武教授是从中西结合的基础上来论证毛泽东的实践哲学。他指出："毛泽东的'实践论'既有与作为外来哲学的马克思主义哲学密切联系的一面，更有把马克思主义哲学由外来哲学转化为中国哲学的一面。这两个方面，是与自19世纪末以来马克思主义哲学的发展相联系的：一个方面，马克思主义哲学越出西欧演变为世界性哲学，把自己的批判精神和实践精神带给了非西方民族，唤起了东方前近代民族的

① 李佑新：《毛泽东实践哲学论要》，《哲学研究》2007年第12期。

② 杨焕章：《实践高于（理论的）认识：从康德到毛泽东》，《湖北民族学院学报》2007年第1期。

觉醒；另一个方面，马克思主义哲学又在这一过程中与不同民族的文化传统、革命实践相结合，融入到不同民族国家的思想世界之中。研究毛泽东‘实践论’的中国性格，不能用其一面去遮蔽另一面，应当对这两个方面作历史的辩证的把握。”“只有从马克思主义哲学兴奋点的转移来看毛泽东的《辩证法唯物论（讲授提纲）》，才能真正了解毛泽东的‘实践论’独创性之所在，才能真正揭示和把握其中的中国性格。”① 河北师范大学王玉平教授等学者则指出：“毛泽东哲学不是一种追求世界本体的思辨的逻辑体系，而是立足于中国社会的现实基础之上、具有明确价值取向的实践哲学。它以实事求是为其理论特征，以为人民谋利益为其价值追求。它依据马克思主义的唯物史观、中国社会的现实需要以及中国古代哲学的思想底蕴，具体诠释了毛泽东的人文关怀的情感内涵，诠释了中国共产党人的世界观、价值观。”② 此外，还有不少学者论述了毛泽东实践哲学的特征。曾有综述文章这样指出：“近年来学术界对毛泽东实践哲学思想的形成条件、基本内涵进行了研究，认为实事求是是毛泽东实践哲学思想的精髓，群众路线是其核心内容，社会主义是其根本方向，为人民服务是其价值取向。这无论在毛泽东实践哲学思想的整体性研究，还是在其纵向比较和横向比较研究方面，都取得了巨大的理论成就。”③

一些学者对毛泽东的价值观、荣辱观进行了挖掘。例如，中国社会科学院的庄前生研究员指出：“毛泽东生前虽然未曾写出价值学的专著，但是在他宏伟而又深邃的思想体系中蕴含着一套严整而又独特的价值观。他正是用这套价值观去观察世界，去评价事物，去塑造人生，去改造社会。作为中国共产党的领袖和代表，毛泽东不仅个人终身信仰、尽力实行这套价值观，而且自觉地用它来教育全党，使之成为全党乃至全民的思想和行为准则。因此，毛泽东的价值观实际上也就成为中国共产党人的价值观。”毛泽东价值观的内容包括人民是价值创造的主体，共产党人的价值取向是人民利益，价值评价的最高标准是必须以合乎最广大人民群众的最大利益，为最广大人民群众所拥护。“在我国当前乃至今后长远的现代化建设过程中，学习毛泽东的价值观，用它来教育人民，具有十分重大的实践意义。”④ 南京市社会科学院周直教授亦强调：“毛泽东的价值观是人民主体价值观。在当今社会各种价值观相冲突的情况下，应该从毛泽东价值观中汲取力量，促进社会公平，提倡全局意识和奉献精神，把广大人民群众的利益摆在第一

---

① 李维武：《毛泽东“实践论”的中国性格》，《中国社会科学》2007 年第 4 期。

② 王玉平等：《论毛泽东实践哲学的价值取向》，《河北师范大学学报》2006 年第 5 期。

③ 王浩斌等：《近年来毛泽东实践哲学思想研究述要》，《淮海工业学院学报》2007 年第 3 期。

④ 庄前生：《论毛泽东的价值观》，《哲学研究》2003 年第 12 期。

位。”① 绵阳师范学院袁纪伟副教授等人则阐发了毛泽东的荣辱观。他们在文章中指出：“毛泽东的无产阶级荣辱观，是毛泽东根据马克思主义的科学世界观，批判地汲取中国历史上有关荣辱观方面的积极成果，并在长期的革命斗争实践的过程中产生和发展起来的。”半封建、半殖民地是毛泽东荣誉观产生和形成的历史渊源，中国传统文化是毛泽东荣誉观形成的精神内核，马克思主义理论与中国革命具体实践相结合是毛泽东无产阶级荣辱观形成的理论和实践基础。毛泽东无产阶级荣辱观的基本特点是把人民的利益放在首位。“它明确了是非、善恶、美丑的界限，明确了坚持什么、反对什么、倡导什么、抵制什么；为各民族、各阶层和不同利益群体的人们在社会主义市场经济条件下判断行为得失，确定价值取向，给出道德选择，提供了准则；为构建与社会主义市场经济相适应、与社会主义法律规范相协调、与中华民族传统美德相承接的思想道德体系指明了方向。”②

对新中国成立以来毛泽东思想的发展及与中国特色社会主义理论的关系，许多学者进行了探讨，并有诸多论著。较有代表性的是中央文献研究室李捷研究员的文章。他指出：“毛泽东思想科学体系、中国特色社会主义理论体系，都是在反对‘左’右倾思潮的过程中产生的，都有着共同的思想路线，这就是实事求是的思想路线；都是在深刻把握时代特征和基本国情，努力推动马克思列宁主义同中国实际相结合的过程中产生的，都有着共同的哲学基础特别是认识论基础，这主要就是唯物辩证法和历史唯物主义，以及实践第一的观点和群众路线；就建设而言，都处在社会主义初级阶段，都有着共同的发展目标，这就是中国社会主义建设必须走自己的道路，为把中国建设成为社会主义现代化国家而奋斗；在社会主义经济建设、政治建设、文化建设、社会建设等方面，都坚持共同的基本原则，即经济建设上坚持以公有制为主体、努力实现共同富裕，政治建设上坚持党的领导、人民当家作主和依法治国相统一，文化建设上坚持‘二为’方向和‘双百’方针，社会建设上坚持正确处理人民内部矛盾以团结调动一切积极因素；等等。”“以毛泽东为代表的中国共产党人，通过社会主义基本制度的建立、中共八大路线的制定与推进、‘大跃进’后对正反两方面经验教训的总结和反思，形成了对中国社会主义建设道路探索的积极成果。这些积极成果，是毛泽东思想科学体系不可分割的重要组成部分，是马克思主义中国化第一次历史性飞跃在新中国成立后的继续和发展，是中国共产党在改革开放和现代化建设新时期不断进行理论创新的思想动力和智慧源泉。以邓小平为代表的中国共产党人，开辟中国特色

① 周直：《毛泽东价值观及其当代意义》，《湖南科技大学学报》2006 年第 6 期。

② 袁纪伟等：《论毛泽东无产阶级荣辱观之特色》，《电子科技大学学报》2007 年第 1 期。

社会主义道路、创立中国特色社会主义理论、实现马克思主义中国化的第二次历史性飞跃，是从准确地完整地理解毛泽东思想开始的，是从恢复中共八大路线开始的，是从系统阐释毛泽东思想科学体系开始的。这种在总结历史、开辟未来中形成的在恢复、坚持中发展，在发展中恢复、坚持的辩证关系，把正在形成和发展之中的邓小平理论同毛泽东思想紧密地结合在一起，清晰地描绘出一条马克思主义中国化从第一次历史性飞跃发展到第二次历史性飞跃的发展脉络。'三个代表'重要思想、科学发展观，以马克思主义中国化最新成果丰富和发展着中国特色社会主义理论体系，同样不断地从毛泽东思想那里吸取理论创新的智慧和养料，继续同马克思列宁主义、毛泽东思想构成了既一脉相承而又与时俱进的关系。"①

学者们对毛泽东后期的思想理论也有新的探索，并试图以新的视角研究毛泽东发动"文化大革命"的错误。例如，中国人民大学萧延中教授试图运用政治心理学的方法探讨毛泽东的死亡意识与他晚年所发动的一系列政治运动的关系问题，认为毛泽东是一位时时与死亡对话，但又同时是一位时时挑战死亡焦虑的天才。正是这种对肉体死亡不畏惧的"幸存者"情结，使他产生了对精神永生的追求，于是试图通过频频发动政治运动来消除其晚年的政治焦虑。② 同时，萧延中在与美国学者的学术对话中亦试图借助其方法解释"文化大革命"。他以美国哈佛大学已故著名思想史家史华慈教授的两篇重要论文为研究对象，通过解读论文以展示出其比较政治思想史研究的独特方法，以证明毛泽东发动"文化大革命"运动的直接动因虽然不能排除政治上层权力再分配的因素，但在深层理论的角度上，更应当被看作是自法国启蒙运动以来，以卢梭为代表的"道德主义取向"和以百科全书派为代表的"工程主义取向"之间理论冲突的持续反映；同时它又表现为卢梭思想的某一方面与中国孟子思想的某一方面的普遍共鸣。萧延中借用史华慈的观点指出：中国那些权威实践的最极权主义的特征，或许更多地应来自马克思—列宁主义遗产而不是中国的传统秩序，而且马克思—列宁主义自身又根源于西方传统。如果否定等级、身份和权威的启蒙运动的思想根源，那么，列宁主义政党是把一个由精湛娴熟地懂得社会科学的"社会工程"精英所构成之效率统一体的思想，融汇进了由完美地体现人民公意之美德先锋队的雅各宾思想之中去了。在这种统治制度下，所展现出来的党的领导，不是一个人（如"文化大革命"中的毛泽东），就是一个已被赋予了历史意志和群众意志之混合形态的集体

① 李捷：《从毛泽东思想到科学发展观——毛泽东思想与中国特色社会主义理论体系关系探源》，《教学与研究》2008 年第 7 期。

② 萧延中等：《探索毛泽东晚年的生命焦虑》，《史林》2007 年第 4 期。

领导。[1] 萧延中同时强调史华慈的这个结论未必能够得到学术界的赞成，特别是关于中国文化传统自身所包含的极权主义因素，更是中国政治思想界争论的焦点。他认为，史华慈对当代中国政治思想的基本架构与核心流派所做出的分析，至今仍发人深省。这不仅对中国“文化大革命”历史性质的研究极有启发意义，而且对跨文化比较研究的方法也具有很高的参考价值。

同时，还有学者具体探讨了与“文化大革命”相关的一些问题。台湾政治大学关向光副教授则对“毛泽东晚期思想”概念进行了辨析。他认为，中国大陆学界在毛泽东研究领域中提出了“毛泽东晚期思想”的概念，原本应是单纯的思想史分期作法，却引起不少反对的看法，也冲击了对“毛泽东思想”的界定。单纯的思想史分期产生如此困扰的根由在于对“毛泽东思想”理论上的界定不完备。大陆学界对“毛泽东晚期思想”有两项争议：（1）从思想史的角度来看，“毛泽东晚期思想”的上限究竟应定在何时？（2）“毛泽东晚期思想”概念的适用性问题。就后一个争议而言，赞同运用“毛泽东晚期思想”概念对毛泽东本人的思想作阶段性的研究。这个概念的提出，有助于探讨中国共产党建政后毛泽东本人思想转变的有关问题。[2]

学界还对毛泽东的其他一些思想如自由、平等进行了研究。例如，福州大学蔡维良博士认为，毛泽东经典文本中包含着丰富的自由思想。在哲学上，毛泽东论述了自由和必然的辩证规律，并运用这一规律解决了中国革命和建设中的实际问题。在学术上，毛泽东提出了“百花齐放、百家争鸣”的方针。双百方针的真谛是学术自由。在政治上，毛泽东认为政治自由是人民争来的，要为民主和自由而斗争；政治自由既是手段，又是目标，具有重大的价值；政治自由的具体内容是相对的，有限度的。毛泽东晚年在政治自由的实践上存在着失误。毛泽东自由思想的三个维度相互联系，构成一个有机整体[3]。天津商业大学李勇军讲师等认为，平等是一种实现人的全面而自由发展的工具性价值，既可作为社会主义革命的目标，又可作为社会主义建设的目标。在接受了马克思主义以后，毛泽东不断丰富和发展了其平等思想。在探索社会主义道路的过程中，毛泽东选择了以平等为重、以平等为先的策略。为此，毛泽东不仅发动了政治和思想上层建筑的革命，而且在所有权、分配制度和干群关系等方面，作了种种政策安排。尽管毛泽东时代后期的政策价值主导取向选择的关键性问题在于其过于一元化，但是不能

① 萧延中：《史华慈比较文化视野下的卢梭、孟子与毛泽东》，《毛泽东研究》，湘潭大学出版社2007年第1期。

② 关向光：《论“毛泽东晚期思想”：概念与争议》，《湖南科技大学学报》2007年第6期。

③ 蔡晓良：《毛泽东自由思想的三个维度》，《西华师范大学学报》2006年第2期。

因此否认平等对于社会主义的意义。平等、公平、正义等在全面建设小康社会的历史新阶段具有深远的现实意义。①

另外，在微观研究方面也有可喜的收获。例如，华东师范大学邬国义教授通过详细考证指出：董乐山的中文译本将埃德加·斯诺所撰的《红星照耀中国》（Red Star Over China）中的人物区声白误译为朱谦之，这导致学术界在讨论毛泽东早年与无政府主义的关系时的错误认知。邬国义对此作的考证与论析，有助于澄清史实，纠正讹误，有助于更准确地把握早期毛泽东实际的思想状况及其后逻辑的发展，以及毛泽东由无政府主义转向马克思主义等相关问题②。又如，中山大学周兵博士对毛泽东在延安时期开始使用意识形态作了仔细考证，认为毛泽东在《辩证法唯物论（讲授提纲）》中首次使用了“意识形态”概念，在《新民主主义论》等著作中多次出现的“观念形态”概念是“Ideologie”的另一重要意译词。他还指出，由于当时文化界也普遍将文化等同于意识形态，因而毛泽东能够借助“文化”这一话语平台阐述其意识形态理论③。再如，湘潭大学王向清教授从哲学角度对毛泽东的“九个指头”和“一个指头”论进行了分析，认为这是毛泽东用以评价新中国建立初期10余年实际工作成绩与不足的公式。这一公式既有一定的合理之处，又存在严重的失误。后来它被毛泽东放弃，既有事实根据，又有认识论根源。④

2003年来的研究还涉及毛泽东的国家利益思想、生态环境论点、宪法与国际法思想、毛泽东青年时期的思想转变等。限于篇幅，在此不一一述及。

（三）研究评价与展望

综上所述，2003年以来，毛泽东哲学思想研究取得了不少新的成绩，有些研究超越了以往的范围，关注到了以前不曾被关注的毛泽东的一些论点。一些学者从实践视角来审视毛泽东哲学思想。在对毛泽东后期的思想理论进行研究时，有学者试图运用政治心理学的方法探讨毛泽东的死亡意识与他晚年所发动的一系列政治运动的关系问题。尽管这种论点不是很有说服力，但表明学者们的思维活跃。此外，对1964年毛泽东提出的无产阶级革命事业接班人的五项条件这一与“文化大革命”相关的问题的研究也很有特色。一些微观上的研究收获也很可喜。

从总体上看，国内的毛泽东哲学思想及整个毛泽东思想与生平事业研究还有很大提升空间。无论是把毛泽东思想作为一种政治哲学来研究，还是作为狭义的

---

① 李勇军等：《平等主导：毛泽东时代的政策价值取向》，《山东科技大学学报》2009年第4期。

② 邬国义：《毛泽东与无政府主义——从〈西行漫记〉的一处误译谈起》，《史林》2007年第2期。

③ 周兵：《延安时期毛泽东“意识形态”概念辨析》，《湖南科技大学学报》2009年第4期。

④ 王向清等：《毛泽东的“九个指头”和“一个指头”论》，《湘潭大学学报》2009年第6期。

毛泽东哲学思想来研究，都需要我们写出经得起时间和历史检验的作品。例如，从狭义上说，我们对毛泽东的《辩证法唯物论（讲授提纲）》的研究还不是全面、系统的，这既要在版本、文本研究方面下功夫，也要在它与苏联马克思主义哲学教科书等联系的研究方面下功夫。尽管从20世纪80年代起就有学者对其进行了研究，但研究还可以更加深入、全面。同时，毛泽东在1965年审读《马克思主义哲学大纲》（李达著）一书的批注中，对对立统一规律这一辩证法的核心问题作了扼要的概括："辩证法的核心是对立统一规律，其他范畴如质量互变、否定之否定、联系、发展等等，都可以在核心规律中予以说明……"① 这段话应是毛泽东对唯物辩证法体系建构长期思考的结果，但它与《辩证法唯物论（讲授提纲）》、与毛泽东在其他各个场合论及否定之否定的谈话不一致，但至今尚无学者有细致的梳理和研究，而这种研究却很必要。

在纪念毛泽东诞辰110周年之际，石仲泉、萧延中主持编译的《国外毛泽东研究译丛》由中国人民大学出版社陆续出版。这套书是在众多国外毛泽东研究的学术著作中精选翻译出来的。其首选的10部著作是史华慈的《中国的共产主义与毛泽东的崛起》，施拉姆的《毛泽东的思想》，魏斐德的《历史与意志：毛泽东思想的哲学透视》，白鲁恂的《作为领袖的毛泽东》，迈斯纳的《马克思主义、毛泽东主义与乌托邦主义》，索罗门的《毛泽东的革命与中国政治文化》，斯塔尔的《继续革命：毛泽东的政治思想》，沃马克的《毛泽东政治思想的基础1917—1935》，特里尔的《毛泽东传》（新版），杨炳章的《从革命到政治：长征与毛泽东的崛起》（其中有的书以前出版过）。但这些书出版后似未得到国内学界较系统的批判性阅读，虽然在很大程度上它们能给国内学者以启发。比较而言，特里尔的《毛泽东传》在中国畅销了20余年，为中国读者津津乐道。这从一个侧面表明，作为毛泽东思想故乡的中国学界与国外毛泽东研究界的水平仍有一定差距，需迎头赶上。

同时，我们对毛泽东著作的整理出版也需要进一步做好工作。国内一些学者挖掘、发表的一些论著值得整理。例如，龚育之的《听毛泽东谈哲学》就是一篇史料性文章。它记述了1964年8月18日毛泽东同几个哲学工作者谈话的内容，涉及哲学、历史、文学、宗教、教育、军事、政治、"四清"运动和阶级斗争诸多方面。毛泽东对日本物理学家坂田昌一的文章《基本粒子的新概念》表示极为赞赏，还深刻发挥了物质无限可分的思想②。可以将此类材料汇编成集，更好地供学界研究。还有，华东师范大学曹景文副教授、桂林工学院图书馆馆员陈标分

---

① 《毛泽东著作选读》（下册），人民出版社1986年版，第847页。

② 龚育之：《听毛泽东谈哲学》，《北京党史》2003年第6期。

别在《竹内实和他的毛泽东研究》①、《〈毛泽东思想万岁〉在海外的利用》② 两文中，述及海外尤其是日本学者对毛泽东著作文本的重视和研究，这对我们有启发意义。如果《毛泽东全集》在毛泽东诞辰120周年纪念之际能启动编辑出版，当是国内毛泽东研究届的幸事。

四、邓小平哲学思想研究述要

1997年9月召开的中国共产党第十五次代表大会明确提出“邓小平理论”的概念，并把邓小平理论与马列主义、毛泽东思想一起作为指导思想载入党章；强调邓小平理论是旗帜、形象、方向，是当代中国的马克思主义，是马克思主义在中国发展的新阶段。邓小平理论研究由此进入一个新阶段，主要呈现出三个特点。(1) 研究资料十分丰富。记述思想和生平的著述有《我的父亲邓小平》、《我的父亲邓小平：“文革岁月”》(邓榕)，《邓小平传略》、《邓小平年谱（1975—1997)》(中共中央文献研究室编)；电影电视文献纪录片《邓小平》(1997)，纪录电影《丰碑》(1998)，电视片《永远的小平》(2002)，《邓小平：十章》(2004)；有关邓小平研究的学术总结有《邓小平研究述评》(上、下册)(龙平平主编)、《邓小平理论研究述评》(秦宣主编)、《国内邓小平研究述评》(李君如主编) 等。(2) 研究以体系形式全面铺开。全国高等院校和各级党校都编写出邓小平理论教科书，并作为学员的必修基础课；研究涉及到当代中国经济政治以及社会生活的方方面面，“小康社会”、“改革开放”、“解放思想”等概念成为百姓日常语言。(3) 研究向纵深发展。党的十六大提出了“三个代表”重要思想，党的十七大提出贯彻和落实科学发展观，如何进一步高举邓小平理论的旗帜，推进中国特色社会主义事业的继续发展等问题引起理论界广泛关注。最突出的研究方向如下。

（一）特点性研究继续深入

党的十五大把邓小平理论的特点概括为“四个新”，即坚持解放思想、实事求是，在新的实践基础上继承前人又突破陈规，开拓了马克思主义的新境界；坚持科学社会主义理论和实践的基本成果，抓住“什么是社会主义、怎样建设社会主义”这个根本问题，深刻揭示了社会主义的本质，把对社会主义的认识提高到了新的科学水平；坚持用马克思主义的宽广眼光观察世界，对当今时代特征和总体国际形势，对世界上其他社会主义国家的成败，发展中国家谋求发展的得失，发达国家发展的态势和矛盾，进行正确分析，作出了新的科学判断。

有学者认为，邓小平理论形成的显著特点是“发展”，关键是说出“老祖宗”

① 曹景文：《竹内实和他的毛泽东研究》，《江西师范大学学报》2008年第6期。

② 陈标：《〈毛泽东思想万岁〉在海外的利用》，《当代中国史研究》2009年第4期。

没有说过的新话。在八个“第一次”上发展了马克思主义：社会主义本质理论；社会主义初级阶段理论；社会主义市场经济理论；科学技术是第一生产力理论；改革也是解放生产力的理论；社会主义国家对外开放理论；和平与发展是当代世界两大主题理论和“一国两制”理论。①

有学者认为，邓小平理论的特点及其内在逻辑：一是其出发点在于我国社会主义初级阶段的基本国情；二是在立足国情的基础上探索当代中国社会现代化发展的基本规律；三是形成了具有时代特点和个性风格的解放思想、生产力、人民主体论三点基本理论；其中，解放思想论既是逻辑起点，也是历史起点，建设有中国特色的社会主义的理论和事业均由此而发端；生产力论体现出人类社会基本矛盾运动的根本要求，同时也必将贯穿于建设有中国特色社会主义的全过程；人民主体论既是逻辑终结，也是历史落脚点，中华民族的振兴以及提高全体人民的生活水平是建设有中国特色社会主义的终极目标。②

随着社会主义改革开放事业的迅猛发展，理论创新的不断推进，党的十七大明确提出“中国特色社会主义理论体系，就是包括邓小平理论、‘三个代表’重要思想以及科学发展观等重大战略思想在内的科学理论体系。”因此，很多学者从中国特色社会主义理论体系的视角来研究邓小平理论。有学者指出，“邓小平理论的历史地位”应包括两个方面的含义和内容：一是邓小平理论在马克思主义科学体系中的地位，其实质是它与“老祖宗”的关系问题；二是邓小平理论在党的全部思想和工作中的地位，实质是讲它在现实生活中的指导作用。③

有学者认为，邓小平理论是中国特色社会主义理论体系的基础，理由有两点：一是自党的十一届三中全会以来，邓小平“成为中国共产党第二代中央领导集体的核心”，“中国社会主义改革开放和现代化建设的总设计师，建设有中国特色社会主义理论的创立者”；二是邓小平具有“中国特色社会主义”的发明权。在党的十二大开幕词中，邓小平首次提出“走自己的道路，建设有中国特色的社会主义”。党的十三大第一次使用“建设有中国特色的社会主义理论”概念。党的十四大以邓小平南方谈话为基础，对这个理论明确冠以“邓小平同志”名字，强调“邓小平同志建设有中国特色社会主义理论”第一次比较系统地初步回答了中国这样一个经济文化比较落后的国家如何建设、巩固和发展社会主义的一系列基本问题。党的十五大将“邓小平同志建设有中国特色社会主义理论”简括为

① 冷溶：《“新道路”+“新体系”》，《宣传手册》2000年第4期。

② 刘毅强：《邓小平理论是中国特色社会主义理论体系的奠基之作》，《湖南社会科学》2008年第6期。

③ 雷云：《关于邓小平理论历史地位的几个问题》，《中国特色社会主义研究》1999年第6期。

“邓小平理论”，并正式明确为党的指导思想。党的十六大删去“建设有中国特色社会主义”词组中的“建设”和“有”几个字，同时明确“三个代表”重要思想是对邓小平理论的坚持、继承和发展。①

国际社会盛赞邓小平是继秦始皇、孔子、毛泽东之后中国历史上的第四位伟人②。苏联总统戈尔巴乔夫认为，“邓小平的英明之处就在于他没有把在毛泽东领导下的中国共产党，在中国所做的一切一笔勾销，而是努力利用建国以来所积累的正反两方面的经验，使之有利于新的政策。”③

（二）比较性研究方兴未艾

毛泽东、邓小平作为我们党的两代领导集体的核心，对两者思想进行比较研究，是近年来学术界的一个热点。党的十五大报告指出：“马克思列宁主义同中国实际相结合有两次历史性飞跃，产生了两大理论成果。第一次飞跃的理论成果是被实践证明了的关于中国革命和建设的正确的理论原则和经验总结，它的主要创立者是毛泽东，我们党把它称为毛泽东思想。第二次飞跃的理论成果是建设有中国特色社会主义理论，它的主要创立者是邓小平，我们党把它称为邓小平理论。”这个提法成为毛泽东思想与邓小平理论比较研究的重要指南。

第一，理论体系的比较。普遍的看法是毛泽东思想与邓小平理论是马克思主义在中国运用和发展的两个阶段，二者之间是继承和发展的关系。分歧之处主要是在如何理解“继承”与“发展”的具体内涵方面。一种观点认为，两者一脉相承主要指理论思路的连续性、理论品格的连续性与理论内容的连续性④。另一种观点认为，一脉相承，承的是马克思主义世界观和社会革命论之脉；承的是马克思主义同中国实际相结合之脉；承的是推进中国社会主义视野向前发展之脉；承的是“共同语言”之脉，即政治语言、理论语言⑤。还有学者提出，两者的“脉”有三点：“走自己的路”为两者共同的政治基础；“实事求是”是两者共同的思想基础；“坚持社会主义救中国”和“社会主义发展中国”是两者共同的政治方向⑥。

第二，思维方式的比较。有人认为毛泽东和邓小平在以下几个方面表现出差异：在哲学思想方法上，毛泽东推崇矛盾斗争性的作用，邓小平强调矛盾同一性

① 刘毅强：《邓小平理论是中国特色社会主义理论体系的奠基之作》，《湖南社会科学》2008年第6期。

② 〔日〕竹内实：《国外中共党史中国革命史研究译文集》（第二集），中共党史出版社1999年版，第179页。

③ 戈尔巴乔夫：《邓小平引导中国走上健康发展轨道》，《俄罗斯独立报》1997年2月21日。

④ 石仲泉：《邓小平理论与毛泽东思想比较研究》，《华中理工大学学报》1995年第1期。

⑤ 薛广洲：《毛泽东思想研究的新视点》，《毛泽东邓小平理论研究》2000年第6期。

⑥ 王玉玲：《毛泽东思想和邓小平理论一脉相承》，《哈尔滨市委党校学报》2000年第6期。

的作用；在社会主义经济特征的认识上，毛泽东把社会主义与资本主义矛盾双方绝对对立起来，认为凡是姓资的东西，社会主义都不能容忍，而邓小平不仅看到了社会主义与资本主义的本质区别，而且看到了社会主义与资本主义在经济特征上的互补之处；在建设社会主义的手段、途径和方法上，毛泽东主张通过斗争，打破旧秩序，建立新秩序，推动社会主义建设的前进，偏重于依靠政治热情、精神理想为动力源泉的做法去调动劳动者的积极性，邓强调社会稳定对于社会主义建设的促进作用，强调个人利益与集体利益的同一性。①

有学者站在现代社会、科学技术和经济协调发展的高度，以系统论、控制论、信息论、协同论和耗散结构论等现代科学理论和方法为指导，对毛泽东和邓小平的思维方式作了细致的比较研究。②

也有学者经过比较研究得出结论认为，两者的共同点是实践性、辩证性、超前性；不同点是毛泽东是以矛盾概念为核心的矛盾思维方式，邓小平是以现代科技为契机的系统思维方式。③

第三，治国方略的比较。有学者认为，毛泽东和邓小平在治理国家方面的不同点是：在怎样治国的指导思想上，对阶级斗争和经济建设的认识不同；在治国方式上，对改革开放的态度不同；在治国途径上，对人治和法治的重视程度不同；在治国目标上，理想和现实的成分不同。并且分析了产生不同之处的原因：所处的时代不同；回答的主要问题和面临的主要任务不同；对国情的认识不同；对什么是社会主义的认识不同。④

更有学者在此基础上对三代领导核心治国战略进行了比较研究，指出毛泽东找到了用“人民监督”来打破历史周期率的新路；邓小平坚持了民主的制度化、法律化；江泽民则强调依法治国，建设社会主义法治国家。⑤

外国舆论则更注重实效性对比。英国《金融时报》曾发表文章，称“邓小平作为中国现代化之父，因而也是世界经济史上具有重大影响之一的设计师而载入史册。”新加坡《联合早报》以“邓小平——中国现代化之父”为题，发表社论指出：“中国人民常说，没有毛泽东就没有新中国，而现在则说，没有邓小平就没有现代化的中国。毛泽东使中国人民站起来了，邓小平使中国人民腰杆子挺起来了。”

---

① 辜堪生：《毛邓思想关系论》，《毛泽东思想研究》1998 年第 1 期。

② 尹全忠：《毛泽东邓小平思维方式比较研究》，华中理工大学出版社 1998 年版。

③ 韩狄明：《矛盾思维与系统思维——毛泽东邓小平在探索社会主义过程中的思维方式比较》，《毛泽东思想研究》1999 年第 3 期。

④ 郭德宏：《毛泽东邓小平治国方略比较研究》，《中共党史研究》2001 年第 3 期。

⑤ 章礼强：《毛泽东邓小平江泽民对治国方略的抉择、创新和发展》，《行政与法》1999 年第 3 期。

五、“三个代表”重要思想研究述要

2000年2月，江泽民同志在广东视察工作时，第一次正式提出“三个代表”重要思想。2002年11月，党的十六大将“三个代表”重要思想确立为党的指导思想。这些年来，关于“三个代表”重要思想的研究有三个特点：一是研究内容逐年深化，由原来的党的建设的纲领延伸为治党治国的伟大纲领，研究工作紧密配合改革开放形势发展的需要；二是研究课题不断拓展，从开始主要研究三句话及其政治意义，到研究它的时代背景、实践基础、科学内涵、理论体系、精神实质、历史地位、理论特色和贯彻落实等问题；三是研究队伍的不断扩大，全国有若干高校和社科院所成立了“三个代表”重要思想研究中心，中国马克思主义哲学史学会“三个代表”重要思想研究分会于2004年3月宣布成立。

有关“三个代表”重要思想研究的重要观点综述如下。

(一)“三个代表”重要思想的理论特质

有观点认为，“三个代表”重要思想的提出实现了党的先进性内涵的表述从过去长期的“一个代表”到“三个代表”的转变，抓住了两个本质：一个是时代潮流的本质，核心问题是先进生产力、先进文化；一个是立党立国的本质，核心问题是人心向背、立党为公、执政为民。

有观点认为，“三个代表”重要思想的理论创新是多层面、全方位的：一是从对生产力的一般理解到提出先进生产力的发展要求、从承认生产力和生产关系、经济基础和上层建筑的相互作用到强调生产关系和上层建筑的自觉调整、从提出一切为了群众到强调最大多数人的利益是最具有决定性的因素，创新了马克思主义唯物论思想；二是对党的性质、宗旨、历史任务作出新概括，创新了马克思主义的党建理论；三是深化了社会主义发展阶段理论、社会主义建设特征和内涵的认识，提出了发展是党执政兴国第一要务的思想，创新了科学社会主义理论；四是发展了马克思主义经济理论。

有学者认为，“三个代表”重要思想具有五点特质。一是鲜明的时代性。“三个代表”重要思想是和平与发展时代的新产物，它体现了世纪之交人类社会、中国特色社会主义建设事业和中国共产党坚持长期执政而迈向更大发展、攀上新的高度的时代特点。二是鲜明的继承创新性。“三个代表”重要思想在坚持马克思主义基本理论的同时，又紧密结合时代和实践的变化，深刻揭示并回答了与时俱进的基本内涵。三是系统的科学理论。“三个代表”重要思想以建设中国特色社会主义为主题，在建设中国特色社会主义的思想路线、发展道路、发展阶段、发展战略、根本任务、发展动力、依靠力量、国际战略、领导核心和根本目的等重大问题上提出了一系列紧密联系、相互贯通的新思想、新观点、新论断。四是具有鲜明的实践性。中国改革开放、现代化建设和党的建设伟大实践，凝结成了“三个代表”重要思想的丰硕成果。五是具有鲜明的人民性。“三个代表”重要思想明确揭示了立党为公、执政为民的本质。

有学者认为，“三个代表”重要思想在于其三点丰富内涵。一是唯物史观内涵：“一体两翼”式的理论构架，发展了社会主义“两个文明论”，并赋予其明确的价值指向。其中，一体就是代表中国最广大人民的根本利益。它集中体现了“人民主体论”的价值观，构成“三个代表”重要思想的精神内核和价值灵魂。两翼就是代表中国先进生产力的发展要求，搞好社会主义物质文明建设；代表中国先进文化的前进方向，搞好社会主义精神文明建设。这两个“翼”，依托于人民利益这个“体”，表现为相辅相成的双向互动关系，并在理论上获得了“一体两翼”式的跃动型立体结构，很好地体现了与时俱进的创新品格。二是发展观内涵：从发展哲学层面表达了一种坚持“以人为本”原则的社会经济文化可持续发展观。“三个代表”重要思想凸显“发展”这个主题；就发展内涵而言，“三个代表”重要思想坚持社会经济和文化的协调发展，是一种兼容经济和文化的全面、系统的发展观；在发展主体上，“三个代表”重要思想体现了“以人为本”的发展原则，其表现之一是把维护中国最广大人民的根本利益作为社会主义两个文明发展的出发点和归宿，这集中体现了“三个代表”重要思想的先进性、人民性。表现之二是强调“人的现代化”，并视之为发展的本质和关键；在人与自然、人与人的关系上，“三个代表”重要思想蕴含了可持续发展观。三是党建内涵：作为21世纪全面推进党的建设新的伟大工程的理论指南，它很好地体现了“三个统一”，即“三个代表”重要思想在形成过程中体现了历史与逻辑的统一，它既是新时期中国现代化建设时代精神的逻辑体现，又是对历史的总结；“三个代表”重要思想在理论形态上体现了立场、观点和方法的统一，是三者的有机统一体，这一思想集中体现了“两个先锋队”的立场，高度概括了中国马克思主义党建理论的最新观点。

有学者认为，“三个代表”重要思想包含五个方面的统一：“三个代表”三者之间的辩证统一；“三个代表”重要思想体现了党的性质、宗旨、任务的高度统一；“三个代表”重要思想进一步从保持和体现党的先进性的高度，体现了加强党的自身建设和发挥党的领导作用的有机统一；“三个代表”体现了党的先进性的质的规定与时代发展新的要求的统一；“三个代表”体现了党的建设规律与社会发展规律的统一。

（二）“三个代表”重要思想的历史地位

理论界普遍认为“三个代表”重要思想对马克思列宁主义、毛泽东思想和邓小平理论的重大发展。第一种论点认为，“三个代表”重要思想一是全面继承了科学社会主义基本原理，坚持共产主义远大理想，在最终价值目标上与马列主义、毛泽东思想、邓小平理论完全一致；二是坚持辩证唯物主义和历史唯物主义，体现与时俱进的马克思主义理论品格，与马克思主义的立场、观点、方法一以贯之；三是作为一个互相联系的统一整体，全面体现了党的基本理论、基本路线、基本纲领，以一系列新思想、新观点、新论断丰富和发展了马克思主义基本原理，体现了马克思主义理论发展进程中历史和现实的统一。第二种论点认为，“三个代表”重要思想对马克思主义的继承和发展首先体现在对社会基本矛盾的认识上的一脉相承。马克思主义的社会基本矛盾论把社会生产力的发展看作是人类社会发展的最根本动力，“三个代表”重要思想也首先要求我们党始终代表中国先进生产力的发展要求，把发展作为党执政兴国的第一要务；马克思主义的社会基本矛盾论承认上层建筑的发展以经济发展为基础，同时对经济发展有反作用和引导作用，“三个代表”重要思想提出党要始终代表中国先进文化的前进方向，正是继承了马克思主义关于社会主义文化建设的基本理论，同时又反映了新时期的发展变化对我国文化建设的新要求，是对马克思主义文化建设论的一个推进；马克思主义的社会基本矛盾最终落脚点是人民是历史的主体上面；“三个代表”也提出党要始终代表最广大人民根本利益，体现了人民历史主体论的一致性。第三种论点认为，“三个代表”重要思想与马列主义、毛泽东思想、邓小平理论一脉相承，是因为它们具有根本的内在一致性。表现在它们具有共同的哲学基础——唯物史观；共同的价值取向——人民利益；共同的理论品质——与时俱进。尤其是“三个代表”重要思想和毛泽东思想、邓小平理论的一脉相承还突出地表现在其鲜明的中国特色上，它们都是中国化了的马克思主义。

有学者认为，“三个代表”重要思想，认真吸取了世界社会主义运动的历史教训，是我们党 80 年历史经验的深刻总结。我们的基本经验集中到一点，就是中国共产党从成立起，就旗帜鲜明地要求自己，要始终代表中国先进生产力的发展要求，始终代表中国先进文化的前进方向，始终代表中国最广大人民的根本利益。

有学者认为，“三个代表”重要思想是马克思主义中国化的最新成果。它全面体现了党的基本理论、基本路线、基本纲领，涵盖了经济、政治、文化各个领域，是运用马克思主义解决我国改革开放和现代化建设实际问题的新创造，是对马克思主义政党理论的运用与发展。这突出体现在三个大的方面：一是“三个代表”重要思想揭示了党的阶级性和先进性的内在统一关系，对党的先进性作出了更加完善的概括；二是“三个代表”重要思想将党的建设同世界文明的最新发展结合起来，提出了以开放的姿态建设党的全新思路；三是“三个代表”重要思想为党的建设理论的突破和创新奠定了重要的思想基础，为今后进一步研究党的建设提供了新的视角，开辟了更为广阔的理论天地，从而将马克思主义政党理论继续向前推进，赋予其更强的生命力。有学者指出，在拥有近13亿人口的大国执政的中国共产党，举什么旗，走什么路，实现什么目标，为世人所关注。“三个代表”重要思想不仅是指引我们实现全面建设小康社会宏伟目标的理论武器，也是中国共产党的庄严承诺，是中国共产党人在新世纪初的伟大的政治宣言。“三个代表”重要思想在世界社会主义发展中的历史意义和历史地位，必将随着时间的推移而更加充分地显示出来。

（三）“三个代表”重要思想的贯彻落实

理论界普遍认为，深化改革、创新体制是“三个代表”思想内含之意，体制的改革和创新对落实“三个代表”思想的先进性具有决定意义，党的十六大报告是这一思想从理论创新走向实践创新的转折点。有人指出，落实“三个代表”需要处理好五个关系：保持党的工人阶级先锋队性质和巩固党的执政基础的关系；党的目标的主观设定与人民群众认可的关系；把“三个代表”作为原则要求与作为制度体现的关系；继承优良传统与借鉴人类文明成果的关系；党的建设实践与党的建设目标的关系。

有学者提出在实践中要注意克服几种倾向：一是克服一般化理解的倾向，科学理解“三个代表”重要思想的创新意义和历史地位；二是克服简单化理解的倾向，深刻领会“三个代表”重要思想的科学内涵和精神实质；三是克服空洞化理解的倾向，系统认识“三个代表”重要思想的实践基础和现实意义；四是克服片面化理解的倾向，全面把握“三个代表”重要思想的有机统一和科学体系。

（四）先进性教育问题

2005年新年伊始，党中央发文，要求用一年半时间，分三批，在全党开展以实践“三个代表”重要思想为主要内容的保持共产党员先进性教育活动。怎样理解党的先进性？有观点认为，党的先进性体现在党的阶级基础和理论基础上；党的先进性是具体的、历史的；贯彻“三个代表”重要思想是新时期党的先进性的根本体现和根本要求。有观点认为，党员的先进性是由党的先进性所决定的，党的先进性要靠党员的先进性来承载和体现；党的先进性是具体的历史的，党员的先进性也是具体的历史的；党的先进性体现在党的路线方针政策上，党员的先进性体现在平常的言行中。

有学者指出，党的先进性就体现在能够及时适应不同时代的要求，解决时代课题，肩负起历史使命；坚持党的思想路线，解放思想、实事求是、与时俱进，是我们党坚持先进性和增强创造力的决定性因素。

有观点认为，“三个代表”重要思想从党、阶级与时代发展关系中来揭示党的先进性：一方面党自身应具有和能够具有的属性，即党自身具有体现“三个代表”重要思想的主观因素和条件；另一方面是外在条件即时代发展对党肩负起历史使命的客观要求，而且“三个代表”重要思想还把党的先进性内容与检验先进性的客观标准有机统一起来。

对于党的先进性建设的意义，理论界普遍认为，在全党进行保持共产党员先进性教育活动，意义重大且及时必要。有人认为，党的先进性建设，是中国共产党在新时期党建实践中逐步总结、概括、提炼出来的崭新命题，是贯彻和实践“三个代表”重要思想的结晶与理论新成果。有观点指出，保持共产党员先进性教育是进入21世纪的中国共产党人坚持用“三个代表”重要思想严格自律的自我教育活动，它有四个鲜明特点：一是教育面宽，以全体党员、干部为教育对象；二是以实践“三个代表”重要思想为主线；三是以保持共产党员先进性为主题；四是以提高党的执政能力为着眼点。有学者认为，保持共产党员先进性教育活动是党建理论和实践的创新，是对党的建设的进一步量化、具体化，也是由打造局部精品到实现整体精品的重要方法与举措。党的先进性建设所突出强调的方面，是新时期新阶段经济社会发展的需要，是时代的要求，也是由计划经济发展到市场经济的必然结果。

六、中国特色社会主义理论体系研究述要

党的第十七次全国代表大会正式把改革开放以来马克思主义中国化的最新成果概括为中国特色社会主义理论体系。胡锦涛同志在党的十七大政治报告中指出：“中国特色社会主义理论体系，就是包括邓小平理论、‘三个代表’重要思想以及科学发展观等重大战略思想在内的科学理论体系。这个理论体系，坚持和发展了马克思列宁主义、毛泽东思想，凝聚了几代中国共产党人带领人民不懈探索实践的智慧和心血，是马克思主义中国化最新成果，是全党最可宝贵的政治和精神财富，是全国各族人民团结奋斗和共同的思想基础。”此后，中国特色社会主义理论体系问题，成为中国理论界、学术界和思想界研究的热点问题。

（一）中国特色社会主义理论体系与其他指导思想层面理论

这主要指中国特色社会主义理论体系与毛泽东思想、邓小平理论、“三个代表”重要思想以及科学发展观等的关系。

1. 中国特色社会主义理论体系与毛泽东思想的关系。十七大报告概括的中国特色社会主义理论体系没有包括毛泽东思想，这引起理论界对二者的关系的讨论。

一种观点认为，毛泽东思想与中国特色社会主义理论体系是马克思主义中国化的两大理论成果。理由是两条：一是中国特色社会主义理论体系是由邓小平理论、“三个代表”重要思想以及科学发展观等重大战略思想构成，不包括毛泽东思想；二是十七大报告明确指出，中国特色社会主义理论体系坚持和发展了马列

主义和毛泽东思想。薄一波提出的中国特色社会主义理论“始于毛、成于邓”，是20世纪的说法，应该加以修正了。

另一种观点认为，中国特色社会主义理论体系中包括毛泽东关于社会主义建设的重要思想。因为，毛泽东思想不仅包括马列主义与中国革命实践相结合过程中形成的理论成果，而且包括马列主义与中国社会主义建设实践相结合过程中形成的理论成果。薄一波提出的中国特色社会主义理论“始于毛、成于邓”是符合历史事实的，并已为绝大多数人所接受。

还有一种观点认为，要从两个角度来看问题：在概括“中国特色社会主义理论体系”时，应该从邓小平理论讲起，指出这一理论体系包括邓小平理论、“三个代表”重要思想以及科学发展观等重大战略思想；以作思想史的研究时，即在研究中国特色社会主义理论体系形成的历史时，必须从毛泽东关于社会主义的曲折探索讲起，指出，邓小平在提出中国特色社会主义理论时已经继承了毛泽东关于建设社会主义的正确思想，肯定中国特色社会主义理论体系是对毛泽东思想的继承和发展。

2. 中国特色社会主义理论体系与邓小平理论、“三个代表”重要思想以及科学发展观的关系。习近平同志指出，这些理论既一脉相承，又与时俱进。说一脉相承，一是它们都坚持以马克思列宁主义、毛泽东思想为指导，在理论渊源上一脉相承；二是它们都坚持为建设和发展中国特色社会主义、实现中华民族伟大复兴而奋斗，在理论主线上一脉相承；三是它们都坚持解放思想、实事求是、与时俱进，在理论品质上一脉相承；四是它们都以社会主义初级阶段这一基本国情为立论基础，在理论基点上一脉相承；五是它们都坚持以人为本，把实现好、维护好、发展好最广大人民的根本利益作为全部理论的出发点和落脚点，在理论目标上一脉相承。说与时俱进，是说它们都坚持从实际出发，注重总结改革开放不同时期、不同阶段的新鲜经验，注重探索和回答不同时期、不同阶段遇到的新矛盾、新问题，在理论创新和理论发展上都作出了各自的独特贡献。

（二）研究方法的研究

有的同志提出，中国特色社会主义来自马克思和恩格斯创立的科学社会主义，是科学社会主义原理和原则在当代中国的运用和发展，应该把它当作科学来研究。首先，要以科学的态度对待科学社会主义理论，把它看作行动的指南和发展的理论，避免教条主义和把一些错误观点附加上去。其次，要清醒地研究基本国情，在总体肯定社会主义初级阶段的前提下，研究各个阶段、各个地区的发展程度和发展特点。最后，要大胆进行理论创新，使科学社会主义理论适应时代的要求；多年的经验说明，既要大胆创新，又要勇于接受实践的检验；不但要有政治勇气和理论勇气，还要有科学的勇气。①

有的同志提出，构建中国特色社会主义理论体系，要注意三个基本要求：一是理论中的全部观点必须由统一的世界观作为立论的基石；二是理论中的全部观点都是围绕着同一个主题而展开的；三是这个理论提出了一系列相互联系的、被实践证明是正确的科学观点。

有的同志提出，胡锦涛十七报告关于中国特色社会主义理论体系的论述，首先从时间和空间两个维度为我们提供了中国特色社会主义理论体系产生、形成和发展的时间跨度和空间范围。从时间跨度上讲，包括自十一届三中全会以来到未来中国特色社会主义的发展过程中，我们所总结、概括的所有理论和重大战略思想；从空间范围上讲，包括我们在研究、探索和处理国内国际"两个大局"问题的过程中所取得的重大认识成果。其次，明确规定了理论的基本内涵，即邓小平理论、"三个代表"重要思想以及科学发展观等重大战略思想。最后，详细阐明了理论的思想渊源，是马克思列宁主义、毛泽东思想；理论创立的主体，是全党全国人民集体智慧和心血的结晶；理论的地位和价值，是马克思主义中国化的最新成果，是党最可宝贵的政治精神财富，是全国各族人民团结奋斗的共同思想基础。胡锦涛同志这段话为我们研究和构建中国特色社会主义理论的科学体系提供了根本的方法论原则。我们应该按照改革开放以来中国社会发展的历史和逻辑统一的原则，坚持以马克思列宁主义、毛泽东思想为指导，站在当今时代发展的高度，紧紧围绕中国社会发展所面临的"什么是社会主义、怎样建设社会主义"，"建设什么样的党、怎样建设党"，"实现什么样的发展、怎样发展"三个重大理论和实际问题，深刻反映中国改革开放和现代化建设的实践进程，科学揭示对人类社会发展、社会主义现代化建设、执政党建设三大规律的认识成果，充分体现新时期中国共产党人理论创新和实践创新的伟大成果，依照理论构建的一般规律来构建中国特色社会主义理论的科学体系。

（三）中国特色社会主义理论体系的基本内容

习近平同志指出，中国特色社会主义理论体系是在和平与发展成为时代主题的历史条件下，在我国改革开放和社会主义现代化建设的伟大实践中，在总结我国社会主义建设正反两方面历史经验和改革开放以来新鲜经验，并借鉴其他社会主义国家兴衰成败经验教训的基础上逐步形成和发展起来的。它围绕探索和回答什么是社会主义、怎样建设社会主义，建设什么样的党、怎样建设党，实现什么样的发展、怎样发展三大基本问题展开，深化和丰富了对三大规律的认识，在建设中国特色社会主义的思想路线、发展道路、发展阶段、发展战略、根本任务、

① 沈宝祥：《试述中国特色社会主义理论的科学体系》，《学习时报》2007年12月10日。

发展动力、依靠力量、国际战略、领导力量和根本目的等问题上，形成了一系列独创性的重大理论观点，系统回答了在中国这样一个十几亿人口的发展中大国如何摆脱贫困、加快实现现代化、巩固和发展社会主义的一系列重大问题。这个理论体系，内容贯通哲学、政治经济学、科学社会主义等学科，涵盖社会主义经济建设、政治建设、文化建设、社会建设和党的建设以及国防和军队现代化建设、祖国统一、国际战略和外交工作等各个领域，涉及改革发展稳定、内政外交国防、治党治国治军等各个方面，是内涵丰富、思想深刻、系统科学的理论体系。

中共中央宣传部理论局组织编写的《中国特色社会主义理论体系学习读本》提出，中国特色社会主义理论体系包括14个方面的主要内容。(1) 关于中国特色社会主义的思想路线。(2) 关于中国特色社会主义的根本任务。(3) 关于中国特色社会主义的发展阶段和发展战略。(4) 关于中国特色社会主义的发展动力。(5) 关于中国特色社会主义的根本目的。(6) 关于中国特色社会主义的经济建设。(7) 关于中国特色社会主义的政治建设。(8) 关于中国特色社会主义的文化建设。(9) 关于中国特色社会主义的社会建设。(10) 关于中国特色社会主义的国防和军队建设。(11) 关于中国特色社会主义的依靠力量。(12) 关于推进祖国和平统一大业。(13) 关于中国特色社会主义的外交与国际战略。(14) 关于中国特色社会主义的领导核心。

有的同志提出，中国特色社会主义理论体系包括，(1) 主题：建设和发展中国特色社会主义，实现国家繁荣富强和人民共同富裕。(2) 轮廓：12个基本观点。(3) 精髓：解放思想、实事求是、与时俱进、求真务实。

有的同志提出，中国特色社会主义理论的科学体系有17个相互联系的基本理论观点：(1) 思想路线论。(2) 社会主义本质论。(3) 初级阶段论。(4) 科学发展论。(5) 改革开放论。(6) 市场经济论。(7) 民主论。(8) 文化论。(9) 社会论。(10) 文明论。(11) 社会和谐论。(12) 国防和军队建设论。(13) “一国两制”论。(14) 和平发展道路论。(15) 政治路线论。(16) 群众论。(17) 党论。

有的同志提出，中国特色社会主义理论体系包括以下基本内容：(1) 中国特色社会主义理论体系的精髓论，即解放思想、实事求是、与时俱进。(2) 中国特色社会主义本质论。(3) 中国特色社会主义国情论。(4) 中国特色社会主义科学发展论。(5) 中国特色社会主义市场经济论。(6) 中国特色社会主义民主政治论。(7) 中国特色社会主义先进文化论。(8) 中国特色社会主义和谐社会建设论。(9) 中国特色社会主义生态文明建设论。(10) 中国特色社会主义国防和军队建设论。(11) 中国特色社会主义祖国统一论。(12) 中国特色社会主义和平外交论。(13) 中国特色社会主义人民主体论。(14) 中国特色社会主义执政党建设论。

（四）中国特色社会主义理论体系的特点

多数同志认为，中国特色社会主义理论体系具有以下特点：一是实践性，它是在改革开放和现代化建设的实践中总结概括出来的，并将在今后的实践中不断得到丰富和发展；二是科学性，它充分反映了改革开放以来全党全国人民对人类社会发展规律、特别是对社会主义现代化建设规律、执政党建设规律的认识成果；三是全面性，它涵盖了中国特色社会主义现代化建设过程中的政治、经济、文化、社会、生态等方面的内容，系统回答了中国特色社会主义的一系列基本内容；四是开放性，它决不是真理的完成，相反，它必将随着中国特色社会主义现代化建设实践的深入而不断赋予自己新的内容。

（执笔人：阮青、何建华、侯才、胡为雄、刘毅强，阮青最后完成全文的统稿工作）

科学技术哲学学科前沿报告

现代科技与科技哲学教研室课题组

科学技术学科隶属哲学一级学科，其基本宗旨是在哲学视野中观察、研究与科学技术有关的各种问题。该学科系由早期科学哲学学科逐步向其他学术领域扩展并吸收多学科知识发展而来。科学哲学早先主要指逻辑经验主义（或称逻辑实证主义）哲学流派，兴起于20世纪20—30年代，受当时的量子力学和相对论等物理科学革命巨大影响，一批西方哲学家关注与物理学有关的哲学问题，力图在哲学视野中理解、解释物理学革命带来的新世界。科学哲学主要研究科学的本性，科学理论的结构、科学说明、科学检验、科学观察与理论的关系、科学理论的选择等。第二次世界大战后，科学技术对社会的影响急速扩大，原有的狭义科学哲学学科范畴被大大超越，几乎所有自然科学学科领域都被置于哲学审视之下，并且有关观察延伸到技术领域以及科学技术与社会的互动关系领域。

我国科学技术哲学学科兴起于20世纪50年代初，当时称作自然辩证法学科，80年代后期各学术机构逐步改用现名。

我国科学技术哲学专业领域十分宽广，包括自然科学哲学问题、科学哲学、技术哲学、科学技术社会学、科学技术历史（科学思想史）、科学与社会工程哲学、科学技术伦理、信息哲学、科学与宗教以及在科学与社会范畴中可以涵盖的一切研究领域。

以下分别介绍讨论科学技术哲学各主要学科领域情况：

一、科学哲学概况

科学哲学是科学技术哲学学科中最重要的学科，它是在近代科学走向成熟，并取得许多重要成果之后形成的。科学哲学主要试图回答“科学究竟是什么”问题，其基本议题是：科学的本质，科学的活动，科学发展的规律性，科学认识的世界究竟是什么等等。在古代就有关于科学哲学研究的萌芽，它的产生可以追溯到亚里士多德的逻辑学与方法工具论的研究，但是科学哲学真正形成应当是在19世纪末和20世纪初。

（一）起源

自伽利略和牛顿以来，科学研究的成果在社会实践中获得了巨大的成功，引起了人们对真正“知识”的讨论。科学是真正的知识，科学知识为什么会有如此巨大的力量？一些观点认为，科学不同于其他知识，科学是一种“实证”的知识。于是形成了18、19世纪D. 休谟、W. 惠威尔、J. S. 密尔等老一辈实证主义的哲学研究，到19世纪末20世纪初又有E. 马赫、J. 彭加莱、P. 迪昂等新一代实证主义的研究。

20世纪20—30年代由于符号学、语言学的影响，形成了以L. 维特根斯坦、石里克、卡尔纳普等人为代表的逻辑实证主义的研究，这一代的研究，把问题直接指向科学，并且以符号语言为科学理论的基本载体的，标志了科学哲学的诞生。20世纪40年代以后，由于科学技术在社会中的作用和地位与日俱增，科学哲学在对逻辑实证主义的批判和对科学的多方向方面的研究得到了长足的发展，形成了H. 赖兴巴赫、亨普尔为代表的逻辑经验主义学派，K. 波普尔为代表的否证主义学派，N. 汉森、T. S. 库恩为代表的社会历史主义学派，I. 拉卡托斯等为代表的新历史主义学派，普特南、D. 夏皮尔为代表的科学实在论学派，以及从科学知识进行概括出发进行研究，以M. 邦格、L. 贝塔朗菲和E. 拉兹洛等为代表的系统哲学或系统科学哲学。

（二）主要流派及主要观点

1. 逻辑实证主义。

19世纪末20世纪初，欧洲哲学中活跃着科学主义和实证主义的思想，由于符号学、语言学和数理逻辑学的影响，形成了逻辑实证主义哲学。这些哲学家认为，科学的基本构成就是一种符号和语言，应当从符号和语言的角度上，研究科学的本质，区分出什么是科学，什么是非科学。社会文化领域中当然还有很多种语言，如神学的语言、艺术的语言、哲学的语言，但是它们并不像科学那样能够在社会领域的实践中取得成功。科学语言为什么能够取得这样的成功呢？逻辑实证主义认为，科学是一种经验的和实证的语言构成了逻辑严密的知识体系。他们研究了科学语言的意义问题，观察与实验问题，用经验与实证的方法区分科学与形而上学的科学划界的问题。科学是一种归纳的知识体系的科学的结构问题，以及科学的辩护与解释问题，等等。

2. 批判理性主义。

20世纪40年代后，由于一些哲学家看到了科学发展中的革命性变革，如爱因斯坦物理学对牛顿物理学的革命，以及生物学等多门科学中的革命，于是形成了以波普尔为代表的否证主义的科学哲学思想。波普尔看到牛顿的力学在无数次的被证实后，还是被爱因斯坦的理论经过一次判决性实验的反驳而被否证。许多历史上的科学理论都在后来受到了质疑与批判。所以科学理论看来并不是能够证实的语言，而是通过否证→猜测→否证→猜测的不断进步的过程。这个不断批判的方法就是科学的方法，对科学作出如此解释的科学哲学学派就叫做批判理性主义，或者叫做否证主义。批判理性主义哲学家认为，科学的基础是一种具有猜测与假定性的理论，它是一种严密的演绎性逻辑体系。他们研究了观察渗透理论问题，科学的否证式划界方法问题，知识的增长问题，归纳法的不完备性问题，“世界 3”问题（人类创造的语言世界是物理世界，人类思维的世界以后的第三世界），等等。

3. 社会历史主义。

20 世纪 50 年代末和 60 年代初，科学已经发展为一种不可忽视的社会群体与社会组织现象。于是产生通过科学史与科学活动来研究科学的社会现象的科学哲学研究，形成了社会历史主义学派，其主要代表人物有 T. 库恩、汉森、费耶阿本德等等。他们认为，从社会上看，科学并非是一种仅仅用逻辑语言就能表现出来的，也不仅仅是抽象的理论。科学的基础是科学家和科学家群体的社会活动。从社会历史发展中看，科学是一种范式，一种规范和纲领。科学共同体是社会中以一定研究纲领而形成的社会人群。社会历史主义学派研究了科学范式问题，科学革命的结构问题，科学的进步问题，科学的理性问题，等等。

4. 科学实在论。

20 世纪 70 年代以后，整个科学领域众多门类繁多学科的发展，使人们认识到，科学不仅是语言或理论或社会活动，科学总体是一种对客观实在的认识与描述。科学的基础是它能否向我们提供关于客观世界的认识？科学理论的目的是能否揭示自然界的本质——即获得真理？而离开了这些，科学的语言、理论与活动就失去了其合理性。科学实在论学派研究了科学实在问题，真理的问题，科学的理由问题，科学的合理性问题，等等。

5. 系统论哲学思想。

从 20 世纪 40 年代到 80 年代，产生了一种从科学材料的总体概括来研究科学方法论的科学哲学学派，这就是以 L. V. 贝塔朗菲和 E. 拉兹洛提出一般系统论哲学等体系，和广义系统进化理论思想构成了系统科学哲学流派。系统哲学流派，立足于对全部科学知识的总结，努力概括出世界的存在与发展的规律性，通过全部科学反映了世界存在与发展表现为系统模式，建立起普遍联系性的系统思想方法。系统论哲学讨论了整体性问题，世界的层次性问题，信息问题，自组织问题，互动与自调节问题，世界的总体发展规律性问题，等等。相比起其他科学哲学流派的思想来说，系统哲学方法更具有实践性和现实性，而其他的科学哲学思想则更带有着学院派的逻辑性。系统思想在现实社会中表现得更为活跃，越来越受到企业、政府和实践领域中工作者的关注。

二、技术哲学最新成果综述

自 20 世纪 90 年代以来，技术哲学学术界一方面继承和发扬自然辩证法的研究传统，另一方面出现了更加专业化和多元化的研究局面。学者特别从技术哲学的视域展现了当前科学技术哲学研究的热点问题。他们认为，对技术哲学的研究主要集中在以下问题：技术本质、技术认识论、技术价值论、技术伦理学、科学哲学与技术哲学之间的异同关系、科学与技术之间的异同关系、科学技术与社会研究、科技战略与政策研究等。我国学者张明国、崔伟奇、蔡永海分别从自然哲学、技术哲学、科学哲学、科学技术方法论、科学技术与社会五个方面总结了当前科学技术哲学研究的热点问题，并且还着重指出了他们在技术哲学方面主要研究技术与文化的关系问题。

（一）科学技术哲学的流派

随着社会的发展，科学技术哲学也呈现一些新的变化。学界对这一现象尤为关注，争议较大。例如学者黄瑞雄对学界近年关于中国科学技术哲学的走向研究进行梳理，认为国内关于科学技术哲学走向研究分为5种类型：（1）以曾国屏和张明国为主要代表的认为从自然辩证法走向科学技术学；（2）以吴国盛为代表的认为从自然辩证法走向科学哲学；（3）以吴彤为代表的认为走向自然科学哲学问题研究；（4）以郭贵春和成素梅为代表的主张保持科学技术哲学的多元性研究；（5）主张继承发扬自然辩证法传统。

（二）工程哲学

美国德克萨斯大学科恩教授（B. V. Koen）在其《关于对指导工程师解决问题的方法论探究》一书中，对工程与哲学的关系进行了分析，论述了如何将理论和实践相结合从而解决现实问题。弗吉尼亚理工大学教授皮特（J. C. Pitt）在美国SPT，电子期刊Techne2000年春季版发表了题为“工程师的知识”（What Engineers Know）的文章，从工程哲学的角度探讨了技术哲学问题。纽约工程师佛罗曼（S. Florman）的“工程中的存在主义”（the Existential Pleasures of Engineering）既是对同时代的哲学家做出批判的回应，也是对工程本身作为基本的人类活动的辩护。佛罗曼认为工程不仅仅是达到人类目的的一种手段，而且本身也是一种具有存在主义意义的人类活动，工程具有与生俱来或内在的价值，同时具有作为手段的或外在的价值。

学者田鹏颖认为，“社会技术哲学”是科学技术哲学的新视域。他提出，确立社会技术范畴并对社会技术进行哲学反思，开拓了21世纪科学技术哲学研究的新视域。特别是随着工程哲学初步建立，社会工程哲学大有作为，社会工程哲学将成为工程哲学关注的重要内容。

（三）工程伦理和技术伦理

作为工程哲学的一个重要研究领域的工程伦理学，在我国的早期研究多是介绍国外工程伦理的研究和应用状况，以及探讨国内工程伦理的现状。其中董小燕的“美国工程伦理教育兴起的背景及其发展现状”；李世新的“谈谈工程伦理学”；曹南燕的“对中国高校工程伦理教育的思考”等都涉及到对工程伦理的探讨。这期间，肖平、唐永进等学者于1999年推出了我国第一部《工程伦理学》，对人类进入文明时代面临的一些新课题和现代工程实践中出现的种种道德问题进行了较深入的总结和研究。另外，由我国工程界杜澄研究员和哲学界李伯聪教授主编的《工程研究——跨学科视野中的工程》（简称《工程研究》）一书，力图向公众提供一种对工程问题的跨学科理解视野。工程界和哲学界合作成为此书的重要特征，内容涉及到工程问题各个方面。即“工程研究”显现出了工程哲学发展的巨大潜力，标志着我国工程哲学的研究进入到了一个新阶段。

国内人文主义的技术哲学研究近年来取得了很多的成果，目前更需要面对中国的现实进行反思和批判。其中很重要的是伦理与价值的讨论，正如S. Stribos在20世纪90年代就谈及的，“我们惊喜于利用新技术获得数据或信息，却要从理性与道德上，懂得如何正确使用，警惕由此所带来的风险”对技术伦理的反思，除了国内对基因伦理、网络伦理等问题认知与探讨之外，国外的学者还将着眼点扩展至人的本性，如Helen A. Fielding从人的本性出发探讨生物技术伦理，认为对本性的理解并非源于科学探索，而是源于我们建立在试验基础上的知觉遭遇。

（四）技术社会学

近年来，STS领域的许多学者正在大力倡导和努力推进STS研究的行动主义范式，试图实现STS领域学术事业和社会运动的真正融合。柯林斯和埃文斯把STS领域的研究范式转换称为“第三次浪潮”，他们倡导“专门知识及经验的研究”（SEE），其旨趣是建立一个关于专门知识的规范理论。它试图根据专门知识和经验来确定行动者的身份，以此摆脱“专家倒退”的困扰，从而在科学争论尘埃落定前定义一个符合情境条件的专家组，以便适时地干预科学争论，特别是公共领域的技术决策。伍德豪斯等比较分析了STS领域三种不同类型的研究群体，即学者群体、决策者群体和行动者群体的主要特征，提出STS事业需要再建构化，加强规范性STS研究，开拓将描述性STS与规范性STS相统一的行动主义进路。

2008年，由4S学会支持出版的《新科学技术论手册》，延续了对规范性、相对主义和关于科学知识与技术的评价的研究，明显地超出了单纯的理论反思，突出了STS领域有重大意义的政治和社会“实践”问题的探索。作者之一希斯孟多在“STS与一种介入纲领”一文中，分析了STS领域“高教会派”和“低教会派”的长期分离，主张将两种进路联系为一个整体，将STS的建构主义研究与传统的行动主义相结合，形成STS的“一个介入纲领（an engaged program)”或“行动主义纲领（activism program)”，“建立一种承认科学与技术在现代世界的中心地位的政治学”。STS应当由研究外在于社会的知识与技术转向重点研究知识社会与技术社会，把认识论与政治过程相融合，把民主真正带入科学技术领域。曾国屏通过考察三版《STS指南》，讨论了国际STS学术领域的发展。他认为，科学技术，作为沟通自然与社会关系的中介和手段，通过科学实践及以此为基础的社会建构，导致了在社会化自然过程中认识自然，在自然化社会过程中改变自然，并从而变革着社会或推动着社会的变革。因而，他提出，自然（实在论）与社会（建构论）的关系问题的探析，是STS的学术“核场”。

（五）技术人类学

技术人类学是随着20世纪70年代传统人类学回归本土和科学知识社会学的兴起而逐渐发展起来的一门新学科。目前国内外在学科命名上还有“科学技术人类学”、“科技人类学”和“科学人类学”几个相近的提法。在国外，人类学家普法芬伯格（Bryan Pfaffenberger）较早明确提出了“技术人类学”（Anthropology of Technology）的概念，赫斯（DavidJ. Hess）等人类学家则在他们主编的文集中提出“科学技术人类学”（Anthropology of Science and Technology）的概念，不过，在英文文献中还是以“技术人类学”的提法居多，而且有的大学中还开设了“技术人类学”的课程。

在国内，“技术人类学”的名称最早是由丁长青教授在《技术人类学抉要》一文中提出的。之后，刘珺珺教授在《科学社会学的“人类学转向”和科学技术人类学》一文中引入了“科学技术人类学”的概念。紧接着，田松博士在第五届少数民族科技史国际会议的大会报告中提出了“科学人类学”的概念，而万辅彬教授认为，“科学人类学”没有包括技术，故其随后又提出了“科技人类学”。“科技人类学”和“科学技术人类学”看似没有区别，但正如田松博士所分析的，其实，它们有着不同的来源，隐含着不同的理念：“科技人类学”立足于科技史，研究相对于现代社会的传统地区；而“科学技术人类学”来自SSK，研究现代社会的科学共同体和科学活动。从这几个概念在国内文献标题的出现频率上看，“科技人类学”在文献标题中出现得最多，其次是“科学技术人类学”，再次是“科学人类学”，而最早出现的“技术人类学”在丁长青教授之后就再没有人提及了。

三、科学、技术与社会（STS）研究领域的发展

“科学、技术与社会（STS)”主要研究科学、技术、社会三者之间的相互关系和作用，自20世纪60年代末诞生，并于90年代初引进我国，之后，迅速为国内科技哲学界所关注，现已发展成为一个重要的研究领域。当前，这个新兴领

域的研究大致可分为三类：一是探讨适应科学发展和技术进步的社会结构；二是分析科学发展和技术进步对社会产生影响的方式和途径；第三类则是紧密联系现实的案例研究。

（一）缘起

由于欧美等国家最早面临严重的科学技术负面效应和环境污染问题，最早意识到科学技术并不必然地导致社会的幸福美满，因此，需要对科学技术究竟如何推动社会发展加以深入的研究，STS的研究也就最早从这些国家开始。不过很快，中国、印度、韩国等发展中国家面临着类似的问题，STS研究随之相继展开。从STS的发展的特点看，发达国家比较重视对科学技术负面影响的研究，发展中国家则更重视科学技术的积极作用。从STS的发展趋势来看，人文、绿色、创新、和谐的理念逐渐成为STS研究的主旋律。

进入21世纪之后，各国学者的研究不断深入，有了各自国家的特色，交流也明显增加，全球性和地区性的STS国际会议越来越多。我国主办和参与的国际会议近两年就有多次。2008年3月，以“科技发展与人文精神的关系研究”为主题的第八届东亚STS国际学术会议在武汉华中科技大学召开。2008年10月，中国科学院院长路甬祥赴日本出席了第五届“STS论坛”，主题是“科学技术和人类的未来”，上百个国家的科技、教育以及农业等部门的部长、数十个国家的知名科研机构和大学的负责人、诺贝尔奖获得者，以及NEC、杜邦等多家大型跨国企业的首脑约600人出席。2009年4月，以“美丽新世界的想像”为主题的第九届东亚STS网络国际会议暨台湾科技与社会研究学会第一届年会在台湾召开。

（二）我国STS

对于我国而言，STS引入20年后，全国已有50多个STS教学和研究机构，中国自然辩证法研究会还成立了科技与社会（STS）专业委员会。20年间，STS研究的重点逐渐从最初的引入、介绍转而进行比较、分析甚至更进一步的基础性理论研究和实际问题的解决。当前，我国学者正致力于从哲学、历史学、社会学的视角透视科学技术与社会的关系，研究其过程和机制，探讨其中的规律。中国社会科学院的殷登祥提出了三条STS的一般规律，包括关系律、价值律及和谐律。一些学者重点研究科学的社会性质，探讨学术环境和社会因素对科学的影响。还有一些学者则强调实践导向，把科学技术与社会的研究同现实紧密联系，为科教兴国战略和可持续发展战略提供理论依据。

2009年8月，全国科技与社会（STS）学术年会在黑龙江省哈尔滨市隆重举行，会议以“全球化视阈中的科技与社会”为主题，就“国际科技与社会（STS）研究范式比较”、“中国特色科技与社会（STS）研究的回顾与展望”、

“国际金融危机形势下的科技与社会（STS）问题研究”、“自主创新与创新型国家建设问题研究”、“东北老工业基地改造中的科技与社会（STS）问题研究”、“黑龙江省农业强省中的科技与社会（STS）问题研究”等议题展开了深入的讨论，会议汇集了国内众多学者的最新研究成果。从会议的主题和议题，可以大致了解这个领域目前关注的焦点。

四、信息哲学与信息技术进展研究

（一）信息哲学

1. 信息哲学的兴起。

随着计算机和互联网应用的普及，信息哲学（Philosophy of Information，简称 PI）正在兴起。信息哲学是 21 世纪国际哲学界推出的一门具有交叉学科性质的哲学学科。它是从人工智能哲学、信息的逻辑学、控制论、社会理论、伦理学以及对语言和信息的研究演化来的。由于“信息”与“计算”、“认知”等概念紧密相关，“信息”一词已经被认为是横跨自然科学与人文学科的一个基础性概念，它在理解物理计算、通信以及人类认知方面具有不可或缺性，所以这个研究领域的发展非常快，成果层出不穷。国际哲学界已经提出了“信息哲学”的研究纲领。

自 2004 年起，荷兰的 Elsevier 出版公司开始组织专家编写《信息哲学手册》，这是专门为学者们编写的参考书，目的就是把有关信息这个概念的最重要的诸方面集中在一起。它包括了主要的技术进路，同时，跨越许多领域的特殊的关于统一的话题也得到了强调。目前，信息哲学没有任何确定的领域，而本手册可以帮助勾勒出一个轮廓，使其具有坚实的科学基础，有助于不同学术背景的学者在信息的旗帜下进行相互接触与合作。

信息哲学将成为引导性的新兴哲学学科，具有光明的前景。

2. 信息哲学引入我国。

2003 年，中国社会科学院专门立项，研究信息哲学问题。2008 年，以社科院哲学所刘钢教授牵头，翻译了《计算与信息哲学导论》，于 2010 年出版。这本书有很高的学术品位和密集的学术信息；内容涉及当代信息哲学中的许多前沿问题、热点问题和学科的发展方向。不仅使国内信息哲学界了解国际学术背景，也使信息哲学有了必要的理论基础。

2008 年，对我国信息哲学的发展可以说是很重要的一年。中国社会科学院邀请信息哲学的创始人旅英意大利学者弗洛里迪来华访问。其间，弗洛里迪分别在中国社会科学院哲学所、北京理工大学、中国人民大学、北京大学以及西安交通大学就信息哲学的最新的发展做了 5 场讲演。

（二）信息技术发展新趋势

1. 下一代互联网竞赛。

20 世纪 70 年代末，网络互联概念首先在美国面世，一代又一代的计算机、网络产品随之而生。美国厂商总是率先提供高技术产品，从计算机中央处理器 CPU、核心软件操作系统、数据库管理软件、到网络通信协议标准，至今美国产品仍占领着世界主要 IT 市场。因全球通用的互联网协议主要是 1981 年颁发的第四版 IP（Internet protocol）协议 IPv4，其地址结构规定为 32 位 2 进制码，限定了联网机器的数量，而且其中 50％以上的地址为占有先机的美国所拥有，形成了极端不对等的发展机遇。面对 IP 地址资源的限制，国际标准化组织发布了第六版互联网协议 IPv6，将 IP 地址升级为 128 位 2 进制码，是 IPv4 地址数量的 296 倍，让世界有了取之不尽，用之不竭的地址资源。与 IPv4 相比，更长的地址还为解决通信安全问题留有了空间；同时，“下一代互联网”的传输速度将提升到 10G，基带传输速率将更高，比现代互联网的速度要快 1000 倍以上。围绕着 IP 协议的升级，各国政府谁也不甘在下一代互联网面前落后，开始了对符合新标准的技术竞赛。其中，日本充当了急先锋。

美国人因在第一代互联网领域拥有绝对优势，对第二代互联网本不感兴趣，无奈面对未来网络世界，他们不能将自已置身网外，因此美国政府同样在积极投入。目前，以 IPv6 网络协议为核心的主要专利技术控制在美国人和日本人手里。

在 2002 年春天，我国有 57 名院士联名上书国务院，提出要像对待“两弹一星”一样重视下一代互联网。2002 年 8 月，在国务院主持下成立了“下一代互联网发展战略研究”专家委员会，并及时设立了“下一代互联网发展战略研究”专项课题。2004 年 3 月，中国第一个全国性下一代互联网试验网，即第二代“中国教育和科研计算机网”（CERNET2）开通，同年 12 月正式面向社会提供服务，跟上了发展步伐。但是，面对下一代互联网，我国信息安全的问题仍然突出。为了摆脱美国在网络资源上的控制权，我国有科研人员提出了基于十进制的新的互联网协议，称为 IPv9，并在信息产业部科技司组织下进行了长达近十年的技术研究，建成了世界上最大的可供验证的 IPv9 系统。IPv9 具有更好的安全性，对保护我国信息安全和实现国际互联网的平等具有重要意义。但是它的发展首先遇到了来自 IPv6 推广的阻力，同时还存在深入研发、标准化、设施建设、宣传力度等等问题，致使它今天仍不为外界所了解。显然，IPv9 的推行不仅需要技术基础、经济实力作支撑，对时局与机遇的把握也十分关键。

2. “智慧地球”概念将引导信息技术升级。

美国次贷危机引发的金融危机出其不意的出现，使美国新总统奥巴马面临极大的挑战。用什么来刺激美国经济复苏？这是摆在美国政府和美国企业面前的重大战略课题。

2008 年 11 月 6 日，美国 IBM 总裁兼首席执行官彭明盛在纽约市外交关系委员会发表演讲“智慧地球：下一代的领导议程”；2009 年 1 月 28 日，美国新任总统奥巴马与美国工商业领袖举行的“圆桌会议”上，彭明盛再次当面向总统进献了“智慧地球”概念。

“智慧地球”（smart planet）就是要利用下一代网络技术，把电脑芯片和传感设备嵌入到电网、铁路、桥梁、隧道、公路、建筑、供水系统、大坝、油气管道等各种物体中，甚至包括所有家用电器，如电饭煲、热水器等等，形成比现代互联网更为宏大的“物联网”（Internet of Things）。“智慧地球”意味着几乎任何物品都可以实现数字化和互联互通。人类将最大化地利用信息资源，获得前所未有的能力和洞察力，从而建设智慧的系统、智慧的企业、智慧的国家，让人类更智慧地生存。

新任美国总统奥巴马对 IBM 提出的“智慧地球”战略高度重视。作为新一轮信息技术革命，“智慧地球”可能上升为美国的国家战略。奥巴马和美国 IT 业都寄希望于这一战略能像克林顿当年利用“信息高速公路”，把美国带出经济低谷那样，挽救美国当前危机、重新振兴经济，并再次确立美国竞争优势。

3. “云计算”。

近几年来，云计算技术应用正在兴起。云计算这个名词可能是借用了量子物理学中的“电子云”（Electron Cloud）概念，电子云有概然性、弥漫性、同时性等特性，云计算强调说明计算的弥漫性、无所不在的分布性和社会性特征。换句话说，云计算就是把普通的分布在互联网上各家的服务器或者个人计算机连接起来以获得超级计算机的高性能和高可用性计算机的功能，但是成本却更低。其中主要使用了如“超级计算机”中多 CPU 并行运算技术；以往多用于工商业领域的分布式处理技术；网络技术中实现跨域管理的网格计算技术。多种基础技术的综合利用，主要是为了整合庞大的网络服务器资源，提高网络运营效率。在技术领域，人们把提供资源的服务器称为“云”。对于用户来说“云”无处不在，可无限扩展，能随时获取；对众网络公司而言，加入“云”端，是携手协作，降低成本，实现共赢的好办法。

随着“云计算”共赢思维方式的推行，派生出了“云存储”概念，即利用网络上空闲存储器资源，为用户的存储需求服务。当网上“云存储”服务完全成熟后，用户的资料不一定存放在个人办公电脑上，而是存放在网络上，你无论走到哪里，只要有网路，就能随手存、取自己的信息；就像现在人们把钱存在银行，出门时只要带上一张银行卡一样，网上存取信息只需要记住自己的一个代码。面对“云技术”的运用，各网络安全产品提供商意识到，如果还采取过去那样各自为政，靠自编软件的功能比拼，甚至互相攻击的方式，用户越多，维护成本越高，未来的路将会越走越窄，以致难以生存。我国著名杀毒软件厂家瑞星公司出面倡导信息安全行业的创新，让安全产品厂家联起手来，加入基于“云计算”为基础的“云安全”系统，共同构建高度开放的产品，为未来杀毒软件技术飞跃打好基础。这一思路能使合作伙伴共同发展，让用户最直接地分享云技术成果，遏制互联网环境下日益凸显的安全威胁，是创建安全互联网环境的共赢之路。

五、科学与宗教

（一）三次论争

在探讨科学与宗教之间关系的问题中，卷入最深的宗教是基督教。历史上有三次论争是学者关注最多的。第一次是16世纪和17世纪初，当哥白尼的日心学说提出以后，这种新天文学与基督教一贯坚持的太阳、行星和月亮围绕地球运转的观念发生了矛盾，因而产生了论争。第二次是17世纪后期和18世纪，基于牛顿学说而建立起来的机械论宇宙观的形成，对基督教产生了巨大影响，促使基督教“自然神论”的兴起。第三次是19世纪达尔文自然选择的物种进化理论的提出，与基督教认可的物种固定说产生的分歧，引发了这次论争。对于这三次论争，至今依然有一些学者还在研究与探讨。

（二）基督教与科学的关系

宗教（基督教）究竟是科学的盟友还是科学的敌人？学者们从过去的一味强调宗教与科学的冲突，慢慢转向研究这种冲突对于自然科学的发展，或许还有着某种刺激的作用；甚至对于科学本身为何诞生于西方而没有诞生于东方这个古老话题，有学者提出，也许恰恰是西方基督教文明孕育了早期的科学观念。这也回答了作为科学伟人的牛顿为何用半生的精力研究神学。这是科学与宗教问题的研究从对抗性模式转入非对抗性模式。

在基督教内部，一些教派也是十分关注科学与宗教的关系问题。比如，新教自由派对于自然科学就有着非常积极的态度，他们试图构建基督教信仰的人世间基础，以一种在现代宇宙观中站得住脚的方式来阐释《圣经》。现代派的学者就很愿意接受达尔文进化论的观念，他们赋予生物进化过程以超自然的意义，达到神学与科学的调和。新正统派则是倾向于坚持宗教与科学是分属于两个完全不同的文化体系，他们认为科学是人类对于这个世界的探索，神学是对于上帝自我显示的回应，因此自然科学既不能确证，也不能否定神学。

（三）哲学视野中的科学与宗教关系

在科学哲学领域，科学与宗教的话题始终被科学哲学家们所关注。逻辑实证主义的维也纳学派认为，那些不直接与现实世界相连或相关的陈述没有价值——

除非表现为可以约简成一个直接与观察结果相联系的陈述，否则这个陈述是没有意义的。因此，卡尔纳普断言宗教陈述是非科学的；哈耶克承认宗教陈述可以间接地提供有关这种陈述者头脑状况的知识，但它们不能被认为作出了涉及外部世界的有意义的陈述。

证伪主义的波普尔试图从科学中排除形而上学。他认为没有什么来自经验的东西能够证伪宗教陈述，也就是宗教陈述不能以一种能被证伪的方式来表达。因此，宗教不属于科学。

具有后现代性的科学哲学家费耶阿本德倡导“反对方法”与“告别理性”。他认为科学哲学家们为科学优越性辩护的最隐蔽的做法就是为科学划界，即建立区分科学与非科学的标准；划界的目的就是要把科学放在文化的中心，贬低非科学文化的地位。这被费耶阿本德称为科学沙文主义。因此，费耶阿本德对于人类已有的各种文化有着相当的宽容。他认为科学只是人类发明的以应对生存环境的工具之一，它不是唯一的工具；科学不是绝对可靠的，不是唯一的知识形式；原始巫术、神话、宗教和形而上学等，都包含着非常丰富的知识。

六、科学技术历史

从某种意义上说科学史学科与哲学一样古老：希腊先哲就书写过自然哲学科历史。欧洲中世纪、近代早期等不同时期都有过一些科学或技术学科历史著作出现。19 世纪末，莫茨（Mertz）系统总结欧洲近代以来的思想史，特别研究了 18、19 世纪科学思想史；大约同一时期惠泰克（Whittacker）出版了名著《以太和电学历史》，波林也发表了《实验心理学史》等著作。

（一）科学技术历史研究的兴起

现代意义上的科学技术历史学科发端于 1913 年。那一年博学的科学史家乔治·萨顿在哈佛大学组建世界上第一个科学史系，发起组建国际科学史学会，出版学会官方学术期刊 Isis，并召开第一届国际科学史大会。萨顿的科学史观念属于经典科学时代，在他那里科学是一切历史中最有价值的，科学是超越于历史背景的，人类历史主要是知识进化历史。

第二届国际科学史大会（伦敦）于 1931 年召开。这次会议上苏联代表团提交论文集《十字路口上的科学》，首次把马克思主义史学见解引入科学史研究，强调科学是社会现象，科学受到历史局限，更受到所处时代的社会、政治、经济条件影响。其中黑森的论文“牛顿原理的社会经济根源”一文在会议上引起强烈关注，被公认为开创了科学史研究中的外史传统。受到这次会议影响，大批左翼知识分子开始运用马克思主义或者受到其影响研究科学技术历史，如 J. D. 贝尔纳，他的名著《历史上的科学》体现了这种影响；贝尔纳的《科学的社会功能》

则被认为是科学社会学的开山之作。

（二）内史与外史

与外史传统相对应的是内史研究。内史传统关注科学概念、科学理论的发展变化，寻求自然规律发现过程解读，同时也认真讨论了科学思想与哲学思想的相互影响。这种研究在20世纪五六十年代达到高峰，代表著作有科瓦雷的《牛顿研究》、《伽利略研究》，以及伯特的《物理科学的形而上学基础》等。

与此同时，科学技术历史研究的外史方案取得更大成功。外史传统极大扩展并延伸了科学史研究视野，并成功地实现与邻近学科科学哲学、科学社会学、传统历史学的对接。早在20世纪30年代后期，罗伯特·默顿基于对科学技术历史的研究，出版《十七世纪英格兰的科学、技术与社会》一书，成为科学社会学的经典；20世纪60年代初，托马斯·库恩发表《科学革命的结构》，基于对哥白尼革命的精深研究，提出科学研究范式概念，开创了所谓科学哲学研究中的历史主义传统；历史学家巴特菲尔德则在批评科学史研究中的“辉格史学”倾向后写出《近代科学的起源》一书，又被批评为一部更具典型性的“辉格史学”著作；20世纪80年代，I.B.科恩发表《科学革命史》，把历史上发生过的20余次科学革命放置在社会历史背景中加以逐一考察。

20世纪70年代是科学技术历史研究的丰收季节，吉利斯皮主编出版的16卷巨著《科学家传记辞典》出版。这部辞典动员全世界几乎所有的科学史家，以人名条目形式总结了3000年人类文明史中几乎所有重要的科学家的生平和科学技术贡献；辛格主编出版了几乎相同篇幅的逴逴巨著《技术史》。70年代，世界上几乎所有重要的大学都设有科学史系，培养了大量学识际跨科学技术和人文社科的“两栖”学者。

（三）我国科技史研究

我国科学技术历史研究起步于抗日战争时期的大后方。当时一些留学归国的科学家如钱临照等人开展对《墨经》等古代典籍的研究，并影响了李约瑟等一些西方学者走上研究中国古代科学技术史研究之路。20世纪50年代，在竺可桢建议下，当时中科院哲学与社会科学研究所中设置有中国古代科学技术历史研究室，开展对我国古代天文学、数学、农学和技术历史的研究。80年代初，该研究室从新成立的中国社会科学院中分离出来，成为中国科学院的一家研究所，形成我国科学技术历史研究的“国家队”。其后不久，上海交通大学、中国科学技术大学、内蒙古师范大学、西北大学等院校先后成立科学史系或系及专业研究机构，国务院学位办将科学技术历史学科设置为国家一级学科，各研究机构和大学陆续系统地培养了一批拥有理学硕士或博士学位的科学史家。

（执笔人：王克迪、赵建军、李建华、蔡德聪、付立、于晓非）

中国哲学学科前沿报告

中外哲学教研室课题组

近年来，中国哲学研究主要关注点有：中国哲学的合法性问题、中国哲学的方法论问题、儒道佛哲学问题、中西马比较视野下的中国哲学研究问题、国学争论及体系化研究、出土新材料与哲学史文献研究等几个重点领域。

一、中国哲学研究的合法性问题

近年来，中国哲学研究呈现出多元发展的态势，这一方面促进了中国哲学研究的深入和拓展，另一方面也使中国哲学研究面临新的困惑和挑战。其中，关于“中国哲学的合法性”问题的争论仍然是目前中国哲学界学者关注的焦点之一。“中国哲学”作为一个学科概念而存在，已有近百年的历史了。我们今天之所以还要讨论中国有无“哲学”或什么是“中国哲学”这样的大问题，这表明“中国哲学的合法性”问题从来就没有得到很好的解决，同时这也是文化弱势民族面对西方强势话语不得不思考的共同话题。其实，这个问题自胡适、冯友兰建立“中国哲学”这一学科以来就一直存在，近年来之所以引起格外关注和凸显，反映了在全球化背景下，中国哲学力图走出狭隘的文化民族主义与西方文化普遍主义二元对立的理论态势，标志着中国哲学研究自我反思的进一步深入。

中国哲学史学会会长、清华大学国学院院长陈来教授认为：“西方哲学界长期以来拒绝把中国哲学作为哲学，只是作为思想、宗教来研究，正是因为认定中国哲学中没有讨论西方哲学中的问题，或没有以西方的方式来讨论。以西方哲学的问题为哲学的问题，或把哲学只理解为论证之学，而判定非西方文化是否有哲学，实质上是西方文化中心主义的表现。中国的义理之学即是中国哲学，虽然其范围与西方哲学有所不同，其问题亦与西方哲学有所不同，这不仅不妨碍其为中国的哲学，恰恰体现了哲学是共相和殊相的统一。非西方的哲学家的重要工作之一，就是发展起一种广义的哲学观念，在世界范围内推广，解构在哲学这一概念理解上的西方中心立场，才能真正促进跨文化的哲学对话，发展21世纪的人类哲学智慧。”①

---

①　陈来：《中国哲学三十年的回顾（1978—2007）》，《天津社会科学》2008年第1期。

二、中国哲学方法论研究

2009年7月11日，著名哲学家、中国哲学史学会名誉会长任继愈教授因病逝世。大家在缅怀任老之时，对他的治学方法和态度进行了总结。任老坚持马克思主义的立场、观点和方法研究中国哲学，提倡沉潜笃实的学风，敢于坚持真理、修正错误，曾被毛主席评价为“凤毛麟角、人才难得”，赢得了哲学界同仁的敬仰和爱戴①。

武汉大学郭齐勇教授在《中国哲学史方法论问题》一文中，总结了著名哲学家萧箑父（1924—2008）在中国哲学方法论问题上的贡献，“萧先生由哲学史方法论问题的咀嚼，提出了哲学史的纯化与泛化的有张力的统一观（纯化是把哲学问题提炼出来，泛化是还原到思想史、学术史、文化史或某个部类中去），努力改变五四以降中国哲学依傍、移植、临摹西方哲学或以西方哲学的某家某派理论与方法对中国哲学的史料任意地简单比附、削足适履的状况。”

中国哲学史界近年来的方法学讨论，最值得重视的是成中英先生的本体诠释学，汤一介先生的中国解释学，黄俊杰先生以孟子诠释为中心的经典诠释学与东亚经典的诠释学，李明辉先生的康德与儒学的互释，刘笑敢先生的“反向格义”说，还有借现象学解释的路子，如张祥龙教授与陈少明教授等所做的工作。成中英先生认为，西方古典的形上学是寻找本体的诠释，而他所探讨的中国诠释学是基于本体的诠释。他要重新建构中国诠释学视域下的本体论。黄俊杰先生把两千年来《孟子》的诠释历史加以分析与提炼，总结中国诠释的方法学及时代所附加在《孟子》诠释上的一些内容，使经典与文本得以新的敞开。此外，日本、朝鲜半岛、越南学者对于四书、儒学也有自己不同的诠释，并在此方面做出了积极的贡献。汤一介先生总结了中国古代经典诠释的三种路向：一是“历史事件的解释”；二是“整体性的哲学解释”；三是“社会政治运作型的解释”。这些都是值得我们讨论的一些问题，都可以丰富我们的哲学史研究。伽达默尔101岁时告诫中国学者，不应忽视对自己本民族及文化传统中丰富的具有特色的解释学思想的分析与提炼，它也可以给西方提供某种借鉴与启示。我们有自己的解释学传统，我们的经学、子学、佛学、理学中都有自身的解释学传统②。

香港中文大学刘笑敢教授的新著《诠释与定向——中国哲学研究方法之探究》（商务印书馆2009年版）是中国哲学方法论研究领域的最新创获。该书以中国哲学承载的“学术研究”、“民族精神”、“生命关切”三种身份为反思起点，主张

---

① 《中国哲学史》编辑部：《沉痛悼念任继愈先生》，《中国哲学史》2009年第3期。

② 郭齐勇：《中国哲学史方法论问题》，武汉大学哲学院网站。

中国哲学要想作为一个现代学科真正确立起来，必须在三种身份之间做出区分，不因价值信仰及民族情感的因素降低学术研究的理性思考，并以具体个案形式探讨中国哲学诠释传统和中国哲学研究方法。对于20世纪以来中国哲学的基本研究模式或者书写方式，刘笑敢教授称之为“反向格义”。他认为，中国历史上传统的“格义”是“以固有的、大家熟知的文化经典中的概念解释尚未普及的外来文化的基本概念的一种权宜之计”，而现代的“中国哲学”则是“要‘自觉地’以西方哲学的概念体系以及理论框架来研究中国本土的经典和思想”。正是这种方向的“相反”，使得刘笑敢教授将“自觉以西方哲学概念和术语来研究、诠释中国哲学的方法”称之为“反向格义”。该书对于子学研究的理论方法及道家、儒家研究的思路，也有启发意义。孙中原教授《墨家研究的长期性：纪念沈有鼎诞辰百年》借鉴库恩的科学范式转换论、希尔伯特的理论研究分层论和傅伟勋的创造性诠释学观点与方法，充分论证了沈有鼎墨学逻辑研究的突出成就，指出中国逻辑界的《墨经》校诂，还远未走出傅伟勋说的前两种诠释境界即“实谓”和“意谓”。即使在“实谓”和“意谓”的诠释境界，中国逻辑界的成果，也远未达至理想，臻于完满，形成共识，更遑论傅伟勋说的后三种诠释境界“蕴谓”、“当谓”和“创谓”了。而这后三种诠释境界，才真是墨家逻辑创新与转型的理想化、完善化研究。这些理性的方法论反思，对于提升子学研究的创新性，当不无裨益。①

在2009年“多元价值审视下的中国哲学”学术研讨会上，有几位教授就中国哲学方法论研究谈了自己的看法。安徽大学哲学系史向前教授的论文指出，“了解之同情”是陈寅恪先生对冯友兰《中国哲学史》著作的一个总评，这应该成为中国哲学史研究者所当有的一种基本态度和方法。史教授并分析了这句话的具体含义，认为它包含有三层意思：具有艺术家的眼光及精神、与立说之古人处于同一境界和对古人持论之苦心表一种同情。武汉大学哲学系田文军教授通过对张岱年先生关于中国哲学问题史的研究的考察与分析，强调了“问题意识”和“方法意识”对于中国哲学研究的重要性，特别强调了“分析方法”的重要性。深圳大学哲学系王兴国教授认为，中国哲学研究应努力做到“推陈出新”，不能只有学术史、思想史的研究。他并且强调了马克思主义、自由主义和守成主义之间开展平等的学术对话的必要性，还认为应该提倡“跨文化研究”，并提出了“中国哲学展开的立体网络式进路”的研究设想。苏州大学哲学系周可真教授在为“多元价值审视下的中国哲学”学术研讨会作最后学术总评时，指出中国哲学研究有两种基本路向：一种是把中国哲学本质地理解为“史”（思想史、学术史）

---

① 孙中原：《墨家研究的长期性：纪念沈有鼎诞辰百年》，《中州学刊》2009年第1期。

而走向思想史研究、学术史研究之路；另一种是把中国哲学本质地理解为“论”（理论、哲学）而走向理论研究、哲学研究之路。周教授认为，中国哲学还需要从现当代的科学（包括自然科学、社会科学和人文科学）中吸取足够的“营养”。

三、中、西、马比较视野下的中国哲学研究

中国社会科学院方克立教授在《关于马克思主义与儒学关系的三点看法》一文中，指出，“当代中国马克思主义已经从理论和实践上找到了一条解决马克思主义与儒学关系问题的正确途径，不论是中国特色社会主义理论体系还是社会主义核心价值体系，都从包括儒学在内的中国传统文化中吸取了不少思想资源。不过有一个重要前提，就是必须坚持以马克思主义为指导。马克思主义与儒学的关系是主导意识与支援意识的关系。”2010 年 3 月 26 日，在北京大学中国文化发展研究中心成立大会上，方教授进一步阐述了他的“马魂中体西用”论，坚持用马克思主义活的灵魂为指导，以有容乃大的中国文化为主体，积极借鉴西方文化的优秀成果，这样才能真正复兴中华文化，推进中国哲学研究。

在对中共中央党校哲学部主办的“2008·马克思主义与儒学高层论坛”的会议评述中，王杰教授在谈到马克思主义中国化与儒学的关系时，指出，“从马克思主义哲学在中国的传播和发展的历史看，马克思主义哲学与中国传统哲学的联系，实际上是通过两条途径来建立的：一条途径，是通过中国传统哲学有形与无形的熏陶影响，自然建立起这种联系；另一条途径，是通过对中国哲学史或中国思想史的反思，探寻马克思主义哲学与中国传统哲学相结合的不同形态，自觉建立起这种联系。”①

郭齐勇教授在《中国儒学之精神》的自序中，指出中、西、马，诸子百家，儒、释、道，耶教、回教、印度教等，各著精彩，各有其长，都是人类走上现代化的重要思想与文化资源，都可以作创造性转化与综合，取长补短，交流互动，以为当今中国和世界之用。而以当代开放的儒家的立场视之，以他者的视域，更能发现自我的精粹与缺弱，故儒家欢迎各种批评，并善于借镜各家的成败得失。他在《中国哲学史方法论问题》中亦指出，“中国哲学”学科的完善与发展，仍然离不开中外哲学的多方面的更加广泛深入的交流、对话与沟通。今天，我们的解释学处境是在中外古今之间，故针对“以西释中”回到所谓“以中释中”，是不妥当的，其实“中”、“西”都是流动的、变化着的。通过对近十几年来中国经典诠释的方法学及专家们所提出的各种问题进行讨论、解读，可以引发我们对中

① 王杰：《马克思主义与儒学高层论坛评述》，http：//blog. sina. com. cn/s/blog _ 4a0b39620100dwze. html.

国哲学方法学的新思考。①

四、儒、道、佛家哲学研究

（一）儒家经学的现代价值

在梁涛、姜广辉、余敦康先生对儒家经学的历史作用——中华民族核心价值观的讨论中，姜广辉教授认为，经学在中国传承两千年，其内在的原因在于经学构成中国人的核心价值观。余敦康先生认为，经学是中国文化的源头，历史、哲学、文学，包括唐诗宋词，所有这些，都是从经学这个源头出来的，有了这个源头才有了源远流长的中国文化。梁涛教授认为，所谓"经是常道"，固然一方面是说经中包含了某些永恒、普遍的核心价值，对今天仍有启迪意义，同时也说明经是可以被不断诠释、不断丰富的，所以它是"常道"。任何一个伟大的民族都会有自己的经典，经典是与该民族伴随始终的。但不同的时代，经典承担着不同的文化使命，有不同的解读方式。所以，经典要被一个民族认同，被一个社会认同，要再经过一个重新理解、转化的过程。②

（二）研究重点和成果

《光明日报》刊发的《多样化的推进——"年度国学 2009"经学报告》一文认为，由于学者对待经学的态度明显转变，近年来经学研究成果丰硕，在专经研究和一些重要经学问题的研究上取得了新进展，特别是对《论语》史和《论语》解经方面的研究成为学界关注的热点。"第一，在文献学的背景中，对经部文献进行整理；第二，从思想史的角度，对经部著作、注经大师进行思想史的解读；第三，从解释史的角度，对十三经的注、疏，尤其是宋明理学家的经学注疏进行再解释；第四，从史学的角度，对经学发展的学术史，以及经学与政治制度互动的历史进行研究；第五，从文字学与思想史的角度，对新出土文献进行解释与辨析。"③

北京大学汤一介先生《儒学十论及外五篇》（北京大学出版社 2009 年版），在阐述儒家"天人合一"、"知行合一"、"和而不同"、"内圣外王"等重要观念之时，专列一章"论'儒学复兴'"，从方法论上强调考察儒学复兴必须有"问题意识"，进而在天人、人际、身心三个层面阐释了儒学复兴的必要性。北京联合大学台湾研究院主编的《儒学与海峡两岸文化根基》（台海出版社 2009 年版），则以具体实例揭示了儒学对于当前两岸文化交流、巩固民族认同的现实功能。白彤东教授《旧

① 郭齐勇：《中国哲学史方法论问题》，武汉大学哲学院网站。

② 魏寅：《儒家经学的历史作用——中华民族核心价值观》，《中华读书报》2009 年 3 月 4 日。

③ 陈壁生：《多样化的推进——〈年度国学报告 2009〉之经学报告》，《光明日报》2001 年 1 月 18 日。

邦新命：古今中西参照下的古典儒家政治哲学》（北京大学出版社 2009 年版），则力图从正面建构儒家思想的政治价值，在逻辑上论证了先秦儒家不仅与西方的自由、法治、民主、人权等主流价值相兼容，而且指出先秦儒家在回答西方哲学的挑战的同时还具有自身的独到之处，认为儒家的精英政治克服了西方自由主义者没有处理的现代民主的所谓“第六事实”（无知或不知情的群众无法胜任投票），从而主张儒家思想在制度设计上仍有生命力。

2009 年 12 月 18 日上午，由中共中央党校哲学教研部、中共中央党校社会发展研究中心、中国马克思主义研究基金会联合主办的“哲学与社会发展论坛(2009)”在中共中央党校举行。在会上，清华大学陈来教授发言指出，儒家文化是中国传统文化的主体和核心，对于我们民族心理、民族性格、民族精神的形成和发展产生了极其深远的影响。儒家文化博大精深，其中蕴含着丰富的人文精神。今天，我们重新研究学习这些精神，剔除其糟粕，吸收其精华，对于建设社会主义核心价值体系来说具有重要的现实意义。中央党校王杰教授认为，中国儒家文化中那种主张“以义制利”、“见利思义”、“义以为上”的道德价值优先的观点完全有可能成为人类构建共同价值观、公共道德准则的基础。在重视道德修养问题上，中国儒家文化与中国共产党的主张丝毫不矛盾，无论是中国共产党，还是儒家思想，都把道德修养摆在了极其重要的位置。

道家是中国古代重要学派，道家哲学研究是中国哲学研究中的一大热点。近些年来，理论界对道家研究非常重视，出版了不少专著和相当数量的论文，但一些关键问题始终没有解决。例如，理论界公认的道家的创始人是老子，但老子其人是谁，却至今还扑朔迷离，又如道家的思想核心是“道”还是“德”，亦不清楚。有些学者提出，作为对当代儒学复兴思潮的回应，应该重视新道家学说的建构。在提交 2009 年“多元价值审视下的中国哲学”学术研讨会的论文中，北京大学许抗生教授、湖南科技大学哲学系张晚林副教授提出了新见。许教授在他的论文中指出，要把当代新道家思想说清楚，关键在于说清楚自然是当代新道家的宗旨和目的，即要克服工业文明对人性的扭曲，求得人类可持续发展，达到人的全面而自由的发展，为此，在建构新道家理论过程中，应当探讨五个方面的问题：新道家的道论——这是其理论基础；德论（即人性论）；伦理价值学说；修养论与境界论；社会国家管理学说。张晚林副教授的论文评析了属于汉代道家系统的哲学家王充的“宣汉”思想，认为王充以“疾虚妄”的精神，从常识和经验层面上的“宣汉”，是反对儒家称美“三代”的传统，有其积极意义，但因其“宣汉”是据于“事”而非据于“理”，故而开不出新的王道理想。

另外，2009 年华夏出版社隆重推出王蒙的《老子的帮助》一书，也值得一提。此书对老子“无为”哲学思想作了深入的阐发，被学界誉为是给“有为”的当代人的精神困顿提供了一剂清醒解药。此外，2009 年华夏出版社还推出了重新整理的线装本《中华道藏》巨著，达 49 函 290 余册，为学术界研究道家和道教思想提供了极大的方便。

围绕佛家哲学精华及对中国哲学的影响这个主题，中国佛教哲学研究进一步向纵深展开。中国人民大学方立天教授在《中国佛学思想精华与当代世界文明建设》中，对中国佛学的思想特质和精神进行了分析，指出，“同中国传统儒家与道教的比较，乃至于同印度佛教的比较，我们可以看出中国佛学思想的特质、精神是重自力、重解脱、重入世。”并认为“哲学是时代精神的精华，而佛教是极富哲学思想的教派。我们要确定中国佛学思想的精华，需要有一个标准，这个标准就是：有助于人格完善、社会和谐、人与自然的协调，有助于当代世界文明建设。按照这个标准，我们可以确定中国佛学精华之要点有：缘起因果，求智修善，平等慈悲，中道圆融。”① 北京大学楼宇烈教授深入分析了佛教对中国哲学的影响，他强调“研究中国近代哲学如果只注意到西学的影响，而忽视佛学的影响，那是不可能深入了解和把握近代中国哲学的全貌及其特征的。”②

上海师范大学哲学系李申教授、苏州大学哲学系潘桂明教授和湖南省社会科学院哲学所徐孙铭研究员都是中国佛教哲学研究领域的知名学者，他们在提交 2009 年“多元价值审视下的中国哲学”学术研讨会的论文中提出了新见。李教授的论文指出，佛有一个从现实的人神转变为精灵神的演化过程，在佛演化为精灵神后，这个法身，佛性，是普遍存在于任何灵魂中的，故成佛并非是灵魂成佛。李教授强调，佛作为精灵神与灵魂是两个不同概念，应加分别，不可混淆。潘教授的论文认为，佛教曹洞禅的“偏正回互”之说是以石头希迁禅师的《参同契》为哲学背景的，并对《参同契》有所发挥，同时对华严理事关系学说有所吸纳，从《参同契》到“偏正回互”之说，石头系统的禅，其实都比较注重哲理思考，且在强调“体用一源”上同理学思维方式有一致性。徐孙铭先生指出了研究佛教哲学应当正确处理的几种关系：一要处理好宗教与科学、信仰主义与理性主义的关系；二要处理好客观描述与价值判断的关系；三要处理好佛学与学佛的关系。

此外，郭齐勇教授的《中国儒学之精神》、詹石窗教授的《中国道学之精神》与洪修平教授的《中国佛学之精神》（均为复旦大学出版社 2009 年版），在探寻儒学、道学及佛学的基本精神、弘扬中国古代优秀文化方面，亦有深入研究与不俗见解。

（三）阳明学研究

2009 年召开了多个关于王阳明思想研究的会议。国际阳明学研究中心还发

① 方立天：《中国佛学思想精华与当代世界文明建设》，《中国民族报》2009 年 11 月 3 日。

② 楼宇烈：《佛学与中国近代哲学》，佛学研究网 2009 年 12 月 22 日。

布了“阳明学研究丛书”，包括董平教授的《王阳明的生活世界》、钱明教授的《浙中王学研究》、徐儒宗教授的《江右王学通论》、崔在穆教授的《东亚阳明学》等13本专著，受到了与会学者的一致好评。此外，值得一提的是国际阳明学研究中心在整理阳明学研究资料方面所作出的突出贡献。自1992年成立以来，该中心先后整理出版了《王阳明全集》(全二册)、《黄宗羲全集》(全十二册)、《刘宗周全集》(全三册)等古籍，并且出版了《阳明学研究资料丛刊》等众多阳明学研究资料，为阳明学的研究作出了突出的贡献。

杜维明先生认为“‘心学’时代可能已经来临……21世纪的人类不仅需要更好的衣食住行，但更需要对人的重新理解，诸如人的身心如何能够重新整合、个人与社会如何能够健康互动、人类与自然能不能够取得持久的和谐、人心与天道可不可以相辅相成等等。要解决这些问题，就需要宽广的视野，而阳明学具备了这种既广大又精微的人文精神，持此精神，我们可以和西方价值观平等的对话。”

陈来教授认为，王阳明是从“天地万物为一体”来说明人的“是非之心”，也就是我们的“良知”。又以这个“良知”为基础，来力求达到“天地万物为一体”，实现天下的“大治”。这样一来，晚年王阳明关于“良知”学的表达，直接从“良知”和“是非之心”推动了“外王”的效果。这与一般我们所了解的阳明学比较注重内在的功夫和主体的自觉有所不同。故而，我们可以说，晚年王阳明达到了一个“内圣外王”的“合一之道”，即圆融的境界。

一些专家指出，过去500年来，阳明学在构建中国、东亚的传统社会价值观及其近现代化进程中发挥着重要的作用，未来阳明学仍将对人类精神走向产生重大的影响。

(四)“儒家是宗教”的争论

1978年底，任继愈先生在中国无神论学会成立大会上公开提出了“儒家是宗教”的说法，从此在中国大陆学术界掀起了一场旷日持久的大争论。任继愈、何光沪、李申、郭齐勇、张立文等一批学者分别从神灵崇拜、社会功能、思维方式、组织仪式、政教合一等重要方面系统地论述了儒家的宗教特征（牟宗三先生则根据儒家承认道德本体，得出儒学是一种道德宗教的结论），遭到了包括冯友兰、张岱年、蔡尚思、季羡林、牟钟鉴、李国权、崔大华、姜广辉、成中英、鞠曦在内的一大批学者的反对。他们力辩儒学不是宗教主要基于儒学不具备一般宗教的特征这样一条理由。以季羡林教授的论证为例，季教授从三方面认定：儒者一般不信鬼神；儒学没有宗教组织和宗教仪式；儒学没有彼岸世界。其中张岱年先生的观点则前后发生过变化（他开始是反对“儒家是宗教”说的，但后来他从终极关怀着眼，认为儒学是以人道为主要内容的、以人为终极关怀对象的宗教）。余敦康先生说，儒家是不是宗教的争论，是个“意识形态问题”，是个“假问题”，和20世纪50年代后的

"唯物唯心"，70年代的"评法批儒"属于同一性质，没有争论的价值和必要。

我们知道，从制度化方面讲儒家是宗教，就容易把儒家视为某种已经瓦解、消亡的东西。所以自20世纪80年代初期始一些卫护儒家的学者（首先是冯友兰），都执着地反对把儒家定义为宗教。30多年过去了，今天人们争论的问题及其焦点居然没有实质性的改变。余敦康先生说争论的是假问题，就是和从制度化方面讲儒家是宗教的背景有关。

当然，儒家是教非教，决不仅仅是一个是非之争。就中国传统文化而言，也不仅仅是要辨明它是教非教，而是也牵涉到中国传统文化最根本的哲学问题，特别是中国哲学中的物质观、物质和精神的关系等等重大问题的认识。而中国哲学问题，又关系中西文化对比、或者说中国人如何认识西方文化、西方哲学的问题。在宗教学方面，什么是神，什么是教，以及西方学者所创立的万物有灵论等等理论，都应该参照中国的材料，重新审查，或者加以补充。所以直至今日，这场争论仍无收场之势，这是可以理解的（《孔子2000》网上的热烈争论恕不赘述）。

2009年3月，复旦大学中文系陈琦在国学网发表《先秦儒学是一种宗教信仰体系吗？——兼关于儒学五大概念的辨析》长文，认为根据对"天"的剖析，可知先秦儒学否认"天"的超自然存在，人敬天是出于对生的感激，"天"的观念没有超越性。先秦儒学对夏商原始宗教有概念上的沿袭，但在关键概念的内涵上与传统的原始宗教根本不同。先秦儒学是披着宗教外衣的人文主义学说，不是一种宗教信仰体系。

五、国学争论及体系化研究

关于国学户口问题的争论：追溯起来，点燃"第一炮"的，当属2009年5月，南开大学刘泽华教授在《历史教学（高校版）》发表《关于倡导国学几个问题的质疑》①。刘泽华主要提出了三方面的意见：其一，国学作为学问，与作为学科建设有区分，没必要建学科；其二，国学不要与现代的东西乱对应，搞"拉郎配"，搞"倒贴金"；其三，对传统文化的价值判断要有分寸，不宜过分夸张。2009年8月，《关于倡导国学几个问题的质疑》被《新华文摘》全文转载。

2009年12月7日，《光明日报》国学版发表了梁涛的文章《论国学研究的态度、立场与方法：评刘泽华先生王权主义的"国学观"》②。在这篇文章里，梁涛把刘泽华的观点概括为王权主义的"国学观"，直批刘泽华"片面"、"画地为

① 刘泽华：《关于倡导国学几个问题的质疑》，《历史教学（高校版）》2009年第10期。

② 梁涛：《论国学研究的态度、立场与方法：评刘泽华先生王权主义的"国学观"》，《光明日报》2009年12月7日。

牢”、缺乏“历史的态度”，“用‘文化大革命’中的感受去想象古代的王权，结果把古代社会说得一片漆黑，将传统文化彻底妖魔化。”①

在国学户口论战的同时，国学研究向纵深拓展。其中有中央党校任俊华教授和北京大学孙熙国教授主编的《华夏国学经典正宗文库》，不仅以丛书形式陆续出版形成整体性研究成果，而且还提出“倡导华夏新国学”的主张，指出“我们以‘华夏’命名国学是因为各国皆有各国之‘国学’。为便于国际交流，用‘华夏’限定后的‘国学’则专指中华之国学也。因‘华夏’国学比古之‘中国’学（即‘中原古国’之学）和今天之‘汉学’（即‘汉族之学’）的范围更广、内涵更丰富，包揽了当今中华56个民族的所有灿烂文化传统，所以用‘华夏’命名的国学，乃指‘大中华之国学’，即举凡赤县神州大地上所有民族之传统学问也。用‘新’来界定‘国学’，是因为我们研究国学的目的是为中华民族开创新的未来服务的，而不是仅仅为了通过品评国故、释读古籍来供国人自我欣赏、自我陶醉用的。如果当今研究传统国学仅仅是通过品评、欣赏国故来唤起国人的爱国心和自强心，以推广‘国粹’、‘复古’和‘守旧’主义，那是狭隘地甚至错误地理解了国学研究的深远意义。诚然，国学研究是要唤醒国人的爱国心和自强心，但决不是为了‘复古’，推广‘国粹’，更不是为‘守旧者’招魂！”②

六、出土新材料与哲学史文献研究

在新材料中，对湖南大学岳麓书院及清华大学分别收藏的两批流失海外的秦简和战国简的反映最突出。先是2009年6月15日，在清华大学“出土文献研究与保护中心”召开“清华简《保训》座谈会”③，此后《文物》又分别在第3期和第6期中发表陈松长《岳麓书院所藏秦简综述》及“清华大学出土文献研究与保护中心”《清华大学藏战国竹简〈保训〉释文》、李学勤《论清华简〈保训〉的几个问题》等文章，继而是《中国史研究》，以“新出土文献资料的整理与研究”专题的名义，分别约请从事其整理工作的专家撰文论述。其中论“清华简”者5篇，论“岳麓书院简”者5篇。此外，其他的史学专门刊物也对这批新发现的文献简表现出极大的关注，如《史林》第4期，便集中刊发了几篇研究“清华简”的论文。

清华简这批“来历不明”的先秦竹简因其中包含了《尚书》、《乐经》等经典文献而备受瞩目，将彻底改变国人的上古史观。这批清华简共有2388枚，至少

① 何书彬：《2009国学“户口”论战》，《时代教育》（先锋国家历史）2010年第1期。

② 任俊华、孙熙国：《〈华夏国学经典正宗文库〉序》，《湖南大学学报（社会科学版）》2008年第1期。

③ 刘国忠、陈颖飞：《清华简〈保训〉座谈会纪要》，《光明日报》2009年6月29日。

63篇文章，许多记载内容前所未见，史料价值“无法估量”。据悉，自2008年7月这批战国竹简入藏清华大学以来，于2010年3月启动了“清华简”的初步释读工作。它对我们重建上古史观，重新树立经典的价值和地位都至关重要，必将为百年来的疑古思潮拨乱反正，为重建中华文化的主体性地位，重建民族精神和价值体系，发挥无可估量的价值和作用。

在“清华简”整理小组成员已先后发表了五篇关于“保训”篇的研究文章，姜广辉先生认为仍不能对《保训》有一个通贯的了解。而其中有几篇文章对《保训》某些问题的解释和立论也颇有可商榷之处，并提出四点质疑；而对于《保训》篇内容本身则提出六点疑问，合称之为“《保训》十疑”发表在《光明日报》上。

在郭店竹简研究的国际交流方面，值得关注的是，中央党校哲学部侯才教授校订、注释和翻译的《竹简老子》一书，由德意志联邦共和国利特出版社（2008年）出版，并在德国、奥地利、瑞士、英国等国家同时发行。该书包括文本考订和难点注释，是作者对竹简本《老子》长期研究的结晶。这对于老子道学的研究以及中德文化的交流都是一个具有一定轰动性效应的事件，势必会激起欧洲青年一代对东方文化的强烈兴趣。①

另外，儒藏编纂工作也在按计划逐步推进。张立文先生主编的《海外儒藏》一书在编纂过程中。汤一介先生主编的《儒藏》编纂工作正在紧锣密鼓地进行。说到《儒藏》工程，汤一介先生有一种紧迫感：“一个国家、一个民族必须将文化接续下去，我国已有《佛藏》、《道藏》，现在做《儒藏》已经有些晚了，做《二十四史》的那批老先生都已经故去，老专家没剩下多少了，再过8年、10年几乎没有了，会出现人才断层。现在做《儒藏》带有抢救性质——抢救人，也抢救书，还要培养新的人才。”②

总体来看，中国哲学研究方兴未艾、时逢盛世。近年对它的回顾与反思、热点与融通，都体现了我们这个时代的精神面貌，呼应了社会现实的需要。当然，由于篇幅和笔者见识的局限，一些内容未能搜集和涉及，不能不说是很遗憾的事。但是有一点是确定无疑的，那就是随着我们国家和民族的复兴和崛起，中国哲学的研究也将会迎来更加辉煌与繁荣的明天。

（执笔人：任俊华）

① 侯才：《〈竹简老子〉在德国出版》，《学习时报》2008年5月5日。

② 汤一介：《自由是一种创造力》，《文汇报》2009年12月7日。

西方哲学学科前沿报告

中外哲学教研室课题组

当代西方哲学研究在形而上学、认识论、语言哲学、心灵哲学、科学哲学、道德哲学、政治哲学、宗教哲学、历史哲学、逻辑哲学等分支领域均有所发展。当代西方形而上学的主要问题包括实在论与反实在论、实体与属性、一般与个别、人格同一性、因果关系、心物关系、自由意志与决定论等相关问题。当代西方认识论研究非常活跃，主要表现为认知内在主义与外在主义之争、认知基础主义的回潮、有关认知怀疑论的新争论、认知无限辨明论、认知语境主义和德性知识论等方面。当代西方心灵哲学研究主要聚焦于心身问题、还原物理主义与非还原物理主义之争、心的内容、心的因果关系、意识的性质等问题。当代西方科学哲学研究主要集中在科学发现、科学检验、科学说明、科学进步等问题。

鉴于当代西方哲学研究分支众多，涉及的问题极为广泛，我们这里不可能对各个分支领域的研究现状和前沿问题一一进行述评，仅打算就与我们党校西方哲学教学和学科建设关系最为密切的道德哲学和政治哲学领域进行较为深入评介。当代西方道德哲学和政治哲学，特别是英美的道德哲学和政治哲学，大致在两个方向上展开：一方面，哲学家们要为现存的道德和政治秩序提供解释，做出辩护；另一方面，哲学家们要探讨改善现存秩序的可能性，要为人们的政治和道德观念的演化指出新的方向。

这两方面的研究都是规范性的研究，都要回答“我们的道德和政治秩序究竟应当如何安排才算合理”这个问题。这种追问把政治哲学与政治学、经济学这样的经验学科区分开来，把伦理学和社会学、人类学等学科区分开来。对于当代政治哲学和伦理学来说，这种区分具有根本性的意义，而它的缘起，在很大程度上要追溯到罗尔斯（John Rawls）的《正义论》。虽然在罗尔斯之前，20世纪也产生了像波普尔（Karl Popper）、哈耶克（F. Hayek）、柏林（I. Berlin）、施特劳斯（Leo Strauss）这样的政治哲学家，但是英美哲学界真正开始政治哲学和伦理学方面的广泛研究，是在1971年该书出版之后。在此之前，英美哲学界以实证主义为主流，认为所有关于“应当如何”的命题，都是无法得到客观论证的，都只是情感和愿望的简单表达而已。罗尔斯在方法论上突破了这种事实/价值（实然/应然）二分法。罗尔斯让我们想象一种“原初的状态”，在其中我们个人的主观特性都被一个“无知之幕”给遮住了，我们只能从一个理性人的抽象角度，来选择我们将要生活于其中的那个社会的基本的制度、基本的原则。这个时候，对于“道德和政治秩序应当如何安排”这个问题的回答，就不再那么具有主观性了。在这种情境中，每个有理性的人都会选择同样的正义原则。这种思路，与哈贝马斯（J. Habermas）的以“主体间性”为基础的客观性概念，可以说是不谋而合、异曲同工。

当代英美政治哲学和伦理学方面的研究，既得益于这种新的客观性概念，同时也受制于它。上述客观性概念虽然正确地批判了传统的基于反映论和实证论的客观性概念，但是在这种批判之后，新的客观性实际上是建立在参与对话各方的共识这个基础之上的。比如，虽然“原初状态”看起来像是一个非常客观、非常理性的论证途径，似乎所有理性的人都会在“原初状态”中选择同样的政治和道德原则，但是，这样的客观性之所以能够实现，是因为罗尔斯对“原初状态”的设定，本来就依赖于一些当代美国社会的主流的道德和政治理想。广义地说，这个共识就是自由主义传统。当代英美的政治哲学和伦理学研究，可以说全都是在自由主义传统内部作论证，其有效性也都完全依赖于自由主义传统本身的有效性。概而言之，这种研究一方面着力于澄清自由主义传统的内涵，澄清它在制度方面的各种要求，另一方面则着力于阐发这种传统的逻辑结论，提出各种意在将自由主义理想进一步深化和制度化的可能性。

在这种背景下，当代英美哲学界在政治哲学和伦理学方面的各种争论，实际上都是自由主义传统内部的争论，其分歧皆源于对自由主义传统的不同理解。比如自由主义与社群主义之间的争论，作为当代英美政治哲学中最为显眼的分歧，实际上只是起因于争论双方对自由主义的哲学基础持有不同的看法：前者更倾向于认为，自由归根到底是作为理性主体的个人的自由，而后者则强调，共同体的意识和身份才是个人自由的基础。其他如古典自由主义（Hayek，Nozick）与新自由主义（Rawls）之争，功利主义与社会契约论之争，世界主义（cosmopolitanism）与国家主义（statism）之争等等，也都是自由主义家族内部的争论。20世纪后半叶在英美哲学界得到较大发展的其他一些理论，像女性主义、文化多元主义、公议民主（deliberative democracy）、公民共和主义（civic republicanism）、美德伦理学、康德伦理学等等，也都是在新的时代条件下对自由主义的辩护、反思和进一步发挥。当我们看到道德实在论、道德自然主义、道德相对主义、道德情感主义这些概念的时候，我们切不可将英美伦理学界的这种多元景象看成是“哲学已经分崩离析”的证据，或者误以为我们已经进入一个“后自由主义”的时代了。

自由主义

当代英美政治哲学的很多话题，仍然围绕着对罗尔斯的研究而展开。出版于

2007年的罗尔斯《政治哲学史讲演录》，相信会为这类研究提供新的素材和动力。[①]该书比较全面地体现了罗尔斯生前对近代政治哲学史的研究，从中我们可以看到罗尔斯对霍布斯、洛克、卢梭、密尔、马克思等人的独到解释，也可以看到罗尔斯对他本人的一些重要观点的澄清。比如，在讨论卢梭的时候，罗尔斯特别地关注“虚荣心”（amour propre）这个概念，并认为如果没有虚荣心所带来的政体对公民的吸引力的话，卢梭的以“公意”（general will）为基础的民主理论将会因为缺乏道德心理支撑而显得极不现实[②]。不管这种解释是否符合卢梭的原意，它至少透露了一个关于罗尔斯哲学的重要信息，即罗尔斯的道德心理学不仅强调理性，也重视情感。

因此，在“约翰·罗尔斯：在两种启蒙之间”这篇文章中[③]，Michael Frazer认为，罗尔斯同时继承了理性主义启蒙传统和情感主义启蒙传统。Frazer分辨出了两种启蒙主题，即以康德为代表的理性主义启蒙和以卢梭、休谟、斯密为代表的情感主义启蒙。前者将一个政治体的自治理解为每个人的理性自治，而后者则将启蒙运动中的自治理想理解为政治共同体成员之间的情感上的友爱和联合。罗尔斯表面上好像把宪政民主制度中的每个公民都看作是理性的个人主义者，但实际上这些个人非常在乎他们自己在别人眼中的角色，非常在意别人的道德和政治观点，也非常尊重其他公民作为自由和平等的个人的身份。这种情感主义的道德心理学，是罗尔斯的“合理性”（reasonableness）这个概念背后的真正支柱。

“合理性”这个概念不仅可以被用来作为政治秩序的心里支撑，也可以被用来作为伦理秩序的基础。这个拓展工作是由斯坎伦（Thomas M. Scanlon）完成的[④]。斯坎伦把政治哲学中的社会契约论（contractarianism）发展成一种伦理学的契约论（contractualism），其办法就是将道德的人不仅看作是理性的(rational)人，而且看作是合理性的（reasonable）人（或者“通情达理的人”）。每个人在道德上都希望别人能够出于道德的理由而接受自己，或者至少没有什么道德的理由来反对自己。斯坎伦因此这样来定义道德问题上的客观性：一种行为在道德上是错误的，当且仅当我不能在别人面前以别人不能合情合理地加以拒

① John Rawls, *Lectures on the History of Political Philosophy*, edited by Samuel Freeman, Harvard University Press, 2007.

② Ibid., “Lectures on Rousseau”. 另外参见 Colin Bird 对该书的评论，*Ethics*, Vol. 117, No. 3 (July 2007), pp. 784—790.

③ Michael L. Frazer, “John Rawls: between Two Enlightenments”, *Political Theory*, Vol. 35, No. 6 (December 2007), pp. 756—780.

④ T. M. Scanlon, *What We Owe To Each Other*, Harvard University Press, 1998.

绝的理由而为这种行为作出辩护。这种伦理学上的契约论，近年来引起了学界很多的关注。2007年《政治学、哲学与经济学》杂志就出了一期专刊，讨论斯坎伦的伦理学。其中 Eric Mack 的一篇文章试图建立这种道德契约论与自然权利理论的关系，而 Samuel Freeman 的一篇文章则认为，斯坎伦和后期罗尔斯一样，都通过“公开性”（publicity）这个概念来为公共的认同和公共的辩护提供基础。①

强调公共辩护对于政治秩序和道德秩序的合法性的根本意义，这种倾向是当代自由主义思想相对于古典自由主义思想的一个新发展。古典自由主义所理解的合法性，是每个人作为单个的人的“理性”认同；当代自由主义虽然没有放弃个人权利和自由的原则，但它对个人的理解，更多地是从个人与他人、与社会的关系出发的②。换言之，当代自由主义的合法性概念，更多的是一个关于“公共理性”（public reason）的概念；合法性意味着每个社会成员能够从一个“公共理性”的角度出发来认同现有的道德和政治秩序。这样，“个人”这个概念被拓宽了；即便是每个人的自由意志，也往往带有社会化的烙印③。同时，“社会”这个概念也被拓宽了，因为社会仅仅为个人的自由和权利提供保护是不够的，它还需要不断满足社会成员从公共理性角度提出的新要求，特别是平等方面的要求④。在英美当代的现实政治和道德状况下，这种新的合法性概念既有保守的一面，也有激进的一面。说它保守，是因为当代英美社会确实具有价值观方面的广泛共识，特别是关于个人自由和民主制度方面的共识。这种共识可以被看作是现有政治和道德秩序的合法性见证。说它激进，则是因为“公共理性”本身是一个开放的概念，一旦我们让所有的社会成员都参与到“公共理性”的对话之中，则无论是关于个人的自由程度还是关于制度的民主程度，都还有非常大的发展空间。

---

① Eric Mack，“Scanlon as Natural Rights Theorist”；Samuel Freeman，“The Burdens of Public Justification：Constructivism，Contractualism，and Publicity”，in *Politics*，*Philosophy*，*Economics*，Vol. 6，No. 5（2007）.

② 参见 Joseph Lewandowski & Gregory Streich，“Democratizing Social Capital：In Pursuit of Liberal Egalitarianism”，*Journal of Social Philosophy*，Vol. 38，No. 4（Winter 2007），pp. 588—604.

③ 参见 Edwina Barvosa—Carter，“Mestiza Autonomy as Rational Autonomy：Ambivalence and the Social Character of Free Will”，*The Journal of Political Philosophy*，Vol. 15，No. 1，2007，pp. 1—21.

④ 部分地因为罗尔斯的倡导（特别是通过他的“差异原则”），平等主义成了当代政治哲学和伦理学中的一个非常热门的研究课题；当代的平等概念已经远远超出“平等的个人权利”、“平等的公民身份”这样的话题了。参见 Nils Holtug & Kasper Lippert-Rasmussen ed.，*Egalitarianism*：*New Essays on the Nature and Value of Equality*，Oxford University Press，2007.

具体地说，在自由问题上，近年来比较有影响的进展，是对共和主义自由观的重新发掘。共和主义从专制的反面来理解自由，把自由首先看作是限制专制的手段。比如“免于恐惧的自由”这个概念，就把自由理解为“不因为实际的和可能的外来干预而恐惧”，而要实现这种自由，我们就需要通过制度建设来尽量减少对个人的可能的干预和强制①。应该说，这个概念所体现的对自由的理想，在任何一个现实的政治体中都还远没有实现。而在民主问题上，近年来的哲学研究比较重视“公议民主”这个概念。由罗尔斯和哈贝马斯的理论引申出来的这个概念，一方面对公民参与民主政治的态度和素养提出了更高的要求，而另一方面也对现实的民主制度提出了批评的意见和改进的建议。根据这个概念，每个民主社会的公民都应该从公共利益的角度出发来表达自己的政治意愿，而不能仅仅将个人利益的观点通过民主的程序强加给别人。同时，民主作为一种制度安排，也不能仅仅满足于定期的公开选举。要实现公共的利益和每个公民的合法权益，仅仅赋予每个公民以定期的投票权是不够的。我们还需要更多的制度上的创新，以保障公民对政治和社会事务的更为积极的参与②。如何实现这种理想，恐怕还需要我们不断地探索民主制度的新形式。

民主理论

经过几百年的演进，西方社会在民主制度建设方面已经比较健全，西方人对民主的信心和理解也比较牢靠。不过，在西方政治哲学界，民主理论仍然是一个热门话题。西方哲学家们所关心的，不是民主制度和民主观念是否合理、是否经得住时间的考验。对于他们来说，民主理论需要探讨的，是这样一些问题：民主的合理性基础究竟是什么？民主原则在现代政治生活中为什么具有权威性？民主的内涵需要我们对现有制度和观念做怎样的改进？民主原则在具体的应用中有没有限度？

克里斯蒂阿诺（Thomas Christiano）长期以来致力于民主理论的研究，他的新著，《“平等”的构成：民主的权威及其限度》③，将对上述问题的讨论提到了一个新高潮。他认为，很多对民主的反对和误解，都起因于我们还不大明白民

① Robert Goodin and Frank Jackson, “Freedom From Fear”, *Philosophy and Public Affairs*, Vol. 35, No. 3 (July 2007).

② 参见 Andrew Knops, “Debate: Agonism as Deliberation—on Mouffe's Theory of Democracy”, *The Journal of Political Philosophy*, Vol. 15, No. 1 (January 2007).

③ Thomas Christiano, *The Constitution of Equality: The Democratic Authority and its Limits*, Oxford: Oxford University Press, 2008. 该书的正题显然模仿哈耶克发表于1960年的名著《“自由”的构成》（又译《自由宪章》或者《自由秩序原理》）：*The Constitution of Liberty*.

主的合理性基础。作为一种决策程序和制度建构原则，民主之所以合理、之所以具有广泛公认的权威性，就是因为它集中体现着“公开的平等”（public equality）：在涉及公共事务的时候，每个人都有平等的发言权，每个人的利益和观点都应该得到平等的尊重，每个人都有平等的尊严。这种公开的平等，既不会导致多数人的暴政，也不会否认专家在决策中的合理作用。相反，“平等”是自由的基础，是人们的政治权利和个人权利的基础，也是民主制度和民主观念的最深层次的道德基础。这个基础同时也为民主的权威性设定了界限：当民主的制度和原则有可能损害某些人的平等权利的时候，“平等”作为一个更深层次的原则就应该反过来限制民主。

克里斯蒂阿诺的理论，有助于我们深化对民主、自由、平等这些现代核心概念的理解，有助于弥合民主和自由、自由和平等之间的可能裂痕和冲突，对民主理论的深化做出了有意义的尝试①。

近年来民主理论的另一个发展维度，是民主在外国的生长问题以及民主在国际组织和机构中的推广问题。关于在国外推广民主，美国布什政府在阿富汗和伊拉克的军事行动和政治建设，为政治学家和哲学家们提供了很好的研究素材。哲学界的主流观点，反对这种以武力“推广”民主的政策。这方面最典型的、最有影响力的代表，是罗尔斯。尽管罗尔斯在“9·11”以后没有发表过正式观点，此后不久又去世了，但他反对武力“推广”民主的观点是一贯的，而且这种观点也得到了哲学界的广泛认可。武力干预或许适用于极端的践踏人权现象，比如种族清洗，但是在国际关系中，一个民主国家奉行的外交政策，必须基于和平共处以及相互的宽容和信任。罗尔斯长期的论敌沃尔泽（Michael Walzer），本身是一个战争伦理学和全球伦理学的专家，但他在这个问题上的看法，跟罗尔斯却是如出一辙。沃尔泽认为，民主国家的政府和人民如果想要促进其他国家的民主，必须首先认识到民主化过程的艰难，认识到民主建设的复杂性和长期性，认识到旁观者作用的有限性。最关键的，对于一个国家的民主化进程来说，旁观者的主要作用，可能是通过对反民主、践踏人权行径的抗议和压力，以及通过自身的正面形象，来引导不民主国家的政府和人民主动追求民主②。

关于国际政治秩序中的民主化问题，现实国际政治似乎并没有太多的进展。

---

① 这种将民主建立在“平等”观念基础之上的尝试，不能说是完全新颖的。阿伦特（Hannah Arendt）也讨论过公共领域中的平等，把它当做古希腊民主的精髓，并认为我们应该回归这个传统。参见 Patrice Vermeren，“Equality and Democracy”，*Diogenes* 220（2008），pp. 55—68.

② Michael Walzer，“On Promoting Democracy”，*Ethics and International Affairs*，Vol. 22，No. 4（Winter 2008），pp. 351—355.

但是另一方面，人权观念正在得到越来越多的人的认同和支持。如果我们能够利用各种国际的人权宣言和行动来促进国际秩序中的民主，情况或许会好很多。古德哈特（Michael Goodhart）正是基于这种设想，提出了一种理解民主的新视角。[①]他认为，如果我们仅仅把民主理解为一种多数决定制的集体决策原则，那么目前的国际力量对比，显然不利于国际治理的民主化。但是，如果我们把民主理解为对个人权利的保护和对公共权力的限制，国际人权机制的改进就会直接带来国际治理的民主化。实际上，大多数人之所以向往民主，并不是因为民主是一种更为科学的决策机制，或者民主给他们提供了在选举中获得政治权力的机会。人们向往民主的主要原因，是因为民主给每个人提供了一种稳定的追求个人自由和平等的机会，以及由此而来的追求个人幸福的机会。对于大多数人来说，民主的主要功能，就是保护个人的自由和平等，限制公共权力的滥用，因而降低绝大多数人变成被压迫者、被剥夺者的可能性。同时，将权利和人权作为民主的基础，也可以使我们避免社群主义者的一个主要担忧，即在一个缺乏文化共识的社会很难实现真正的民主：因为对权利和人权的共同承诺，本身就构成了一种牢固的文化共识。

根据同样的思路，佩蒂特（Philip Pettit）也认为，民主作为一种理想，实际上并不意味着人民应该对政府的行为有因果上的影响（比如通过选举决定由谁来执政，因而使执政者为了选票而为民服务），或者意向上的影响（比如通过全民公投来决定政策）。民主意味着人民对政府行为的间接控制，即通过主要的政治制度和渠道控制政府的权力，使之尽量少受政治家的滥用[②]。选举和公投只是这样一种间接控制的制度和渠道，而不是人民直接参与决策的表现形式。根据佩蒂特的这种民主理论，民主和自由也不会发生冲突，因为民主必须通过政治自由和个人自由而得到实现和保障。为了避免将民主简单地理解为一种以"多数决定"为原则的集体决策机制，奥博（Josiah Ober）甚至追溯到"民主"这个词的希腊词源。他认为，"民主"在希腊语中起初并不是"人民统治"或者"多数统治"的意思，而是"公众联合起来做好事"。在这个意义上，"民主"这个词不会引起"多数暴政"或者"多数人不一定做出正确决策"这样一些常见的对民主的误解[③]。

---

① Michael Goodhart，"Human Rights and Global Democracy"，*Ethics and International Affairs*，Vol. 22，No. 4 (Winter 2008)，pp. 395—420.

② Philip Pettit，"Three Conceptions of Democratic Control"，*Constellations*，Vol. 15（2008），No. 1，pp. 46—55.

③ Josiah Ober，"The Original Meaning of 'Democracy'：Capacity to Do Things，not Majority Rule"，*Constellations*，Vol. 15 (2008)，No. 1，pp. 3—9.

国际正义与全球治理

当代政治和道德哲学的激进色彩，还有一个更为集中的表现领域，就是对国际正义问题的研究。这项研究带有前沿性，因为人们对国际正义问题的关注刚刚起步，现实与理想也有很大的差距。

这个问题上的主流观点，即“世界主义”（cosmopolitanism）的观点，认为过去几十年来西方发达国家在本国采取的平等主义的福利政策，应该被运用到国家间的领域，从而缓解全球的贫富差距①。这种观点认为，罗尔斯的“差异原则”（difference principle），如果适用于一个民主国家内部的话，也应该适用于一个更加公平、公正的世界秩序。在这个意义上，世界主义者批评罗尔斯的“万民法”（law of peoples）过于保守，因为罗尔斯尽管为国际正义理论奠定了基础，但是他并不主张全球范围的再分配。不过，为罗尔斯的国际正义理论提出辩护的，也不乏其人。David Reidy 就认为，罗尔斯之所以不将他的差异原则运用到国际领域，是因为当前我们并没有一个全球性的、类似于国家的强制性制度体系。另一方面，罗尔斯的国际正义理论，要求那些“良序社会”（well-ordered societies）对那些依靠自身力量无法建成“良序社会”的社会施以援助，也鼓励不同的良序社会通过自由、公平的贸易和条约，来推动国际正义问题的逐步解决。Reidy 认为，这一切都为国际正义提供了充分的制度基础②。

对于近年来备受关注的国际正义问题，哈贝马斯（Jurgen Habermas）也比较系统地提出了他自己的意见③。他认为，国际正义的问题，关键是如何以合法的途径构建超国家（supranational）的机构和制度，以解决日益增长的国际合作问题。传统的民族国家虽然不能完全解决这些问题，但为了在新的层次上解决这些问题，民族国家的现有权力和民主程序，却又是非常有帮助的。如果说，近代民主国家的建构过程，就是在民族国家内部对已经极为发达的国家权力做出宪法限制，那么，当今的超国家机构的建构，却是要赋予这些机构以更多的权力。因此，现有的一切有效的政治组织形式，都应该被充分利用起来。新的超国家机构，可以采用与联邦制类似的原则，成立两院议会，上议院的代表由现有的民族国家选出，下议院的代表则由全体人类按比例选出。不过，哈贝马斯也指出，这

① “世界主义”观点的最有影响的代表人物，可能是 Thomas Pogge。参见他的 *World Poverty and Human Rights*：*Cosmopolitan Responsibilities and Reforms*，2nd edition，Polity，2008.

② David Reidy，“A Just Global Economy：In Defense of Rawls”，*The Journal of Ethics*，Vol. 11（2007），pp. 193—238.

③ Jurgen Habermas，“The Constitutionalization of International Law and the Legitimation Problems of a Constitution for World Society”，*Constellations*，Vol. 15（2008），No. 4，pp. 444—455.

种全球治理机制显然会不同于传统的民族国家。

哈贝马斯想象的这种多级代表制，基于这样一个假设，即各国内部都实行一定形式的民主政体。但是当今也有一些政治哲学家担心，国内政治中的宪政民主与国际层面上的法治秩序可能并不兼容。随着各种国际人权法、环保法和贸易法的衍生，越来越多的传统上的“内政”领域正在受到国际法律的干预，而不再仅仅取决于国内选民的意愿。布坎南（Allen Buchanan）和鲍威尔（Russell Powell）认为①，这种可能的不兼容性为自由主义的民主理论提出了新的挑战：我们不能一方面努力推动用国际法来保障人权、保护环境，而另一方面又坚持原有的关于国内民主的那些制度和理想。民主的确意味着人民的自我治理，但是在国际法越来越发达的时代，自我治理的理想应该有新的突破。柯恩（Jean L. Cohen）认为，在冷战以后的全球化时代，人权这个概念本身就是用来限制传统民族国家的主权的，而且随着全球政治的演变，人权还会被赋予越来越丰富的内容。柯恩还特别讨论了“民主作为一种人权”的可能性，认为如果我们可以避免这种主张被某些超级大国用来实现自己的国家利益，那么将民主列为一项基本的人权，是完全应该的。

恐怖主义近年来对很多地方造成冲击，也引发了不少政治哲学家和伦理学家的思考。我们究竟有没有充足的理由认为恐怖主义是错误的？斯密（Matthew Noah Smith）认为，恐怖主义之所以错误，是因为恐怖主义破坏了多数人、多数国家公认的战争法则，因而破坏了国际间存在着的基本的信赖关系。我们生活于其中的这个世界，虽然还没有实现大同，但仍然有着相对稳定可靠的规则和秩序。即使是长期相互仇视的敌对国家，彼此之间也存在着一些基本的信任，特别是整个国际秩序背景下的信任。没有这种信任，没有这种共同认可的战争规则，国家之间无法展开正常的外交关系，无法谈判，更无法达成和平协议。而恐怖主义的错误，就在于打破了所有这些规则和信任，而使得我们的世界有可能陷入绝对的无政府状态，从而置所有人于危险境地②。换言之，恐怖主义的真正错误，不仅在于它对无辜平民的伤害，而且在于它对全球政治秩序的威胁。

与全球秩序相关的另一个问题，是移民问题。美洲和欧洲的发达国家，近年

① Allen Buchanan & Russell Powell, “Constitutional Democracy and the Rule of International Law: Are They Compatible?” *The Journal of Political Philosophy*, Vol. 16 (2008), No. 3, pp. 326—349.

② Matthew Noah Smith, “Terrorism, Shared Rules and Trust”, *The Journal of Political Philosophy*, Vol. 16 (2008), No. 2, pp. 201—219. 另参见 F. M. Kamm, “Terrorism and Intending Evil”, *Philosophy and Public Affairs*, Vol. 36 (2008), No. 2, pp. 157—186; Virginia Held, *How Terrorism is Wrong: Morality and Political Violence*, Oxford University Press, 2008.

来都面临外来移民对本地就业和社会安全环境的影响。相对于欧美国家的右翼反移民浪潮，欧美哲学界对移民问题的看法，更多地倾向于支持不发达国家人民的移民权利。这种支持的一个关键论据就是：发达国家所占据的地球空间和自然环境，并不是发达国家人民自身的创造，而是来自于大自然的赐予。所有的人对地球上的资源都有着平等的权利，地球上的空间和资源的开发，应该造福于所有的人。因此，尽管我们应该尊重发达国家的领土完整和发达国家人民对自身社会的自治权，我们也不应该以此为理由而拒绝其他人迁入这些国家寻求就业机会的权利①。那些反对移民的人，则可以从以下论证中找到根据：现代人都很尊重结社自由（freedom of association），即选择与什么人在一起追求美好生活的自由，包括与什么人结婚的自由和与什么人一起信仰宗教的自由等等；而结社自由本身又蕴含着不与某些人结社的自由；一个国家的全体公民，可以拒绝与外来移民共同生活在一起，共同构建同一个国家，因此有权利对外来移民关上国门②。

传统的宗教和当代的科技

西方的道德哲学和政治哲学，从历史上看，跟西方人的宗教思想有着密切的联系。这里的“宗教思想”，还不单单是指基督教。在基督教征服西方之前，西方人就有浓厚的宗教意识。要理解柏拉图的理念论，我们必须熟悉他对灵魂不朽的论证；要明白罗马帝国的皇帝奥勒留何以相信他和那些道德败坏的恶人都属于同一个宇宙灵魂，我们不得不研究斯多葛派的神学。在基督教信仰遭到质疑和挑战的现代西方，哲学家们也不乏深广的宗教情怀。且不说笛卡尔、洛克、康德、黑格尔这些人都从宗教思想中汲取了哲学的养分，即便是怀特海、罗尔斯这样的20世纪哲学家，其哲学也都有宗教思想的背景。

在当代西方，由于天主教徒和基督徒还大量存在，宗教哲学方面的思考在人们的道德和政治生活中仍然有潜移默化的影响。当然，很多这样的思考，并不来自专业哲学家；多数西方的哲学教授，也未必信仰宗教。但是，宗教在现代生活中的位置，仍然是当代西方道德哲学和政治哲学的一个关注点。一个现代的西方哲学家，哪怕是彻底放弃了基督教信仰，他也或多或少会对基督教及其所代表的文化传统有一定的反思。而这种反思的深度，也在一定程度上决定着现代西方哲学的高度。

---

① Mathias Risse, “On the Morality of Immigration”, *Ethics and International Affairs*, Vol. 22, No. 3 (Fall 2008), pp. 25—33.

② Christopher Heath Wellman, “Immigration and Freedom of Association”, *Ethics*, Vol. 119 (October 2008), pp. 109—141.

比如，伦理学中有一个学科，叫做“基督教伦理学”（Christian Ethics）①。它不仅研究包含在基督教中的道德观念，而且研究基督教如何培育了那些典型的现代观念，包括平等、自由、正义、法治等等这样一些启蒙主义观念②。这个学科有一份杂志，叫作 *Studies in Christian Ethics*。杂志的作者既有欧美各大学的神学院教授，也有哲学系从事宗教哲学研究的人。

不同文明之间的交流和冲突，很多时候是以宗教的面孔出现的。哲学家们要提出适合所有文明的道德原则和政治原则，就必须深入研究不同宗教所蕴含的道德观念上的一致性。假如我们不能发现这样的深层一致性，不同文明之间的交流和融合就成了空谈，或者成了暂时的妥协。尤其是在“9·11”以后，不同宗教之间的对话更成为一个迫切的时代课题；而哲学是否有助于这种对话的深入展开，是否有助于各民族认清自我、保持真我，这些都要靠哲学家们自己去摸索。

在相互了解的过程中，东方人和西方人似乎采取了不同的进路。近代以来，东西方的会面，主要是由西方人的科技、工业和武力促成的。因此，东方人了解西方人，首先会从科学技术和现代制度这些层面入手；而西方人了解东方人，则更注重后者的宗教、语言和文化传统。在当代西方，这样的研究，因为时代的新需要，更显得变本加厉了。不仅西方的哲学家会对东方的宗教及其哲学观念产生浓厚的兴趣，很多从东方国家转移到西方国家谋生的哲学家，也非常乐意向西方人介绍本民族的宗教和哲学。③

另外，现代西方人对其他民族的宗教、神话、文学、艺术等等所做的人类学和社会学的研究，不仅多少会在哲学层面上有所反映、有所提升，而且也向西方人打开了一扇反思自身文化传统的大门。比如，在哲学史的研究中，重新挖掘历代大哲学家的宗教思想，这似乎成了一种潮流。最近出版的一套五卷本《西方宗

① 对“基督教伦理学”的一个最近的研究，请参见 Richard A. Hughes，Pro-Justice Ethics：From Lament to Nonviolence，New York：Peter Lang Publishing，Inc.，2009. 更早的研究，请参见 Stanley Rudman，Concepts of Person and Christian Ethics，Cambridge University Press，1997. 后者属于一套名为“New Studies in Christian Ethics”的丛书，该丛书研究“权利”、“责任”、“正义”这样一些道德和政治概念在基督教中的根基。

② Joshua A. Berman，Created Equal：How the Bible Broke with Ancient Political Thought，Oxford University Press，2008. 也参见 Charles Mathewes，A Theology of Public Life，Cambridge University Press，2007；Terence Cuneo ed.，Religion in the Liberal Polity，University of Notre Dame Press，2005；Witte and Alexander eds.，Christianity and Law：An Introduction，Cambridge University Press，2008.

③ 比如，近年一些来自伊斯兰国家的哲学家，就试图系统地向西方介绍伊斯兰教的哲学思想和历史。参见 Seyyed Hossein Nasr，*Islamic Philosophy from its Origin to the Present*：*Philosophy in the Land of Prophecy*，State University of New York Press，2006.

教哲学史》①，在这方面做了系统的梳理，很耐人寻味。

当代西方道德哲学和政治哲学领域对宗教问题表现出的兴趣，当然并不意味着宗教在西方知识界的复兴，或者启蒙运动“去宗教化”的趋势已经被扭转。恰恰相反：正是由于西方哲学家对自身的文化传统有了越来越深入的反思，他们才把更多的目光投向了深层的宗教观念。这种反思的深入展开，跟当代物质文明的演进，在方向上是一致的。

新的生物技术不仅为我们提供了足够的动物、植物食品，而且也从生育、医疗和自然保护等等方面对我们提出了新的挑战。技术时代的人们如何做伦理思考？这是当代道德哲学中一个很有生命力的课题。像试管婴儿、基因改良、干细胞培植等等技术，显然会影响到人们关于生命、爱情、婚姻、家庭等等问题的看法。因为技术在当代的运用极为广泛，与技术相关的伦理学也覆盖着极为广泛的内容：生命伦理学、环境伦理学、动物伦理学、军事伦理学等方面的研究，都是围绕着相关技术对传统伦理观念的冲击而展开的。有些哲学家甚至认为，新技术对人们的道德观的冲击是如此之大，以至于伦理学本身可能都要面临消亡的命运②。当代伦理学家们提出的新的功利主义思想、美德伦理学、契约论伦理学等等，都无法为当今的道德难题提供系统的解答。换言之，在不断更新的技术面前，我们的任何道德选择，都既面临技术上的不确定性，也面临道德上的不确定性。

（执笔人：李绍猛）

① Graham Oppy and Nick Trakakis eds., *The History of Western Philosophy of Religion*, Vol. 1—5, Acumen Publishing Limited, 2009.

② Lawrence E. Schmidt & Scott Marratto, *The End of Ethics in a Technological Society*, McGill-Queen's University Press, 2008.

战略学学科前沿报告

战略学教研室课题组

20世纪以来，军事战略相继从地面战略、海上战略、空中战略扩展到总体战略。美国的马汉提出“海权说”，意大利的杜黑强调制空权，到德国鲁登道夫提出现代战争是总体战，大体标志了这一过程。1929年英国利德尔·哈特提出“大战略”概念，意味着军事战略开始向国家战略扩展。到了当代，全球战略概念的使用频率越来越高，战略主体从国家扩展到跨国性全球性组织，战略主体系统有了新的全球性意义。

一、战略学原理研究的几个方向

（一）战略目标定位的合理性理论

目标定位的合理性指三个方面：一是合目的性，即制定这一战略目标的基本意图和意义，是制定战略目标的价值依据。二是合规律性，即制定这一战略目标的科学依据。战略目标能否成立和实现，要看它是否符合所在领域的发展规律。三是合实际性。目标定位以现状定位的准确为基础，既有空间的定位，也有时间的定位，两者常常结合进行。

（二）战略目标与战略手段的协调性理论

战略目标与手段的协调性可以理解为，目标是否正确，要看有无适当的战略手段；反之，战略手段是否适当，也要看它能否满足战略目标的需要。它可以分解为以下的子项：

——战略内部的逻辑一致性：所有的策略指向战略目标，策略之间具有连贯性、互补性，战略阶段的设计相互衔接，具有连续性。

——战略手段与资源的协配性：战略资源供应、过程协调、反馈控制具有一致性。可用资源有缓冲余地，措施有回旋余地，计划有机动性和可操作性。

——战略手段对于目标的效用性。战略手段与目标的配置能以最少的资源取得最大的效用。

（三）战略的整体性理论

战略的整体性理论包含三个层次：

它是战略的定位理论，即战略的定位和本性就是强调整体比部分、全局比局部更为重要。整体的视野和全局的观点是战略本身是否成立的关键，也是战略整体性理论的基本部分。

它是战略的科学理论的重要方面。战略学所要求的整体性与系统论原理具有一致性。对整体性的认识构成了系统科学的理论基础，也构成了正确的战略决策的前提。整体性是在全局与局部的关系中体现的，组成整体的各个要素之间、整体与部分之间存在着固有的联系。战略能否成功，要看战略是否反映了这种联系。

它也是战略的艺术理论的重要方面。战略的整体性还要求全局与局部关系的有机统一，这种统一性有相当的艺术运作空间，直接反映战略实施者的战略水平。

（四）战略预见理论

战略预见包括预见意识、预见方法、预见知识与经验直觉等要素。战略预见理论的主干是预见方法理论。常用预见方法主要有：（1）外推法。它从现在和过去的情况找出发展模式预测未来的发展。（2）内推法。所预测的结果与前提具有演绎性关系，结果已经包含在前提之中，但又是人类所没有认识到的。（3）反推法。设定未来一个目标，然后探求从这种目标到现状是否存在着可行的途径和实现条件。（4）不确定性分析法。从质的角度，首先区分内在不确定性与外在不确定性，在战略上首先注意把握系统的内在不确定性；从量的角度，通过建立一定的信息传递模型，尽可能减少不确定性的影响，以能够建立和实施比较好的战略。如信息经济学中的成本模型和分离均衡模型。

（五）战略发展理论

1. 战略应变。

战略应变包括制定预备战略，从预备战略中遴选适当战略快速反应，以及战略引导。当未来发展有多种可能，不确定性比较强时，则需要针对多种可能制定多种预备战略。当这种不确定性以离散形式表现出来时，可以通过分析各种可能性的发生概率进行排序，拟订对付各种可能发生的预案，争取好的可能，防止坏的可能。当这种不确定性以连续形式出现时，应当分析指标变化幅度的特性，选取若干关节点制定预案。制定预备战略的工作量较大，专业性较强，一般需要专门的战略研究机构承担。一旦某种可能变为现实，战略决策者则需要从预备战略中迅速遴选出适当的战略作出快速反应。

当处于某种战略关节点时，如战争双方暂时处于僵持阶段，企业处于特别竞争环境中，某些紧急局势的处理，战略引导特别重要。通过我们的行动积极地影响战略进程，是战略应变的突出方面。

2. 战略博弈。

对手的变化是所有战略变化中最重要的变化。对手的战略变化了，我们怎么办？怎样作出恰当的战略调整适应对手的变化？这就是战略博弈。博弈是战略过程中的能力，它直接影响棋局向何处去。战略博弈一方面需要在博弈实践中提高，另一方面需要有一定的理论积累。当代博弈论的研究就是研究人们的行为如何相互影响，如何在相互作用中作出自己的行为选择和行为决策的。它告诉我们事情的最终结果是所有人的策略或行动导致的，一个博弈的解，一般是由博弈的物理结构与信息结构共同决定的。物理结构就是双方所选择的战略。

3. 战略创新。

战略创新是当代战略理论中的新的生长点。1996 年，汉默尔提出战略是一种革命。他是就企业战略理论提出这一看法的。他认为，企业分为三种：第一种，规则制定者，是该行业的市场领导者；第二种，规则接受者，是该行业的市场跟随者；第三种，规则破坏者，一般是新兴企业，是该行业的革命者，它可能改变这一行业的市场格局。在当今市场需求不断变化，科技飞速发展，产业革命周期越来越短的情况下，企业应当成为先行者、革命者。

汉默尔的革命观点可以理解为创新的观点。战略创新就是通过提出新战略改变所处领域的规则或格局。

二、战略学的方法论研究

（一）系统哲学与系统科学方法

1. 系统科学的整体性原理与战略思维的全局性。

首先，这两者在内容方面是相近的、一致的。系统科学研究系统的发展规律，首先是着眼于它的整体性，研究它的变化和发展规律。整体性原理包含两方面的内容：其一，当一些要素以某种方式相互联系而形成一个系统整体，就会产生它的要素和要素总和所没有的新性质；其二，组成整体的各个要素之间、整体与部分之间存在着不可分割的联系，每个部分的性质和功能都受到整体的制约和规定。整体性原理提供了两个彼此相关的方法论原则：其一，整体具有与要素不同的独特性质和运行规律，因此必须着眼于事物的整体，认识和把握事物的整体特征；其二，整体与要素、以及要素之间存在有机的联系，因此在研究事物时也必须把宏观和微观以及各个相关部分有机结合起来。这两个原则也可以概括为：立足于整体，把宏观与微观有机结合起来。

与系统科学把对象作为系统来研究，强调整体性原理相一致，战略思维的全局性要求从全局出发进行战略决策，把注意力放在对于全局具有决定意义的问题上，两者思维的立足点是相同的。同时，战略所要求的这一全局不是孤立的全局、离开局部的全局，而是与局部保持层次关系的，具有特定关联的全局。从全局的角度来理解战略，战略固然是一种宏大的叙事。但是，这种宏大的叙事并不止于宏大，而总是联系微观的宏大。战略的全局性特征总是在与局部的对比和联系中展现自己。“全局性的东西，不能脱离局部而独立，全局是由它的一切局部构成的。”战略的重要性在于，“战争的胜败的主要和首先的问题，是对于全局和各阶段的关照得好或关照得不好。如果全局和各阶段的关照有了明显的缺点或错误，那个战争是一定要失败的。”

其次，这两者在地位方面也有相似性。整体性原理是系统科学的基本原理。没有整体性原理就没有系统科学的立足点。系统科学最为关注的是整体性，所获得的主要认识规律也是系统的整体规律。可以说，整体性原理是系统科学的灵魂。同样，全局性是战略思维的基本特性。没有全局性，战略就不称其为战略，战略思维也就无从谈起。毛泽东把“研究带全局性的战争指导规律”作为“战略学的任务”，是深切战略本性之说。由于战略思维是一种全局性思维，而系统科学提供了进行整体研究的原理和方法，所以系统科学为战略思维提供了某种科学基础。

2. 系统科学的结构优化原理与战略思维的效用性。

系统科学的结构优化原理指出，系统的结构决定系统的功能和性质，系统的结构优化了，其功能性质也将优化。事物不仅决定于构成事物的要素，而且决定于要素之间的结构，结构的合理化将促进系统功能的优化。结构优化原理体现在系统科学的若干分支上，如控制论研究对系统运行按照一定的目标进行优化控制，运筹学通过构造一定的数学模型进行求解而达到最优化目标，事理学则通过对复杂系统的一定把握实现对系统的某种优化。结构优化原理实际上指出了人们可以优化某种事物的客观途径，它肯定了人的优化目标是可设置的，并且存在着达到这一目标的特定路线。

战略思维的效用性则体现为一种目标与手段结构的谋划，体现为对目标的追求和实现目标的努力。战略范畴的历史发生就是某种效用需求的结果。当代一些战略家直接把战略理解为某种目标与手段的结构。美国前参谋长联席会议主席马克斯韦尔·泰勒上将认为，战略由目标、方法和手段组成。美国陆军学院的小阿瑟·莱克上将把战略概括为：战略＝目的（追求的目标）＋途径（行动方案）＋手段（实现某些目标的工具）。在战略思维中，效用性就是通过目标和手段的优化，以及目标与手段关系的优化而体现出来。

所以，一则确认事物的优化是可能可行的，并且指出了优化的某种实现途径；另一则则确认优化的必要和意义，确认优化的某种一般结构。正是在这里，两者的紧密关联得到了体现。毫无疑问，系统科学的结构优化原理对于战略目标的制定和有效实施有着重要的帮助。

（二）均衡方法

这一方法把事物的运动变化理解为类似行星一样的一般规律运动，通过这种规律对事物的变化做出预见。因此，该方法实际是以牛顿向我们展示的自然图景为基础。由于这一图景是可逆的、决定论的，所以预见方法也就是主要从线性的因果角度对复杂的世界作还原论和确定论的思考，并在此基础上建立模型，进行预测、决策和控制。

在这里，寻找的确定性主要是两种：一种是均衡点，另一种是周期。均衡点的典型是瓦尔拉斯均衡。这是经济领域的均衡点，用于经济活动的预见。新古典经济学认为，各种经济行为主体为实现自己目标最优化而相互作用，最终达到供求等方面平衡的状态。而通过对均衡的研究，大致可确定经济发展变化的整体趋势。亚当·斯密1776年在《国富论》提出，如果让人们自由地追求他们的个人利益，“看不见的手”会让一切朝着符合共同利益的方向发展。这个方向后来被马歇尔通过局部均衡论证，而后又通过瓦尔拉斯的一般均衡论证得到某种确认。

凯恩斯经济学虽然与新古典经济学不同，侧重研究总需求、总收入、就业、物价总水平等总量之间的关系，同时它也考虑了不确定因素，但它所建立的宏观经济学同样也要使用需求、供给和均衡的概念。这是它能够用于宏观预测的基础。

周期是确定性的另一种形式。在对自然现象的研究中，牛顿力学对动力学机制的研究主要基于线性谐振子模型，其主要特征是产生等幅的周期振荡，由此把握自然物的运动趋势。化学中的元素周期律也用于元素发现的预测。

这一形式也被用于经济现象的分析。经济活动被认为是周期或准周期的。由于分析角度的不同，经济周期有不同的类型。以上对均衡和周期的确定性寻求已经不限于经济领域。贝克尔说，“经济学已经进入第三阶段。在第一阶段，人们认为经济学仅限于研究物质资料的生产和消费结构，仅此而已（即传统市场学）；到了第二阶段，经济理论的范围扩大到全面研究商品现象，即研究货币交换关系；今天，经济研究的领域业已囊括人类的全部行为及与之有关的全部决定。”

如果上述分析的均衡点和周期是存在的，那么战略预测就应当是充满信心的。管理学的一些理论也乐观地认为，通过对过去和现在的分析得出将来的发展趋势，由此能够做出决定、计划和控制，实现预定的目标。

均衡方法虽然有其特定的作用，但它被越来越多的人认为是过于简单化了。线性的、均衡的确定论被认为不能说明更为随机、复杂的现象。由此，新的预见方法被引入。

（三）概率方法

当事物变化的不可控变量太多，各种因素交互影响而随机性太强时，需要使用概率方法。概率方法是在确认随机性的前提下，或者说是在随机现象中寻求某种确定性。确定性在此与随机性不可分割。

如果在随机现象中能够找到某种确定性，则有助于我们进行战略预测。概率方法对随机性的把握有不同的情形。一种情形是，事物的变化虽然不是一条确定的轨迹，但是在被分割的态空间里能够估计一条路径中的状态落在每一个部分的比例。在这种情形中，路径能够以一定的概率进行预测。但是在另外的情形中，路径可能如同一个黑箱，它的每一步我们并不能确定，但是累积到一定的数量时我们能够得到某种结果。这就是随机变化中的大数定律。

在战略研究中，有的方法如德尔菲法就在一定程度上是通过随机取样而获得了某种相对的“大数定律”。概率方法常常与均衡方法结合起来使用。如统计物理和信息论对随机过程的研究发展了线性白噪声模型，其主要的特征是产生振幅无规则，时间序列不相关的无序扰动。对短程相关的色噪声可以用线性叠加的白噪声信号来描写。例如，经济学家常用的色噪声模型就是线性随机的自回归模型。

随机性的时间数据有时也纳入某种因果关系而使用。如概率性因果模型即是如此。它的表述是：时刻 t 之前变量 x 的时间序列数据包含有助于对时刻 t 变量 y 进行预测的信息，且该信息不包含在其他变量的时间序列中，则 x 格兰杰引起 y。

在经济周期的研究中，概率方法也与均衡方法以某种方式结合起来使用，随机线性响应模型即是这种情形。在这种模型中，外部扰动是随机的，可以用随机游走统计地表示，但它的内部响应则可以视为是线性的，这一线性系统正比于扰动的幅度，使得系统的行为同样也是随机传播的。我们虽然不能确定系统在每个时刻的路径或状态，但能够对扰动和响应求出平均值，进行某种频谱分析。

（四）复杂方法

复杂方法是以复杂性研究为基础的方法，它建立在更为复杂的确定性概念之上。复杂方法的认知基础在于，确定性能够与不确定性通过某种方式而转化。当今的混沌理论和突现理论表明了这一点，它们所提出的模型被认为是动力学更高的类型。系统科学家、科学哲学家和经济学家们都在尝试用这种模型对事物的变化进行描述或预测。

复杂方法基本思想的初始形式是：确定性的系统中有其内在的不确定性。进一步的，这一思想以对称的形式出现：确定性的系统有其内在的随机性（混沌），随机性的系统有其内在的确定性（突现）。在这种转化关系中，一个特别重要的特征是，事物的变化并不像均衡方法所描述的那样，常常回复到均衡态。事物总是处于不断的变化中，系统运动超出了一般均衡的范围；均衡只是系统矛盾运动过程中的暂时现象，复杂非平衡状态才是系统的常态。普里戈金、哈肯等科学家在基本粒子、生物学、天体物理、社会科学中展示了这样的图画，它是不可逆的、随机的、多样的、不稳定的图画。

上述原理能够为战略预见提供新的思路。如果我们对系统确定性与不确定性的关系有一定的把握，则我们对系统的战略走向就有一定的预见，对可能发生的风险也有一定的预警能力。

以混沌现象研究为例，复杂方法通过以下要点能够进行一定程度的预见。

把握系统的混沌特征，辨别能够产生混沌现象的确定性系统，从而对混沌现象的出现有所预见。混沌的基本含义是，一个系统的演化结果最终是非规则的，按其长期趋势看是不可预测的，但是产生这一结果的系统又是确定的、规则的。一般来说，确定性系统中有非线性因素作用，就可能在一定的参数范围内产生某种随机性，导致混沌的出现。目前的研究确认了一些这样的系统，如生态学中的逻辑斯蒂模型，李天岩和约克所发现的能够存在周期 3 的差分方程等。

通过混沌的基本特征，及时辨别系统已经或将要进入混沌状态。如果系统是混沌的，则只要初始条件有微小的变化，系统演变的轨迹就会以指数速度分离，即把初始条件的微小差异迅速放大。系统运动在趋向混沌时会表现某些共同特征，如倍周期分岔的参数值 μ 是几何收敛的，所产生的费根鲍姆常数 $\delta=4.6692016091029909\cdots$在系统从偶周期区域进入混沌区域的时候出现。

通过混沌系统的奇怪吸引子对系统的运动状态作一定时限内的把握。简单地说，吸引子是一个系统被吸引到的地方，如单摆的静止点就是“吸引子”。混沌系统的吸引子比较复杂，称为奇怪吸引子，它是系统稳定性与不稳定性共同作用的结果。它的存在对判断系统运动的状态有所帮助。

复杂方法已被运用于对生命、生态、经济、社会等方面的研究，也包括对一些物理、化学、天文、气象等方面的研究。以经济研究而言，复杂方法的运用不再将经济看成是市场稳定和供求平衡的结果，而看成是许多相互作用的个体在不稳定状况下不断调整彼此关系，由此形成新的经济结构的过程。经济的某些部分可能会暂时处于平衡，而其他部分可能不断地演化。阿瑟通过这种研究发现递增回报律，并提出经济发展是路径依存的，认为运用均衡方法的经济学应当被建立在生物学基础上的演化经济学所取代。

另一个运用是，用混沌模型对经济进行模拟。根据有关学者的研究，这种模型比较好地说明了市场经济在各种冲击下表现出的韧性，它可以由色混沌的特征频率稳定性来刻画。特别是，这种模型比新古典经济学（均衡方法）的经济模型揭示了更多的结构性信息。

复杂方法在建立学习型组织中也有其运用。它把确定与不确定相互作用中的演化理解为某种自组织、自适应、自驱动的状态。它体现为一种适应性组织，其基本特征是“内设了学习算法”——向环境和向历史学习，因而能够不断尝试和发现各种可能性，通过各种反馈机制，向更好的组织状态进化。这一方法实际是将创新看成已有组分的重新组合而造成的突现现象，是系统为适应环境变化所做出的调整变化。

在某些预见的基础上制定战略预案或建立预警系统。一旦某种可能变为现实，需要迅速做出反应。

三、战略学理论的应用研究

（一）军事战略理论

20 世纪 80 年代以来，战争的概念和内涵不断发展扩大。“国家安全”的概念扩大，除了军事还包括政治、经济、社会乃至科技、文化、生态环境等。广义的战争不仅包括传统意义上的战争，而且包括由军队进行的维持和平、强制实现和平、反恐怖行动和缉毒行动等准战争行动，以及抢险救灾和人道主义援助等非战争行动。

从战争形态的估计上看，新军事战略认为未来军事战略的重点是对付局部战争和武装冲突。未来战争将主要是地区性局部战争和小规模军事冲突。在信息时代，战争的胜利不取决于造成敌伤亡或夺占其领土的多少，而主要取决于既定的政治目标是否已经达成。

现代军事技术的发展，极大地扩展兵力兵器的作战距离，大大提高了对敌人的持续打击能力、快速的信息处理与分发能力。战争的空间形态呈现大纵深、高立体、全方位的特点。新军事战略理论认为，未来战争是立体战，是陆海空天四军联合实施作战，战场空间将进一步扩大，未来战争将由集中兵力转向集中火力为主，作战强度将进一步提高未来战争将是高技术战争，由高技术兵器代替人进行面对面战斗，未来战争强调有序地投放力量；提高投送兵力能力对战争胜负至关重要。未来战争是一场高投入高消耗的战争，对后勤保障提出了新的要求。在高技术条件下，新军事战略是“以质代量”，由“数量为主”型向“质量为主”型转变，走“质量”建军的道路。①

军事战略联盟理论提出了“联盟伙伴”理论，其性质正分别从主从型和敌视型向伙伴型发展，由军事政治型向政治军事型发展。②

（二）企业的战略管理理论

20 世纪 90 年代以前的企业战略管理理论，处于竞争战略理论阶段，都比较侧重于讨论竞争和竞争优势。

---

① 刘志青：《美国在海湾战争后的军事理论创新》，《军事历史研究》2007 年第 1 期。

② 温味几：《美俄军事理论及其实践》，《现代国际关系》1995 年第 2 期。

20世纪80年代末，一些管理学者提出了新的战略理论，即“动态能力论”和“竞争动力学方法”。动态能力论则主要是针对基于创新的竞争、价格/行为竞争、增加回报以及打破现有的竞争格局等领域的竞争进行的。它强调了企业重塑竞争力以使其与变化的经营环境保持一致的能力。竞争动力学方法是在竞争力模式理论、企业能力理论和企业资源理论的基础上，通过对企业内、外部影响企业经营绩效的主要因素——企业之间的相互作用，参与竞争的企业质量、企业的竞争速度和灵活性分析，来回答在动态的竞争环境条件下，企业应怎样制定和实施战略管理决策，才能获得超过平均水平的收益和维持的竞争优势。

20世纪90年代，出现了战略联盟理论，使人们将关注的焦点转向了企业间各种形式的联合。这一理论强调竞争合作，认为竞争优势是构建在自身优势与他人竞争优势结合的基础上的。

1996年，美国学者James F. Moore出版的《竞争的衰亡》标志着战略理论的指导思想发生了重大突破。作者以生物学中的生态系统这一独特的视角来描述当今市场中的企业活动，但又不同于将生物学的原理运用于商业研究的狭隘观念。后者认为，在市场经济中，达尔文的自然选择似乎仅仅表现为最合适的公司或产品才能生存，经济运行的过程就是驱逐弱者。而穆尔提出了“商业生态系统”这一全新的概念，打破了传统的以行业划分为前提的战略理论的限制，力求“共同进化”。

（三）公共部门的战略管理理论

公共部门战略管理出现于20世纪80年代末90年代初。在这一时期，在公共部门管理领域出现了首批论公共部门与第三部门（非营利组织）战略管理的著作或教科书。最早较系统讨论公共部门战略管理的著作要算加州旧金山市的乔西—巴斯（Jossey-Bass）出版社出版的《公共行政系列丛书》中的两本书，即波齐曼（Barry Bozeman）和斯特劳斯曼（Jeffrey D. Straussman）的《公共管理战略》，纳特和巴可夫（Paull C. Nutt and Robert W. Backoff）的《公共和第三部门组织的战略管理》。该丛书还收进了一本后来很有影响的论公共部门战略规划的著作，即前面引述过的布赖森的《公共和非营利组织的战略规划》。这意味着公共部门战略管理途径已基本成熟。

杰克·科廷（Jack Koteen）就曾在《公共与非营利组织的战略管理》一书中描述了公共部门战略管理实践的发展趋势。

（1）战略管理将成为政府重塑和非营利组织转变的主要战略选择。战略管理是西方公共部门面对严峻的财政紧缩和不确定的环境，以及政府改革的背景下进行的选择，通过选择和实施战略管理来确定组织的方向，增加收入，降低支出，迎接威胁和挑战，以适应复杂多变的环境，确保组织的生存。

(2) 战略规划不仅关注战略计划的构思和制定，而且也关注战略计划的执行和战略结果的实现。战略管理是与西方结果导向的管理主义相结合的，它强调的是结果和绩效，而不是正式的程序和过程，它把战略规划与绩效管理、绩效评估和责任机制结合起来，强调过程和结果的统一。

(3) 战略规划的参与主体走向多元化和分散化。在西方公共部门的管理实践中，战略规划不再仅仅是高层管理者的事情，现在通常涉及更大更广泛的战略管理小组，包括了整个组织的计划人员和中层管理者以及一线员工，它体现出了全员参与和分散化的取向。

(4) 战略过程不再墨守成规，变得更加灵活迅速，目标结果指向更加明确。传统战略规划往往固守既定的正式程序，而现在的战略过程则变得更加灵活，注重随机应变，不必固守固定程式和步骤。

(5) 战略计划开始融入新时代的战略特征。传统的战略计划包含着一系列共同的因素，如组织使命、目标和价值等外部取向的因素，而在战略管理中，战略计划更多融入了内部取向的因素，如对组织文化特征和竞争优势的阐明。

(6) 政府和非营利组织广泛加强合作，逐渐发展成为战略联盟。随着西方国家以市场为取向的改革深入进行，政府与市场、政府与私人部门及非营利组织的界限开始变得模糊，大量私人和非营利组织也开始成为公共服务的提供者，合同外包、合同管理逐渐成为一种普遍现象。政府与非营利组织的合作不仅是政府职能的社会化过程，而且体现了一种战略合作和战略联盟的发展趋势。

(四) 国际战略理论①

从 20 世纪 90 年代开始，国际战略理论研究显著扩散和发展，其中特别重要的成果有：1998 年，研究哈布斯堡西班牙帝国的美国最具权威的史学家之一——杰弗里·帕克——以其杰作《腓力二世的大战略》，提供了迄今为止最优秀的一部大战略史论著；2001 年，美国的国际政治学家约翰·伊肯伯里发表的《胜利之后：体制、战略约束和重大战争之后的秩序重建》一书，首次对冷战后西方的大战略的根本问题作了系统的理论性论说。著名战略家保罗·肯尼迪从历史研究和理论构建的角度提出了大战略研究的方法。

当前国际战略理论主要研究以下几个问题。

国家战略的主要类型及其相互关系：根据国家战略的目标、内容和实施方式，我们可以把国家战略划分为国家生存战略、国家发展战略和国家扩张战略等三种主要类型。

国家战略环境：国家战略环境是指对国家战略的制定和实施产生直接、间接

① 严波：《试论西方大战略理论》，《国外社会科学》2007 年第 6 期。

影响的各种背景情况和条件的总和。

国家战略结构：国家战略是由国家利益、国家目标、国家力量和国家政策四个要素构成的。其中每一要素都有其丰富的内涵。

国家战略决策：要制定科学的国家战略，就必须建立科学的国家战略决策体制，制定科学的国家战略决策程序，并在民主的环境和气氛中，充分发挥智囊团的作用。

国家战略实施：科学的国家战略制定出来以后，需要将其付诸实施。为此，就必须将国家战略目标进行分解，科学地划分国家战略阶段，并根据各阶段的情况变化，正确确定国家战略的重点。①

目前理论派系主要有三个方面。

军事论学派：该派理论强调国家运用政治、经济、心理、外交和军事手段的目的是夺取战争的胜利，为了达到战争（与和平）的目的而动员一国或联合起来的几个国家的所有资源的技术。其中的代表人物是鲁登道夫和厄尔。

国家安全论学派：该派学者强调国家运用政治、经济、外交和军事等手段实现国家的目标，不仅仅是赢得战争的胜利，而且应该拓展到包括战争胜利在内的国家安全目标。

国家战略论学派：该派学者对大战略目标又进行了拓展，认为不仅应包括实现国家安全，还应该有其他目标，例如国家发展。②

（执笔人：胡卫）

① 薄贵利：《论国家战略学研究》，《政治学研究》1995年第1期。

② 孙相东：《“战略”与“大战略”》，《中国软科学》2005年第9期。

伦理学学科前沿报告

伦理学教研室课题组

伦理学作为研究道德现象的科学，在长期发展过程中形成了其独立的学科体系，主要包括伦理学原理、西方伦理思想史、中国伦理思想史、应用伦理学等。改革开放以来，我国的伦理学研究取得了长足进展，伦理学原理研究不断深化；中国伦理史和西方伦理史研究因引入新的视野与方法而成就斐然；发展伦理学、经济伦理学、政治伦理学、生态伦理学、科技伦理学、管理伦理学等应用伦理学各分支学科研究异军突起、日趋繁荣。本文仅对近些年来我国伦理学原理、中西方伦理史以及发展伦理学研究的新成果做些梳理和概述。

一、伦理学原理前沿问题研究

东西方伦理思想史和应用伦理学各具体学科的研究，均以伦理学理论为基础。了解伦理学原理前沿问题研究现状，对于从总体上把握伦理学学科的发展状况具有重要的理论意义和实践价值。

（一）道德伦理本体论

道德伦理本体论主要从形而上的层面对道德伦理问题进行学理性探究，是关于道德伦理问题的“元理论”研究，是各种伦理学理论体系的逻辑起点。在这一领域学界争论的热点问题主要有以下几个方面：

1. 道德与伦理的关系问题。

有学者认为二者没有本质区别，也有学者强调区分二者关系是伦理学研究的前提和基础。但大多数学者主张，道德范畴侧重于个体的主观内在操守，伦理范畴侧重于社会的客观关系准则，主观道德是客观伦理的内化，客观伦理为主观道德提供现实内容。

2. 道德伦理的起源问题。

这是伦理学史上争议最多的问题之一。建国以来，我国学界主要从客观唯心主义、主观唯心主义、机械唯物主义和马克思历史唯物主义的角度探讨这一问题。但近年来伴随生物科学和信息技术的迅猛发展，国内外许多学者开始结合现代生理学、心理学等最新研究成果，从现代认知科学的角度揭示人类道德起源的深层原因。

3. 道德伦理的类型问题。

传统伦理学以马克思主义唯物史观为指导，将道德伦理的本质问题归结为经济利益和道德的关系问题以及社会整体利益和个人利益的关系问题。由此出发，把历史上的道德伦理类型划分为原始社会的道德、奴隶社会的道德、封建社会的道德、资本主义的道德、社会主义的道德。近年来更多的学者则从伦理学自身的逻辑演进脉络出发，提出了一些新的看法，如将人类历史上的道德伦理谱系划分为古代的美德伦理、中世纪的信念伦理和近现代的规范伦理等。

4. 道德伦理的功能问题。

学术界对此争议的焦点是道德伦理的规范性和主体性的相互关系问题。强调道德伦理规范性的学者比较看重道德伦理对人的约束力，而主张道德伦理主体性的学者则强调应该把道德伦理由被动的约束力量变为引导人精神解放的主动的积极力量，因为现代社会既需要秩序、和谐、义务约束的规范性道德，同样需要进取、竞争、个性创造、价值实现的主体性道德，只有将二者统一起来，才能正确把握道德伦理客观约束性与主体能动性的辩证关系。

5. 道德伦理的研究方法问题。

传统伦理学的主要研究方法是马克思主义的唯物史观方法。近年来，更多的学者借鉴现代西方伦理学的研究成果，将功利主义伦理学方法、契约论伦理学方法、理性主义伦理学方法、经验主义伦理学方法、元伦理学方法等引入我国伦理学研究领域，建构起了各具特色的伦理学体系。

（二）个体道德论

学术界围绕个体道德讨论的焦点问题主要有以下三点。

1. 个体道德的构成问题。

人们通常认为个体道德是由以终极关怀为代表的道德信念、由道德信念内化而形成的道德心理、由道德信念外化而形成的道德行为和在道德心理和道德行为基础上形成的道德品质这四个子系统构成的综合性系统，但在对这些子系统进行具体研究时又存在诸多争论。仅以道德信念为例，单是围绕道德信念和道德信仰的差别问题，学界就存在诸多不同的看法。有学者认为道德信仰主要指生活在特定社会文化条件下的群体或个体，基于一种共同价值目标期待，所共同分享或选择的价值理想或价值承诺。而道德信念则主要指人们基于知识理性和实践判断所建立起来的道德确信。信仰更具有一种文化根源性和价值理想性意义，它可能是非理性的或超理性的；而信念所反映的更多的是一种知识的真理性或真实可靠性，它必须是且首先是理性的或有理由的。[1] 在更深层次的道德信念的具体内容上也存在不同的看法，有学者认为道德信念主要是指道德主体的人格理想，也有

① 万俊人：《信仰危机的现代性根源及其文化解释》，《清华大学学报（哲学社会科学版）》2001年第1期。

学者认为其重点应当是道德主体的社会理想，更多的学者主张是二者的有机统一。

2. 个体道德培养的内在机制问题。

学界通常把道德认知、道德情感、道德意志和道德修养这四个方面视做个体道德培养的内在机制，其中道德认知是道德生成的前提和基础，道德情感和道德意志是对道德认知的进一步深化，道德修养则在道德生成过程中占据核心位置。围绕这四个方面中的每一个具体问题同样存在诸多歧义性见解。以道德修养问题为例，有学者主张道德修养有广义和狭义之分，广义性的道德修养应当将提高道德认知、培养道德情感、锻炼道德意志等内容涵括在内；狭义性道德修养则主要指道德主体依据自己的道德信念，按照所处历史阶段和所属阶级、阶层的道德要求，所进行的自我审定、自我汲取、自我成型的过程。此外，在道德修养的具体方法、主体特征、核心内容、根本目的、修养境界等问题上也存在不少争论。

3. 个体道德培养的外在机制问题。

如果说道德认知、道德情感、道德意志、道德修养是道德生成的内在机制，那么，道德评价、道德赏罚、道德教育、道德敬畏则构成道德生成的外在机制。其中道德评价是前提和条件；道德赏罚是道德评价的必然结果；道德教育体现了道德生成的内在必然要求；而道德敬畏则是进行道德培养的终极目的。在上述四个问题中，争论最多的是道德教育问题，有学者主张道德教育在道德知识和技能的传授上会发挥出无穷的效力，但是人们寄希望于道德教育发挥改造人的功能，完全是过高地估计了其社会作用。[①] 在对道德教育特点的认识上，围绕道德教育内容的普遍性与特殊性的关系、道德教育各个环节之间如何统筹兼顾、怎样实现道德教育理论性与实践性的辩证统一、如何做到道德教育渐进性和重复性的科学结合等问题也存在各种争论。还有学者从信息社会的角度，结合网络时代的特征，对传统的道德教育方法（知识灌输法、榜样示范法、案例警示法、活动渗透法等）提出了种种质疑。

（三）社会伦理论

如果说对道德现象的研究侧重于个体的信念、心理、行为、品质等问题，那么对伦理现象的研究则侧重于个体和群体在处理各种社会利益关系时所应遵循的价值准则、基本原则、主要规范等问题。近年来我国学术界对社会伦理的研究主要集中在以下几个问题上。

1. 社会主义伦理的价值核心。

传统伦理学通常将为人民服务视为马克思主义伦理学的价值核心，近年来围

---

① 张康之：《公共管理伦理学》，中国人民大学出版社 2003 年版，第 347 页。

绕我国社会转型期各种伦理冲突的加剧，学界普遍认为须对人民概念的内涵进行深入分析。有学者主张，在当前我国复杂的社会矛盾体系中，最为突出的影响全局的根本性矛盾是人民概念所涵括的权力阶层、资本阶层和劳动阶层三大利益阶层之间的伦理冲突。能否正确处理这三者之间的关系，事关我国改革开放事业的成败。加快建设市场经济制度伦理、民主政治制度伦理、公民社会制度伦理，是解决上述伦理冲突的根本途径。也有学者认为，不应将社会主义伦理的价值核心视作为人民服务，而应当是人的自由全面发展。

2. 社会主义伦理的基本原则。

国内传统的马克思主义伦理学教科书通常将集体主义视为社会主义伦理的基本原则，并将其主要内容概括为三个方面：一是集体利益的优先性和首要性；二是个人利益的正当性和合理性；三是个人利益和集体利益的协调性和结合性。近年来有学者主张上述内容是把政党组织生活中的集体主义原则同道德生活中的集体主义原则相混同，是政治道德化或道德政治化的表现。长期以来，集体主义原则被绝对化、神圣化，取消或大大降低了个人正当利益的伦理合法性。随着我国利益主体多元化、利益趋向多极化、利益差别显性化，必须对传统的集体主义伦理原则予以全面更新，用多元共存的社会主义伦理原则替代一元独存的集体主义伦理原则。多元共存的社会主义伦理原则应当包括：自由与责任对等并重原则，个体与整体价值同位原则，功利与公正因时互动原则以及人道与天道和谐统一原则等。

3. 社会主义伦理规范。

当前，我国宪法规定社会主义伦理规范主要包括热爱祖国、热爱人民、热爱劳动、热爱科学、热爱社会主义，但学界在对“五爱”的诠释存在诸多分歧。以“热爱祖国”为例，对我国公民来说，要提倡和贯彻这一伦理规范，涉及怎样正确看待爱国主义同国际主义、大国沙文主义和狭隘民族主义的关系；爱国主义同热爱本国政府或政党的联系与区别；爱国主义同主权与人权的一致与冲突等极其复杂的理论问题。

（四）道德伦理建设论

家庭生活、职业生活和社会生活是人类生活的三个最主要的领域，研究爱情婚姻家庭道德伦理、职业道德伦理、社会公共生活道德伦理，阐明其性质、意义和要求，是伦理学的重要任务之一。

1. 爱情婚姻家庭道德伦理。

马克思主义伦理学认为，爱情本质上是男女之间相互倾慕并彼此渴望成为终身伴侣的一种真挚专一的感情，它包括性爱、理想和责任三个基本构成要素。其对恋爱的道德伦理要求是：自由恋爱，谨慎选择；尊重人格，真诚相待；事业第一，爱情第二。爱情发展的必然结果是婚姻家庭的建立，婚姻是一定社会制度或风俗所确认的男女两性的结合以及由此而产生的夫妻关系。家庭则是由婚姻关系、血缘或收养关系而发生的亲属之间的社会生活组织。社会主义社会对婚姻家庭的基本道德要求是：婚姻自由，一夫一妻；男女平等，夫妻和睦；教育子女，尊老爱幼；实行晚婚，计划生育；勤俭持家，合理消费；邻里团结，关心集体。围绕爱情婚姻家庭中的道德伦理问题，学界议论的焦点是“性解放”问题。学界在性道德问题上的主流观点是：性关系必须以爱情为基础和动力；性生活必须以合法婚姻为前提；性行为的双方必须为其社会后果承担道德义务和法律责任；对性行为的道德评价应坚持自愿、相爱、合法、私密的基本原则。然而，受国内外各种因素影响，为“红灯区”、“包二奶”现象合法化提供道德论证也不乏其人，尽管他们的理论依据多种多样，但核心观点是用目的论伦理主张对抗义务论伦理思想。

2. 职业道德伦理。

职业道德是从事特定职业活动的人所应遵循的具有自身职业特征的道德伦理原则和规范的总和，职业道德的种类和内容伴随职业分工的变化而不断补充、丰富和发展。围绕职业道德和应用伦理学的关系问题，有学者认为二者没有本质差别，应用伦理学就是职业道德的延伸；但也有学者认为二者存在重大差别，职业道德自古有之，应用伦理学则是现代社会的产物。后者强调的是道德主体面对现代社会出现的各种道德悖论和伦理冲突，在多层次、多向度的道德原则体系中树立起道德原则价值内涵的等级观念，充分发挥自由裁量的作用，择大善而舍小善，主动担当起社会责任和义务，最终将现代社会的职业活动带入到一种崭新的文明境界。此外，对马克斯·韦伯所大力鼓吹的基督新教“天职观”的研究也是学界职业道德研究关注的热点问题之一。

3. 社会公共道德。

社会公共道德是人们在日常公共生活中所形成的和应当遵循的基本行为准则。我国经济发展取得了举世瞩目的成就，但公民的社会公共道德水平也亟待提高。自从胡锦涛同志提出社会主义荣辱观以来，对社会公德建设问题的研究日渐深入，学界讨论的热点问题是“公民资格理论”和“公民社会理论”。前者通过对西方学者有关现代公民道德的各种理论进行综合性比较研究，强调我国公民道德建设的重点。首先是社会底线道德建设，包括独立人格、珍爱生命、诚实守信、行为得体、保护环境等；其次是市场经济道德建设，包括公民的权利意识、竞争意识、创新意识、契约意识、适度消费意识等；最后是民主政治道德建设，包括自由意识、平等意识、民主意识、法治意识、人权意识等。而要确保公民道德建设水平的提高，就必须努力建构现代公民社会制度。公民社会的本质在于政府与公民共同管理社会事务，打破公共权力的封闭性，开放各种渠道，提供制度化的途径，让公民和各种社会民间组织合法地分享社会管理权力，鼓励他们参与到公共事务治理中去，表达自己的利益愿望，并对公共权力的运行实施有效的监督。[①]

二、中国伦理史前沿问题研究

改革开放以来，中国伦理史研究取得丰硕成果。对于中国传统道德规范尤其是对仁义礼智信的基本内涵、普世价值和现实意义等问题的研究，更为深入和富有特色。

（一）仁义礼智信的基本内涵

对于仁义礼智信的基本内涵，罗国杰、宋希仁、焦国成、张锡勤等专家学者进行了阐述。

“仁”源出《尚书·金縢》“予仁若考”，指人所具有的一种好品德。先秦儒家都以“仁”为人生追求的最高道德境界。这是因为，中国古人重视“天人合一”，强调“与天地合其德”（《易经·文言》）。而天地之大德，是生养万物，所谓“上天有好生之德”，这正是“仁”，所以“仁”被置为“五常”之首。在先秦儒家的思想体系中，“仁”是一个含义极其丰富的概念。广义的“仁”是一个全德之辞，几乎可以概括所有的德目；狭义的“仁”便是五常之一，是以人与人之间相亲相爱的道德情感为主要内涵的道德规范。

“五常”之中，排在第二者，乃为“义”。天地生万物而不偏私，爱万物而一视同仁，所以“义”的精神，表现在人乃为无偏无私，做事光明磊落，堂堂正正，公公平平，有恩必报，所谓“循理而行”。义的繁体写成“義”，由“羊”和“我”构成。羊象征善和美。义的意思就是通过我把善和美表现出来。

“礼”是中华文化的突出精神。中国古代的“礼”的概念包含着丰富的内容，大体可以分为四个层次：一是指整个社会的等级制度、法律规定和道德规范的总称；二是指整个社会的道德规范，所谓“礼者，德之基也”；三是强调“敬”和“让”作为一种具有特殊意义的道德规范，即“礼让”；四是礼仪、礼节仪式以及待人接物和处事之道。“礼”作为一种道德规范，旨在“德以叙位，礼以定伦”，“和为贵”，主要是要求人们在各种不同的人际交往关系中要有恭敬、谦让的精神和行为，以提高个人道德素质，保持人际关系的和谐顺畅。

“智”是明辨是非，就是强调要过智慧的生活。《中庸》把智与仁勇并称为“天下之达德”。智，也作知即理智、智慧。“智者不惑”。智的丰富道德内涵包括

① 俞可平：《治理与善治》，社会科学文献出版社 2000 年版，第 8 页。

知道遵道、利人利国、自知知人、慎言慎行、见微达变、好学知过、量力而行、居安思危等。

“信”被儒家称为“进德修业之本”、“立人之道”和“立政之本”。孔子不仅提出“人而无信，不知其可”的思想，而且把信提到“民无信不立”的高度，以致去兵、去食，宁死必信。孟子在其“五伦”学说中提出“朋友有信”，并将信与诚相连，阐发了诚信的内在关联和规范意义。荀子则进一步推行于选贤治国，使信不仅是朋友伦理、交际的规范，而且扩至君臣上下伦理关系皆应以诚信为本。儒家把信看作是做人的根本，是兴业之道、治世之道，重视诚信的经世致用方面，强调无论上下左右关系，其诚信之德都在于言行一致、表里如一、真实好善、博济于民。

（二）仁义礼智信的普世价值

在仁义礼智信是否具有普世价值的问题上，杜维明极力提倡，在现代化的过程中，不仅要与西方对话，也要与传统对话，体认传统的价值。仁义礼智信等传统伦理规范具有普世价值。蒋庆认为，仁义礼智信是人类永恒的道德，是天不变道也不变的东西。汤一介认为，中国儒家为人类提供了宝贵的伦理资源，开发和转化儒家“人之道”与“天之道”的智慧，对于建设全球伦理有重要意义。学者们从中国历史和当代世界两个层面论述了仁义礼智信的普世意义。一是历史的验证。从历史上看，中国的社会是伦常的社会。伦是五伦——夫妇、父子、兄弟、君臣、朋友。五伦组织关系非常亲密，维系五伦社会的道统是“五常八德”。特别是仁义礼智信，是中国人基本的道德观念。我们民族在这个世界生存繁衍几千年，没有被淘汰，没有灭亡，就是靠这个伦常的道统来维系的。二是国际案例的证明。如在韩国，正是儒家伦理的浸染和渗透，孕育出当今最具东方文化特色的学校德育。儒家伦理决定着德育的方向、基本内容和德育的实践形成。在韩国德育中，儒家纲常伦理教育是人生最重要课程，是安身立命的最高准则。而儒学与社会实践相结合，促使韩国人在社会活动中实践儒家伦理，把儒学融入民族的潜意识之中，变成民族的集体性格和精神力量。如在新加坡，儒家伦理是中三中四学生的选修课程之一，并在世界上最早把儒家伦理撰写成课本。新加坡政府认为，儒家的许多伦理观念仍适用于今天的社会，并赋予了它新的内涵。例如所谓“忠”，不仅包括爱国，还包括敬业乐业；“孝”就是要孝敬父母、尊老敬贤；“仁”与“爱”不仅包括爱人，还包括爱己（自尊）、爱物；“礼”和“义”不仅包括尊敬别人、尊敬老师、尊敬长辈，还包括守法。在道德教育的途径上，新加坡注重法纪教育，坚持德法兼施。如在日本，明治维新以后，被誉为“日本近代经济的最高指导者”的涩泽荣一“一手执论语，一手执算盘”，倡导“经济道德合一”，开创了日本儒家式经营之风。现代管理思想家伊藤肇指出：“日本企业家只要稍有水准的，无不熟读《论语》，孔子的教诲给他们的激励影响至巨，实例多得不胜枚举”。

（三）仁义礼智信的现实意义

郭齐勇认为，对于儒家提倡的仁义礼智信，完全可以提炼、转化、活化其合理因素，渗透到今天的社会生活中去，进而作为正面、积极、健康的力量参与现代化建设，治疗现代社会的某些病症，恢复人的尊严，重建人的意义世界，重建一种“天、地、人、物、我”的良性互动关系。

提倡以“仁义礼智信”为核心的儒家伦理，第一，有助于建设礼仪之邦，促进社会和谐。有学者认为，基本道德规范是要全社会普遍遵守的，要明确简要、易记易传。仁义礼智信五常，较少封建糟粕，较易于与现代道德融通，较适宜代表传统美德。这“五常”作为中华伦理主体的重要部分，贯穿中华伦理的发展中，它们既是一种道德规范，又形成一种道德意识和理念，作为中国传统价值体系的核心，成为民族精神的最重要的构成元素。还有人认为，仁义礼智信五常，是人类共有的价值观，具有永恒的价值，也是儒商的立身之本。在长期的人类社会和经济发展过程中，主张儒家道德观念经商，把儒家的道德准则作为商德。第二，有助于传承儒家文化，弘扬民族精神。有学者认为，儒家伦理中所蕴含的仁义礼智信，能让人以健康的心态来适应社会变迁中的纷繁复杂。儒家文化中“修身齐家治国平天下”的那种对道德完善的追求，尤其值得代代相传。第三，有助于促进祖国统一，维护世界和平。有人指出，台湾同胞的思想意识深受中国传统文化的影响，这一事实决定了台湾社会意识必然呈现中国意识为主体意识的特征。中国意识是台湾与祖国大陆实现统一的心理基础。中华文化早已融入台胞物质和精神生活的各个层面。以仁义礼智信为核心的儒家伦理，是中华民族宝贵的精神财富，也是中华民族繁衍、发展和壮大的精神支柱。仁义礼智信不仅是人与人之间关系的准绳，也是民族间、国家间友好相处的法则。人类对 21 世纪重建道德文明的呼唤与追求，也是对以仁义礼智信等道德理念为核心的中国文化对世界和平的贡献的新期待。

三、西方伦理史前沿问题研究

虽然西方伦理学史研究在中国远可追溯到杨昌济教授，但作为一门系统的学科，则发轫于周辅成先生。周辅成所编译的《西方伦理学名著选辑》、《西方人道主义、人性论言论选辑》，打开了后学登堂入奥之门，也激发了他们对这一学科的浓厚兴趣。几乎只是在一代人的努力之下，数本西方伦理学史著作就逐渐问世，其中尤以万俊人的《现代西方伦理学史》最为著称。2004 年，万俊人主编了《20 世纪西方伦理学经典》。该书共四卷，分别从伦理学的基础、主题、限阈、前沿四个方面，展示了20世纪丰富的西方伦理学脉络，也触及了西方伦理学最新的演进场景。万俊人基于对20世纪西方规范伦理学复兴的观察和判断，将伦理学前沿主题界定为“道德与社会”。1971年，在西方元伦理学大兴其道、规范伦理学黯然失声的背景之下，罗尔斯以《正义论》重新树起了自由主义的大旗，为西方社会重构了道德坐标，《正义论》被誉为二战后“伦理学、政治哲学领域中最重要的理论著作”。此后，罗尔斯虽然又相继发表《政治自由主义》和《万民法》，从道德形而上学退守政治哲学和国际法哲学，但都不能比《正义论》唤起更多的理性思考和想象。罗尔斯所论证的正义两原则在伦理学光谱上是由“右”向“左”滑动的结果。早在1988年，何怀宏和廖申白就成功地将《正义论》译为中文引入中国，何怀宏再一鼓作气，以此为题写作博士论文《契约伦理与社会正义》。此时，石原康和赵敦华业已分别在台湾和香港静悄悄地完成了对于《正义论》的初步解释。

与西方汗牛充栋的文献相比，迄至2002年，当何怀宏出版第二部关于《正义论》的阐释性著作《公平的正义》的时候，他仍然不能不感叹“在汉语学术界却迄今仍然很少有系统的研究著作和文献”。可喜的是，在2009年《正义论》修订版发表之际，这种状况似乎已经有了很大的改观。除了以上诸家之外，我们至少还可以看到顾肃著《罗尔斯：正义与自由的求索》，李小科著《正义女神的新传人》。除了《正义论》之外，万俊人于2000年独立翻译了《政治自由主义》，张晓辉等人于2001年合作完成了《万民法》的中文翻译。如果说在2003年，李小科在《当前国内外罗尔斯研究介绍》一文中，对于罗尔斯后期研究“真正称得上研究性质的文章和专著还少得可怜”仍不能释怀，那么现在我们至少能看到曹瑞涛2008年所著《多元时代的“正义方舟”：罗尔斯后期政治哲学思想研究》了。

耀眼的光环使得罗尔斯在西方成为众矢之的，这一切在汉语学界也有所反应。何怀宏在翻译《正义论》之余，又翻译了罗尔斯年轻同事诺齐克的名著《无政府、国家与乌托邦》，此书针锋相对地指责罗尔斯假“合作”之名而对自由“权利”行侵犯之实。不过，在中国真正隐然对罗尔斯式正义原则构成挑战并且影响深远的，乃是另一位保守自由主义者哈耶克。哈耶克启蒙于奥地利学派，初以经济学家知名，后来又将触角伸展到政治和法律领域，他终生在道德和政治意识形态上都对社会主义抱有深深的敌意，其最后一本著作被命名为《致命的自负：社会主义的谬误》。与罗尔斯的谨言慎行、惜字如金不同，哈耶克一生著述甚丰。虽然早在1958年，他的经济学著作《物价与生产》已经被翻译成中文，但只是从1989年《个人主义与经济秩序》开始，他的著作才被大规模翻译过来。邓正来的两部新著《哈耶克社会理论》与《哈耶克法律哲学》，被同行学者看作是树立了一种“学术研究典范”，代表了汉语学者哈耶克研究的最高水平。高全喜教授提出，国内哈耶克研究有三条路径：即邓正来的知识社会学研究、秋风等人的自由主义基础理论常识研究和他自己的政治哲学研究。刘建军教授认为，也许对于哈耶克的道德哲学研究路径就更为必要。在这一方面，马永祥副教授的《心智、知识与道德：哈耶克的道德哲学及其基础研究》后来居上，也许更加值得称道。

但是无论罗尔斯还是诺齐克抑或哈耶克，他们之间貌似义正词严的对立和冲突，对于社群主义思想家麦金太尔而言，都已经预置在现代启蒙理性的筹划之中，但它与其说反映了现代道德合理性筹划的成功，不如说恰恰反映了其失败，也正是这种失败使得现代社会笼罩在道德失序和社会衰退的黑暗和灾难之中。麦金太尔以为，这种失败的筹划与其说来自于理性自身的谬误，不如说是来自于现代启蒙理性对于实践的误解，来自于个体对于道德历史和传统的拒斥，以至于排出了理性自身得以成立的语境。由此，麦金太尔认为，救赎现代西方社会的唯一方法只能是重新接续西方古典的亚里士多德德性论传统。正是在此意义上，麦金太尔一针见血地将一本著作命名为《谁之正义？何种合理性?》将另一本著作命名为《追寻美德》，两者实异曲而同工。1996 年，万俊人等人组织翻译了前者，宋继杰于 2003 年翻译了后者。

如果说何怀宏在罗尔斯规范伦理的启发下重新阐发了中国传统的良心论，意图构建一种普遍的底线伦理，那么最能呼应麦金太尔的现代判断和德性论思考的，在中国，则莫过于赵汀阳了。20 世纪 90 年代，何怀宏出版的《良心论》和《底线伦理》，赵汀阳出版的《论可能生活》，是由西方伦理学播种而在中国结成的理性之花，这样的胜景可遇而不可期。与西方学者拖沓冗长的风格相比，何怀宏文笔平实，赵汀阳则要明快生动得多。

社群主义的德性论在中国学界虽然引起了共鸣，但是相对于即将由列奥·施特劳斯所推向的高潮，只能算是人心中泛起的一道微澜。列奥·施特劳斯对于现代性危机，同麦金太尔具有相似的判断，但是更精微深沉、动人心弦。尤其是在麦金太尔诉诸亚里士多德伦理德性的地方，施特劳斯更求之于柏拉图的理智德性。

施特劳斯是一位二战时期流亡美国的德裔犹太思想家。他虽然比罗尔斯更早有作品在中国译出，但施特劳斯研究在中国“起步”要晚得多。2002 年，《学术思想评论》第六辑《西方现代性的曲折与展开》收入施特劳斯《现代性的三次浪潮》、《写作与迫害的技艺》等六篇重要论文。刘小枫笔撰长文《施特劳斯的“路标”》，视为施特劳斯命运在中国的转折点。施特劳斯的第二波引介高潮发自于 2003 年他的名著《自然权利与历史》的翻译出版，另一位学术名人甘阳为施特劳斯的亲笔背书，更使之声名远扬。如今，施特劳斯学派在美国和欧洲固然仍是一个“不合群”的小学派，施特劳斯的亲传弟子罗森却禁不住喟然长叹——信奉施特劳斯学说最多者在中国。

诚然，施特劳斯并不是以伦理学家的面目示人，他称自己的研究对象是政治哲学，他也不肯接受政治哲学家的头衔，而自认为只是一个政治哲学史家。不过，施特劳斯政治哲学研究的特立独行之处是，他始终反对一种所谓“价值中立”的研究路向。如果说在施特劳斯学术生涯中也有一次转向，那么这种转向并不是由“道德”转向“政治”，而是由“政治”转向“德性”，由现代转向古典。德国天主教“政治神学”家卡尔·施密特曾经写过一篇名文《政治的概念》，以针砭自由主义的无知无畏，对于这篇文章的评注，直接导致了施特劳斯认识上的升华。施特劳斯的弟子布鲁姆曾经写过一篇论文指责罗尔斯对于政治哲学史的误读，在某种意义上可以看作是施特劳斯对于身后西方学界的回应。

政治哲学是施特劳斯的第一哲学。经过政治哲学史的长途跋涉，施特劳斯最终在柏拉图的对话中发现了最终的哲学归宿。施特劳斯之政治哲学与伦理学的天然亲缘关系包括两个方面：其一，如果不知道什么是美好生活，就无从知道什么是良好的政治制度，对“好”的认识既是一个伦理学问题，也是一个政治哲学问题；其二，哲学和政治在对待智慧问题上的天然冲突，需要一个道德上的解决。两者在“苏格拉底问题”上都有充分的展露，这也是柏拉图常常以德性问题作为对话主题的一个原因。

“施特劳斯热”的升温，一者直接将政治哲学置于学界的中心，一者则间接地将伦理学由幕后推向整个哲学界的前沿，使得任何学人都无可逃脱道德德性和理智德性的追问。

四、发展伦理学前沿问题研究

在当今世界，随着发展实践的推进以及诸多全球性问题的出现，人们开始对工业革命以来的发展理念与模式进行反思，日益将发展视为一个综合过程，将发展指标体系扩展到经济社会各个领域，以及人的基本需要满足、独立与尊严、民主与自由、公平与正义等各个方面，众多非经济要素渗入发展理念与实践，发展内涵超越了经济增长的传统意义，融入了价值导向、伦理道德的意蕴，发展伦理学也由此应运而生。

美国学者德尼·古莱（Denis Goulet）作为发展伦理学的思想先驱，以理性态度和仁爱情怀研究发展，提出了发展的三个基本因素和核心价值：生存、自尊（self-esteem）、自由，认为发展必须有益于人类的当下生存和长远发展。他在《发展伦理学》一书中研究了民主计划、技术合作和价值转换的创建等问题。国外的发展伦理学研究，一方面关注基于伦理道德的发展的内涵、衡量发展的标准、目标确立与战略选择的原则、发展伦理学研究的范围与方法等理论问题；另一方面，关注发展政策制定和执行、发展代价和成本合理分担以及发展效益与好处公平分配等实践问题，并在以下问题上达成共识。一是发展伦理学作为以发展理论与实践作为研究对象的具有综合性的新兴学科，应研究发展的基本伦理原则以及制定和实施发展目标、模式、政策、策略的价值取向与伦理追求。二是发展应当有助于消灭剥削和解除人类痛苦。三是发展标准应具有规范性，要对发展进行道德评价。四是发展战略的制定应遵循一些基本的原则和顺序。若一个社会的经济增长趋于最大化，而不用所创造的财富为本国人民提供更好的生活条件；仅仅能够满足人们的生理需要，而以人们政治自由的丧失为代价；仅仅以收入作为衡量权利（entitlements）的尺度，而压抑、剥夺人的其他权利，这样的发展就是不合理、不道德的。比较不同社会福祉的一个最常使用的指标是收入。阿玛蒂亚·森（Amartya Sen）建立了一个以追求人的自由为核心并强调社会公平的新的发展理论范畴，从“可行能力/实质自由”的视角，阐述了发展的目的在于人本身，是使人更有可行能力去追求自认为有价值的生活，因而发展的评估焦点在于考察能够允许每个人去追求他们自己认为有价值的生活的可行能力是否得到扩展，其中最基本的可行能力包括健康与长寿、教育水平以及体面的生活。针对以物质财富增长为核心的发展观，阿玛蒂亚·森强调，财富、收入、技术进步、社会现代化等固然是人们追求的目标，但其只具有为人的发展、福祉服务的价值。发展伦理学作为一门新兴学科，也在一些基本问题上存在争议。一是发展伦理学的研究范围问题。关于发展中国家的发展伦理学，是发展伦理学的初始形态。但在全球化时代，任何一个国家都必须在与其他国家进行交往与合作的过程中发展自己。发展伦理学应该批评任何国度的剥削与不公正，包括发达国家的欠发展、贫穷和分配不公问题，探讨发达国家的责任以及全球正义问题。既不要刻意扩展发展伦理学的研究范围，又要将道德标准纳入对于发达国家和发展中国家相互关系的考量之中。二是发展伦理学的类型问题。普世论者认为西方国家的发展目标和发展原则具有普遍适应性，对各种形态的社会均具有规范作用。排他主义者则反对普世论者的西方中心主义，既不回避普遍原则，又不承认西方国家的发展原则与发展模式的唯一性，认为每个国家或社会都应尊重自身的历史传统和现实国情，按照自己的实际情况选择适宜的发展道路和发展模式。还有学者主张要达成一系列跨越不同文化背景的发展共识，形成一些具有普遍性的、包容各种社会差异的、适用于不同社会的规范。一个社会在遵循这些共识的前提下，可以自由选择自己的发展道路。发展中的社会还可能面临许多重大价值冲突与挑战，如发展可能导致传统文化、宗教信仰、风俗习惯、古老生活方式的改变以及令人怀恋的传统的消失，从而导致心理痛苦与失落感。在富裕幸福和保持传统之间应保持一种平衡。发展伦理学要运用伦理学的睿智、经济学的理性以及多学科和跨文化交流，促进人类幸福和不同国家的共同发展。

发展伦理学在我国的产生和发展，以当代中国的发展实践为现实基础，以马克思主义哲学的世界观方法论为理论指导，由此就形成了自己的鲜明特点：一是对于当代人类的发展实践进行深刻哲学反思，探究诸多世界性发展问题的深层思想理论根源，将发展伦理学奠基于新哲学的基础之上；二是自觉界定发展伦理学的学科视界，确定发展伦理学的基本问题；三是对于发展进行规范性研究，建立发展伦理学的原则、规范体系。

1. 发展伦理学的哲学基础。

一些专家学者通过批判现代发展观念与发展实践的失误，揭示其深层理论根源，试图将发展伦理学以及发展观念和发展实践奠基于一种天地人和谐统一的新哲学的基础之上。刘福森认为，现代人类的主体性极度扩张，完全否定人类行为最后的限度；对自然物质世界极度蔑视，否定了自然世界的存在论根基。支撑着这种发展观的形而上学基础就是近代主体性哲学和传统人道主义哲学。近代理性主义的主体性哲学扭曲人与自然的关系，把人变成无伦理约束的绝对主体，把物变成失去本体论根基的“为我之物”。传统的人道主义也阻塞了通向自然的伦理之路，否定对人的改造自然的行为进行规范和约束的必要性。发展伦理学应从回答当代人类的生存问题出发，在“天道”、“人道”和“物道”的关系中重新考察人与自然的关系，规定人的行为和发展的限度，并以此作为实现人与自然和谐的理论根据。人的生存遵循的是“人道”，局部自然物的存在和运动遵循的是“物道”，而整体自然界的存在和运行遵循的则是“天道”。无论是人道还是物道，都从属于天道，被天道所决定。这里的“天”和“天道”不是在人和物之外存在的某种独立的实体，而是存在于“人”与“物”、“人道”与“物道”之中并决定人道与物道及其关系的本质。发展伦理学并非一般地反对主体性、人道主义，而是要在承认人的主体性和人道主义价值观的前提下，探寻人的主体性和人道的实现与发展的合理性限度——天道，为人的主体活动和发展提供一种伦理评价和规范，实现人与自然的和谐共生以及人类的美好生活和持续发展。

2. 发展伦理学的基本问题。

发展伦理学的产生基于发展中出现的人与自然、人与人、人与自身的紧张关系所引发的伦理关切与道德追问。一是人类应当如何生活的问题，即“能够做”与“应当做”的关系问题。“能够做”是“有能力做”，“应当做”则是由人类生存需要决定的有价值的、“善”的伦理选择。二是人类应当如何共同生活的问题，即发展中的公平公正问题。要实现发展的公平正义，使发展的好处惠及所有的社会、所有的个人。若“发达”成为少数人的特权，贫困成为多数人的命运，这种发展就是“反发展”、“伪发展”。三是人类应当如何幸福生活的问题，即发展中生活美好与物品丰裕的关系问题。经济增长不等于发展，物品富裕并不等于生活美好。真正的发展是追求美好生活的发展。而美好生活的主要因素有三：即最大限度的生存、尊重和自由。发展伦理学通过回答这三个基本问题，以规范人们的发展行为，引领人们对美好生活的追求，实现人与自然、人与人以及人与自身的和谐发展①。有的学者认为，发展伦理学的基本问题应当是发展利益和发展道德的关系以及发展利益间的相互关系问题。对这一问题的正确解答决定着对发展道德的根源和本质、发展道德的作用和演变规律以及发展利益分配的公平与正义等问题的正确认识。在当今社会发展进程中，发展道德具有规范调节发展活动、实现全面协调可持续发展的功能。发展利益决定着发展道德的起源与演变，决定着发展道德的本质及其作用的范围与方向。同时，发展道德对社会发展及其利益的实现和维护又具有巨大的反作用。②

3. 发展伦理学的价值取向与基本原则。

传统伦理学主要解决个人之间的权利和义务关系问题，对个人行为进行善与恶、应当与不应当的评价、区分和规范，以保证社会整体的有序运行。它仅涉及个人的社会行为，而与人类整体行为无关；仅涉及社会关系，而与人与自然的关系无关。发展伦理学则主要是对人类整体行为进行反思、评价与规范，将人类如何对待自然作为主要考察目标。发展伦理学的理论实质和价值就是追寻发展的合理性，人类的可持续生存与发展是发展伦理学的终极关怀，是评价发展合理性的终极价值尺度。发展要以保证所有个人健康生存的需要为目的，必须遵循“基本需求战略”。生存论的价值观包括个体生存和人类生存两个方面。如果说生存原则是生命的最高原则，那么种的生存则是生存原则中的最高原则。要实现人的个体生存的持续性，就必须把种的生存利益的实现作为生存的最高原则。在人与人的关系问题上，发展伦理学坚持发展的公平正义原则；在人与自身的关系问题上，发展伦理学坚持身心谐和原则；在人与自然的关系问题上，发展伦理学坚持人与自然和谐共生原则。

（执笔人：杨信礼、靳凤林、刘余莉、梁晓杰）

① 林春逸：《发展伦理学的基本问题》，《自然辩证法研究》2007年第1期。
② 邱耕田：《发展伦理学基本问题》，《哲学动态》2009年第2期。

第十部分　大事记(2008.1—2009.12)

【2008年】

2008年4月

4月6日，由中国辩证唯物主义研究会、中共中央党校哲学教研部、北京市社会科学界联合会、北京市邓小平理论和“三个代表”重要思想研究中心联合发起的“首都理论界著名专家学者纪念真理标准讨论30周年”座谈会在北京召开。北京市社科联党组书记史秋秋主持开幕式，北京市社科联主席满运来到会致辞。中共中央党校副校长李君如教授出席并讲话。中国辩证唯物主义研究会会长、中共中央党校原副校长杨春贵教授做主题报告。座谈会发言分别由中国辩证唯物主义研究会副会长、中共中央党校哲学教研部主任庞元正教授，中国辩证唯物主义研究会副会长、中国社会科学院哲学所陈中立研究员主持。与会代表讨论了真理标准讨论的重要意义、解放思想的历程与经验以及如何继续思想解放等问题。侯树栋、黄楠森、陈先达、李景源、李德顺、郭湛、沈宝祥、孙长江等来自中共中央党校、北京大学、中国人民大学、中国社会科学院、国防大学、北京师范大学、北京市委党校等单位的50多位专家学者出席座谈会。庞元正教授作会议总结。

2008年7月

7月9日，哲学部召开全体会议，宣布了中共中央党校校务委员会决定（中校通〔2008〕13号）：校委委员贾高建同志任哲学教研部主任，免去其教务部主任职务；庞元正同志已达到最高任职年龄，免去其哲学教研部主任职务。李君如副校长出席会议并讲话。

7月29日至31日，由中国马克思主义哲学史学会应用哲学研究会、邓小平理论研究会、中共中央党校哲学教研部和中共黑龙江省委党校联合主办的“全国应用哲学和邓小平理论”研讨会在哈尔滨市召开。这次研讨会的主题是“思想解放与哲学应用”。来自中共中央党校、中共中央社会主义学院、湖南省社会科学院、广东省社联、北京大学、清华大学、中国人民大学等党校、高校、社科院系统的50多位专家学者出席了会议。黑龙江省委党校常务副校长鲁滨教授到会致辞，应用哲学研究会会长、辽宁省社联副主席、辽宁大学郭国勋教授做主题报告，应用哲学研究会会长、邓小平理论研究会副会长、中共中央党校哲学部副主任董德刚教授作会议总结。

2008 年 8 月

8 月 2 日至 3 日，中国辩证唯物主义研究会、中国社会主义社会辩证法研究会、中共中央党校哲学部、上海市社会科学界联合会、中国浦东干部学院、中共上海市委党校、广东省社会科学界联合会，广东省社会科学学院、上海市社会科学院哲学所、上海市哲学学会联合发起的“马克思主义哲学与改革开放三十年”学术研讨会，在中共上海市委党校召开。中共上海市委党校常务副校长吕贵到会致辞，中国辩证唯物主义研究会会长、中共中央党校原副校长杨春贵教授作主题报告。中央党校哲学教研部毛卫平、边立新、杨信礼等教授等出席了研讨会。中国辩证唯物主义研究会副会长、中共中央党校哲学教研部庞元正教授主持开幕式。

2008 年 9 月

9 月 10 日，中共中央党校举行“2008 年教师节庆祝表彰大会”，哲学教研部杨信礼教授的专著《科学发展观研究》获得中共中央党校 2007 年度科研优秀成果奖。

9 月 30 日，据全国哲学社会科学规划办公室成果鉴定等级公告，中共中央党校哲学教研部许全兴教授主持完成的国家社科基金项目《马克思主义哲学自我革命》(项目批准号为 04BZX003) 的最终研究成果——《马克思主义哲学自我革命》已通过专家鉴定，鉴定等级为优秀。

2008 年 10 月

10 月 14 日，我部公布实施《哲学教研部新闻类信息发布管理办法》。

10 月 19 日至 20 日，由中共中央党校哲学教研部、中国孔子基金会主办，华夏文化纽带工程组委会、中国实学研究会协办的“2008·马克思主义与儒学”高层论坛在北京举行。论坛主题是探讨如何以马克思主义为指导推进中国传统文化的研究，如何以中国优秀传统文化为思想资源进一步促进马克思主义中国化。中共中央党校校委委员、哲学部主任贾高建教授和中国孔子基金会秘书长梁国典先生在开幕式上致辞。中共中央党校原副校长韩树英教授、杨春贵教授出席了论坛。哲学部副主任韩庆祥教授主持了开幕式。方克立、张岂之、许全兴、钱逊、傅佩荣、郭齐勇、周桂钿、葛荣晋、王东、冯俊、李翔海、陈卫平、张曙光等作了重点发言。哲学部党总支书记侯才教授作总结发言。来自中共中央党校和地方党校、各高校和研究机构的70多位专家学者，以及《人民日报》、《光明日报》、《北京日报》、《学习时报》、《大众日报》、《理论视野》等媒体的记者参加了论坛。

10月31日，据全国哲学社会科学规划办公室成果鉴定等级公告，中共中央党校哲学教研部陈中浙副教授主持完成的国家社科基金青年项目《董其昌书画美学与禅宗思想》（项目批准号：06CZX023）的最终研究成果——《董其昌引禅入书画研究》，已通过专家鉴定，鉴定等级为优秀。

2008年11月

11月13日，中共中央党校研究生第三届哲学论坛第一次学术活动在中共中央党校研究生院举行，此次论坛活动的主题是“马克思对人性与自由的哲学思考及其现代价值”，研究生院博士生、硕士生30余人参加。中共中央党校哲学教研部副主任韩庆祥教授、哲学部中外哲学教研室王杰教授等应邀到会并对研讨活动给予点评。

11月18日，哲学部马克思主义哲学教研室在中共中央党校召开了“纪念《马克思主义哲学纲要》、《通俗哲学》入选‘20世纪中国文库’暨中共中央党校马克思主义哲学学科建设座谈会”。马克思主义哲学教研室主任毛卫平教授主持座谈会。张绪文教授、侯才教授、毛卫平教授等当年参加《纲要》和《通俗哲学》编纂工作的专家学者就《纲要》（2004）和《通俗哲学》（2007）入选“20世纪中国文库”的价值和意义、编纂的历史经验及其对当前哲学学科建设的借鉴与启示等问题作了发言。与会者还就马克思主义哲学的时代性和通俗化等问题进行了探讨。

11月27日，我部公布实施《中共中央党校哲学部网络与信息安全管理规定》和《中共中央党校哲学教研部网站管理办法》。

11月28日至30日，哲学教研部组织全体同志赴河南安阳进行了为期3天的学习调研。校委委员、哲学教研部主任贾高建，哲学部副主任董德刚、韩庆祥，党总支书记侯才参加了此次调研活动。在为期3天的调研活动中，全体同志参观考察了安阳钢铁公司、林县红旗渠，还参观了殷墟博物苑和羑里城。

2008年12月

12月5日，我部公布实施《哲学教研部选派人员执行公派出国（境）任务暂行办法》。

12月8日，现代科学技术与科技哲学教研室全体人员在北京举办了学科建设专题研讨活动，现代科学技术与科技哲学教研室主任李建华教授作了题为《老子与科学发展观》的主题报告，中外哲学教研室副主任王杰教授等多位教授参加讨论并进行了点评。会议由现代科学技术与科技哲学教研室副主任王克迪教授主持。

12月14日，哲学部战略学教研室在北京召开“社会发展理论与战略学研究现状和学科发展研讨会”。校委委员、哲学部主任贾高建教授出席会议，哲学部战略学教研室及相关教研室的人员参加了座谈会。北京大学丰子义教授、清华大学邹广文教授、中国人民大学马俊峰教授应邀到会并发言。与会专家讨论了战略学学科定位与发展、时代主题转换与哲学使命、社会发展理论与战略学的关系、社会发展理论的研究方法等问题。会议由哲学部战略学教研室副主任杨信礼教授主持。

12月16日，哲学部举办了第七期“奇思哲学论坛”。校委委员、哲学部主任贾高建教授出席，哲学部副主任韩庆祥教授主持。许全兴教授以“马克思主义哲学自我革命”为题作了主题发言。各二级学科推举的评议人从不同的学科视角进行了点评，哲学部全体教师参加了会议。

12月31日，经中共中央党校组织部同意，聘任边立新为马克思主义哲学教研室主任；免去毛卫平马克思主义哲学教研室主任职务；王克迪为现代科学技术与科技哲学教研室主任，免去李建华现代科学技术与科技哲学教研室主任职务。（校组字〔2008〕69号）

【2009年】

2009年1月

1月15日至16日，哲学部进行2009年春季学期课堂教学竞争上岗。共有14人申报23个讲题，8人11个讲题获得通过。

2009年3月

3月17日，德国波鸿大学伦理研究中心主任汉斯-马丁·萨斯（Hans-Martin Sass）教授在中国协和医科大学医学伦理研究中心主任翟晓梅教授的陪同下到哲学部进行学术访问，并以《高科技背景下的生命伦理问题》为主题作学术演讲，同与会的学者及研究生进行了讨论交流。演讲活动由哲学部副主任韩庆祥教授主持，党总支书记侯才教授、哲学部部分教师和博士生参加。

3月24日，哲学教研部举办了第8期“奇思哲学论坛”。校委委员、哲学部主任贾高建教授出席，哲学部副主任韩庆祥教授主持。《中国特色社会主义理论体系的哲学基础》课程的主讲教师毛卫平教授作了主题发言。各二级学科推举的评议人分别作了点评。哲学部全体教师参加了会议。

3月31日，据全国哲学社会科学规划办公室成果鉴定等级公告，中共中央党校哲学教研部王杰教授主持完成的国家社科基金项目《儒家政治思想与现代社会》（项目批准号：06BZX031）的最终研究成果——《儒家政治思想与现代社会》，已通过专家鉴定，鉴定等级为优秀。

2009年4月

4月8日，由校办公厅、信息部共同召开2008—2009年度校园信息资源建设评奖大会，经评审，哲学部等8个单位获优秀奖。

4月9日，哲学部中外哲学教研室在中共中央党校召开外国哲学学术研讨会。北京社会科学院洪汉鼎研究员应邀到会作了题为《文本与诠释》的主题报告，中国社会科学院哲学研究所黄裕生研究员及中外哲学教研室成官泯副教授进行了点评。来自哲学部、文史部的专家学者及博士、硕士研究生30多人参加了会议。会议由中外哲学教研室副主任郭大为教授主持。

4月14日，哲学部召开全体会议，宣布了校委关于哲学教研部领导班子人员调整的决定：韩庆祥同志任马克思主义理论教研部副主任，免去其哲学教研部副主任职务；李晓兵同志任哲学教研部副主任（正局级待遇），免去其出版社总编辑职务（中校通〔2009〕13号）；侯才同志任哲学教研部副主任（中校通〔2009〕14

号）。中共中央党校组织部崔津秀副部长参加会议并宣布了校委决定。

4月17日至19日，哲学教研部30余人赴河南省焦作市进行了专题社会调研活动。哲学部副主任董德刚、侯才，马克思主义理论教研部副主任韩庆祥等参与了这次专题社会调研活动。

2009年6月

6月2日，哲学部举办了第九期“奇思哲学论坛”。校委委员、哲学部主任贾高建教授出席，哲学部副主任、党总支书记侯才教授主持，现代科技与科技哲学教研室副主任赵建军教授作了题为《工程哲学的兴起与思考》的主题发言。各二级学科推举的评议人分别从不同的学科视域对赵建军教授的报告作了点评。哲学部全体教师参加了论坛活动。

6月5日，俄罗斯科学院哲学研究所副所长C. A. 尼科里斯基等一行6人应邀来中共中央党校哲学部进行学术访问和交流。校委委员、哲学部主任贾高建教授、哲学部副主任董德刚教授出席了这次学术交流会。哲学部副主任、党总支书记侯才教授主持。俄罗斯科学院哲学研究所M. M. 费奥多罗娃研究员和Б. Г. 布罗夫研究员分别以《政治学研究的方法论问题》和《当代俄国的马克思主义》为题作了主题发言。参加会议的有哲学部的部分教师和博士研究生。

6月9日至10日，马克思主义哲学史教研室在北京召开以“中国特色社会主义生态文明建设”为主题的学术研讨会。哲学教研部副主任、党总支书记侯才教授出席了会议。许全兴教授等专家学者应邀参加会议。与会者对生态文明的概念、生态文明在人类社会发展过程中的地位、生态文明与物质文明、政治文明、制度文明、农业文明、工业文明等的区别与联系，进行了讨论和交流。马克思主义哲学史教研室主任阮青教授主持了会议。

6月11日，哲学部与德国汉斯·赛德尔基金会在中共中央党校联合举行“现代社会的公正问题”理论研讨会。哲学教研部庞元正教授和汉斯·赛德尔基金会总干事长彼得·维特劳夫博士分别作了《中国社会的公正状况与展望》和《德国的社会公正问题：氛围、现实情况和必然结果》的主题报告。研讨会由哲学教研部副主任、党总支书记侯才教授主持，哲学教研部的部分教师和研究生代表共30余人参加了研讨会。

6月26日，哲学部发出《关于中央党校社会发展研究中心调整事宜的通知》。根据中共中央党校校委《关于进一步整顿和规范中央党校编外研究中心的若干意见》（中校字〔2009〕36号）的精神，中共中央党校社会发展研究中心是中共中央党校哲学部开展科研活动的一种组织形式，纳入哲学部工作的管理体制。中心按规定不设立分支机构以及驻外办事机构，内设机构也需依据新的定位重新确定，原先设立的各种机构自动撤销；中心主任、副主任按规定由哲学部现任部主任及各位副主任分别兼任，原有的各项领导职务及工作职务自动解除；中心组成人员按规定为哲学部全体在职人员，其余人员不再作为中心固定成员；而在中心组织的相关课题研究活动中，可根据实际需要吸收相关部门在职人员和离退休老同志参加，积极开展交流合作。

2009 年 7 月

7 月 23 日，我部公布实施"《哲学教研部领导干部班教学工作制度》补充规定"和"《中央党校哲学教研部科研管理制度》补充规定"。

7 月 24 日，经中共中央党校组织部同意，聘任林艳梅为马克思主义哲学教研室副主任，杨信礼为伦理学教研室主任；靳凤林为伦理学教研室副主任；杨玉成为现代科技与科技哲学教研室副主任。（校组字〔2009〕43 号）

2009 年 9 月

9 月 10 日，中共中央党校举行"2009 年教师节庆祝表彰大会"，哲学教研部董振华副教授获得中共中央党校 2008—2009 学年教学优秀奖；郭大为教授的译著《康德的〈纯粹理性批判〉——现代哲学的基石》获得中共中央党校 2008 年度科研优秀成果奖。

2009 年 10 月

10 月 21 日，经中共中央党校组织部同意，聘任杨玉成为中外哲学教研室副主任，免去其现代科学技术与科技哲学教研室副主任职务；免去郭大为中外哲学教研室副主任职务。（校组字〔2009〕54 号）

10 月 29 日，哲学部伦理学教研室在中共中央党校召开"中西伦理思想研究理路与方法"学术研讨会，哲学部副主任李晓兵、侯才出席会议，清华大学万俊人教授、中国人民大学焦国成教授应邀到会并作主题发言，哲学部的部分教师和博士生、硕士生 30 多人参加了此次座谈会。会议由伦理学教研室主任杨信礼教授主持。

10 月下旬，《哲学与社会》丛书第一辑由中国时代经济出版社出版。李瑞环同志为该书题写书名，中共中央党校校委委员、哲学教研部主任贾高建教授撰写了卷首语。《哲学与社会》是哲学教研部倾力打造的学科品牌，是中共中央党校哲学学科发展和对外交流的重要平台。

2009 年 11 月

11 月 4 日，中共中央党校哲学部马克思主义哲学教研室召开“马克思主义哲学基础理论研究”学术研讨会，北京大学哲学系赵家祥教授应邀到哲学部作了会议主题发言。会议由马克思主义哲学教研室主任边立新教授主持。

11 月 6 日，中共中央党校哲学部战略学教研室和国际战略所台港澳研究室共同组织了“战略学研究与全球视野下的两岸关系”学术研讨会。台湾中兴大学当代中国研究中心主任、教授巨克毅先生应邀到哲学部作学术演讲和交流。会议由国际战略研究所副所长郭建平教授主持，哲学部战略学室主任段培君教授进行了点评，国际战略所台港澳室主任李云龙教授及部分教师和研究生参加了会议。

11 月 8 日，哲学教研部中外哲学教研室召开“国学与道德修养”学术交流会。来自中共中央党校、清华大学、中国社会科学院、中国人民大学、中国青年政治学院、北京师范大学、中国政法大学、北京东方道德研究所等院校和机构的十余位专家学者应邀到会。与会人员围绕孝道与中国文化、以德治国与道德教育、儒学的变化与发展、马克思主义与中国化等问题进行探讨和交流。会议由中外哲学教研室副主任王杰教授主持，中外哲学教研室全体从事中国哲学教学的教师及部分研究生参加了会议。

11 月 10 日至 12 日，由中共中央党校哲学教研部和中共上海市委党校共同举办的“哲学与当代中国社会发展——纪念新中国成立六十周年”学术研讨会暨 2009 年全国党校系统哲学年会在上海召开。中共中央党校副校长石泰峰出席开幕式并发表了讲话。中共中央党校校委委员、哲学教研部主任贾高建、中共上海市委党校常务副校长吕贵分别致辞。中共中央党校哲学部副主任李晓兵、侯才出席，来自全国各直辖市、省级和副省级党校的哲学教研部或哲学学科负责人 60 余人参加了会议。会议期间，还穿插召开了全国党校系统哲学教研部门负责人工作会议。

11 月 23 日至 26 日，2009 年全国博士生学术会议“马克思主义哲学与当代中国社会发展”在中共中央党校召开。中共中央党校副校长石泰峰教授出席开幕式并讲话，中共中央党校校委委员、哲学部主任贾高建教授与研究生院院长卓泽渊教授分别致辞。哲学部副主任李晓兵教授主持开幕式，哲学部副主任董德刚教授、侯才教授参加会议。来自全国 20 多所高等院校的 50 名博士研究生参加了会议。在会议闭幕式上，中共中央党校校委委员、哲学部主任贾高建教授为论文获奖者颁发了证书，研究生院副院长刘春教授作了会议总结。

11 月 28 日，哲学教研部马克思主义哲学史教研室在中共中央党校召开题为“中国哲学界关于马克思主义上层建筑理论的论争及研究现状”学术研讨会，中共中央党校哲学部副主任、党总支书记侯才教授出席。《中国社会科学》杂志副主编周溯源博士、全国马克思主义哲学发展史学会会长、中国人民大学梁树发教授、中共中央党校哲学部原主任许全兴教授等多位专家应邀到会。胡为雄教授作了题为《“上层建筑”之惑》的主题发言。会议由马克思主义哲学史教研室主任阮青教授主持。

11月29日，我部公布实施《中央党校社会发展研究中心管理规定（试行）》和《关于科研合作项目管理的暂行规定》。

11月30日，据全国哲学社会科学规划办公室成果鉴定等级公告，刘余莉教授主持完成的国家社会科学基金青年项目《儒家伦理与美德伦理》（中外伦理思想研究）（项目批准号：05CZX018）最终研究成果——《儒家伦理与美德伦理》，已通过专家鉴定，鉴定等级为良好。

2009年12月

12月3日至4日，中共中央党校哲学教研部现代科学技术与科技哲学教研室在北京举办了中国自然辩证法研究会党校系统专业委员会学术年会，会议的主题为“推进科技哲学学科建设，创新人才培养机制”。中共中央党校哲学部副主任侯才教授出席会议并致辞，现代科学技术与科技哲学教研室主任王克迪教授主持了会议。

12月7日，哲学部中外哲学教研室召开学术研讨会，中国社科院哲学所《世界哲学》主编李河研究员和主编助理陈德中博士应邀作主题发言。哲学部副主任李晓兵教授出席，研讨会由中外哲学教研室副主任杨玉成教授主持。该教研室部分教师及博士生、硕士生参与研讨。

12月14日，我部公布实施关于《〈创新方法的政策环境与体制机制研究〉专项项目的若干管理办法》。

12月18日，由中共中央党校哲学教研部、中共中央党校社会发展研究中心、中国马克思主义研究基金会联合主办的“哲学与社会发展论坛（2009）”在中共中央党校举行。中共中央党校副校长石泰峰出席论坛并讲话。中共中央党校校委委员、哲学教研部主任、中共中央党校社会发展研究中心主任贾高建、中国马克思主义研究基金会副理事长周炳成分别致辞。中共中央党校哲学部副主任、中共中央党校社会发展研究中心副主任李晓兵、董德刚参加了论坛，中共中央党校哲学部副主任、中共中央党校社会发展研究中心副主任侯才主持会议。

这届论坛的主题是：《当代中国社会发展背景下的哲学：现状、机遇和挑战》。北京大学赵敦华教授、清华大学陈来教授、中国人民大学郝立新教授、中国社会科学院谢地坤研究员、中国政法大学李德顺教授等知名专家应邀到会，同中共中央党校哲学部的专家学者一起进行了深入的研讨和交流。近 80 名专家学者、媒体代表参加了会议。

12 月 22 日，哲学部党总支进行换届改选。经中共中央党校机关党委批准，由孙琰、何建华、董振华、靳凤林、赵建军、林艳梅、杨玉成、胡卫 8 名同志组成新一届哲学教研部党总支委员会。孙琰为书记，何建华为副书记。（机组字〔2009〕14 号）

12 月 23 日，由中国辩证唯物主义研究会、中共中央党校哲学教研部、中共北京市委党校联合发起和主办的“全国马克思主义哲学创新成果交流会”在北京召开。来自全国高等院校、科研机构、党校、行政学院、干部学院、军队院校的专家学者 120 多人参加了此次会议。北京市委党校常务副校长王江渝到会致辞，中共中央党校哲学教研部副主任侯才教授出席会议。中国辩证唯物主义研究会副会长、中共中央党校哲学教研部庞元正教授主持开幕式，中国辩证唯物主义研究会会长、中共中央党校原副校长杨春贵教授作了题为《改革开放以来中国马克思主义哲学的新探索》的主题报告。中共中央党校哲学教研部张绪文、沈冲、董德刚、毛卫平、边立新、杨信礼等教授参加了会议。

12 月 31 日，据全国哲学社会科学规划办公室成果鉴定等级公告，中共中央党校哲学教研部毛卫平教授主持并完成的国家社会科学基金项目《杨献珍哲学的时代意义》（项目批准号为 05BZX006）最终研究成果《走向和谐——杨献珍哲学的时代意义》，已经通过专家鉴定，鉴定等级为合格。